江苏历代文化名人传·倪　瓒

王菡薇　丁苏川　著

江苏文库

研究编

江苏历代
文化名人传

江苏文脉整理与研究工程

江苏人民出版社

**图书在版编目(CIP)数据**

江苏历代文化名人传.倪瓒/王菡薇,丁苏川著
. --南京:江苏人民出版社,2024.12
(江苏文库.研究编)
ISBN 978 - 7 - 214 - 26966 - 9

Ⅰ.①江… Ⅱ.①王… ②丁… Ⅲ.①文化-名人-
列传-江苏②倪瓒(1301-1374)-传记 Ⅳ.①K825.3
②K825.72

中国版本图书馆 CIP 数据核字(2022)第 010030 号

| 书　　　名 | 江苏历代文化名人传·倪瓒 |
| 著　　　者 | 王菡薇　丁苏川 |
| 出 版 统 筹 | 张　凉 |
| 责 任 编 辑 | 周晓阳 |
| 责 任 监 制 | 钱　晨 |
| 装 帧 设 计 | 姜　嵩 |
| 出 版 发 行 | 江苏人民出版社 |
| 地　　　址 | 南京市湖南路 1 号 A 楼,邮编:210009 |
| 照　　　排 | 江苏凤凰制版有限公司 |
| 印　　　刷 | 苏州市越洋印刷有限公司 |
| 开　　　本 | 718 毫米×1 000 毫米　1/16 |
| 印　　　张 | 24　插页 4 |
| 字　　　数 | 360 千字 |
| 版　　　次 | 2024 年 12 月第 1 版 |
| 印　　　次 | 2024 年 12 月第 1 次印刷 |
| 标 准 书 号 | ISBN 978 - 7 - 214 - 26966 - 9 |
| 定　　　价 | 92.00 元 |

(江苏人民出版社图书凡印装错误可向承印厂调换)

# 江苏文脉整理与研究工程

## 总主编

信长星　许昆林

## 第二届学术指导委员会

**主　　任**　莫砺锋

**委　　员**　（按姓氏笔画排序）

邬书林　宋镇豪　张岂之　茅家琦

郁贤皓　袁行霈　莫砺锋　赖永海

# 编纂出版委员会

主　　编　徐　缨　夏心旻

副 主 编　梁　勇　赵金松　章朝阳　樊和平　程章灿

编　　委　（按姓氏笔画排序）

| | | | | |
|---|---|---|---|---|
| 马　欣 | 王　江 | 王卫星 | 王月清 | 王华宝 |
| 王建朗 | 王燕文 | 双传学 | 左健伟 | 田汉云 |
| 朱玉麒 | 朱庆葆 | 全　勤 | 刘　东 | 刘西忠 |
| 江庆柏 | 许佃兵 | 许益军 | 孙　逊 | 孙　敏 |
| 孙真福 | 李　扬 | 李贞强 | 李昌集 | 佘江涛 |
| 沈卫荣 | 张乃格 | 张伯伟 | 张爱军 | 张新科 |
| 武秀成 | 范金民 | 尚庆飞 | 罗时进 | 周　琪 |
| 周　斌 | 周建忠 | 周新国 | 赵生群 | 赵金松 |
| 胡发贵 | 胡阿祥 | 钟振振 | 姜　建 | 姜小青 |
| 贺云翱 | 莫砺锋 | 夏心旻 | 徐　俊 | 徐　海 |
| 徐　缨 | 徐小跃 | 徐之顺 | 徐兴无 | 陶思炎 |
| 曹玉梅 | 章朝阳 | 梁　勇 | 彭　林 | 蒋　寅 |
| 程章灿 | 傅康生 | 焦建俊 | 赖永海 | 熊月之 |
| 樊和平 | | | | |

分卷主编　徐小跃　姜小青（书目编）

　　　　　周勋初　程章灿（文献编）

　　　　　莫砺锋　徐兴无（精华编）

　　　　　茅家琦　江庆柏（史料编）

　　　　　左健伟　张乃格（方志编）

　　　　　王月清　张新科（研究编）

# 出版说明

　　江苏文化源远流长、历久弥新,文化经典与历史文献层出不穷,典藏丰富;文化巨匠代有人出、彪炳史册,在中华民族乃至整个人类文明的发展史上有着相当重要的地位。为科学把握江苏文化的内涵与特征,在新时代彰显江苏文化对中华文化的贡献,江苏省委、省政府决定组织实施"江苏文脉整理与研究工程",以梳理江苏文脉资源,总结江苏文化发展的历史规律,再现江苏历史上的文化高地,为当代江苏构筑新的文化高地把准脉动、探明趋势、勾画蓝图。

　　组织编纂大型江苏历史文献总集《江苏文库》,是"江苏文脉整理与研究工程"的重要工作。《文库》以"编纂整理古今文献,梳理再现名人名作,探究追溯文化脉络,打造江苏文化名片"为宗旨,分六编集中呈现:

　　(一)书目编。完整著录历史上江苏籍学人的著述及其历史记录,全面反映江苏图书馆的图书典藏情况。

　　(二)文献编。收录历代江苏籍学人的代表性著作,集中呈现自历史开端至一九一一年的江苏文化文本,呈现江苏文化的整体景观。

　　(三)精华编。选取历代江苏籍学人著述中对中外文化产生重要影响、在文化学术史上具有经典性代表性的作品进行整理,并从中选取十余种,组织海外汉学家翻译成各国文字,作为江苏对外文化交流的标志性文化成果。

　　(四)方志编。从江苏现存各级各类旧志中选择价值较高、保存较好的志书,以充分发挥地方志资治、存史、教化等作用,保存江苏的地方文献与历史文化记忆。

（五）史料编。收录有关江苏地方史料类文献，反映江苏各地历史地理、政治经济、文化教育、宗教艺术、社会生活、风土民情等。

（六）研究编。组织、编纂当代学者研究、撰写的江苏文化研究著作。

文献、史料、方志三编属于基础文献，以影印方式出版，旨在提供原始文献，以满足学术研究需要；书目、精华、研究三编，以排印方式出版，既能满足学术研究的基本需求，又能满足全民阅读的基本需求。

"江苏文脉整理与研究工程"工作委员会

# 江苏文库·研究编编纂人员

**主　编**

王月清　张新科

**副主编**

徐之顺　姜　建　王卫星　胡发贵　胡传胜　刘西忠

# 一脉千古成江河

## ——江苏文库·研究编序言

樊和平

"江苏文脉整理与研究工程"是江苏文化史上继往开来的一个浩大工程。与当下方兴未艾的全国性"文库热"相比,江苏文脉工程有三个基本特点:一是全面系统的整理;二是"整理"与"研究"同步;三是以"文脉"为主题。在"书目编—文献编—精华编—史料编—方志编—研究编"的体系结构中,"研究编"是十分独特的板块,因为它是试图超越"修典"而推进文化传承创新的一种学术努力。

"盛世修典"之说不知起源于何时,不过语词结构已经表明"盛世"与"修典"之间的某种互释甚至共谋,以及由此而衍生的复杂文化心态。历史已经表明,"修典"在建构巨大历史功勋的同时,也包含内在的巨大文化风险,最基本的是"入典"的选择风险。《四库全书》的文化贡献不言自明,但最终其收书的数量竟与禁书、毁书、改书的数量大致相当,还有高出近一倍的书目被宣判为无价值。"入典"可能将一个时代的局限甚至选择者个人的局限放大为历史的文化局限,也可能由此扼杀文化多样性而产生文化专断。另一个更为潜在和深刻的风险,是对待传统的文化态度。文献整理,尤其是地域典籍的整理,在理念和战略上面临的最大考验,是以何种心态对待文化传统。当今之世,无论对个体还是社会,传统已经不仅是文化根源,而且是文化和经济发展的资源甚至资本。然而一旦传统成为资源和资本,邂逅市场逻辑的推波助澜,就面临沦为消费和运作对象的风险,从而以一种消费主义和工具主义的文化态度对待文化传统和文献整理。当传统成为消费和运作的对象,其文化价值不仅可能被误读误用,而且也可能在对传统的消费中使文化坐吃山空,造就出文化上的纨绔子弟,更可能在市场运作中使文化不断被糟蹋。"江苏文脉整理与研究工程"的"整理工程"以全面系统的整理的战略应对可能存在的第一种风险,即入典选择的风险;以"研究工程"应对第二种可能的风险,即消费主义与工具主义的风险。我们不仅是既往传统的继承者,更应当是未来传统的创造者;现代人的使命,不仅是继承优秀传统,更应当创造新的优秀传统,这便是传统的创造性转化与创新性发展的真义。诚然,创造传统任重道远,需要经过坚忍不拔的卓越努力和大浪淘沙般的历史积淀,但对"江苏文脉整理与研究工程"而言,无论如何必须在"整理"的同时开启"研究"的千里之行,在研究中继承和发展传统。这便是"研究编"的价值和使命所在,也是"江苏文脉整理与研究工程"在"文库热"中于顶层设计层面的拔群之处。

# 一 倾听来自历史深处的文化脉动

20 世纪是文化大发现的世纪,20 世纪以来西方世界最重要的战略,就是文化战略。20 世纪 20 年代,德国社会学家马克斯·韦伯的《新教伦理与资本主义精神》,揭示了西方资本主义文明的文化密码,这就是"新教伦理"及其所造就的"资本主义精神",由此建构"新教伦理＋资本主义"的所谓"理想类型",为西方资本主义进行了文化论证尤其是伦理论证,奠定了 20 世纪以后西方中心论的文化基础。20 世纪 70 年代,哈佛大学教授丹尼尔·贝尔的《资本主义文化矛盾》,揭示了当代资本主义最深刻的矛盾不是经济矛盾,也不是政治矛盾,而是"文化矛盾",其集中表现是宗教释放的伦理冲动与市场释放的经济冲动分离与背离,进而对现代西方文明发出文化预警。20 世纪 70 年代之后,亨廷顿的《文明的冲突与世界秩序的重建》将当今世界的一切冲突归结为文明冲突、文化冲突,将文化上升为西方世界尤其是美国国家战略的高度。以上三部曲构成西方世界尤其是美国文化帝国主义的国家文化战略,正如一些西方学者所发现的那样,时至今日,文化帝国主义被另一个概念代替——"全球化",显而易见,全球化不仅是一种浪潮,更是一种思潮,是西方世界的国家文化战略。文化虽然受经济发展制约甚至被经济发展水平所决定,但回顾从传统到现代的中国文明史,文化问题不仅逻辑地而且历史地成为文明发展的最高最难的问题,正因为如此,文化自信才成为比理论自信、道路自信、制度自信更具基础意义的最重要的自信。

在全球化背景下,文脉整理与研究具有重大的国家文化战略意义,不仅必要,而且急迫。文化遵循与经济社会不同的规律,全球化在造就广泛的全球市场并使全球成为一个"地球村"的同时,内在的最大文明风险和文化风险便是同质性。全球化催生的是一个文化上的独生子女,其可能的镜像是:一种文化风险将是整个世界的风险,一次文化失败将是整个人类的文化失败。文化的本质是什么? 梁漱溟先生说,文化就是人的生活的根本样法,文化就是"人化"。丹尼尔·贝尔指出,文化是为人的生命过程提供解释系统,以对付生存困境的一种努力。据此,文化的同质化,最终导致的将是人的同质化,将是民族文化或西方学者所说地方性知识的消解和消失;同时,由于文化是人类应对生存困境的大智慧,或治疗生活世界痼疾的抗体,它所建构的是与自然世界相对应的精神世界和意义世界,文化的同质性将导致人类在面临重大生存困境时智慧资源的贫乏和生命力的苍白,从而将整个人类文明推向空前的高风险。应对全球化的挑战和西方文化帝国主义的国家战略,"江苏文脉整理与研究工程"是整个中华民族浩大文化工程的一部分和具体落实,其战略意义绝不止于保存文化记忆的自持和自赏,在这个全球化的高风险正日益逼近的时代,完整地保存地方文化物种,认同文化血脉,畅通文化命脉,不仅可以让我们在遭遇全球化的滔滔洪水之时可以于故乡文化的山脉之巅"一览众山小"地建设自己的精神家园和文化根据地,而且可以在患上全球化的文化感冒甚至某种文化瘟疫之后,不致乞求"西方药"来治"中国病",而是根据自己的文化基因和文化命理,寻找强化自身的文化抗体和文化免疫力之道,其深远意义,犹如在今天经过独生子女时代穿越时光隧道,回首当年我们的"兄弟姐妹那么多"

和父辈们儿孙满堂的那种天伦风光，不只是因为寂寞，而且是为了中华民族大家庭的文化安全和对未来文化风险的抗击能力。

"江苏文脉整理与研究工程"是以江苏这一特殊地域文化为对象的一次集体文化自觉和文化自信，与其他同类文化工程相比，其最具标识意义的是"文脉"理念。"文脉"是什么？它与"文献"和文化传统的关系到底如何？这是"文脉工程"必须解决的基本问题。

庞朴先生曾对"文化传统"与"传统文化"两个概念进行了审慎而严格的区分，认为"传统文化"可能是历史上曾经存在过的一切文化现象，而"文化传统"则是一以贯之的文化道统。在逻辑和历史两个维度，文化成为传统都必须同时具备三个条件：历史上发生的，一以贯之的，在现实生活中依然发挥作用的。传统当然发生于历史，但历史上发生的一切，从《道德经》《论语》到女人裹小脚，并不都成为传统，即便当今被考古或历史研究所不断发现的现象，也只能说是"文化遗存"，文化成为传统必须在历史长河中一以贯之而成为道统或法统，孔子提供的儒家学说，老子提供的道家智慧，之所以成为传统，就是因为它们始终与中国人的生活世界和精神世界相伴随，并成为人的生命和生活的文化指引。然而，文化并不只存在于文献典籍之中，否则它只是精英们的特权，作为"人的生活的根本样法"和"对付生存困境"的解释系统，它必定存在于芸芸众生的生命和生活之中，由此才可能，也才真正成为传统。《论语》与《道德经》之所以成为传统，不只是因为它们作为经典至今还为人们所学习和研究，而且因为在中国人精神的深层结构中，即便在未读过它们的田夫村妇身上，也存在同样的文化基因。中国人在得意时是儒家，"明知不可为而偏为之"；在失意时是道家，"后退一步天地宽"；在绝望时是佛家，"四大皆空"。从而建立了与自给自足的自然经济结构相匹合的自给自足的文化精神结构，在任何境遇下都不会丧失安身立命的精神基地，这就是传统。文化传统必须也必定是"活"的，是在现实中依然发挥作用的，是构成现代人的文化基因的生命因子。这种与人的生活和生命同在的文化传统就是"脉"，就是"文脉"。

文脉以文献、典籍为载体，但又不止于文献和典籍，而是与负载它的生命及其现实生活息息相关。"文脉"是什么？"文脉"对历史而言是

"血脉"，对未来而言是"命脉"，对当下而言是"山脉"。"江苏文脉"就是江苏人的文化血脉、文化命脉、文化山脉，是历史、现在、未来江苏人特殊的文化生命、文化标识、文化家园，以及生生不息的文化记忆和文化动力。虽然它们可能以诸种文化典籍和文化传统的方式呈现和延续，但"文脉工程"致力探寻和发现的则是跃动于这些典籍和传统，也跃动于江苏人生命之中的那种文化脉动。"江苏文脉整理与研究工程"的最大特点就在于它是"文脉工程"而不是一般的"文化工程"，更不是"文库工程"。"文化工程""文库工程"可能只是一般的文化挖掘与整理，而"文脉工程"则是与地域的文化生命深切相通，贯穿地域的历史、现在与未来的生命工程。

　　"江苏文脉整理与研究工程"是"整理"与"研究"的璧合，在"研究工程"中能否、如何倾听到来自历史深处的文化脉动，关键是处理好"文献"与"文脉"的关系。"整理工程"是对文脉的客观呈现，而"研究工程"则是对文脉的自觉揭示，若想取得成功，必须学会在"文献"中倾听和发现"文脉"。"文献"如何呈现"文脉"？文献是人类文明尤其是人类文化记忆的特殊形态，也是人类信息交换和信息传播的特殊方式。回首人类文明史，到目前为止，大致经历了三种信息方式。最基本也是最原初的是口口交流的信息方式，在这种信息方式中，信息发布者和信息传播者同时在场，它是人的生命直接和整体在场并对话的信息传播方式，是从语言到身体、情感的全息参与，是生命与生命之间的直接沟通，但具有很大的时空局限。印刷术的产生大大扩展了人类信息交换的广度和深度，不仅可以以文字的方式与不在场的对象交换信息，而且可以以文献的方式与不同时代、不同时空的人们交换信息，这便是第二种信息方式，即以印刷为媒介的信息方式或印刷信息方式。第三种信息方式便是现代社会以电子网络技术为媒介的信息方式，即电子信息方式。文献与典籍是印刷信息方式的特殊形态，它将人类文化史和文明史上具有特殊价值的信息以印刷媒介的方式保存下来，供后人学习和研究，从而积淀为传统。文字本质上是人的生命的表达符号，所谓"诗言志"便是指向生命本身。然而由于它以文字为中介，一旦成为文献，便离开原有的时空背景，并与创作它的生命个体相分离，于是便需要解读，在解读中便可能发生误读,但无论如何,解读的对象并不只是文字本身,而是文字背后的生命现象。

文献尤其是典籍是不同时代人们对于文化精华的集体记忆,它们不仅经受过不同时代人们的共同选择,而且经受过大浪淘沙的历史洗礼,因而其中不仅有创造它的那个个体或文化英雄如老子、孔子的生命表达,而且有传播和接受它的那个民族的文化脉动,是负载它的那个民族的文化生命,这种文化生命一言以蔽之便是文化传统。正因为如此,作为集体记忆的精华,文献和典籍是个体和集体的文化脉动的客观形态,关键在于,必须学会倾听和揭示来自远方的生命旋律。由于它们巨大的时空跨度,往往不能直接把脉,而需要具有一种"悬丝诊脉"的卓越倾听能力。同时,为了把握真实的文化脉动,不仅需要对文献和典籍即"文本"进行研究,而且需要对创造它们的主体包括创作的个体和传播接受的集体的生命即"人物"进行研究。正如席勒所说,每个人都是时代的产儿,那些卓越的哲学家和有抱负的文学家却可能成为一切时代的同代人。文字一旦成为文献或典籍,便意味着创作它的个体成为一切时代的同代人,但无论如何,文献和它们的创造者首先是某个时代的产儿,因而要在浩如烟海的文献和典籍中倾听到来自传统深处的文化脉动,还需要将它们还原到民族的文化生命之中,形成文化发展的"精神的历史"。由此,文本研究、人物研究、学派流派研究、历史研究,便成为"文脉研究工程"的学术构造和逻辑结构。

## 二 中国文化传统中的江苏文脉

江苏文脉是中国文化传统的一部分,二者之间的关系并不只是部分与整体的关系,借助宋明理学的话语,是"理一"与"分殊"的关系。文脉与文化传统是民族生命的文化表达和自觉体现,如果只将它们理解为部分与整体的关系,那么江苏文脉只是中国文化传统或整个中华文化脉统中的一个构造,只是中华文化生命体中的一个器官。朱熹曾以佛家的"月映万川"诠释"理一分殊"。朗月高照,江河湖泊中水月熠熠,此番景象的哲学本真便是"一月普现一切水,一切水月一月摄"。天空中的"一月"与江河中的"一切水月"之间的关系是"分享"关系,不是分享了"一月"的某一部分,而是全部。江苏文脉与中国文化传统之间的关系便是"理一分殊",中国文化传统是"理一",江苏文脉是"分殊",正因为如此,关于江苏文脉的研究必须在与整个中国文化传统的关系中整体性地把握和展开。其中,文化与地域的关系、江苏文化在中华文化发展中的贡献和地位,是两个基本课题。

到目前为止的一切人类文明的大格局基本上都是由以山河为标志的地理环境造就的,从轴心文明时代的四大文明古国,到"五大洲四大洋"的地理区隔,再到中国山东—山西、广东—广西、河南—河北,江苏的苏南—苏北的文化与经济差异,山河在其中具有基础性意义。在这个意义上,可以将在此以前的一切文明称为"山河文明"。如今,科技经济发展迎来一个"高"时代:高铁、高速公路、电子高速公路……正在并将继续推倒由山河造就的一切文明界碑,即将造就甚至正在造就一个"后山河时代"。"后山河时代"的最后一道屏障,"山河时代"遗赠给"后山河时代"的最宝贵的文明资源,便是地域文化。在这个意义上,江苏文脉的整理与研究,不仅可以为经过全球化席卷之后的同质化世界留下弥足珍贵的"文化大熊猫",而且可以在未来的芸芸众生饱尝"独上高楼,望尽天涯路"的孤独之后,缔造一个"蓦然回首"的文化故乡,从中可以鸟瞰文化与世界关系的真谛。江苏独特的地域环境与江苏文化、江苏文脉之间的关系,已经不是所谓"一方水土一方人"所能表达,可以说,地脉、水脉、山脉与江苏文脉之间的关系,已经是一脉相承。

我们通过考察和反思发现,水系,地势,山势,大海,是对江苏文脉尤其是文化性格产生重大影响的地理因素。露水不显山,大江大河入大海,低平而辽阔,黄河改道,这一切的一切与其说是自然画卷和自然事件,不如说是江苏文脉的大地摇篮和文化宿命的历史必然,它们孕生和哺育了江苏文明,延绵了江苏文脉。历史学家发现,江苏是中国唯一同时拥有大海、大江、大湖、大平原的省份,有全国第一大河长江,第二大河黄河(故道),第三大河淮河,世界第一大人工河大运河,全国第三大淡水湖太湖,全国第四大淡水湖洪泽湖。江苏也是全国地势最低平的一个省区，绝大部分地区在海拔 50 米以下，少量低山丘陵大多分布于省际边缘，最高峰即连云港云台山的玉女峰也只有 625 米。丰沛而开放的水系和低平而辽阔的地势馈赠给江苏的不只是得天独厚的宜居，更沉潜、更深刻的是独特的文化性格和文脉传统，它们是对江苏地域文化产生重大影响的两个基本自然元素。

不少学者指证江苏文化具有水文化特性，而在众多水系中又具长江文化的特性。"水"的文化特性是什么？"老聃贵柔"，老子尚水，以水演绎世界真谛和人生大智慧。"天下莫柔弱于水，而攻坚强者莫之能胜。"柔弱胜刚强，是水的品质和力量。西方文明史上第一个哲学家和科学家泰勒斯向全世界宣告的第一个大智慧便是：水是万物的始基。辽阔的平原在中国也许还有很多，却没有像江苏这样"处下"。老子也曾以大海揭示"处下"的智慧："江海所以能为百谷王者，以其善下之，故能为百谷王。"历史上江苏的文化作品、江苏人的文化性格，相当程度上演绎了这种"水性"与"处下"的气质与智慧。历史上相当时期黄河曾经从江苏入海，然而黄河改道、黄河夺淮，几番自然力量或人力所为，最终黄河在江苏留下的只是一个"故道"的背影。黄河在江苏的改道当然是一个自然事件或历史事件，但我们也可能甚至毋宁将它当作一个文化事件，数次改道，偶然之中有必然，从中可以发现和佐证江苏文脉的"长江"守望和江南气质。不仅江苏的地脉"露水不显山"，而且江苏的文化作品，江苏人的文化性格，一句话，江苏文脉，也是"露水不显山"，虽不是"壁立千仞"，却是"有容乃大"。一般说来，充沛的水系，广阔的平原，往往造就自给自足的自我封闭，然而，江苏东临大海，无论长江、淮河，还是历史上的黄河，都从这里入大海，归大海，不只昭示江苏的开放，而且演绎江苏文化、江苏文脉、江苏人海纳百川的博大和静水深流的仁厚。

黄河与长江好似中华文脉的动脉与静脉，也好似人的身体中的任督二脉，以长江文化为基色的江苏文化在中华文脉的缔造和绵延中作出了杰出贡献。有学者指出，在中国文明史上，长江文化每每在黄河文化衰弱之后承担起"救亡图存"的重任。人们常说南京古都不少为小朝廷，其实这正是"救亡图存"的反证，"天下兴亡，匹夫有责"的口号首先由江苏人顾炎武喊出，偶然之中有必然。学界关于江苏文化有三次高峰或三次大贡献，与两次大贡献之说。第一次高峰是开启于秦汉之际的汉文化，第二次高峰是六朝文化，第三次高峰是明清文化。人们已对六朝文化与明清文化两大高峰对中国文化的贡献基本达成共识，但江苏的汉文化高峰及其贡献也应当得到承认，而且三次文化高峰都发生于中国社会的大转折时期，对中国文化的承续作出了重大贡献。在秦汉之际的大变革和大一统国家的建构中，不仅在江苏大地上曾经演绎了波澜壮阔的对后来中国文明产生深远影响的历史史诗，而且演绎这些历史史诗的主角刘邦、项羽、韩信等都是江苏人，他们虽然自身不是文化人，但无疑对中国文化产生了深远影响。董仲舒提出"罢黜百家，独尊儒术"的主张，奠定了大一统的思想和文化基础，他本人虽不是江苏人，却在江苏留下印迹十多年。江苏的汉文化高峰对中国文化的最大贡献，一言概之即"大一统"，包括政治上的大一统和思想文化上的大一统。六朝被公认为中国文化发展的高峰，不少学者将它与古罗马文明相提并论，而六朝文化的中心在江苏、在南京。以南京为核心的六朝文化发生于三国之后的大动乱，它接纳大量流入南方的北方士族，使南北方文化合流，为保存和发展中国文化作出了杰出贡献。明朝是中国历史上第一次在南京，也是第一次在江苏建立统一的帝国都城，江苏的经济文化在全国处于举足轻重的地位，扬州学派、泰州学派、常州学派，形成明清时期中国文化的江苏气象，形成江苏文化对中国文化的第三次重大贡献。三大高峰是江苏的文化贡献，在重大历史转折关头或者民族国家危难之际挺身而出，海纳百川，则是江苏文化的精神和品质，这就是江苏文脉。也正因为如此，江苏文化和江苏文脉在"匹夫有责"的担当精神中总是透逸出某种深沉的忧患意识。

江苏文脉对中国文化的独特贡献及其特殊精神气质在文化经典中得到充分体现。中国四大文学名著，其中三大名著的作者都来自江苏，这就是《西游记》《红楼梦》《水浒》，其实《三国演义》也与江苏深切相关，虽然罗贯中不是江苏人，但以江苏为作品重要的时空背景之一。四大名著中不仅有明显的江苏文化的元素，甚至有深刻的江苏地域文化的基因。《西游记》到底是悲剧还是喜剧？仔细反思便会发现，《西游记》

就是文学版的《清明上河图》。《清明上河图》表面呈现一幅盛世生活画卷,实际却是一幅"盛世危情图",空虚的城防,懈怠的守城士兵……被繁华遗忘的是正在悄悄到来的深刻危机。《西游记》以唐僧西天取经渲染大唐的繁盛和开放,然而在经济的极盛之巅,中国人的精神世界却空前贫乏,贫乏得需要派一个和尚不远万里,请来印度的佛教,坐上中国意识形态的宝座,入主中国人的精神世界。口袋富了,脑袋空了,这是不折不扣的悲剧。然而,《西游记》的智慧,江苏文化的智慧,是将悲剧当作喜剧写,在喜剧的形式中潜隐悲剧的主题,就像《清明上河图》将空虚的城防和懈怠的士兵淹没于繁华的海洋一样。《西游记》喜剧与悲剧的二重性,隐喻了江苏文脉的忧患意识,而在对大唐盛世,对唐僧取经的一片颂歌中,深藏悲剧的潜主题,正是江苏文脉"匹夫有责"的担当精神和文化智慧的体现。鲁迅说,悲剧将人生的有价值的东西毁灭给人看。《西游记》是在喜剧形式的背后撕碎了大唐时代人的精神世界的深刻悲剧。把悲剧当作喜剧写,喜剧当作悲剧读,正是江苏文化、江苏文脉的大智慧和特殊气质所在,也是当今江苏文脉转化发展的重要创新点所在。正因为如此,"江苏文脉研究"必须以深刻的哲学洞察力和深厚的文化功力,倾听来自历史深处的江苏文化的脉动,读懂江苏,触摸江苏文脉。

## 三 通血脉,知命脉,仰望山脉

江苏文化的巨大魅力和强大生命力,在数千年发展中已经形成一种传统、一种脉动,不仅是一种客观呈现的文化,而且是一种深植个体生命和集体记忆的生生不息的文脉。这种文化和文脉不仅成为共同的价值认同,而且已经成为一种地域文化胎记。在精神领域,在文化领域,江苏不仅有灿若星河的文学家,而且有彪炳史册的思想家、学问家,更有数不尽的才子骚客。长江在这片土地上流连,黄河在这片土地上改道,淮河在这片土地上滋润,太湖在这片土地上一展胸怀。一代代中国人,一代代江苏人,在这里缔造了文化长江、文化黄河、文化淮河、文化太湖,演绎了波澜壮阔的历史诗篇,这便是江苏文脉。

为了在全球化时代完整地保存江苏文脉这一独特地域文化的集体记忆,以在"后山河时代"为人类缔造精神家园提供根源与资源,为了继承弘扬并创造性转化、创新性发展中华优秀传统文化,2016 年江苏启动了"江苏文脉整理与研究工程"。根据"文脉"的理念,我们将研究工程或"研究编"的顶层设计以一句话表达:"通血脉,知命脉,仰望山脉。"由此将整个工程分为五个结构:江苏文化通史,江苏历代文化名人传,江苏文化专门史,江苏地方文化史,江苏文化史专题。

"江苏文化通史"的要义是"通血脉",关键词是"通"。"通"的要义,首先是江苏文化与中国文明的息息相通,与人类文明的息息相通,由此才能有民族感或"中国感",也才有世界眼光,因而必须进行关于"中国文化传统中的江苏文脉"的整体性研究;其次是江苏文脉中诸文化结构之间的"通",由此才是"江苏",才有"江苏味";再次是历史上各个重要历史时期文化发展之间的"通",由此才能构成"史",才有历史感;最后是与江苏人的生命与生活的"通",由此"江苏文脉"才能真正成为江苏人的文化血脉、文化命脉和文化山脉。达到以上"四通","江苏文化通史"才是真正的"通"史。

"江苏文化专门史"和"江苏文化史专题"的要义是"知命脉",关键词是"专",即"专门"与"专题"。"江苏文化专门史"在框架上分为物质文化史、精神文化史、制度文化史、特色文化史等,深入研究各类专门史,总体思路是系统研究和特色研究相结合,系统研究整体性地呈现江苏历史上的重要文化史,如哲学史、文学史、艺术史等,为了保证基本的完整性,我们根据国务院学科分类目录进行选择;特色研究着力研究历史上具有江苏特色的历史,如民间工艺史、昆曲史等。"江苏文化史专题"着力研究江苏历史上具有全国性影响的各种学派、流派,如扬州学派、泰州学派、常州学派等。

"江苏地方文化史"的要义是"血脉延伸和勾连",关键词是"地方"。"江苏地方文化史"以现省辖市区域划分为界,13 市各市一卷。每卷上编为地方文化通史,讲述地方整体历史脉络中的文化历史分期演化和内在结构流变,注重把握文化运动规律和发展脉络,定位于地方文化总体性研究;下编为地方文化专题史,按照科学技术、教育科举、文学语言、宗教文化等专题划分,以一定逻辑结构聚焦对地方文化板块加以具体呈现,定位于凸显文化专题特色。每卷都是对一个地方文化的总结和梳理,这是江苏文化血脉的伸展和渗入,是江苏文化多样性、丰富性的生动呈现和重要载体。

"江苏历代文化名人传"的要义是"仰望山脉",关键词是"文化"。它不是一般性地为江苏历朝历代的"名人"作传,而只是为文化意义上的名人作传。为此,传主或者自身就是文化人并为中国文化的发展、为江苏文脉的积累积淀作出了重要贡献;或者虽然自身主要不是文化人而是政治家、社会活动家等,但对中国文化发展具有重大影响。如何对历史人物进行文化倾听、文化诠释、文化理解,是"文化名人传"的最大难点,也是其最有意义的方面。江苏历史上的文化名人汗牛充栋,"文化名人传"计划为 100 位江苏文化名人作传,为呈现江苏文化名人的整体画卷,同时编辑出版一部"江苏文化名人辞典",集中介绍历史上的江苏文化名人 1000 位左右。

一脉千古成江河,"茫茫九派流中国"。江苏文脉研究的千里之行已经迈出第一步,历史馈赠我们一次千载难逢的宝贵机遇,让我们巡天遥看,一览江苏数千年文化银河的无限风光,对创造江苏文化、缔造江苏文脉的先行者们献上心灵的鞠躬。面对奔涌如黄河、悠远如长江的江苏文脉,我们唯有以跋涉探索之心,怵惕敬畏之情,且行且进,循着爱因斯坦的"引力波",不断走近并播放来自江苏文脉深处的或澎湃,或激越,或温婉静穆的天籁之音。

我们一直在努力;

我们将一直努力!

# 目　录

# 第一章 励志守义,专意读书
## (1306—1328)

## 第一节 家世

忽必烈(1260—1294 年在位)于中统元年(1260)入主中原,并于至元八年(1271)采用"大元"国号,至元十六年(1279)更灭南宋,中国历史上第一个非汉族统治的王朝正式建立。①

尽管元初的战争伤害、文化冲突等因素令社会动荡不安、民不聊生,但在若干元主延揽儒士、推行汉法后,朝廷逐步走向正轨。随之,元朝的社会问题转为朝廷政争、财政空虚及民族冲突。据陶晋生《宋辽金元史新论》统计:"忽必烈以降,一共十世,凡七十四年,但这十世自成宗到顺宗共易八主,此八主皆年幼夭折,其中还有两人死于非命,是中国历史中罕见的现象。"②帝位继承历来是古代执政者的一大难题,容易兴起许多腥风血雨,动摇国本,而元朝继承制度之特质具有强烈的竞争性,造成不可避免的继承纷争。再者,继承者往往年幼或选定过晚,很难拥有足够的实力以顺利登位。另一方面,继任者为获得足够的支持又必须授予臣属更大的权力。因此,元代继承制度之特质与中央集权政体之根本性缺点,造成周期性继承冲突,成为亡国的重要原因。③ 除

---

① [美] 牟复礼:《蒙古统治下的中国社会:1215—1368 年》,[德] 傅海波、[英] 崔瑞德编,史卫民等译:《剑桥中国辽西夏金元史》,北京:中国社会科学出版社 1998 年版,第 702—703 页。
② 陶晋生:《宋辽金元史新论》,香港:香港中国史学社 1984 年版,第 213 页。
③ 沈雅文:《元季四大画家之艺文生活及诗歌创作》,2017 年博士学位论文,第 17 页。

了帝位继承外,因财政而引起的政争亦十分频繁,渐渐财政难支,民生凋敝,再加上经济和阶级形成的社会矛盾,主宰中下阶层的蒙古贵族、汉人、地主、官吏、富商等,层层剥削,造成元末暴民四起。① 元承金制,元代蒙古贵族进入中原,以少数民族统治阶级的身份成为全国的统治者,为保护自己的特权地位和维护其对人数远远超过本族的汉族的统治,进一步推行民族分化和民族压迫政策,根据民族的不同和被征服的先后分人为蒙古、色目、汉人、南人四等。② 而在若干场合,则大略分为二级:即蒙古、色目为一级,汉人、南人为一级是也。③ 同时,元代各级官署中的长官,都主要由蒙古人任职,其次为色目人,而汉人、南人则不可以担任。

《元史·百官志》载:"官有常职,位有常员,其长则蒙古人为之,而汉人、南人贰焉。于是一代之制始备,百年之间,子孙有所凭借矣。此法乃为一代之定制;兹分中枢与地方两者言之。"④《元史·百官志》又载:"(世祖)遂命刘秉忠、许衡酌古今之宜,定内外之官。其总政务者曰中书省,秉兵柄者曰枢密院,司黜陟者曰御史台。"⑤元代中枢之官署,以中书省、枢密院、御史台最为重要,分别掌理政务、兵柄、黜陟的相关事务。《元史·太宗纪》载:"三年辛卯春二月……始立中书省,改侍从官名。以耶律楚材为中书令,粘合重山为左丞相,镇海为右丞相。"⑥其中中书的最高长官曰中书令,在太宗时,契丹人耶律楚材曾任之,然而实权则归左右二丞相,《元史·百官志》载:"右丞相、左丞相各一员,正一品,银印。统六官,率百司,居令之次。令缺,则总省事,佐天子,理万机。"⑦至于地方官吏,则名目相当复杂,绝大多数都以达鲁花赤为上官⑧,正如叶子奇《草木子》所言:"元路州县各立长官曰达鲁花赤,掌印

① 萧丽华:《元诗之社会性与艺术性研究》,台北:台湾花木兰文化出版社 2009 年版,第 19—21 页。
② 丁国范:《元代的四等人制》,文史知识编辑部编:《古代礼制风俗漫谈·3》,北京:中华书局 1992 年版,第 89 页。
③ 蒙思明:《元代社会阶级制度》,北京:中华书局 1980 年版,第 37 页。
④ (明)宋濂等:《元史》卷八十五,北京:中华书局 1976 年版,第 2120 页。
⑤ (明)宋濂等:《元史》卷八十五,北京:中华书局 1976 年版,第 2119 页。
⑥ (明)宋濂等:《元史》卷二,北京:中华书局 1976 年版,第 31 页。
⑦ (明)宋濂等:《元史》卷八十五,北京:中华书局 1976 年版,第 2121 页。
⑧ 根据《元史·百官志》考之,除中枢官署及内廷官署不计外,则宣慰、宣抚、招讨、安抚四司中,惟宣慰司无达鲁花赤;地方民政官署,如路、府、州、县等,地方军政官署,如万户、千户、百户等,及投下之所有官署,皆置达鲁花赤为上官。

信,以总一府一县之治。判署则用正官,在府则总管,在县则县尹。达鲁花赤犹华言荷包上压口捺子也,亦由古言总辖之比。"①这些地方官吏的长官,亦皆主要为蒙古人,次则色目人。《元史·世祖纪》亦载:"以蒙古人充各路达鲁花赤,汉人充总管,回回人充同知,永为定制。"②由此可见,元代时期,汉人与南人地位之低下、入仕之艰辛。

生活在江南地区的倪瓒(1306—1374)③归属于南人。元代所谓南人,在某种层面上而言,与狭义之汉人乃为同一种族,其所异者,只是所居住的地域不同而已。元代许多文献中称南人"蛮子",此乃沿袭南北朝以来指代南方人的说法。④ 但也很难因此确定其准确界域,金代虽也有汉人、南人的提法,然以地域而分,灭辽所得者谓之汉人,攻宋所得者谓之南人,因此山东、河南地域皆为南人范畴,正如清人赵翼《廿二史札记》载:

> 金、元取中原后,俱有汉人南人之别。金则以先取辽地人为汉人,继取宋河南、山东人为南人。元则以先取金地人为汉人,继取南宋人为南人。《金史·完颜勖传》,女直无文字,及破辽获契丹汉人,始通契丹汉字,此以辽地为汉人也。《贺扬庭传》,世宗谓扬庭曰:"南人矿直敢为,汉人性奸,临事多避,异时南人不习诗赋,故中第者少,近年河南、山东人中第者多,殆胜汉人。"此以河南、山东人为南人也。《元史·百官志序》,诸官职皆以蒙古人为之长,而汉人、南人贰焉。文宗诏:各道廉访司,官,用蒙古二人,畏兀、河西、回回、汉人、南人各一人。是汉人、南人亦各分名目。《程钜夫传》,

① (明)叶子奇:《草木子》卷三,《元明史料笔记丛刊》,北京:中华书局1959年版,第64页。
② (明)宋濂等:《元史》卷六,北京:中华书局1976年版,第106页。
③ 关于倪瓒的生卒年,目前学界主要有两种观点。其一,大多数学者认为倪瓒生于大德五年(1301),此种说法的主要依据是周南老的《元处士云林先生墓志铭》,其中有云:"洪武甲寅十一月十一日甲子,以疾卒,享年七十有四。"因而推之倪云林生于1301年,卒于1374年。其二,部分学者认为倪瓒生年为大德十年(1306)。1986年,陈传席先生在《美术史论》(1986年第1期)中发表《倪云林生年新考》,提出此观点。谈福兴先生在1992年及1996年先后发表文章,题目分别为《关于倪瓒的生卒时间——周南老〈元处士云林先生墓志铭〉辨误》《朵云》,上海:上海书画出版社1992年总第34期)、《倪瓒生年之再认定——袁华题〈倪瓒与袁恒书〉考论》(《东南文化》1996年第4期),也认为倪瓒的生年为大德十年,并且提出此应为定论。本书赞同倪瓒生年为大德十年(1306)的观点。
④ 蒙思明:《元代社会阶级制度》,北京:中华书局1980年版,第34页。

世祖命钜夫为御史中丞,台臣言钜夫南人不宜用,帝曰:"汝未用南人,何以知南人不可用?自今省部台院必参用南人。"按钜夫由南宋人入附,故称南人,此以南宋人为南人也。①

关于"汉人""南人"的分划,钱大昕《十驾斋养新录附余录》载:"……汉人有官至宰执者,而南人不得入台省。顺帝时稍用南人而入参政者,仅危素一人耳。汉人、南人之分,以宋、金疆域为断。江浙、湖广、江西,三行省为南人,河南省唯江北淮南诸路为南人。"②此说法与赵翼谓"元则以先取金地人为汉人,继取南宋人为南人"的提法一致,同时也佐证了《元史》中称南宋人为"南人"的说法。《元史·世祖纪》载:"至元二十八年……秋七月丙申朔……遣官招集宋时涅手军可充兵者八万三千六百人,以蒙古、汉人、宋人参为万户、千户、百户领之。"③虽然没有关于汉人、南人地域区划的确切标准,但是元代汉人、南人地域区划的实际操作是有据可循的,《元史·选举志》载:

> 天下选合格者三百人赴会试,于内取中选者一百人,内蒙古、色目、汉人、南人分卷考试,各二十五人。……汉人取合格者七十五人:大都一十人,上都四人,真定等十一人,东平等九人,山东七人,河东七人,河南九人,四川五人,云南二人,甘肃二人,岭北一人,陕西五人,辽阳二人,征东一人。南人取合格者七十五人:湖广一十八人,江浙二十八人,江西二十二人,河南七人。④

由此可知,元代乡试应取人数的种族与地域分配情况大致如下:江浙、江西、湖广三省皆有南人而无汉人,其余则有汉人而无南人,只有河南省既有汉人,亦有南人。换言之,南人只存在于江南三省与河南一部分而已。此说法也佐证了元人袁桷《清容居士集》中关于《江陵儒学教授岑君墓志铭》的记载:

---

① (清)赵翼:《廿二史札记》卷二十八,《续修四库全书》第453册,上海:上海古籍出版社2002年版,第517—518页。

② (清)钱大昕:《十驾斋养新录附余录》卷九,《续修四库全书》第1151册,上海:上海古籍出版社2002年版,第205页。

③ (明)宋濂等:《元史》卷十六,北京:中华书局1976年版,第349页。

④ (明)宋濂等:《元史》卷八十一,北京:中华书局1976年版,第2021页。

慈溪黄宗卿震之季子叔英彦实甫,婿余姚岑氏,咸言岑氏善择婿。彦实馆其家,以诗书授子弟,彬彬于于,钩深纂玄,融液品节,各就条贯,掉鞅于词场者尤宜焉。延祐五年,岑君良卿以诗义上礼部第二,桷时为殿试读卷官定甲乙。七年,其弟士贵贡于乡。桷以至治元年再入集贤预校文选,词赋工者擢前列,暨拆名,则士贵也。……江南行省有三,而襄、郢、东西淮之士亦隶南选,三岁止七十五人。①

此条史料明确记载河南行省之南人境域,只有襄、郢、东西淮。以上是汉人、南人地域区分的实际情况。

有元一代,政治简陋,法律粗疏,不够完备,只能使用相关判例惯例为典制,却没有系统精密的律文颁布,对一切律令既然如此草率,种族划分更不会详细阐述。正如学者蒙思明《元代社会阶级制度》一书中所说:"故谓元代对四级族类之区分无精密之规定则可,谓元代根本无种族区划之存在则惑矣。盖自大德而后,蒙古、色目、汉人、南人四名称之应用,已代列举部族之例而普遍于文书诏令之中;是其所包之内容及其区分之标准,在吾人虽因文献不足,无由周知;而在当时,则必家喻户晓,无庸疑义者也。"②元代种族与经济、阶级制度等矛盾,最终导致社会矛盾的激化。元末农民起义反抗是社会矛盾激化的产物。

倪瓒便是亲身经历了元末从动荡到崩溃的过程,倘若元朝从1260年世祖忽必烈即位算起,至1368年顺帝退出大都北逃,则历时109年,共传十帝。那么,倪瓒一生在元朝度过了约3/5的时间。在这元朝十帝当中,只有首尾二帝在位时间较长,忽必烈在位35年,顺帝(至退出大都时为止)在位36年。③ 其余八位皇帝,累计在位时间不过39年,倪瓒便出生在成宗晚年时期。

成宗朝的治国政策,基本上是世祖晚年政治的延续。至元二十八年(1291)杀桑哥之后,忽必烈起用了"小心畏慎"的原太子詹事完泽为

---

① (元)袁桷:《清容居士集》卷二十九,《景印文渊阁四库全书》第1203册,台北:台湾商务印书馆1986年版,第389页。
② 蒙思明:《元代社会阶级制度》,北京:中华书局1980年版,第36—37页。
③ 陈高华、张帆、刘晓:《元代文化史》,广州:广东教育出版社2009年版,第329页。

中书右丞相,以国子生出身、深受儒学熏陶的康里人不忽木为平章政事,革新桑哥的弊政,蠲免中统以来积年逋负钱谷,谏止复立尚书省和征江南包银,采取了安民的稳妥政策,社会矛盾有所缓和。成宗即位以后,中书省右丞相完泽、平章不忽木等佐成宗"恪守成宪","数下宽大之诏",减免赋役,赈济灾荒,维持了政治、经济上的相对稳定局面。① 成宗晚年多病,不亲政务,《元史》卷二一《成宗纪》载:"成宗承天下混一之后,垂拱而治,可谓善于守成者矣。惟其末年,连岁寝疾,凡国家政事,内则决于宫壸,外则委于宰臣;然其不致于废坠者,则以去世祖为未远,成宪俱在故也。"② 皇后卜鲁罕和中书右丞相哈剌哈孙分别掌握了朝廷大权,以卜鲁罕和左丞相阿忽台为一方,以哈剌哈孙为另一方,形成对立的两个集团,明争暗斗。成宗逝世以后,双方集团围绕帝位继承问题展开了斗争。③ 这就是倪瓒出生时的政治氛围,值得庆幸的是,他一生未曾步入仕途。

至于倪瓒本人形象,张端《云林倪先生墓表》载:"清姿玉立,冲澹淳雅,得之天然。"④高启云其身形"瘦骨秋来似竹枝"⑤,元四家之一的王蒙曾画《倪云林像》,《佩文斋书画谱》载:"王叔明画倪云林像,作层峦陈木,林木下一趺坐,神意殊远,诚妙品也。其上有顾谨中书赞四句,作钟鼎篆。"⑥王蒙为倪瓒的挚友,所画《倪云林像》定是传神,可惜此图已不传。关于倪瓒传世的肖像,最早可能是台北"故宫博物院"所藏的《张雨题〈倪瓒像〉》,表现了倪瓒年过四十的样貌。画面中央,倪瓒背依屏风端坐于榻上,穿着的服装十分轻便,身靠屏风,右手执笔,左手展纸卷,看起来像是四十岁左右的壮年。⑦ 面向画面之右方,男侍者持帚而立,

① 韩儒林:《元朝史》上册,北京:人民出版社2008年版,第411页。
② (明)宋濂等撰:《元史》卷二十一,北京:中华书局1976年版,第472页。
③ 韩儒林:《元朝史》上册,北京:人民出版社2008年版,第415页。
④ (元)倪瓒著,江兴佑点校:《清閟阁集》附录一,杭州:西泠印社出版社2010年版,第379页。
⑤ (元)倪瓒著,江兴佑点校:《清閟阁集》附录二,杭州:西泠印社出版社2010年版,第424页。
⑥ (清)孙岳颁:《佩文斋书画谱》卷九十八,《景印文渊阁四库全书》第823册,台北:台湾商务印书馆1986年版,第385页。
⑦ [日]板仓圣哲:《张雨题〈倪瓒像〉与元末江南文人圈》,台大艺术史研究所编:《区域与网络:近千年中国美术史研究国际学术研讨会论文集》,台北:台湾大学艺术史研究所2001年版,第193—194页。

面向画面左方女侍者手提盥洗之用具。《清闷阁集》中载《云林遗事五则·高逸》云："云林遗像在人间者甚多,大抵皆形似,上有张伯雨题赞。云林古衣冠,坐一连床,据梧几,握笔伸纸,搜吟于景象之外。几上设酒尊一,砚山、香鼎各一,床倚画屏,籍以锦茵,置诗卷盈束。一苍头持长柄麈拂立几侧。一女冠左持古铜洗,右持□水器及巾帨之具。"①阮元《石渠随笔》亦载:"内府藏张雨题元镇小像卷,其左目眇,据床独坐,翘然绝俗,然似有癖者。"②这些记录描述了此图的画面内容,同时也为此图图样广为流传的情形做了佐证。画面左方有与倪瓒同时代的好友张雨(1283—1350)、陈方(今失考)的题赞。由倪瓒的样貌,或者是张雨、倪瓒二人近20岁的年龄差距等因素来看,此图创作的年代应为张氏晚年,也就是1330年代或1340年代。③ 此题赞与张氏1340年代之《书陶贞白小传》(1344年,台北"故宫博物院"藏)、《台仙阁记行书卷》(1345年,上海博物馆藏)等书风相近,这与推测的本图年代也相互吻合。张雨题赞内容如下:

> 产于荆蛮,寄于云林,青白其眼,金玉其音。十日画水五日石,而安排滴露;三步回头五步坐,而消磨寸阴。背漆园野马之尘埃,向姑射神人之冰雪。执玉弗挥,于以观其详雅;盥手不悦,曷足论其盛洁。意匠摩诘,神交海岳;达生傲睨,玩世谐谑。人将比之爱佩紫罗囊之谢玄,吾独以为超出金马门之方朔也。④

此段跋文记录了倪瓒的出生地、身体特征、作画态度,以及特殊个性等等,并提到倪瓒对唐代隐逸诗人王维以及同样具有洁癖的北宋文人米芾的态度。元代诗人陈方的题跋虽在此图中佚失,但明人汪砢玉《珊瑚网》中记录其题赞内容为:

---

① (元)倪瓒著,江兴佑点校:《清闷阁集》附录一,杭州:西泠印社出版社2010年版,第369页。
② (清)阮元:《石渠随笔》卷四,《续修四库全书》第1081册,上海:上海古籍出版社2002年版,第453页。
③ [日]板仓圣哲:《张雨题〈倪瓒像〉与元末江南文人圈》,台北:台大艺术史研究所编:《区域与网络:近千年中国美术史研究国际学术研讨会论文集》,台北:台湾大学艺术史研究所出版2001年版,第194页。
④ 见台北"故宫博物院"藏《张雨题倪瓒画像》之题跋。

骨如鹤,目如虎。即之而云凝,望之而霞举;不据槁梧而吟,乃箕踞长松之下。吾知其为马少游之徒、陶弘景之伍。然倜傥之气,足以糠秕一世;清逸之怀,足以游览千古。戢其光芒,约之规矩。扬扬乎晏安之暇,循修乎问学之聚。如是而带经以锄者,此一泰宇,彼一泰宇。①

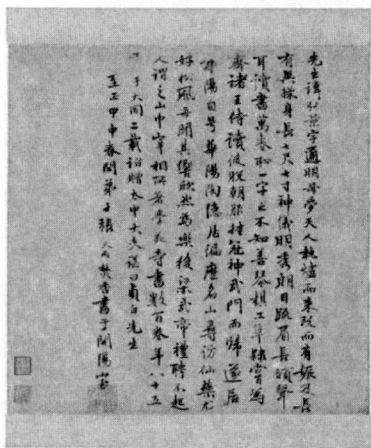

图1 (元)张雨:《书陶贞白小传》,1344年,纵36.7厘米,横30.3厘米,台北"故宫博物院"藏

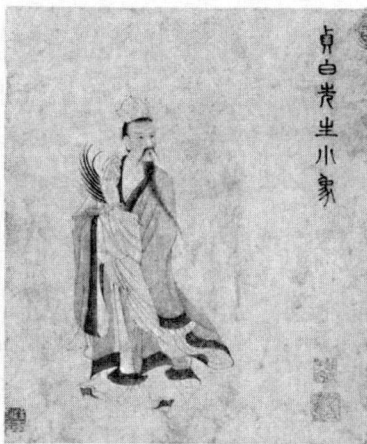

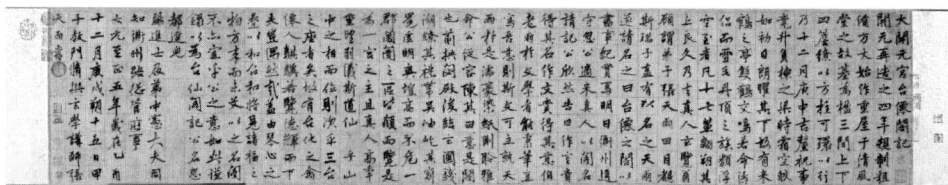

图2 (元)张雨:《台仙阁记行书卷》,1345年,纵35.6厘米,横172.3厘米,上海博物馆藏

《珊瑚网》中除记录陈方跋文之外,还记录了一位与倪瓒同时代人的题赞:"(云林子小像)才之美,德之精,坐阴石,俨像形。噫!安得斯

---

① (明)汪砢玉:《珊瑚网》卷三十四,《景印文渊阁四库全书》第818册,台北:台湾商务印书馆1986年版,第653页。

人兮复生。天保赞。"①从天保题赞的内容来看,可以得知此跋作于倪瓒去世之后。上述陈方乃是龚璛(1266—1331)女婿,京口(今镇江)人,寓居于吴郡,与倪瓒、张雨等人有直接往来。

图3 《张雨题倪瓒像》,纸本设色,纵28.2厘米,横60.9厘米,台北"故宫博物院"藏

关于倪氏姓氏的起源,《倪氏原始》载:"倪之上世系出黄帝有熊氏,黄帝生二十五子,长曰少昊,少昊承帝业,次曰昌意。少昊崩,传位于昌意子颛顼,颛顼以后,代远年湮,世无可纪者,阙之其小,有可考者则辑而载之,所谓水源木本,寻溯不可忽也。"②《倪氏著姓》载:"倪氏自春秋鲁庄公五年经书郳犁来来朝始以至于今,姓之递为易者,凡三,而语儿为儿(吴郡有语儿生而能语子孙氏焉,'儿'音'而'),贺儿为儿(河南官氏志:贺儿氏卤姓也,后改儿氏,'卤'通'虏','儿'亦音'而'),不与焉,曷言乎? 三曰郳,曰'儿'(音霓)、曰'倪'是也。郳者,国于郳,而子孙因以为氏也。儿者,失国后去邑为儿,省文也。倪者,以避雠而改字,实本诸公羊也。大抵有国时以郳著,自失国至汉即作儿,自汉以后改作倪。盖自周惠王命郳犁来为小邾子国于郳,故又称'郳国',传十余世子,姓皆以国为氏。国既失,即去邑。六国时有儿良,汉有御史大夫儿宽,是其证也。自汉以下加人旁,汉有扬州刺史倪彦,唐有户部侍郎倪若水,

① (明)汪砢玉:《珊瑚网》卷三十四,《景印文渊阁四库全书》第823册,台北:台湾商务印书馆1986年版,第653页。
② 倪城辑:《梁溪倪氏宗谱》卷一,《无锡文库·第3辑》,南京:凤凰出版社2011年版,第48页。

图4 《元高士云林公讳瓒私谥清孝之像》①

历历可考。"①可知，倪之上世系出黄帝有熊氏，东周时因功封郳，子孙以国为姓，失国后去邑为兒，汉以后改作倪。倪氏得姓始于东周郳犁来，至汉御史大夫千乘倪宽（是为千乘始祖），唐刺史汴梁倪若水。

同时通过检视《梁溪倪氏宗谱》的卷首部分，大致可以勾勒出倪氏迁徙过程：

东周时期的郳国（今山东滕州附近），倪姓或源于山东滕州故地，《滕县志》载："邾，即邾娄或曰邹，原为东方大国，仅次于商、奄。周灭商后，即封曹侠于邾，传至五世（一说六世），夷父颜时，邾分为三国，其中两国在今滕境。邾城在今邹县峄山前，小邾国为古倪国故地，城在今滕县城东郊（一说在昌虑故城）。"③郭沫若先生《卜辞通纂考释》载："兒即从邑，作之郳国。《春秋》庄五年：'郳犁来来朝。'杜注：'附庸国也，东海昌虑县东北有郳城'（在今山东滕县东）。孔疏云：'郳之上世出于邾，《国谱》云：小邾，邾侠之后也。夷父颜有功于周，其子友别封为附庸，居于郳。曾孙犁来始见《春秋》，数从齐桓尊周室，王命为小邾子。'今卜辞已有兒伯，可知郳之为国，不始周。又金文有《郳伯鬲》，其文为'郳伯迁母铸其羞鬲'，用知郳国为殷所旧有，入周后为邾所灭，以封其子孙。然则小邾之郳，与郳始之郳，地同而国有先后之异。"④可知，郳国非周朝始建，而是殷时所旧有，但是倪氏得姓的位置约在今山东滕

---

① 倪城辑：《梁溪倪氏宗谱》卷一，《无锡文库·第3辑》，南京：凤凰出版社2011年版，第50页。

② 倪城辑：《梁溪倪氏宗谱》卷首，《无锡文库·第3辑》，南京：凤凰出版社2011年版，第9页。

③ 李广星主编，山东省滕州市地方志编纂委员会编：《滕县志》，北京：中华书局1990年版，第4页。

④ 郭沫若：《郭沫若全集·考古编》第二卷，郭沫若著作编辑出版委员会编，北京：科学出版社2002年版，第455页。

州一带。

后至汉代千乘倪宽，千乘乃春秋齐邑，在今山东高青县附近。清人吴卓信《汉书地理志补注》云：

> 《史记·田儋传》：韩信使灌婴破杀齐将田吸于千乘，正义曰千乘，故城在高苑县北二十五里。伏琛《齐记》：千乘城在齐城西北一百五十里，有南北二城，相去三十里，其一城县治，一城太守治。《水经注》：漯水又东北，迳千乘县二城间隔，会水即漯水之别名也，又东北为马常坈，坈东西八十里，南北三十里，乱河枝流而入于海，河海之饶兹焉为最，又云河水又东迳千乘县，故城北伏琛之所谓千乘北城者也。《通典》：今青州千乘县本汉旧县，齐乘高苑县北二十五里，古千乘县以齐景公有马千驷畋于青邱得名，县有青邱泺，即今清水泊也。《肇域记》：千乘县为千乘郡治后汉徙治狄。《大清一统志》：千乘故城在今青州府高苑县北二十五里，本齐邑汉置县，并置千乘郡治焉。①

再至唐代时，倪氏迁至汴梁，汴梁始祖乃为当时户部侍郎倪若水，苏轼曾为其作赞曰："擢为御史，第一知名，汴州治绩，政简刑清，振兴学校，风化大行，中人捕鸟，谏语恳诚，君非顿格，赐帛褒旌，征拜户部，泽被苍生。"②倪若水执政的地方是汴州，这里社会风气淳朴，法令极简，说明倪若水政绩显赫。汴州，隋唐五代时期开封（今河南省开封市附近）的别称。《通典》载：

> 汴州今理浚仪、开封二县。春秋时郑地，国时为魏都。秦属三川郡。汉置陈留郡，后汉因之。……今郡西古城，战国时魏惠王所筑也。有通济渠，隋炀帝开引黄河水，以通江淮漕运，兼引汴水，即浪□渠也。领县六：开封、浚仪、陈留、雍丘、封丘、尉氏。③

另外，《舆地广记》中也有记载：

① （清）吴卓信：《汉书地理志补注》卷二十九，《四库未收书辑刊·第4辑》第11册，北京：北京出版社1998年版，第344页。
② 倪城辑：《梁溪倪氏宗谱》卷首，《无锡文库·第3辑》，南京：凤凰出版社2011年版，第4页。
③ （唐）杜佑：《通典》卷一百七十七，北京：商务印书馆1935年版，第941页。

隋开皇初罢陈留郡，大业初罢汴州，分入荥阳等郡。……梁以建国升为东京开封府。后唐复为汴州宣武军。晋复升为东京开封府。汉、周及皇朝因之。①

此两段文字记载了开封的沿革，也反映了当时的繁华，尤其是隋朝开凿大运河之后，汴州城的发展更具新的活力，或许亦是倪氏迁居至此的原因之一。

倪氏开始南渡的始祖乃是宋宣抚使怡然公，讳师道，文天祥曾为其作赞曰："金寇披猖，北狩堪伤。惟公抚恤，招集流亡。扈跸南渡，即位建康。知高宗之好佞，难维絷于庙堂。策蹇驴于湖上兮，堪比德于蕲王。开子孙之千亿，展王貌何端庄。迄今享祀勿替兮，轶千载而弥光。"②《梁溪倪氏世系表说》载："靖康元年（1126）召殳师道为宣抚使，建炎二年（1128），扈从高宗南渡，始居杭州。"③

倪氏迁至江南无锡地区的始祖乃是宋代杭州路总管兼劝农事倪子云，字时瞻，师道子，为倪瓒四世祖，陆秀夫曾为其作赞曰："刚方其品，亢直其性，经纶文章，才堪佐命，总管杭州，兴利除病，职兼劝农，民歌德政，山川秀气，梁溪辉映，卜宅于兹，螽斯衍庆，手图世系，功垂子姓。"④周南老为倪瓒所作墓志铭的开篇云："按倪之先，汉御史宽之裔也。十世祖硕，仕西夏，宋景祐使中朝，留不遣。徙居淮甸，占籍都梁，为时著姓。建炎初，五世祖益，挈其家渡江而南，至常州无锡侨梅里之祗陀，爱其地胜俗淳，遂定居焉。"⑤可知，倪瓒的十世祖倪硕在宋代景祐年间从

---

① （宋）欧阳忞：《舆地广记》卷五，成都：四川大学出版社 2003 年版，第 70 页。

② 倪城辑：《梁溪倪氏宗谱》卷首，《无锡文库·第 3 辑》，南京：凤凰出版社 2011 年版，第 6 页。

③ 倪城辑：《梁溪倪氏宗谱》卷一，《无锡文库·第 3 辑》，南京：凤凰出版社 2011 年版，第 54 页。

④ 倪城辑：《梁溪倪氏宗谱》卷首，《无锡文库·第 3 辑》，南京：凤凰出版社 2011 年版，第 6 页。

⑤ （元）倪瓒著，江兴佑点校：《清閟阁集》附录一，杭州：西泠印社出版社 2010 年版，第 376 页。关于《清閟阁集》版本选择的问题，现存倪瓒诗文集共有三个版本，分别如下：其一，天顺刻本。明人蹇曦收集倪瓒作品，编成《倪云林诗集》六卷，于天顺四年（1460）刊行。其二，万历刻本。倪瓒八世孙倪珵于万历十九年（1591）重刻此本后，又汇辑增补倪瓒作品，编成《清閟阁遗稿》十五卷，于万历二十八年（1600）刊行。其三，城书室刻本。清人曹培廉在《清閟阁遗稿》基础上，重新编定，并加增补，编成《清閟阁集》十二卷，于康熙五十二年（1713）刊行。西泠印社所整理的《清閟阁集》，以城书室刻本为底本，又以天顺刻本和万历刻本为参校本，凡校正底本处，均在校记中予以说明；有可参考的异文，也在校记中予以引录；底本不误，参校本讹者，一般不作举证。并且所整理的附录中辑录了底本、参校本和其他刻本的序、跋，以及《明史》的本传和一些评介文字。故笔者所引用的《清閟阁集》均出自此。

西夏进入宋之内朝,不还。至建炎初年时,倪瓒的五世祖倪师道持节江南,始居杭州。《梁溪倪氏世系表说》载:"我(倪子云)为杭州路总管兼劝农事,再为吴县监丞,隆兴二年(1164)遂家吴县,嘉定元年(1208)在徙居梅里之祇陀,遂占籍焉。"[1]结合周南老所撰墓志铭可知,倪瓒四世祖倪子云因钦慕江南的万木葱茏、山明水秀,以及江南人家的民淳俗厚,遂迁徙至常州无锡梅里居住。而后,倪瓒即出生于无锡梅里祇陀村(今江苏省无锡市东亭镇长大厦村),在这里居住到中年后,举家出走,躲避兵乱,晚年也未能回到家乡。

关于祇陀地域的风景,杨维桢曾作《寄云林》云:"祇陀山下问幽居,新长青松七八株。见说近前丞相怒,归来自写草堂图。"[2]尤镗《清贤记》中关于祇陀亦有记载:

> 桐江以庄陵重,谷口以郑真重,鹿门以庞公重,浯溪以元结重。句吴之祇陀藉(籍)云林先生而辉张后世,地不依山,而在在有魁丘灵树,紫陌玄塘。遥睨葱青间,碧艺粼粼,双扉翼翼,为祇陀世□,入门有堂,曰清淮,不忘所自也。燕居为萧闲馆。净名庵,雪鹤洞,水竹居,朱阳馆,云林堂,莫不闳深爽垲,规制精华。龙槐凤竹,荫映翳然。[3]

可知,倪瓒所生活的祇陀地域,虽然没有山峦环抱,但"魁丘灵树,紫陌玄塘"亦为其日后建造大型别墅庄园埋下伏笔。另外,关于倪瓒的出生,还有一段奇闻轶事。《泉涌鹤归》载:

> 张帷中一梧支言,倪氏世世行德于阴,而钟福于元镇,降生腊月,河水皆凝,而华山下泉三日三涌,涨漫山麓,堕地之朝,一鹤飞来,时时唤于高松之上。驱之不去,及弥月,□□中堂,鹤翩跹舞堂下,且舞且唤,元镇亦踊跃于乳姬怀中,若相应和者,奇矣,奇矣。倪先生必来自蓬壶玄鸟,此鹤是其素所狎跨,故不远而来觅

① 倪城辑:《梁溪倪氏宗谱》卷一,《无锡文库·第3辑》,南京:凤凰出版社2011年版,第54页。
② (元)倪瓒著,江兴佑点校:《清閟阁集》附录一,杭州:西泠印社出版社2010年版,第384页。
③ (明)尤镗:《清贤记》卷一,《丛书集成续编》第89册,上海:上海书店1994年版,第271页。

主耳。相依竟世,未尝须臾去耳目也。既而,老比丘以彗目破其眯,以智刃割其爱,而程卓重赀,鸿毛散之,避世澄江,鹤亦翔澄江之上。避乱华亭,鹤亦翔华亭之墟。先生群缘毕空而羽化,鹤去不还。①

此番奇闻逸事的真实性或许无法考证,但为倪瓒的出生增加了一丝趣味性,同时文中所记述的仙鹤亦不禁使人联想到倪瓒日后对全真道教的信仰问题。最后,倪瓒所出生的无锡梅里,或许是吴国最早的都城。史载太伯奔吴,定都梅里,"梅里城"的名字也由此而来。《史记·吴太伯世家》载:"太伯之奔荆蛮,自号句吴,荆蛮义之,从而归之千余家,立为吴太伯。"②关于句吴国都所在地,先秦史料的相关记载寥寥无几。关于梅里的地理位置,据《吴越春秋》记载:"遭殷之末世衰,中国侯王数用兵,恐及于荆蛮,故太伯起城,周三里二百步,外郭三百余里。在西北隅,名曰故吴。太伯所都谓之吴城,在梅里平墟,今无锡县境。"③史载东汉桓帝永兴二年(154),东汉政府下令"即宅为祠",以纪念太伯、仲雍开发江南的历史功绩。④ 由此可见,"梅里"的历史可以追溯至东汉年间。据《(洪武)无锡县志》载:"梅里,在州东三十五里,南太伯,北宅仁,东上福,西景云乡界。"⑤另据《(弘治)重修无锡县志》载:"梅里乡,在县东三十五里,统都三。东上福,南泰伯,西景云,北宅仁。"⑥实地考察后发现,昔日梅里乡已改为梅里街道,祇陀寺旁原有一村,便是祇陀村。⑦长乐王宾撰《元处士云林倪先生旅葬墓志铭》云:"年七十四,旅葬江阴习里。"⑧周南老为倪瓒所撰墓志铭载:"既以某年某月日奉柩葬于无锡

---

① (明)尤镗:《清贤记》卷一,《丛书集成续编》第 89 册,上海:上海书店 1994 年版,第 266 页。

② (汉)司马迁:《史记》卷三十一,北京:中华书局 1959 年版,第 1445 页。

③ (汉)赵晔:《吴越春秋》,北京:中华书局 1985 年版,第 8 页。

④ 赵永良、冯普仁:《无锡吴国古城考》,陈玉寅编著:《江苏省考古学会:1983 年考古论文选》,江苏省考古学会 1983 年,内部资料,第 20 页。

⑤ (明)佚名:《(洪武)无锡县志》卷一,《景印文渊阁四库全书》第 492 册,台北:台湾商务印书馆 1986 年版,第 664 页。

⑥ (明)吴翀、(明)李舜明:《(弘治)重修无锡县志》卷二,明弘治九年(1496)刻本,南京图书馆古籍部藏。

⑦ 祇陀寺今属于无锡市锡山区云林街道云林社区。

⑧ (元)倪瓒著,江兴佑点校:《清閟阁集》附录一,杭州:西泠印社出版社 2010 年版,第 375—376 页。

芙蓉山祖茔之下。"①倪瓒晚年未能归乡,遂客死葬于他乡(江阴习里),后迁至祖辈坟地无锡芙蓉山下葬。《梁溪倪氏宗谱》所绘《无锡芙蓉山元高士云林倪先生墓图》,描绘了倪瓒墓地的全图。倪氏十八世孙倪城关于此图曾记述道:

> 右元高士云林公讳瓒暨蒋太孺人讳寂照合墓也,穆穴系逸耕公(按:疑误,应为耕逸公②)暨钱孺人之墓,在无锡芙蓉山南麓,世完奉字无号,山量二亩八分九厘米。亳花户倪公田碑上有元高士云林倪先生之墓,……墓旁有墓志铭,碑其词云:昔泰伯仲雍文身断发奔荆蛮,荆蛮义之,从而归者千余家,其后吴立季札,季札弃其室而耕,乃舍之已封于延陵。云林倪先生,自称倪迂,又称懒瓒,又称荆蛮民。荆蛮者,延陵之故乡,而先生之所居也。先生癖人也,而洁为甚。吴之洁者,自泰伯仲雍季札而后梅福洁于市,梁鸿洁于佣,指屈倪先生矣,高卧清閟阁,洗拭梧竹、摩挲鼎彝。③

倪瓒之墓的方位是坐北朝南,背后乃是芙蓉山。墓园前方乃是荡池,至于倪瓒之墓离芙蓉山确切的距离,则需一番计量。《旧唐书·职官志》载:"凡天下之田,五尺为步"④,一步定为五尺,自唐以后都没有改变⑤。民国3年(1914)为了续修倪氏宗谱,特地邀请画工用步尺丈量墓地,遂绘成墓图。民国初期一步亦为五尺,墓图上标记"后背十四步",大约七十尺。陵墓坊上书:"云林倪先生墓",进入墓园的左侧是守墓所三间,黄苗子与郝家林先生所编著《倪瓒年谱·附录》中记载:"守墓人先后有陈阿大、陈阿全。阿大情况不详。阿全属牛,倪家留下八亩桑田给他,每年有五百担茅柴收入……阿全死于1980年,活了80岁。阿大、阿全可能是同宗,世代为倪家守墓。"⑥右

① (元)倪瓒著,江兴佑点校:《清閟阁集》附录一,杭州:西泠印社出版社2010年版,第378页。
② 墓碑此处的逸耕公疑为耕逸公,耕逸公乃是倪瓒次子倪季民,此墓应是倪季民与其夫人钱氏合墓。
③ 倪城辑:《梁溪倪氏宗谱》卷二,《无锡文库·第3辑》,南京:凤凰出版社2011年版,第112页。
④ (后晋)刘昫等:《旧唐书》卷四十三,北京:中华书局1975年版,第1825页。
⑤ 吴承洛:《中国度量衡史》,北京:商务印书馆1937年版,第116页。
⑥ 黄苗子、郝家林编著:《倪瓒年谱》,北京:人民美术出版社2009年版,第204页。

侧是墓志铭碑,此墓志铭是陈继儒于明万历辛亥(1611)秋八月十五日所作,墓志铭简要回溯了倪瓒祖先发源于何地,且将倪瓒之洁癖与东汉隐士梁鸿作类比,侧面烘托倪瓒之洁更在于志。墓园正前方乃是云林公与蒋孺人的合墓,此墓左侧还有一方合墓,乃是耕逸公与钱孺人合墓。关于倪瓒与其次子所葬之地芙蓉山,《(弘治)重修无锡县志》载:

> 芙蓉山或称余蓉山,或称余洪山,在县东北二十五里,周八里,高三十丈,有二土丘,一号龙井峰,峰上有龙井,岁旱可祷,又名天一峰,复有顽石二,各高六七尺呼,为石公、石母二石对峙中,可通人往来,或云山下居民时望见石有光采,又有金鸡飞鸣其上亦未必然。山之西趾有田一规,名弹子丘,中有土垄,随田园转,宛若弹丸环垄,四旁之田一犁可竟,不费周折,称为异土,人不敢近,垄而锄,锄辄蛇虺出焉。当芙蓉湖之未塞为田时,登临兹山可以凝眺烟水,山由是名。其曰余容、曰余洪者,皆因吴人语讹谬称之耳。①

由此可见,芙蓉山的自然风光秀美如画,可凝眺烟水与山脉,其地形与地貌既奇特又具有神话故事般的光彩。此墓地位置迎合着墓主生前所从事的书画艺术创作工作,仿佛可以让墓主寄托一种情怀与心志,让其继续遨游在山林之中。倪瓒之墓经过岁月的洗礼与时代的变迁,如今位于江苏省无锡市锡山区东北塘街道芙蓉三路与梓旺一路交界处东北隅,芙蓉山南麓。墓园的正门上方,写着"元高士倪瓒墓",进门后立有一座小牌坊,坊额上书"元高士倪瓒之墓"。沿着墓道继续向北,两侧各有一座碑亭,碑中内容为倪瓒生平及重修墓园的介绍,落款"邑人袁宗翰恭撰,无锡市锡山区东北塘人民政府敬立,公元二零零八年三月"。

---

① (明)吴㻞、(明)李舜明:《(弘治)重修无锡县志》卷十五,明弘治九年(1496)刻本,南京图书馆古籍部藏。

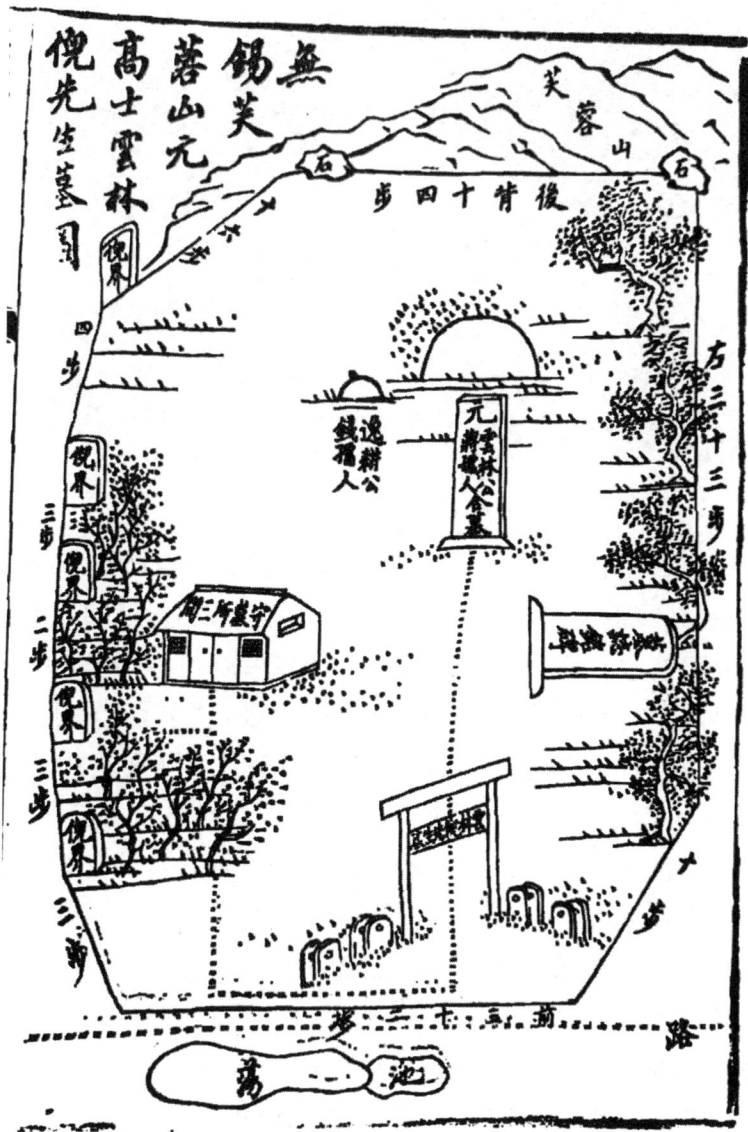

图5 《无锡芙蓉山元高士云林倪先生墓图》①

① 倪城辑:《梁溪倪氏宗谱》卷二,《无锡文库·第3辑》,南京:凤凰出版社2011年版,第112页。

**图 6　元高士倪瓒之墓①**

倪瓒,原名明七②,《云林遗事·高逸》载:"其署名曰东海倪瓒,或曰懒瓒。变姓名曰奚玄朗,字曰元镇,或曰玄暎。别号五,曰:荆蛮民、净名居士、朱阳馆主、萧闲卿、云林子。云林多用以题诗画,故尤著。"③可见倪瓒别号众多,然而关于"云林"称呼的由来,周南老《元处士云林先生墓志铭》载:"所居有阁,名清閟,⋯⋯古鼎彝名琴陈列左右,松桂兰竹香菊之属⋯⋯而其外则乔木修篁,蔚然深秀,故自号云林。"④倪瓒的祖辈中,对于后世影响力较大、史料记载较为全面的乃是汉御史大夫倪宽,《汉书》载:"儿宽,千乘人也。治《尚书》,事欧阳生。以郡国选诣博士,受业孔安国。贫无资用,尝为弟子都养。时行赁作,带经而锄,休息辄读诵,其精如此。以射策为掌故,功次,补廷尉文学卒史。"⑤庐陵欧阳修曾为倪宽作赞曰:"于戏千乘,汉有名乡,经术吏事,考绩治平,孝武宣德,隆化几成。御史大夫休哉,令名粤稽,通籍本乎尚书,为左内史,浚六辅渠,历纪坏废,议造太初,功垂万世,共仰经锄。"⑥倪宽年少立志、勤奋

---

① 图片来源:http://blog.sina.com.cn/s/blog_3fe8ebaa01017kz7.html。

② 倪城辑:《梁溪倪氏宗谱》卷三,《无锡文库·第3辑》,南京:凤凰出版社2011年版,第124页。

③ (元)倪瓒著,江兴佑点校:《清閟阁集》附录一,杭州:西泠印社出版社2010年版,第367页。

④ (元)倪瓒著,江兴佑点校:《清閟阁集》附录一,杭州:西泠印社出版社2010年版,第377页。

⑤ (汉)班固:《汉书》卷五十八,北京:中华书局1962年版,第2628页。

⑥ 倪城辑:《梁溪倪氏宗谱》卷首,《无锡文库·第3辑》,南京:凤凰出版社2011年版,第4页。

好学的故事被后世传为佳话,故倪瓒所在的家族又称为倪氏带经堂一脉。

关于倪瓒的家世背景,王世贞《弇州山人四部稿》卷一百六十六《宛委录编》载:"能自力致富者……及胜国倪瓒、顾瑛、沈万三,皆著在史,传甚详。"[1]王世贞另一本关于明代文论的著作《艺苑卮言》亦载:"昆山顾瑛、无锡倪云镇,俱以漪、卓之资,更挟才藻。"[2]何良俊《四友斋丛说》云:

> 吾松不但文物之盛可与苏州并称,虽富繁亦不减于苏。胜国时,在青龙则有任水监家,小贞有曹云西家,下沙有瞿霆发家,张堰有杨竹西家,陶宅有陶与权家,吕巷有吕璜溪家,祥泽有张家,干巷又有一侯家。……曹云西即所谓"东吴富家唯松江曹云西(曹知白)、无锡倪云林(倪瓒)、昆山顾玉山(顾阿瑛),声华文物,可以并称,余不得与其列者"是也。[3]

由此可知,当时东吴地区的倪瓒家境相当富裕,可与松江的曹知白、昆山顾阿瑛相提并论。清人叶廷琯《鸥陂渔话》中曾记录倪瓒纳粟补官一事,云:

> 近见《杜东原集》中有《题云林画》一则,云"先生家素垺封,以纳粟补官道录,应时君之诏,以济饥乏,非求贵也"。此盖如今之捐输议叙得官者,曰应诏济饥,则必因岁时荒歉,有司奉上命以劝捐发赈耳。云林此事,未见前人著述中纪之,东原去元末未远,所言必非无据,可补志乘之遗,亦见当时虽末造,尚知爱惜名器,富民捐赈,祇授道官,岂古昔烂羊侯尉之比乎? 偶忆严海珊《明史杂咏·顾德辉诗》云:"武略将军飞骑尉,头衔太苦草堂人。"据《列朝诗小传》,称仲瑛至正之季,以子元臣为水军副都万户,封武略将军、飞

① (明)王世贞:《弇州山人四部稿》卷一百六十六,《景印文渊阁四库全书》第1281册,台北:台湾商务印书馆1986年版,第636页。
② (明)王世贞:《新刻增补艺苑卮言》卷七,《续修四库全书》第1695册,上海:上海古籍出版社2002年版,第515页。
③ (明)何良俊:《四友斋丛说》卷十六,《续修四库全书》第1125册,上海:上海古籍出版社2002年版,第622页。

骑尉、钱塘县男。云林、仲瑛同时两高士,此二事正堪作对,亦一奇也。①

通过此事,亦可透露出倪瓒当时的家境未到十分窘迫之时,所以尚有经济能力去纳粟补官道录。同时此条记录中更为重要的信息是倪瓒也曾做过道录官,并不是世人所传言那样"终身不仕",但倪瓒为官一事确实未见前人著述中记录。其实仔细阅读此段记载可知,倪瓒所任的"道录官"应为虚职,只不过是"应时君之诏,以济饥乏,非求贵也"。换而言之,倪瓒为官并非自愿行为,乃是受朝廷所逼迫,因为"应诏济饥,则必因岁时荒歉,有司奉上命以劝捐发赈耳",更何况道录官的职责是"管理道教事务,同时掌理道人词讼等事"②,"宋因设道录院,共分九等"③,"元朝时设于各路,为道录司之长官,掌理所属道人,如有道士与百姓发生词讼,则与地方官共同处理。"④可见倪瓒所任的"道录官"在元代时也未有过实权,只是协同办案,故而文献中未能找到对倪瓒为官期间具体事宜的记载,或许以倪瓒孤傲的性格来看,他心中根本就没有这个被逼迫而来的官职。

关于纳粟补官,《元史·卷一百七十·尚文传》载:"七年,召拜资善大夫、中书左丞。浙西饥,发廪不足,募民入粟补官以赈之。"⑤此七年为大德七年,可见在元成宗时已有纳粟补官之事。在泰定帝时期,纳粟补官制度已有雏形。《元史·卷二十九·泰定帝一》载:"募富民入粟拜官,二千石从七品,千石正八品,五百石从八品,三百石从九品,不愿仕者旌其门。诸王斡即遣使贡金浮图。己酉,海运江南粮百七十万石至京师。庚戌,复尚乘寺、光禄寺为正三品,给银印。癸丑,车驾至大都。遣使祀海神天妃。甲寅,禁饥民结扁担社,伤人者杖一百,若为令。"⑥纳粟补官正式形成制度是在元文宗时期。天历二年、三年期间,各地屡遭饥荒,政府赈灾耗费了大量财力。除此之外,还有军费、官员俸禄、宫廷

① (清)叶廷琯:《鸥陂渔话》卷一,《续修四库全书》第 1163 册,上海:上海古籍出版社 2002 年版,第 103 页。
② 夏征农主编:《大辞海·中国古代史卷》,上海:上海辞书出版社 2005 年版,第 269 页。
③ 龚延明主编:《中国历代职官别名大辞典》,上海:上海辞书出版社 2006 年版,第 709 页。
④ 夏征农主编:《大辞海·中国古代史卷》,上海:上海辞书出版社 2005 年版,第 269 页。
⑤ (明)宋濂等:《元史》卷一百七十,北京:中华书局 1976 年版,第 3987—3988 页。
⑥ (明)宋濂等:《元史》卷二十九,北京:中华书局 1976 年版,第 660 页。

花费、对佛道的赏赐等开支,因此,元文宗大力推行纳粟补官制度的直接原因是政府的财政危机。此时政府卖官目的已经是为了填补国库的亏空,而那些愿意买官的人们则是为了达到更高一层的阶级,获取更多的权力。"官僚是地主阶级的权利代表,凡是官僚一般都是地主阶级成员或依附地主阶级的其他阶层。当时负担主要职务的虽多为蒙古人、色目人,但依附于元朝廷谋取一官半职的汉人和南人也不少。"①元朝政府就是为了搜刮更多的财物,才煽动富人纳粟补官,并且标出官价,公开拍卖,不同官位的价格亦是区别很大,此时的官职已然具有商品属性。② 与倪瓒一样纳粟补官的文人不在少数,《静斋至正直记》卷四载:

> 至正乙酉间,江南富户多纳粟补官,倍于往岁,由是杨希茂父子、周信臣、蒋文秀、吕养浩等一时炫耀于乡里。未几,信臣以他赃罪黜,文秀以倨傲被讦,希茂父子自劾免罪,养浩以他事见拘。时荆溪士人张载之作诗嘲之……先是三宝奴作相日,富户杂流皆可入官,有至贵受宣命秩且品者,时人嘲诗有"茶盐酒醋都提举,僧道医工总相公"之句。至乙未、丙申间,国家无才识之人当朝,而行纳粟之诏,许以二万石者正五品,于附近州县常选内委付,则诗人亦不暇嘲讽,而天下事可知矣。③

乙未、丙申即至正十五年(1355)、十六年(1356),此时"国家无才识之人当朝,而行纳粟之诏",玉山草堂主人顾瑛也曾被逼迫纳粟,主要是因为浙东道都元帅纳麟哈剌欣赏顾瑛的才能,便向上级举荐,欲授顾瑛官职,朝廷来使见顾家乃是江南大户,故而要价"一纸白麻三万斛"。

另外,据《说郛》载:倪瓒的仲兄倪瑛,其智力方面或许有一定缺陷,所以在长兄倪璘去世后,倪瓒开始逐渐代替仲兄应对门庭。④ 或许这也是倪璘为其弟倪瓒纳粟补官的原因之一,考虑到倪瑛的身体情况,买官可以为倪瓒带来一份更加稳定的工作,同时可以担负起照顾倪瑛的重担。

---

虽然倪瓒无心仕途，但其祖辈为官者不在少数，大多廉洁奉公、高风亮节，情为民所系、利为民所谋。通过翻阅《梁溪倪氏宗谱》，我们可以继续了解倪瓒前后几世的情况：

梁溪倪氏于北宋第一世是司勋员外郎九思公，其宗谱传中记载：

> 公讳涛一，字百龄，号九思，诚朴不事修饰，好读书，处心积虑，务以忠厚待人……官司勋员外郎，卒年八十有三。子一，处仁。①

《明善公宗谱传》载：

> 公讳处仁，字文伯，一字明善，九思公长子，坦易宽和，精于易学，际真宗天禧至仁宗嘉祐，正宋德隆盛、汴梁丰乐之时，既席世业，兼善生殖，家益富饶，岁收租二十万斛，时有倪陶朱之称。子一，允清。②

《枢密院使可珍公宗谱传》载：

> 公讳允清，字观澜，号可珍，明善公长子，丰姿清洒，生长富室，谦谨不骄，能刮磨豪习，恂恂儒雅，以文学擅名，于时有孝行，仁宗庆历四年应举官枢密院使。子一，景祥。③

《靖明公宗谱传》载：

> 公讳景祥，字国麟，号靖明，可珍公长子，性质直温厚，抱材不仕。哲宗绍圣间，以学行荐于朝，三诏不起。后被金人扰汴，弃家转从，迄无□居，囊橐谱牒，毁于兵燹。子一，师道。④

《宣抚使怡然公宗谱传》载：

> 公讳师道，字上诚，号怡然，靖明公长子，靖康元年拜宣抚使时，兵革纵横，士民之播迁者多流散失所，公按部驻节，多被抚恤，后从高宗南渡，居杭州，以不附和议被斥。子二，子云、子虹。⑤

---

① 倪城辑：《梁溪倪氏宗谱》卷四，《无锡文库·第3辑》，南京：凤凰出版社2011年版，第183页。
② 倪城辑：《梁溪倪氏宗谱》卷四，《无锡文库·第3辑》，南京：凤凰出版社2011年版，第183页。
③ 倪城辑：《梁溪倪氏宗谱》卷四，《无锡文库·第3辑》，南京：凤凰出版社2011年版，第183页。
④ 倪城辑：《梁溪倪氏宗谱》卷四，《无锡文库·第3辑》，南京：凤凰出版社2011年版，第183页。
⑤ 倪城辑：《梁溪倪氏宗谱》卷四，《无锡文库·第3辑》，南京：凤凰出版社2011年版，第184页。

《杭州路总管雪松公宗谱传》载：

　　公讳子云，字时济，号雪松，怡然公长子，赋性伉直，负奇气馨欬，迥异凡俗，敦诗说礼，好结纳名人豪士，声誉四播海内，咸称之。为杭州路总管兼劝农事，后为吴县监丞，隆兴二年自杭州徙居吴县，再徙无锡梅李乡之祇陀里，遂占籍焉，是为锡邑始迁祖，于嘉定间为世系图并志世系表说。子一，伋。①

《百万中郎桂月公宗谱传》载：

　　公讳伋，字起源，号桂月，雪松公长子。秉性方严，事亲愉婉，以孝行著称。……子一，淞。②

《千七承事郎九五公宗谱传》载：

　　公讳淞，字寿元，号九五，桂月公子，壮年任侠负气，才识过人，游都下，理宗朝擢承事郎，历官懋，著勋绩，致仕后所交多名士，时以修身读书勤学励后人，谓必如此庶不愧为清白吏子孙云。子三，万一、万四、万八。③

《万一公宗谱传》载：

　　公讳椿，字弥昌，又字文润，号友梅，九五公长子，身魁貌古，威仪整肃，见者起敬而谈笑蔼，如先世积累之业，至公益盛，家声赫弈，未尝自满，身不衣罗绮，食不求珍馐，处事必审量而后行，终身未尝有过，举矜孤恤寡，遇饥寒者给之衣食，积德累仁而寿，踰大□，盖阴骘存乎其间矣。子二，重一、重二。④

《锡山旧志·尧章公原传》载：

　　焕，字尧章，亦字振初，号冰祥处士。万一公长子，其先夏国人，宋景祐间，有倪翰林硕夏主秉常，遣使如宋，留而不返，遂家于汴梁。

① 倪城辑：《梁溪倪氏宗谱》卷四，《无锡文库·第3辑》，南京：凤凰出版社2011年版，第184页。
② 倪城辑：《梁溪倪氏宗谱》卷四，《无锡文库·第3辑》，南京：凤凰出版社2011年版，第184页。
③ 倪城辑：《梁溪倪氏宗谱》卷四，《无锡文库·第3辑》，南京：凤凰出版社2011年版，第184页。
④ 倪城辑：《梁溪倪氏宗谱》卷四，《无锡文库·第3辑》，南京：凤凰出版社2011年版，第185页。

高宗南渡,硕五世孙师道扈跸移居杭州。师道子子云为吴县监丞,始迁无锡梅里之祇陀,尧章公其玄孙也。积学多文,砥节砺行,襟怀洒落,细务不以屑意。平居研究经史,手不定披,饬纪敦伦,尤重一本之谊。宋末元初,山河破碎,谱牒散逸,亲往汴梁访旧谱于宗人元亿家,留宿经月,得宗谱以归。厥后元兵南下,主帅辟为桂阳主簿,不就,优游岩穴以终,修元仁宗皇庆元年宗谱,皆公之力也。①

《锡山旧志·仲文公原传》载:

> 炳,字仲文,又字尚一,号冰叶处士。万一公次子,焕之弟也。性清约,养志邱园,不求仕进。尚气节,重信义,乡里有不平事,片言立折,莫不心服。终身不一谒权贵,半耕半读,富甲一乡,仗义疏财,澹然于声色货利之中。绿影满窗,香云绕几,终日读书养气,晏如也。卒能教子成名,生真逸、云林两公,并树清修,立高节。所谓明德后必有达人也。②

通过上述材料的整理,大致可以梳理出倪瓒祖辈的世系脉络,并且可以窥探出倪氏族人身上许多共有的特质,其祖辈多性情温和,品德高尚,博通经史,乐于助人,为倪氏家族的优良家风奠定了基础。

上文所说的倪炳,乃倪瓒之父,"倪炳配蒋氏,继严氏;子三,明一、明六、明七。明一为倪璨,明六为倪瑛,明七为倪瓒。其中倪璨和倪瑛为蒋氏生,而倪瓒为倪炳的继室严氏所生。"③关于明一、明六、明七三人小名中数字的由来,在此可以稍作考证。元至正元年(1341)春三月,倪瓒的伯父倪焕撰写了《世系小传》:

> 自昔五尔,法废民散,无所收恤,虽名门右族,离涣靡常,恩义渐尽,视宗族犹途人矣。至汉太史公迁,作传系图,各详其亲,虽世远可见也。吾上祖起于颛顼,封于小邾。战国时,国灭于楚,子孙或隐或显,莫能殚述。据武肃、文节两公旧谱,吾之支派,实由唐刺

① 倪城辑:《梁溪倪氏宗谱》卷四,《无锡文库·第3辑》,南京:凤凰出版社2011年版,第185—186页。
② 倪城辑:《梁溪倪氏宗谱》卷四,《无锡文库·第3辑》,南京:凤凰出版社2011年版,第186页。
③ 张洲:《倪瓒诗画汇通研究》,广州:广东高等教育出版社2014年版,第21页。

史若水之后，刺史远祖恐以他人慕之类谱而紊之。上用四大数传名，乃亿万千百也，中用元亨利贞，下用小数，一三五七九为阳，奇数也，二四六八十为阴，偶数也。生男名奇，生女名偶，相传九世。……吾之子孙当知上祖几经险阻，可不勉欤，愿我子孙承先君之泽，绵绵不替，传此无穷也。①

由此可知，倪瓒的小名"明七"，应当也是沿袭家族的旧例。纵观倪氏世系脉络，自唐代中期开始，便有以数字命名的人，比如倪瓒之十世祖倪硕的父亲倪千八；倪瓒的高祖父倪万一，其同辈的还有倪万四、倪万八等人；甚至倪瓒的父亲倪重二，其伯父倪重一皆是如此命名。

倪瓒曾作《述怀》云："嗟余幼失怙，教养自大兄"②，或因大兄教养的缘故，倪瓒与蒋氏的关系较为密切。倪瓒大兄即倪璨（倪文光），翰林学士虞集撰《邑志真逸公原传》载：

> 倪文光，字昭奎，处士瓒之兄，生时夜有光出屋上，稍长，学通儒释舆地象胥之说，无不精究。夫为黄冠师，作元文馆于弓河之上，以祀老子。有荐之者，署州道判，会蝗文光祝之悉人具区于是，州上其事，赐号元素，神应崇道法师，又赐元中文节贞白真人，尝筑清微馆于惠山，重九日登山绝顶下，睨五湖，挥手谢别。③

倪璨出家为道，因修炼有成，被赐法师号与真人号，在倪家三兄弟中主要负责对外的交际应酬。同时，他早年以荐起家，后来跟随茅山道士学习仙术，于元仁宗皇庆年间（1312—1313）纳粟买官，成为道教的上层人物。《道园学古录》卷五十载：

> 国家混一海宇，兼进群艺，俾各得自致其功，罔或遗佚。是故祷祠禬禳之事有属诸道家者，其别数宗。而真大道者，以苦节危行为要，不妄求于人，不苟侈于己，庶几以徇世夸俗为不敢者。昔者金有中原，豪杰奇伟之士往往不肯婴世故，蹈乱离，辄草衣木食，或佯狂

---

① 倪城辑：《梁溪倪氏宗谱》卷一，《无锡文库·第3辑》，南京：凤凰出版社2011年版，第56页。
② （元）倪瓒著，江兴佑点校：《清閟阁集》卷一，杭州：西泠印社出版社2010年版，第16页。
③ 倪城辑：《梁溪倪氏宗谱》卷四，《无锡文库·第3辑》，南京：凤凰出版社2011年版，第187页。

独往,各立名号,以自放于山泽之间。①

倪瓒的长兄倪璨所得的真人号,在当时可享受世俗官员的同等待遇。所谓真大道教,即真大道,初名大道教,金初时刘德仁所创。② 同时张清志为掌教,流传至元代并入全真道。《元史·释老》载:

> 真大道教者,始自金季,道士刘德仁之所立也。……五传而至郦希诚(成),居燕城天宝宫,见知宪宗,始名其教曰真大道,授希诚(成)太玄真人,领教事,内出冠服以赐;仍给紫衣三十袭,赐其从者。至元五年,世祖命其徒孙德福统辖诸路真大道,赐铜章。……清志舍传徒步至京师,深居简出,人或不识其面。贵人达官来见,率告病,伏卧内不起。至于道德缙绅先生,则纳屦杖屡求见,不以为难。时人高其风,至画为图以相传焉。③

可知,金亡之后第五代教主郦希成时,大道教开始盛行于世。盛行的原因或许是真大道教的内容和性质与时代不谋而合,但是真大道教与金皇室之间的关系较为疏远,汉人农民为主要信奉者可能是这两者疏远的主要原因。金元两朝的交替时期,郦希成面对严重迫害仍然全力保护教团,由此亦可看出第五代教主坚毅不拔的品质。之后受到元朝宪宗蒙哥的召见,赐太玄真人号、真大道教教团名称等。④ 另外,其教义的宗旨为"以苦节危行为要,不苟侈于己"。此观念正如《吴文正集》所载:"绝去嗜欲,屏弃酒肉,勤力耕种,自给衣食,耐艰难辛苦,朴俭慈闵,志在利物,戒行严洁。"⑤此教派提倡力耕自给,知足不辱,又需知止不殆,同时虚心而弱志,和光而同尘,方为"大道教"。入元以后,这个社会下层的道教别派也受到朝廷的尊礼。

周南老所撰《元处士云林先生墓志铭》载:"娶蒋氏,先处士七年卒。

① (元)虞集:《道园学古录》卷五十,《四部丛刊初编》第1446册,北京:商务印书馆1922年版,不分页数。
② 周良霄、顾菊英:《元史》,上海:上海人民出版社2004年版,第738页。
③ (明)宋濂等:《元史》卷二百二,北京:中华书局1976年版,第4529—4530页。
④ 郑鹏程、丁波等编著:《中国宗教流变史》,武汉:湖北人民出版社2000年版,第69—70页。
⑤ (元)吴澄:《吴文正集》卷五十,《景印文渊阁四库全书》第1197册,台北:台湾商务印书馆1986年版,第519页。

子二：长孟羽，字腾霄，号碧落；次季民，字国珍，号耕逸，又号蓬居。女三：长适徐瑗，次适陆颐，幼为母舅蒋氏女。孙男女若干人。"[1]同时《清閟阁》卷七《题寂照蒋君遗像·并引》载："君讳圆明，字寂照，暨阳人也。年二十一归于我，勤俭睦雍，里称孝敬。岁癸巳奉姑挈家避地江渚，不事膏沐，游心恬淡。时年四十有七矣，如是者十一年。癸卯九月十五日微示疾，十八日翛然而逝。题像甲辰正月廿四日也。"[2]可知，泰定四年（1327），蒋氏（字寂照）时年二十一，倪瓒娶她为妻。而后，生二子，分别为倪洤（字孟羽），倪季民（字国珍）。《孟羽公宗谱传》载："公讳洤，字孟羽，又字腾霄，号碧落，云林公长子，真逸公嗣子也。资性颖异绝人，自经史及诸子百家过目辄能成诵，亦善画，笔意清远，时人称为小云林。"[3]因为倪瓒为道士，无后，故倪瓒将长子倪洤过继给倪璨。可惜倪洤十余岁时因食河豚而卒。[4]

《陆文玉见过，时余初丧长子》一诗正是倪瓒当时所写，其诗曰："荆溪二月春风恶，灯火论交夜对床。白鹤绕坛初露下，碧梧满地忽霜黄。卜商失子人谁吊，阮籍穷途只自伤。政使陆郎能慰藉，赋诗怀旧更凄凉。"[5]据倪氏《南渡世系图》载："孟羽生于元泰定四年（1327）丁卯七月，卒缺，配邹氏，葬惠山。"[6]关于倪洤的史料记载本来就寥寥无几，此段话若加以揣摩，所传递的讯息大致有三：其一，倪洤与倪璨都是葬于惠山，而倪瓒次子倪季民与倪瓒都是葬于芙蓉山，这可以作为倪洤从小过继给倪璨的旁证。关于慧山（今为无锡惠山）地望与历代变迁的记载，《（弘治）重修无锡县志》曰："慧山在锡山西南，《徐记》云其南北数十里岭东西各有泉，《陆羽记》云慧山古华山……《释宝唱名僧传》云宋元徽中僧显过江，往京城弥陀寺，后入吴，憩华山精舍，华山上有方池，产千叶莲花，服之可羽化，与华州华山所产同。《老子枕中记》云华山者，吴西神山是也。《郡国志》又云，无锡有九龙山，亦曰冠龙山。"[7]从侧面亦可见惠山之历史地位以及环境之

① （元）倪瓒著，江兴佑点校：《清閟阁集》附录一，杭州：西泠印社出版社2010年版，第378页。
② （元）倪瓒著，江兴佑点校：《清閟阁集》卷七，杭州：西泠印社出版社2010年版，第235页。
③ 倪城辑：《梁溪倪氏宗谱》卷五，《无锡文库·第3辑》，南京：凤凰出版社2011年版，第205页。
④ （明）尤镗：《清贤记》卷六，《丛书集成续编》第89册，上海：上海书店1994年版，第305页。
⑤ （元）倪瓒著，江兴佑点校：《清閟阁集》卷六，杭州：西泠印社出版社2010年版，第173—174页。
⑥ 张洲：《倪瓒诗画汇通研究》，广州：广东高等教育出版社2014年版，第22页。
⑦ （明）吴翀、（明）李舜明：《（弘治）重修无锡县志》卷十五，明弘治九年（1496）刻本，南京图书馆古籍部藏。

幽静,故而二人葬于此地;其二,《梁溪倪氏宗谱》中没有关于倪诜的卒年记载,可以推测其60岁之前逝世。因《梁溪倪氏宗谱》凡例云:"年未六十者,但书生,卒不书。享寿若干至六十乃书者,尚年尊齿之道也。"①这也可以旁证倪诜早年去世,或许正是食河豚所致;其三,关于元代的婚龄,《元史·刑法志》中的户婚部分没有明确记载,但元随宋俗,蒲道源《闲居丛稿》反映出元婚姻礼制"一遵文公家礼"②,而《朱子礼家》明确规定:"男子年十六至三十,女子年十四至二十,身及主婚者无期以上丧,乃可成婚"③,这与元代《义门郑氏家仪》中"婚礼"条所设立"男子年十六至三十,女子年十四至二十"④的规定是一致的,另外,《新编事文类要启札青钱·别集》卷二《婚礼门》中亦有同据可查。因此,元对婚龄的规定实际上还是有律可循的,男子结婚礼法规定的最低年龄是16岁。⑤因倪诜生前"配邹氏",根据元代婚龄,以及《清贤记》中记录孟羽为十余岁时卒,大致可推测他的卒年在16岁之后到20岁之前。

关于倪瓒次子,《耕逸公宗谱传》载:"公讳季民,字国珍,号耕逸,又号蓬居,云林公次子,敦重有识量,生长富室,谦谨朴素,绝远纨绮气习,当革代时,云林公洁身远避,岌岌乎有破巢毁卵之势,公几经险阻,恬不为虑所至,辄与贤士讲论经史,竟日不倦,其远性逸情,疏财嗜义,为族党所瞻仰者深也,晚年辑《传芳录》,甫成而卒。"⑥可知,倪季民虽生长在富室,但生活朴素,没有纨绮子弟之习气,与其父一样,皆是轻财嗜义之人。倪季民在《梁溪倪氏宗谱》中亦未有卒年记载,可知也是早于60岁而逝。⑦ 他与钱氏生一子,也就是倪瓒之孙倪敬,《朝奉郎竹泉公宗谱传》

① 倪城辑:《梁溪倪氏宗谱》卷首,《无锡文库·第3辑》,南京:凤凰出版社2011年版,第40页。

② (元)蒲道源:《闲居丛稿》卷二十四,《景印文渊阁四库全书》第1210册,台北:台湾商务印书馆1986年版,第759页。

③ (宋)朱熹:《家礼》卷三,《景印文渊阁四库全书》第142册,台北:台湾商务印书馆1986年版,第542页。

④ (元)郑泳:《义门郑氏家仪》不分卷,《丛书集成续编》第60册,台北:台北新文丰出版公司1988年版,第506页。

⑤ 谭晓玲:《冲突与期许:元代女性社会角色与伦理观念的思考》,天津:南开大学出版社2009年版,第2页。

⑥ 倪城辑:《梁溪倪氏宗谱》卷五,《无锡文库·第3辑》,南京:凤凰出版社2011年版,第206页。

⑦ 《梁溪倪氏宗谱》第125页载:"季民,字国珍,号耕逸,又号蓬居,系瓒次子,生元文宗天历戊辰(1328),卒失考。"

载："公讳敬，字友恭，号竹泉，云林公孙也。长躯玉立，美须髯。初以才德著声，见征于朝，不就，隐处于澄江之刘桥，遗产尽委之族人，后卒就征，以出使称职拜进义校尉，寻为朝奉郎，奉命饷西军，卒于驿馆。"①倪敬配华氏，生二子，也就是倪瓒之曾孙，分别为倪公遂与倪公民，《梁溪倪氏宗谱》中有关于倪公遂的记载："公讳正，字公遂，号云溪，竹泉公长子，丰姿阔爽，识量宽宏，轻财好义，不惜倾囊指困，济人缓急，居常不问家事，遇客辄喜豪饮，有北海遗风。"②倪公民由于年少逝世，宗谱中未记载其事迹。③ 倪瓒曾孙倪公遂配张氏，生三子，此乃倪瓒之玄孙，分别为倪恺、倪悌、倪慎，倪公遂次子倪悌出家洞虚宫，故宗谱中未见记载其生平。关于倪公遂长子倪恺，《乐庵公宗谱传》载："公讳恺，字民瞻，号乐庵，云溪公长子。性度宽舒，气宇魁岸，喜接嘉宾，胜友相与，割鲜浮白，吟风弄月，后徙居常熟之石靖，泽被乡里，人咸德之，以视仅推高旷者又异矣。"④关于倪公遂季子倪慎的资料，《思云公宗谱传》载："公讳慎，字民则，号思云，云溪公季子，赋性敦重，以义主事，以礼制心，其雅尚高洁，仿佛云林遇豪迈士，淡漠处之，见仁人长者，则忻然与游，幼孤赘于尚湖张正庵家，成化甲午重辑世谱。"⑤除了倪瓒的儿孙辈之外，他的三个女儿也有必要了解。据周南老所撰墓志铭可知，倪瓒的幼女为母舅蒋家收养，因此他与长女、次女的关系较为密切。长女之婿徐瑷，字仲刚，为徐元度之子。元人陈基《送徐仲刚诗序》云：

> 无锡两君子，其一曰徐君元度，仕为王官，居京师有声；其一曰倪君元镇，隐居著书，求志不回，余皆辱交焉。仲刚，徐君之子，倪君之婿也。⑥

可知，倪瓒与姻亲志同道合，意气相倾。晚年之时，两家日益贫寒，生活并不富裕，不过徐仲刚受二父的教导，品行端正，治学方面正如《中

① 倪城辑：《梁溪倪氏宗谱》卷五，《无锡文库·第3辑》，南京：凤凰出版社2011年版，第207页。
② 倪城辑：《梁溪倪氏宗谱》卷五，《无锡文库·第3辑》，南京：凤凰出版社2011年版，第211页。
③ 郑煜川：《浅析倪瓒家世》，载《美术界》2010年第4期，第74页。
④ 倪城辑：《梁溪倪氏宗谱》卷五，《无锡文库·第3辑》，南京：凤凰出版社2011年版，第212页。
⑤ 倪城辑：《梁溪倪氏宗谱》卷五，《无锡文库·第3辑》，南京：凤凰出版社2011年版，第212页。
⑥（元）陈基：《夷白斋稿》卷十六，《四部丛刊三编》，北京：商务印书馆1936年版，不分页数。

庸》所云："故君子尊德性而道问学，致广大而尽精微，极高明而道中庸，温故而知新，敦厚以崇礼。"①倪瓒有多首诗文相赠姻亲，例如《送徐元度还江西》："悠悠西江水，绵绵江上山。借问离群鹤，孤飞几时还。白雪亦忌洁，青云安可攀。时时王子晋，吹笙向人间。"②这是规劝徐元度放下朝政，归隐山林，重获自由之身。后又作《送徐元度》云："荷锸空林春雨余，舣舟江岸燕飞初。去寻天上仙人珮，肯顾山中隐者居。霜月四更提剑舞，田园二顷带经锄。兰荣柳密南檐下，伫子云间枉尺书。"③当倪瓒孤独伤感之时，想必希望与姻亲叙旧闲聊一番，如《寄徐元度》云："二月苦雨昼如晦，闭户独眠无所为。黄鸟翻飞乍依竹，樱桃烂漫开满枝。起觅杜康欲自慰，坐无徐孺令人悲。春帆早晚江西去，东湖宅前舟可维。"④

倪瓒次女嫁陆颐，字养正，陆德原（静远）之子。关于倪瓒姻亲陆德原，明人张昶《吴中人物志》载：

> 陆德原，字静远，长洲人，初举茂异郡守，赵凤仪请于中书省祠，唐陆鲁望创甫里书院，以德原为后人，署为山长，升徽州路儒学教授，徽学久废，德原改作一新，多发私橐以助工役，先是长洲邑，庠及吴中书院，多其修葺之力，又尝于笠泽建义塾，延虞胜伯为师，刻四明程端礼进学日程，以惠淑来学。⑤

明人徐复祚《花当阁丛谈》载：

> 元时富人陆德原，货甲天下，为甫里书院山长，亦有文藻一时名流，咸与之游处，暮年感时事，忽以家业尽付所善友二人，二人疑骇未信，德原曰：吾媿不能以善遗若，乃以财遗若，以财遗若，是以祸遗若也。然善持之，多施而少吝，则祸轻而身安，二人方辞逊，陆出门矣。去为黄冠师，居陈湖上，开瑞云观居之，改名宗静，又援例

① （宋）袁甫：《蒙斋中庸讲义》卷四，《景印文渊阁四库全书》第199册，台北：台湾商务印书馆1986年版，第606—607页。
② （元）倪瓒著，江兴佑点校：《清閟阁集》卷三，杭州：西泠印社出版社2010年版，第60页。
③ （元）倪瓒著，江兴佑点校：《清閟阁集》卷五，杭州：西泠印社出版社2010年版，第150页。
④ （元）倪瓒著，江兴佑点校：《清閟阁集》卷四，杭州：西泠印社出版社2010年版，第104页。
⑤ （明）张昶：《吴中人物志》卷四，《四库全书存目丛书·史部》第97册，济南：齐鲁书社1996年版，第679页。

为道判,时称为陆道判,其故宅今为竹堂寺。二人,其一即沈万三秀也;其一姓葛,亦巨富名不传。①

明人田艺蘅《留青日札》载:

> 元末时,吴人陆德原者,富而好古,亦能诗文,名振吴下。沈万三秀曾为之治财,入国朝,德原亦为黄冠,盖惧法而逃,云嘉靖间,严嵩盗窃国柄,贪墨滔天,苞苴公行,仕路污秽,嘉兴丙辰科一进士用金一万三千两,买选吏部考功主事,时人号之曰"沈万三官",率为科道所劾,以此形之奏章,遂命锦衣擒治削籍,大快政也,因详及之。②

陆德原在元代赍甲吴中,富而好古,曾为甫里书院山长,其文采斐然,名震一时,故当时的名士皆愿与其交游。晚年陆德原隐居于陈湖之上,修炼于瑞云观,并担任道教徒的师长,并将家中巨资转赠沈万三与葛氏富商等人。明朝巨富沈万三部分家产极有可能源于甫里陆家,可惜最后因帮助别人科举考试,而被锦衣卫擒治,遂丧命于此。倪瓒与陆德原乃为挚友,《云林子逸事》载:"……与陆静远、虞胜伯为友,及怀荆溪山水之胜,善权、离铜、墨官,诸山往游忘返,与觉轩王氏父子、金坛张氏兄弟尤善,吴城则与陈惟寅、惟允,周正道、陈升方辈游。尝自写影,留正道家。正道为葬志,详其家世与生卒岁月,继又得王宾作铭,有鬻田一事而正道所略,惟寅贫为作疏,僦屋居之。子婿陆颐,字养正,辟私塾,招叔方为师,云林子为书。币特厚,云林子盖笃于义者也。"③陆颐曾辟私塾延请陈叔方,来教育陆颐之子,并让倪瓒致信陈叔方,亦可见两家的往来颇为密切。陆颐十分虚心好学,酷爱读书,其读书之阁,扁曰"潜心",明人王祎《王忠文公集》载:

> 吴郡陆养正氏,妙年好修而能文,其读书之阁,扁曰:"潜心",志为学也。金华王祎,与养正有交友之义,因铭其阁以勖之,铭曰:

① (明)徐复祚:《花当阁丛谈》卷三,《续修四库全书》第 1175 册,上海:上海古籍出版社 2002 年版,第 43 页。

② (明)田艺蘅:《留青日札》卷三十五,《四库全书存目丛书·子部》第 105 册,济南:齐鲁书社 1995 年版,第 423 页。

③ (明)朱存理:《楼居杂著》,《景印文渊阁四库全书》第 1251 册,台北:台湾商务印书馆 1986 年版,第 601 页。

身主乎心,非与物同。心为物役,式遏其躬。君子为学,必潜是心。心之弗潜,如水斯淫。心之潜矣,乃静以虚。惟虚故明,止水之如。圣贤如何,是心则思。德崇业广,皆思所为。温温恭人,犹玉就瑳。相在尔室,心兮靡他。纷华盛丽,尔则匪无。而尔之志,曾弗彼趋。启我方册,对越圣贤。朝斯夕斯,终日乾乾。乾乾何为,惟学是求。尚鉴兹铭,益茂厥修。①

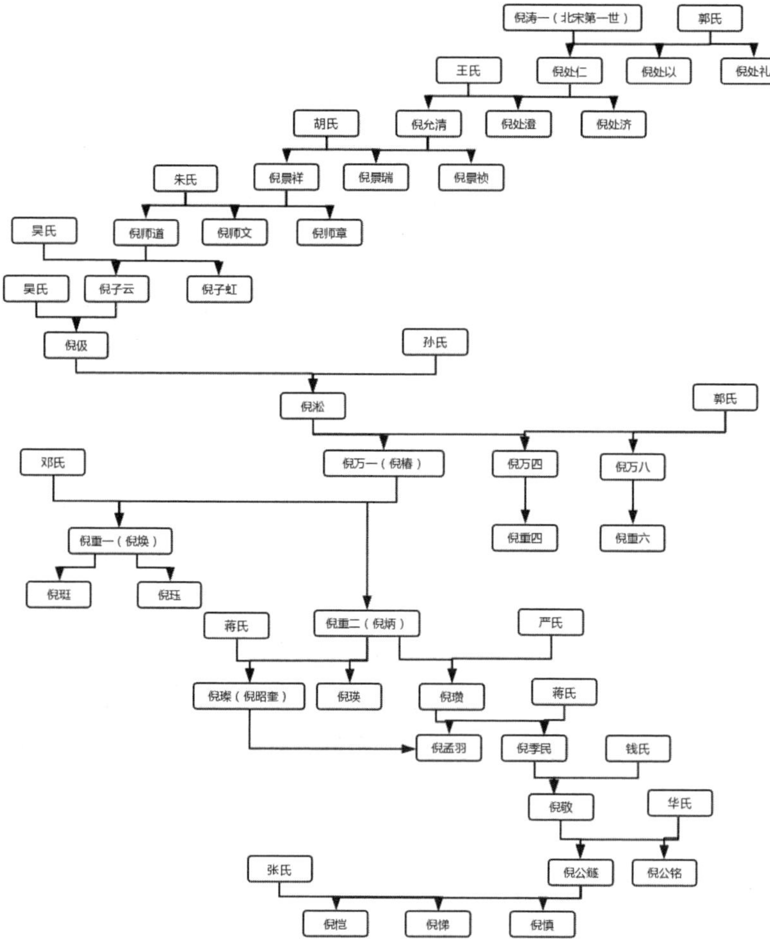

图7　倪瓒家族世系图②

① (明)王袆:《王忠文公集》卷九,《丛书集成新编》第75册,台北:台北新文丰出版公司1985年版,第327页。

② 按:此家族谱系图根据倪瓒诗文集、《梁溪倪氏宗谱》等文献编撰。上至倪瓒第十世祖倪涛一,即倪瓒支系家族的北宋第一世;下至倪瓒之玄孙(倪恺、倪悌、倪慎),前后共计十五代。

倪瓒还曾作《赠陆隐居》云:"甫里高人后,风流有裔孙。爱山仍爱画,留馔复留樽。每看云眠石,因寻竹款门。今朝岚翠湿,应是雨翻盆。"①关于倪瓒之女婿陆颐(养正),元人陈基曾作诗《次韵答陆养正》:"幽居潇洒傍溪湄,雅好惟收魏晋碑。千树好花闲对酒,一帘春雨细论诗。耽书尔欲师玄晏,皱棹吾将学子皮。满地绿阴春寂寂,永歌伐木眇予思。"②又作《留别陆养正》云:"我爱陆郎才思清,新诗落笔使人惊。不材缪忝为师友,高义多惭若弟兄。江上烟波催去鹢,雨余春树乱啼莺。定知明日空斋里,坐对停云忆士衡。"③陆颐无论是品行还是才情皆可称赞,故而深受其岳丈倪瓒的赏识。

## 第二节　启蒙教育

倪氏家族读书治学的传统在其宗规中有迹可循,至于倪瓒的启蒙教育,需从其仲兄论起。倪瓒仲兄倪璱从小入乡校,对于舆地、象胥之说无不精通。而后信奉道教,并成为全真教的上层人物,曾被授学道书院山长。④

倪瓒除其仲兄为全真教上层人物之外,其祖父倪椿也是道教首领,《录鬼簿》云林条载:"先大父为道录官,曾于常州玄妙观塑老君并七子听经。"⑤由墓碑亦可知,倪璱为玄教核心人物王寿衍(1270—1350)弟子,王寿衍还有另外一位弟子与倪家交往频繁,就是茅山派道士张雨(1283—1350)⑥。元仁宗皇庆二年(1313),杭州道士王寿衍入京觐见,张雨当时随行,刘基《张雨墓志铭》载:"明年开元宫王真人入觐京师,引

① (元)倪瓒著,江兴佑点校:《清閟阁集》卷三,杭州:西泠印社出版社 2010 年版,第 78 页。
② (元)陈基:《夷白斋稿》外集,《四部丛刊三编》,北京:商务印书馆 1936 年版,不分页数。
③ (元)陈基:《夷白斋稿》外集,《四部丛刊三编》,北京:商务印书馆 1936 年版,不分页数。
④ (元)虞集:《道园学古录》卷五十,《四部丛刊初编》第 1446 册,北京:商务印书馆 1922 年版,不分页数。
⑤ (元)钟嗣成:《录鬼簿》续编,《续修四库全书》第 1759 册,上海:上海古籍出版社 2002 年版,第 169 页。
⑥ 关于张雨的生卒年考证,详见程杰《刘基〈张雨墓志铭〉及相关问题》,载《浙江社会科学》2005 年第 2 期,第 171—173 页。

外史自副。时清江范德机方教授左卫，以能诗播于朝，外史造范，范适出，有诗集在几上，外史辄取笔书其后，为诗四韵。守者见则大怒，趋白范，范惊曰吾闻若人不得见，今来天界我友也，即自诣外史，结交而去。由是外史名震京城，一时贤士大夫若浦城杨仲宏、四明袁伯长、蜀郡虞伯生皆争与为友，愿留之京师。"①不仅元朝著名诗人杨载、虞集与张雨为挚友，倪瓒本人或许通过其仲兄倪璨缘故，与张雨关系十分亲近。张雨比倪瓒大二十几岁，倪瓒始终以师友对待，张雨晚年窘困，倪瓒变卖家产资助他，可见友情之深厚。在倪瓒的启蒙教育阶段，或许张雨对其后期的宗教观产生了影响。关于倪璨所入的全真教，又称全真道或全真派。元代的道教主要有全真、大道、太一教三种，全真教（道）是宋元之际兴起的一个最大的新道派，其创始人是王喆，字知明，号重阳。王喆卒后，其弟子丘处机开创的全真龙门派最为盛行。元光元年（1222），元太祖成吉思汗于大雪山接见丘处机，大悦，礼遇至隆，称他为"神仙"，命掌管天下道门。入元之后，元廷效法成吉思汗，对全真道极为尊崇，予以自由建宫观、广收徒众的权利，全真道进入全盛时期。全真道曾因侵占佛寺，宣传"老子化胡"之说，引起元宪宗八年（1258 年）的僧道大辩论，结果全真道失败，宪宗令道士樊志广等削发为僧，诏令全真道归还侵占的寺产，又令焚毁道藏伪经。元世祖至元十八年（1281），僧道再次进行辩论，全真道又以失败告终，元世祖忽必烈诏令除《道德经》外，其他道经尽行焚毁，全真道的势力受到进一步的打击和削弱。② 倪璨从小接受了良好的教育，中年因道为官，在元代社会阶层中，还是有一定的地位与权势的，更有许多人脉资源，所以十分重视倪瑛与倪瓒的启蒙教育。元人郑元祐《遂昌杂录》载："梁溪王文友，讳仁辅，克苦读书。里人倪文光讳昭奎者，延之以教其两弟，曰子瑛，曰元镇。"③倪璨为倪瓒与倪瑛延请塾师王仁辅，除了王仁辅学识渊博，更重要的一层原因，是王

---

① （明）朱存理：《珊瑚木难》卷五，《景印文渊阁四库全书》第 815 册，台北：台湾商务印书馆 1986 年版，第 144 页。

② 苏鲁格、宋长红：《中国元代宗教史》，北京：人民出版社 1994 年版，第 4—5 页。

③ （元）郑元祐：《遂昌杂录》不分卷，《景印文渊阁四库全书》第 1040 册，台北：台湾商务印书馆 1986 年版，第 388 页。

仁辅本人也是全真道士。据《(弘治)重修无锡县志》记载,元初,杨志杲因修复毁于战火的庙堂而被擢为巩昌道录,此后,度杨德仙为徒。杨传李宗清,号渊静大师。李宗清度四徒,王仁辅便是其中之一。[①] 由此看来,倪瓒早期所受的儒家思想,是从小对传统文化的见闻习染,但是伴随其一生的隐逸思想,更多则是源自塾师王仁辅对他的教育,全真道教思想在倪家始终占据重要地位。

王重阳所创全真道教的教义思想乃是在放弃求仕的人生经历中形成的,同时是对过去传统道教的继承与创新,主要沿袭的精神载体依然是老子思想。元人李鼎《大元重修古楼观宗圣宫记》载:"其逊让似儒,其勤苦似墨,其慈爱似佛,至于块守质朴,澹无营为,则又类夫修混纯者。"[②]此种教派思想不仅适应了道教自身发展的需要,而且迎合了当时社会环境中人们的精神需求。倪瓒曾作《寄王叔明》云:"野饭鱼羹何处无,不将身作系官奴。陶朱范蠡逃名姓,那似烟波一钓徒。"[③]此诗中,倪瓒规劝其好友王蒙弃下官袍,享受自由之身,其实这也是倪瓒自我心态的写照。倪瓒心性淡泊,在他众多的别号之中,譬如云林、沧浪漫士、风月主人等,都透露出其隐逸的气质。至于倪瓒在 22 岁之前的启蒙教育阶段,心中所播下的隐逸种子,除归功于王仁辅的教育,或许更多的在于其家族传承。根据明代尤镗《清贤记》所载:"建炎中有损斋公讳益者,持节江南,喜吾土川岩明秀,民风雅醇,更搜地之最胜而得祗陀村,遂附尺籍。云林先生五世祖也。大父文润公椿,父仲文公炳,世世里率,耕而粲,□而帛。席故赍而□昌之,其斋用与千乘等,特相继修烟霞业,不欲簪笔于瓣发之庭,而婉约逊遁。世能行德,至云林工而四矣。"[④]梁溪倪氏自建炎二年怡然公扈跸高宗南渡后,整个家族逐渐开始隐居生涯。文中所谓烟霞,即指隐居山林。同时,《清贤记·遗逸》载:

---

① (明)吴𬬭、(明)李舜明:《(弘治)重修无锡县志》卷四,明弘治九年(1496)刻本,南京图书馆古籍部藏。

② (元)李鼎:《大元重修古楼观宗圣宫记》,(宋)朱象先:《古楼观紫云衍庆集》卷上,《道藏》第19册,上海:上海书店出版社1988年版,第554页。

③ (元)倪瓒著,江兴佑点校:《清閟阁集》卷七,杭州:西泠印社出版社2010年版,第225页。

④ (明)尤镗:《清贤记》卷一,《丛书集成续编》第89册,上海:上海书店1994年版,第266页。

栖遯之士，沉冥玄寂，背群雁党，希心理昧，澹然无闷者也，成弘间李布衣舜明辑《锡志》，作《宋元遗逸传》，诎指五百年，仅仅五人已耳。岂有意丁梁州千斛乎，而祗陀倪氏，与者三人焉。尧章公焕、仲文公炳，及云林先生也。尧章为先生伯父，仲文则父也。昔张忠隐于泰山，子弟皆效之。王谭隐于西山，合门不仕。倪氏相继不应笺命，孰谓古今人不相及哉。①

可见，当时无锡屈指五百年间，被列入"遗逸"之士的仅仅五人，而梅里祗陀乡的倪家竟占三人，分别是倪瓒的伯父倪焕、父亲倪炳以及倪瓒本人。晋朝著名道士张忠隐于泰山，其子弟皆效仿，王谭隐于西山，其全家皆不入仕，到了元代的倪氏亦不理会授予官职的文书，可见从晋至元皆有怀归隐之心且坚定不移者。倪瓒"明初被召，固辞不起"②的拒绝入仕精神，除了受其父辈的影响之外，通过检索《梁溪倪氏宗谱》发现，整个倪氏家族乃是代有传承。兹分述如下：

梁溪倪氏第二十六代，倪瓒之八世祖，北宋世系第二代：倪处仁（生于宋太宗至道元年[995]，卒于英宗治平四年[1067]），《明善公宗谱传》载：

汴梁丰乐之时，既席世业，兼善生殖，家益富饶。岁收租二十万斛，时有倪陶朱之称。③

梁溪倪氏第二十八代，倪瓒之六世祖，北宋世系第四代：倪景祥（生于宋神宗熙宁七年[1074]甲寅九月，卒于徽宗宣和七年[1125]），《靖明公宗谱传》载：

性质直温厚，抱材不仕。哲宗绍圣间，以学行荐于朝，三诏不起。后被金人扰汴，弃家转从，迄无□居，囊橐谱牒，毁于兵燹。④

梁溪倪氏第二十九代，倪瓒之五世祖，南渡世系第一代：倪师道（生

---

① （明）尤镗：《清贤记》卷一，《丛书集成续编》第89册，上海：上海书店1994年版，第266页。
② （清）姜绍书：《无声诗史》卷一，《四库全书存目丛书·子部》第72册，济南：齐鲁书社1995年版，第702页。
③ 倪城辑：《梁溪倪氏宗谱》卷四，《无锡文库·第3辑》，南京：凤凰出版社2011年版，第183页。
④ 倪城辑：《梁溪倪氏宗谱》卷四，《无锡文库·第3辑》，南京：凤凰出版社2011年版，第183页。

于宋绍圣元年[1094]，卒于乾道四年[1168]），《宣抚使怡然公宗谱传》载：

> 后从高宗南渡，居杭州，以不附和议被斥。①

梁溪倪氏第三十一代，倪瓒之高祖父，南渡世系第三代：倪仅（生宋淳熙二年[1175]乙未十二月，卒宝祐元年[1253]癸丑八月），金华处士许谦为其题像作赞曰：

> 志洁行方，经纶雷雨，翔凤祥麟，争先快睹，上应列宿，器诚公辅，溯洄伊人，通今博古，痛大道之不行兮，归去来兮而解组，惟笑傲于烟霞兮，启有道玄孙而追尊高祖。②

梁溪倪氏第三十二代，倪瓒之曾祖父，南渡世系第四代：倪淞（生于宋嘉定元年[1208]戊辰正月，卒于德祐元年[1275]乙亥二月），"明初诗文三大家"之一的刘基为其画像作赞曰：

> 抱才出游，知机便退。世衰道危，遵养时晦。德劭年高，令人敬爱。瞻道貌之岸然，垂令名于千载。③

倪淞于宋理宗朝时曾经担任承事郎，历官懋，著勋绩，属于先仕后隐。

梁溪倪氏第三十三代，倪瓒之祖父，南渡世系第五代：倪椿（生于宋淳祐四年[1244]甲辰三月，卒于元泰定二年[1325]乙丑正月），画像上方书"宋处士友梅公讳椿之像"，所谓处士，乃是有德才而隐居不愿做官之人，后来也泛指未做过官的士人。《汉书》卷十三载："秦既称帝，患周之败，以为起于处士横议，诸侯力争，四夷交侵，以弱见夺。"④当年秦始皇称帝之后，考虑到周朝之所以败亡，原因是那些不在朝做官的处士妄加言论，此时"处士"一词已有隐喻之意。明朝开国文臣之首宋濂为倪椿画像题赞曰：

① 倪城辑：《梁溪倪氏宗谱》卷四，《无锡文库·第3辑》，南京：凤凰出版社2011年版，第184页。
② 倪城辑：《梁溪倪氏宗谱》卷首，《无锡文库·第3辑》，南京：凤凰出版社2011年版，第7页。
③ 倪城辑：《梁溪倪氏宗谱》卷首，《无锡文库·第3辑》，南京：凤凰出版社2011年版，第7页。
④ （汉）班固：《汉书》卷十三，北京：中华书局1962年版，第364页。

中原逐鹿,隐居空谷。怀瑾握瑜,牙签万轴。赈彼饥寒,哀此□□。寿享期颐,优游惠麓。玉貌俨然,威仪整肃。①

梁溪倪氏第三十四代,倪瓒之伯父,南渡世系第六代:倪焕(生于宋理宗景定二年[1261],卒于元仁宗皇庆元年[1312]),号冰祥处士,生活于宋元交替之际,《锡山旧志·尧章公原传》载:"元兵南下,主帅辟为桂阳主簿,不就,优游岩穴以终。"②"东林八君子"之一、世称"景逸先生"的高攀龙为其画像题赞曰:"伊何人斯!冰祥处士奕禳簪缨,抱才不仕,值世道之沧桑兮,效间云野鹤而高翔。惟游心于玄默兮,羌媲洁于冰霜,向衡泌而栖迟进兮,抱无边之风月,寻木本而溯渊源兮,微公谁能篡述,迄今俎豆□□兮,偕犹子而末极。"③倪焕挽才不仕,优游岩穴终身的精神或许对倪瓒影响深重。

梁溪倪氏第三十四代,倪瓒之父,南渡世系第六代:倪炳(生于宋咸淳二年[1266]丙寅七月,卒于元至顺三年[1332]壬申正月),号冰叶处士,《锡山旧志·仲文公原传》载:

性清约,养志邱园,不求仕进……终身不一谒权贵,半耕半读,富甲一乡,仗义疏财,澹然于声色货利之中。④

王阳明为其画像题赞曰:

花落满阶,图书环列。旧雨若来,金兰契结。保合太和,神仙秘诀,怅彼胡元,冠裳迸裂,盘涧晤歌,湖山藏拙,秀毓云林,夷斋抗节。⑤

梁溪倪氏第三十五代,倪瓒之仲兄,南渡世系第七代:倪璨(文光),号泉心,又号真逸,《倪文光墓碑》载:

元贞初,东平徐公琰按察浙西,招文光议幕中,甚奇之,荐诸行省,授学道书院山长。吴人祠子由处也,因为立学官焉。文光训授

① 倪城辑:《梁溪倪氏宗谱》卷首,《无锡文库·第3辑》,南京:凤凰出版社2011年版,第8页。
② 倪城辑:《梁溪倪氏宗谱》卷四,《无锡文库·第3辑》,南京:凤凰出版社2011年版,第185—186页。
③ 倪城辑:《梁溪倪氏宗谱》卷首,《无锡文库·第3辑》,南京:凤凰出版社2011年版,第8页。
④ 倪城辑:《梁溪倪氏宗谱》卷四,《无锡文库·第3辑》,南京:凤凰出版社2011年版,第186页。
⑤ 倪城辑:《梁溪倪氏宗谱》卷首,《无锡文库·第3辑》,南京:凤凰出版社2011年版,第9页。

有法，又出私钱，更作礼殿。及祭器，士子畏爱之。秩满，用荐者当迁官。文光慨然，以为不足，则有务于外，吾安所不足，使吾心芒然，无所主，以身从桎梏乎。谢去薰俗，以黄老为归。①

梁溪倪氏第三十六代，倪瓒之次子，南渡世系第八代：倪季民，号耕逸，"明祖屡征不起，人呼为小云林。"②

梁溪倪氏第三十七代，倪瓒之孙，南渡世系第九代：倪敬，号竹泉，《朝奉郎竹泉公宗谱传》载："初以才德著声，见征于朝，不就，隐处于澄江之刘桥，遗产尽委之族人。"③虽然倪敬后期出使称职拜进义校尉，寻为朝奉郎，奉命饷西军，且卒于任上，但是他早期还是选择归隐江湖。

梁溪倪氏第三十八代，倪瓒之曾孙，南渡世系第十代：倪正，号云溪，《云溪公宗谱传》载："常不问家事，遇客辄喜豪饮，有北海遗风。"④

综上可以大致看出，梁溪倪氏自宋初九思公至明代中期的约五百年间，归隐之风几乎代有传衍，他们有的因为政治黑暗，世道混乱而选择归隐山林，也有为避乱世战争伤害，而求身家性命的安全，更有因生性淡泊、不慕荣利，爱好自然山水，不愿受官场拘束而选择远遁于世事，或者退避于梵林道宇。家世背景成为倪瓒隐逸最主要的原因之一。与倪瓒同时期的江南文人们，大多亦选择归隐，这与当时元朝的政治法令有极强的关联。大多数读书人的目的依然是能够步入仕途，元代文人却如此密集而整体性地"高人多托而逃"⑤，其隐含的政治背景首先是元初汉族文人对元政府异族统治的反抗。其次就是科举之路的不通畅，以及取士制度与选官制度的政策倾斜，使得大量文人被迫退归山林。即使心中壮志难酬，怀才不遇，也要忍气吞声于世，或者另辟蹊径，选择宗教信仰的寄托来维持内心渴望已久的正义与公平。

元代经历了科举历史上最长时间的停顿，北方地区从太宗五年

① （元）虞集：《道园学古录》卷五十，《四部丛刊初编》第 1446 册，北京：商务印书馆 1922 年版，不分页数。
② 倪城辑：《梁溪倪氏宗谱》卷十三，《无锡文库·第 3 辑》，南京：凤凰出版社 2011 年版，第 474 页。
③ 倪城辑：《梁溪倪氏宗谱》卷五，《无锡文库·第 3 辑》，南京：凤凰出版社 2011 年版，第 207 页。
④ 倪城辑：《梁溪倪氏宗谱》卷五，《无锡文库·第 3 辑》，南京：凤凰出版社 2011 年版，第 211 页。
⑤ （明）侯方域著，何法周主编，王树林注笺：《侯方域集校笺》卷六，郑州：中州古籍出版社 1992 年版，第 300 页。

(1234)金亡开始,南方地区从至元十三年(1276)宋亡开始,到仁宗皇庆二年(1313)恢复科举,前者停顿的时间将近一个世纪,而后者亦停顿近半个世纪。① 不仅如此,仁宗开科七科之后,又经历了一次反复,中断六年的时间,整个元代共开十七科乡试,十六科会试,取士仅千余人,是科举有史以来录取人数最少的一个朝代。② 元朝科举陆续中断,使整个士大夫阶层几乎丧失传统的仕进通道,江南士大夫尤其受到歧视,科举入仕相当困难,主要原因就是"南人"在元朝四个法定族群中身份最为低下,江南文人通过科举入仕的机会最少。③ 南方士人入仕的艰难可由下列两种统计看出:第一,"南人"在官员总数中所占比例甚小,韩国学者周采赫根据《元史》《蒙兀儿史记》《新元史》等史料加以统计,各组官员人数及比率为:

| 族群 | 蒙古 | 色目 | 汉人 | 南人 | 未详 | 总计 |
|------|------|------|------|------|------|------|
| 人数<br>(%) | 774<br>(22.6) | 919<br>(26.9) | 1362<br>(39.8) | 350<br>(10.2) | 14<br>(0.4) | 3419<br>(100) |

元朝总户数中,蒙古、色目仅占 3%,汉人占 15%,而南人多达82%。但南人官员仅占官员总数之 10.2%,与蒙古、色目相比较,其入仕之艰难可想而知。④ 元代江南士人家族大多列为儒户,这些家族的权利、义务以及生活取向也与这个身份紧密相连。因此,想要了解元代江南士大夫的情况,必须对儒户制度略加说明。元代依照民之学业及信仰来划分,有儒户、僧、道、也里可温、答失蛮、医、乐、阴阳等人户的分别。窝阔台九年丁酉(1237),遣术虎乃、刘中试诸路儒士,得四千三十人,著籍为儒户。⑤ 元人王恽《秋涧集》载:"中选儒生,若种田者输纳地

---

① 张希清、毛佩琦、李世愉主编:《中国科举制度通史·辽金元卷》,上海:上海人民出版社 2015 年版,第 441 页。

② 张希清、毛佩琦、李世愉主编:《中国科举制度通史·辽金元卷》,上海:上海人民出版社 2015 年版,第 441 页。

③ 萧启庆:《元代的族群文化与科举》,台北:台湾联经出版公司 2008 年版,第 150 页。

④ 萧启庆:《元代的族群文化与科举》,台北:台湾联经出版公司 2008 年版,第 151—152 页。

⑤ 周良霄、顾菊英:《元代史》,上海:上海人民出版社 1993 年版,第 403 页。

税，……并行蠲免。"①使得以世修其业。儒人取得和僧、道相等的权利，而有儒户之设，是在窝阔台汗十年，也就是"戊戌选试"以后。戊戌之试及儒户之设，主要得益于耶律楚材的推动。耶律楚材虽在成吉思汗时代即已供职汗廷，但当时他不过"备员翰墨，军国之事，非所预议"②，没有充分的发言权。在窝阔台即位后，耶律楚材以增加税收而取得大汗的信任；从而以儒道进说，并请恢复汉地的旧秩序及安抚士人。③《元史·耶律楚材传》载："制器者必用良工，守成者必用儒臣。儒臣之事业，非积数十年，殆未易成也。"④这是耶律楚材提出选试儒士的理由，太宗接受了这一建议，下令次年由刘中、术忽䚡主持进行考试，史称"戊戌选试"。这次考试的主要对象，大多数是原来金朝统治区域的儒士，选试考试的内容主要为三个科目：经义、词赋和论。⑤ 其实这次科举，窝阔台的目的并不是为了择贤录用，而只是为了"汰三教"，即确定儒、道、释三教的人数。对于当时的大致情形，元代文献略有记述。元人苏天爵《元文类》载：

> 侍臣脱欢奏选室女，敕中书省发诏行之。公持之不下。上怒，召问其故。公曰："向所刷室女二十八人尚在燕京，足备后宫使令。而脱欢传旨，又欲遍行选刷，臣恐重扰百姓，欲覆奏陛下耳。"上良久曰："可。"遂罢之。又欲于汉地拘刷牝马。公言："汉地所有，茧丝五谷耳，非产马之地。若今日行之，后必为例，是徒扰天下也。"乃从其请。丁酉，汰三教，僧道试经通者，给牒受戒，许居寺观，儒人中选者，则复其家。公初言"僧道中避役者多，合行选试"，至是始行之。⑥

① (元)王恽：《秋涧集》卷九十一，《景印文渊阁四库全书》第1201册，台北：台湾商务印书馆1986年版，第319页。
② (元)耶律楚材：《湛然居士集》卷八，《景印文渊阁四库全书》第1191册，台北：台湾商务印书馆1986年版，第566页。
③ 萧启庆：《元代史新探》，台北：台北新文丰出版公司1983年版，第8—9页。
④ (明)宋濂等：《元史》卷一百四十六，北京：中华书局1976年版，第3461页。
⑤ 余来明：《元代科举与文学》，武汉：武汉大学出版社2013年版，第65页。
⑥ (元)苏天爵：《元文类》卷五十七，《景印文渊阁四库全书》第1367册，台北：台湾商务印书馆1986年版，第755—756页。

但是元朝的高职官员大多是由蒙古人与色目人担任,终元一代,除赵孟頫、吴澄特例外,汉族儒士能登于五品官员以上者极少,而做到三品显宦以上的进士多为右榜以及左榜中的汉人,而南人亦甚少。

南方士人的出路确实比北方更为狭小,若是以地域和种族而论,南人文化较高,但在科举及仕途中受到歧视,故南人科举不易,成进士后又多沉下僚,或许这就是元代南方知识分子的宿命。① 以倪瓒所生活的江南地区无锡为例,根据《(弘治)重修无锡县志》记载,宋代与明代参加科举考试中榜的人数规模相当可观,而中间的元代科举入仕情况比较悲观。如乡试中,宋代无锡乡试榜上有名者为 50 人,明代为 116 人,而元代却只有 4 人,分别为"泰定三年(1326)中榜 1 人,尤良;至正元年(1341)中榜 2 人,陆以衡与陈显鲁;至正二十五年(1365)中榜 1 人,张筹"②,元代无锡地区科举入仕与宋明两代相比较而言,就人数规模上来看,还不如宋明两代的 1/10。根据冰冷的数字统计,可见其科举入仕数量的悬殊之大,更可窥探元代无锡地区的文人科考与入仕的非寻常状态。同时,根据《(弘治)重修无锡县志》中关于泰定三年(1326)无锡地区只中榜一人的记录,可以大胆推测,若是此年倪瓒也参加科考(时年 20 周岁),其结果又会如何?成功概率应是极低的。大的社会背景已经决定了江南文人的出路,启蒙教育时期的读书只是兴趣使然,所以,倪瓒年少之时,不很顾忌科考功名。

其次,倪家能够请来名师授业,想必与其家境也有一定关系,自古以来贫穷人家读书不是一件易事,所以才有囊萤映雪以及凿壁偷光的故事,更何况倪家是请来塾师上门教授。那么,倪家财富的来源,除了世代的积累之外,还很可能源于田地的耕作、贸易的往来。倪瓒曾作《余不溪咏二首并序》:"开玄馆在余不溪滨,距溪无百步,上清王真人所居。溪流冬夏盈演,玉光澄映,与他水特异,故为名焉。庚午岁春,因市药过浙江,趣便道将归梅里,俯斯水而悦之。沂流闲咏,盥濯平津,顾瞻

---

① 张希清、毛佩琦、李世愉主编:《中国科举制度通史·辽金元卷》,上海:上海人民出版社 2015 年版,第552 页。

② (明)吴泂、(明)李舜明:《(弘治)重修无锡县志》卷十二,《无锡文库·第 1 辑》,南京:凤凰出版社 2012 年版,第 161—162 页。

坛宇,近在东麓,遂舍舟,造其下。真人为出酒脯,燕啸岩洞,竟日乃返。悠悠徂岁,忽已十有七寒暑矣。余既为农畎亩,身依稼穑。复尔政繁,奔走州里。欲为昔游,其可得乎?炼师超然物表,闲情夷朗,周览宇内,将还玄馆。余因彷像畴昔之所睹,追赋短章,以饯斯别。若夫超踪溷浊,逍遥玄迈,盖深志于是矣。览而咏言,能无动悲慨乎?"[1]可见,庚午岁(1330)春,倪瓒因为市药路过浙江,经过余不溪时,悼念起真人王重阳,遂伤感不已。关于市药,以及相关的制药、采药,倪瓒在其诗文集中曾多次提到,比如《屋漏》:"寂寞江天暮色悬,重阴愁绝卷尘编。走看破壁雨沈灶,思卧芦花雪满船。风卷高堤沙树拔,泉翻野援药苗延。青山天矫浮云外,自爱新秋爽气鲜。"[2]《秋日赠张茂实》:"久客东海上,秋风吹练裙。放言爱庄叟,笑癖如绿云。采药清晨出,哦诗静夜闻。沧浪可濯足,吾与尔为群。"[3]《因儒者董惟明至荆溪,辄写赠别士元乡契一诗,以呈崖翁知己。承数念及,恐欲知近况何如耳》一诗云:"古德乖违已数年,相逢吴苑话迍邅。木鱼晨粥同僧赴,仙掌春茶破闷煎。采药童归随贸市,眠松老鹤伴栖禅。语离更问余何适,思属江云浦月边。"[4]《林下》:"林深何处寻行径,披草时过野老家。练练澄波晴偃月,蜿蜿小坞曲藏蛇。孤帆卖药来勾曲,独木为桥似若耶。高卧闭门成懒癖,苍苔从满石樽洼。"[5]《寄吴子并怀贞居》:"江海风流吴孟思,十年不见鬓成丝。旧同野老松花供,今寄仙君石室碑。秋日满船初晒药,晴云浮水独临池。南山树里孤栖鹤,尔去何当一问之。"[6]《过桐里》:"依微桐里接松陵,绿玉青瑶缭复萦。为咏江城秋草色,独行烟渚暮钟声。黄香宅里留三宿,甫里门前过几程。借书市药时来往,未许居人识姓名。"[7]甚至有些诗句直接提及卖药的事情,如《稽山草堂为韩致因赋》:"稽山读书处,应近贺公湖。涧月悬萝镜,汀花落酒壶。卖药入城市,扁舟在菰蒲。逃名向深

---

① (元)倪瓒著,江兴佑点校:《清閟阁集》卷四,杭州:西泠印社出版社2010年版,第99—100页。
② (元)倪瓒著,江兴佑点校:《清閟阁集》卷六,杭州:西泠印社出版社2010年版,第169页。
③ (元)倪瓒著,江兴佑点校:《清閟阁集》卷三,杭州:西泠印社出版社2010年版,第70页。
④ (元)倪瓒著,江兴佑点校:《清閟阁集》卷六,杭州:西泠印社出版社2010年版,第188页。
⑤ (元)倪瓒著,江兴佑点校:《清閟阁集》卷五,杭州:西泠印社出版社2010年版,第131页。
⑥ (元)倪瓒著,江兴佑点校:《清閟阁集》卷五,杭州:西泠印社出版社2010年版,第152页。
⑦ (元)倪瓒著,江兴佑点校:《清閟阁集》卷六,杭州:西泠印社出版社2010年版,第178页。

僻,君岂伯休徒。"①以及《赠郭本斋》云:"高人郭本斋,轻舟东渡淮。卖药不二价,向人多好怀。世方忧暍死,我岂与时乖。欲觅金光草,相期弱水涯。"②倪瓒有些诗句也反映了其与医士家族的往来,比如《赠丁医士》云:"泊舟风雨芙蓉城,江上君山云锦屏。我来已是千年后,馆主子孙犹姓丁。丁君手炼不死药,芙蓉仙人久相约。孤鳏七十老无家,种杏春来看落花。"③同时,倪瓒的好友张雨《题倪元镇画》云:"为觅高人梁伯鸾,遗墟井臼已凋残。天寒日暮一瓢酒,采药行踪卷里看。"④综上来看,倪家所经营的贸易产业应该与药品相关。

倪家依靠药品贸易,之所以能够日进斗金,富有四海,除了倪家几代人的精明能干,善于经商之外,想必更离不开良好的国策。元代是中国继唐代以后又一个疆域广阔的朝代,承接了宋代商品经济的发展,因此当时的国内与国际贸易发展皆达到空前高度。但是元代贸易政策与宋代略有不同,《中国国际贸易小史》载:

> 其可注意者有二:一曰贸易之比较自由,一曰官营海外贸易,至元十四年(1277),初设市舶司时,即令每岁招集舶商至番邦博易珠翠香货等物。十五年(1278),诏中书行省唆都蒲寿庚等,为诸番国,列诸东南岛屿者,往来互市,各从所欲。又诏沿海官司,通日本人市舶,罢海商之禁。三十一年(1294),又诏勿拘海,听其自便。英宗至治三年(1323),令听海商贸易,归征其税,故此时为贸易解禁之时代,一方面固为收入营利之目的;一方面亦藉此以招诸番之来朝贡也。官营海外贸易,为世祖时贸易利权集中之计划,换言之,即中央政府独占海外贸易之政策,定例(新《元史·食货志》谓始于至元二十三年)官自具船给本选人下番,贸易诸货,其所获之息,以十分为率,官取七分,所易人得其三,诸番客旅,就官船买卖者,依例悉抽之,为官船官本商贩之法,其意即不许泉州蒲寿庚等垄断其利,而使诸番互市之利权收集于中央政府,故凡权势之家,

---

① (元)倪瓒著,江兴佑点校:《清閟阁集》卷三,杭州:西泠印社出版社 2010 年版,第 55 页。
② (元)倪瓒著,江兴佑点校:《清閟阁集》卷三,杭州:西泠印社出版社 2010 年版,第 80 页。
③ (元)倪瓒著,江兴佑点校:《清閟阁集》卷四,杭州:西泠印社出版社 2010 年版,第 108—109 页。
④ (元)顾瑛撰,杨镰、祈学明、张颐青整理:《草堂雅集》卷七,北京:中华书局 2008 年版,第 601 页。

均禁其不得用己钱入番为贾，犯者罪之，仍籍其家产之半，盖其时之一种积极政策也。此外如征税之双抽单抽之制，番货重而土货轻，亦可为吾国奖励国货出洋之先例。[①]

元代的海外贸易总体是相对自由宽松的，但是结合元史的记载，海外贸易大致可以分为三个时期：第一个时期，从元世祖至元十四年（1277）到二十一年（1284），此时是政府大力扶持海外贸易的阶段；第二个时期，从至元二十二年（1285）到英宗至治二年（1322），此时是元朝政府加强集权的过程，初期采取一些相对温和的让利于民政策，而后再官方控制与垄断，急欲增加经济剥削；第三个时期，从至治三年（1323）到顺帝至正二十八年（1368），此时期处于元末动乱之际，官吏侵渔，民商反抗，同时通货膨胀现象逐渐扩散，政府被迫停止实行官本船制度，民间海商的自主经营又重新得以开展。于是，这一时期海外贸易的主流是私人经营。倪瓒所生活的时期大致就是元代海外贸易的第三阶段，此时海运的繁荣景象，正如元人郭翼《昆山谣送友人》载：

> 吴东之州娄东江，民庐矗矗如蜂房。官车客马交驰横，红尘轧投康与庄。鸡鸣闹市森开张，珠犀翠象列道傍。吴艎越舰万首骧，大帆云落如山崩。舟工花股百夫雄，蛮音獠语如吃羌。水仙祠前海茫茫，鱼鳖作道虹作梁。龙堂贝阙当中央，灵女缓歌吹笙簧。冯夷伐鼓相铿轰，或乘飞龙下沧浪。大樯小樯火流光，翠旗摩云互低昂。左驱勾陈右挽抢，天子锡命下南邦。……子孙昭孝百禄将，愿集中正以为裳。愿以仁义杂为珩，愿言揖子以为明。德音秩秩亦孔章。[②]

同时，《中国药业史》记载：

> 元时，中国输出的药材也不少。在中国生活 27 年，被元世祖封官的意大利旅行家马可·波罗说，他在马拉巴（今南印度沿岸）

① 侯厚培：《中国国际贸易小史》，北京：商务印书馆 1929 年版，第 22—23 页。
② （元）郭翼：《林外野言》卷下，《景印文渊阁四库全书》第 1216 册，台北：台湾商务印书馆 1986 年版，第 713 页。

看到大批中国船只,装载着中国药材运往亚丁港,再转运至(埃及)亚历山大等地。元代输出的主要药材有大黄、麝香、樟脑、川芎、白芷、硫黄、焰硝、肉桂等。输出的其他药材,大体与宋相当。①

元代虽然经历了宋末残酷的战争,但是杭州迅速恢复了生机。《养斋蒋君墓志铭》载:"杭为东南一都会,其民率多艺,善货殖,市区相属如鳞次。"②倪瓒因卖药经过浙江,或许与当时浙江的经济富庶程度有关联。其次,元朝各市舶司抽分所得货物,其中"贵细之物"要"起解赴京","其余物色"则由市舶司开数具呈行省,随时估算价格,就地变卖,行省也收部分。③元政府在全国建立了严密的站赤制度,市舶货物通过一定的站道押解到京师大都,有时会选择海道到杭州,再由杭州北上,《元史》卷十五载:"丙寅,尚书省臣言:'行泉府所统海船万五千艘,以新附人驾之,缓急殊不可用。宜招集乃颜及胜纳合儿流散户为军,自泉州至杭州立海站十五,站置船五艘、水军二百,专运番夷贡物及商贩奇货,且防御海道为便。'从之。"④杭州港也是元代一个重要港口,因其"旁连诸番,椎结卉裳"⑤,所以成为一个比较繁荣的对外贸易港口,同时与宋代相比,得到更大的发展。根据宋人常棠《澉水志》载:"市舶场在镇东海岸,理宗淳祐六年(1246)创市舶官,十年置场。"⑥杭州市舶务并非设立在杭州钱塘江边,而是远在杭州湾北岸濒海小镇澉浦。⑦此时,杭州亦设立了市舶库,集中各司舶司运来的市舶货物,这些物品运到大都后分别储存在万亿宝源库、万亿广源库、御药院等地方,供宫廷和政府消费之用。⑧此时的杭州是个相对重要的海道,倪瓒极有可能因家族的药材生意前往浙江贩卖而停留。根据《中国商业通史》中关于元代进出口

---

① 唐廷猷:《中国药业史》,北京:中国医药科技出版社 2001 年版,第 205—206 页。

② (元)黄溍:《金华黄先生文集》卷三十八,《续修四库全书》第 1323 册,上海:上海古籍出版社 2002 年版,第 493 页。

③ 吴慧主编:《中国商业通史·第 3 卷》,北京:中国财政经济出版社 2005 年版,第 395 页。

④ (明)宋濂等:《元史》卷十五,北京:中华书局 1976 年版,第 320 页。

⑤ (元)黄溍:《金华黄先生文集》卷八,《续修四库全书》第 1323 册,上海:上海古籍出版社 2002 年版,第 174 页。

⑥ (宋)常棠:《澉水志》卷下,北京:中华书局 1985 年版,第 16 页。

⑦ 李幹:《元代民族经济史·下》,北京:民族出版社 2010 年版,第 988 页。

⑧ 吴慧主编:《中国商业通史·第 3 卷》,北京:中国财政经济出版社 2005 年版,第 395 页。

货物及产销地区记载，关于药材方面的出口，主要有大黄、干良姜、川芎、白芷、樟脑、麝香等。①元朝积极推行官药局体制，在灭金后的第三年，就政令开局，官给钞本，择良医主之。《元史·食货志》载：

> 太宗九年(1237)，始于燕京等十路置局，以奉御田阔阔、太医王璧、齐楫等为局官，给银五百锭为规运之本。世祖中统二年(1261)，又命王佑开局(大都惠民司)。四年(1263)，复置局于上都(今内蒙古自治区多伦县西北)，每中统钞一百两，收息钱一两五钱。至元二十五年(1288)，以陷失官本，悉罢革之。……今并著于后：腹里，三千七百八十锭。河南行省，二百七十锭。湖广行省，一千一百五十锭。辽阳行省，二百四十锭。四川行省，二百四十锭。陕西行省，二百四十锭。江西行省，三百锭。江浙行省，二千六百一十五锭……②

倪家或许是因倪璨为道官的缘由，与官药局有生意往来。元代对于官僚经商相对比较支持，只是禁止漏税。《元史·食货志》载："商贾之有税，本以抑末，而国用亦资焉。元初，未有定制。太宗甲午年，始立征收课税所，凡仓库院务官并合干人等，命各处官司选有产有行之人充之。其所办课程，每月赴所输纳。有贸易借贷者，并徒二年，杖七十；所官扰民取财者，其罪亦如之。世祖中统四年，用阿合马、王光祖等言，凡在京权势之家为商贾，及以官银卖买之人，并令赴务输税，入城不吊引者同匿税法。"③关于从事海外贸易生意，元政府采取比宋朝更为放任的态度，只是对市舶司和市舶司所在地的官员们下番买卖行为加以禁止，《通制条格》卷十八载："诸王、驸马、权豪、势要、僧、道、也里可温、答失蛮诸色人等下蕃博易到货物，并仰依例抽解……拘该市舶去处，行省官、宣慰司官、市舶司官不得拘占舶船，捎带钱物，下蕃买卖。"④元代的僧道不仅可以进行商贸行为，国家层面还需要对他们的商业活动给予

---

① 吴慧主编：《中国商业通史·第3卷》，北京：中国财政经济出版社2005年版，第415页。
② (明)宋濂等：《元史》卷九十六，北京：中华书局1976年版，第2467—2468页。
③ (明)宋濂等：《元史》卷九十四，北京：中华书局1976年版，第2397页。
④ 黄时鉴点校：《通制条格》卷十八，杭州：浙江古籍出版社1986年版，第231页。

保护和优惠。元代时期,各种教派都得到发展,蒙古统治者对宗教的兼容政策,为宗教人士介入商业活动提供了有利的条件。

倪氏家族虽然因道官缘由而生意兴隆,并且成为当时江南富户之一,但倪瓒本人"未尝为纨绮子弟态"①,内心相当仁善,从他对启蒙老师王文友的态度就可以看出这一点。周南老撰《元处士云林先生墓志铭》载:"其师巩昌王仁辅,老而无嗣,奉养以终其身,殁为制服执丧而葬焉。"②从侧面亦可以看出王文友的启蒙教育对倪瓒成年后价值观的影响。除此之外,尤镗《清贤记·隆师》云:

> 尊如君而恩同父者,师也。自古及今,未有不藉师而成器者,以南荣趎之傲,夔立蛇进于老聃之门,以孟尝君之豪,祛衣请学于子□之座。师疾而顾德玉日侍汤药,师殁而王吉自表上冢,董奉德亡,弟子任末奔丧道死。周同卒久,而弟子岳武穆朔望必莫。至魏文侯秉帛子夏,钟兴推封丁恭。此皆有道仁人,不忘枕膝巾构之诲者也。若我云林翁之事师,兼数先辈之长矣。巩昌宏秀王文友,函易渡淮而南授,吴人载刺盈庭。云林翁以素丝之质,附近朱蓝,周旋诲接,噩若慈父,供给洒扫,无异魏照,任役忘食,一同士元,生而厚养,疾而扶侍,殁而官殓。制服执丧,□之高原,春秋追享,久而不替。③

此段亦弘扬尊师的美德,列举了唐人顾德玉因其师俞观光生病而服侍汤药;东汉年间的任末尊师爱友,老师亡故后,他不顾路途遥远前去奔丧,竟死在奔丧途中;宋代名将岳飞,其师周同去世很长时间以后,他依然每月初一与十五都会祭奠;东汉钟兴拒绝光武帝刘秀的加封,认为其师丁恭应受封爵。最后,至倪瓒与其师的时候,则是兼数先辈之长矣,供给洒扫,生而厚养,疾而服侍,犹如东汉年间的魏照拜师。

关于倪瓒启蒙教育阶段可能涉及的知识,仍需回归当时元代整体教育环境中去考察。蒙古的大汗们深知汉族文化的优越性,以及汉族

---

① (元)倪瓒著,江兴佑点校:《清閟阁集》附录一,杭州:西泠印社出版社2010年版,第377页。
② (元)倪瓒著,江兴佑点校:《清閟阁集》附录一,杭州:西泠印社出版社2010年版,第377页。
③ (明)尤镗:《清贤记》卷一,《丛书集成续编》第89册,上海:上海书店1994年版,第268页。

教育制度的完善性与汉族心目中的圣人孔夫子的崇高威望,采取了相应的措施,首要任务乃是提倡尊孔。元太祖铁木真平燕京后,就以金枢密院为宣圣庙。窝阔台大汗时,又封孔子五十一代孙元楷为衍圣公,修孔子庙、司天台、浑天仪。① 《元史·世祖本纪一》载:"建元表岁,示人君万世之传;纪时书王,见天下一家之义。法《春秋》之正始,体大《易》之乾元。炳焕皇猷,权舆治道。可自庚申年(1260)五月十九日,建元为中统元年。"② 忽必烈在1260年即大汗位后,就开始学习汉族皇帝建元改岁的传统,以儒家经典为依据,下此建元诏,之后的仁宗亦大力倡导儒学,特别是对朱熹的道学颇为兴趣,致使朱熹的道经(《四书集注》)与科举结合。文宗时期更加倡导对道学的学习,每年都要嘉奖"孝子节妇"等等。儒学在元代教育中占主导地位,因为无论是以汉语教学的普通学校还是以蒙古语教学的蒙古字学,科举时皆需经过儒家经典的考试。《元典章》载:

> 考试程式:蒙古、色目人,第一场经问五条(原注:《大学》《论语》《孟子》《中庸》内设问,义理精明、文辞典雅为中选,用朱氏章句集注)。第二场策一道(原注:以时务出题,限五百字以上)。③

除了应对科举考试外,元代的私学十分昌盛,它继承了宋、金的私学传统而又有新的发展,但在办学形式和教学内容上与宋、金时没有什么大的差别。私学是相对于官学而言,因为官学是政府所办,学制、教材、课程、教师皆由政府教育机构安排,而私学乃私人创办,主要采用家学、私塾、义塾、书院等方式进行授课,没有统一办学模式,教学内容则侧重于儒家经典,又以朱熹等人注疏的《四书》《五经》为基本教材。④ 元武宗至大末年(1311)前,乃为元代私学发展的前期。⑤ 此时官方所建立

---

① (明)宋濂等:《元史》卷二,北京:中华书局1976年版,第33页。

② (明)宋濂等:《元史》卷四,北京:中华书局1976年版,第65页。

③ (元)佚名:《大元圣政国朝典章》礼部卷四,《续修四库全书》第787册,上海:上海古籍出版社2002年版,第327页。

④ 韩志远:《元代私学初探》,中国元史研究会编:《元史论丛·第九辑》,上海:中国广播电视出版社2004年版,第79页。

⑤ 韩志远:《元代私学初探》,中国元史研究会编:《元史论丛·第九辑》,北京:中国广播电视出版社2004年版,第80页。

的学校甚少,使得许多官僚等贵族阶级亦要求助于私学来教授其子女。许多儒士便被官员们聘为家塾,譬如元人盛如梓《庶斋老学丛谈》载:

> 张寓轩相公,少年与孙德谦于东平严侯府从元遗山读书。其归也,命二子送行。及别求诗,以"东平"二字为韵。孙得诗云:"崤山一带伤心碧,羡杀孙郎马首东。"公得诗云:"汝伯英年发如漆,看渠着脚与云平。"孙竟不永年,公之诗亦不知何人藏去。阅四十年,公签汴省,分治扬州。里人高山甫,一日以元诗归之,公喜甚,命余纪其事。或者谓孙郎诗有"杀孙郎"语,不祥,如此则诗果有谶乎?①

金元之际的"北方文雄"②元好问,在金灭亡后,曾在河北的万户张柔家担任教职,教授张氏子弟。除此之外,《元史·商挺传》载:

> 商挺,字孟卿,曹州济阴人。其先,本姓殷氏,避宋讳改焉。父衡,金陕西行省员外郎,以战死。挺年二十四,汴京破,北走,依冠氏赵天锡,与元好问、杨奂游。东平严实聘为诸子师。实卒,子忠济嗣,辟挺为经历,出为曹州判官。未几,复为经历,赞忠济兴学养士。③

忽必烈至元年间,曾任参知政事的商挺,早年"东平严实聘为诸子师"。这一时期,名儒在家塾、私塾以教书为业的现象很普遍。

从元仁宗到元朝灭亡,是元朝私学的衰落期。这一时期的官学体制已经相对发展完备,不仅元朝中央官学制度完善,而且元朝政府在全国范围内普遍设立行省、路、府、州、县等各级官学。④

元代私学除了继承前代私学传统之外,还出现一些新特点,其中之一便是对家学教育较为重视。然而,元人重视家学亦与其特殊的时代

---

① (元)盛如梓:《庶斋老学丛谈》卷中之下,《景印文渊阁四库全书》第 866 册,台北:台湾商务印书馆 1986 年版,第 542 页。

② 蒋平仲《山房随笔一则》云:"元遗山北方之文雄也。其妹为女冠,文而艳。张平章当揆,欲娶之,使人嘱裕之。辞以可否在妹,以为可则可。张喜,自往访之,觇其所向。至则方自手补天花板,辍而迎之。张询近日所作,应声答曰:'补天手段暂施张,不许纤尘落画堂。寄语新来双燕子,移巢别处觅雕梁。'张悚然而出。"此段载于(金)元好问著、(清)施国祁注《元遗山诗集笺注》补载,《续修四库全书》第 1322 册,上海:上海古籍出版社 2002 年版,第 300 页。

③ (明)宋濂等:《元史》卷一百五十九,北京:中华书局 1976 年版,第 3738 页。

④ 韩志远:《元代私学初探》,中国元史研究会编:《元史论丛·第九辑》,北京:中国广播电视出版社 2004 年版,第 82 页。

环境有所联系,主要是战乱的影响导致各路学校受到一定程度的破坏,此种现象在元代的北方地区尤为明显。因此,元代对于孩童的教育多数由各自家庭自求出路,故而出现了许多妇教子的事例。另外,家庭教育的兴盛亦使得元代私塾制度趋于完善,倪瓒家庭便是典型的例子,倪瓒从小便由长兄请私塾先生前往家中授课。其实元代所谓的"塾",古已有之,元人戴表元《剡源集》载:"塾者,二十五家为间,而父老之不仕者,坐于门侧之室,为左右师,以时督其子弟,是之谓塾。"[1] 元人吴澄《吴文正集》亦载:"古者盛时万二千五百家之乡有乡学,乡大夫主之颁教法于州……虽二十五家之间,巷口亦有塾,间内致仕之老,朝夕坐其中,民之出入者必受教,此所以教成俗善,而人人有士君子之行也。"[2] 整体而言,元代对于塾的建制较前代要齐备,其中有家塾、里塾、党塾、学塾、书塾、义塾等名目。倪瓒与倪瑛所接受的教育属于家塾,是私塾形式之一,亦是以家庭为单位,聘有专职教师,较家学而言,更加正规。

倪瓒受家塾教育以及社会教育风尚的影响,对"程朱理学"的研习较为深入,故而儒家思想在某种程度上而言,根植于倪瓒早年精神信仰之中。与此同时,在早期的倪瓒论画中亦可发现,其对朱子之学已经流露出倾慕之情,正如《清閟阁集》载:"或谓诗无补于学,是殆不然,风雅之音虽已久亡,而感发怨慕之情,比兴美刺之义,则无时而不在也。子朱子谓陶、柳冲淡之音,得吟咏性情之正,足为学之助矣"[3],以及倪瓒《题陈惟允画荆溪图》中所提倡的"修天爵以恒贵,去人欲以求仁"[4],皆显现出其对朱子思想的传承,同时从倪瓒称朱子为"子朱子",亦可看出其对朱学的崇奉。[5] 故而方闻称倪瓒为"新儒家道德文人"[6],亦具有一定的合理性。

---

① (元)戴表元:《剡源集》卷一,《丛书集成新编》第 65 册,台北:台北新文丰出版公司 1985 年版,第 437 页。

② (元)吴澄:《吴文正集》卷四十一,《景印文渊阁四库全书》第 1197 册,台北:台湾商务印书馆 1986 年版,第 433 页。

③ (元)倪瓒著,江兴佑点校:《清閟阁集》卷十,杭州:西泠印社出版社 2010 年版,第 312 页。

④ (元)倪瓒著,江兴佑点校:《清閟阁集》卷九,杭州:西泠印社出版社 2010 年版,第 299 页。

⑤ 朱良志:《朱陆之争影响下的元代画学》,国际儒学联合会编:《国际儒学研究(第五辑)》,北京:中国社会科学出版社 1998 年版,第 204 页。

⑥ [美]方闻著,李维琨译:《心印:中国书画风格与结构分析研究》,上海:上海书画出版社 2016 年版,第 145 页。

# 第二章　家道中衰，寓读玄文馆
## （1328—1332）

## 第一节　长兄与玄文馆

致和元年（1328），泰定帝也孙帖木儿在上都病死后，爆发了元代历史上规模最大的皇位斗争。其实，元代宫廷内部一直有着环绕皇位继承的争夺战，引起此斗争的社会、政治因素是多方面的，每次斗争也都有着特定历史条件下的具体原因。此次斗争是以留守大都的武宗旧臣，佥枢密院使燕帖木儿为首的官僚贵族集团，乘皇位暂虚之际，发动政变，拥立武宗第二子，当时居住在江陵的怀宁王图帖睦尔为帝。与此同时，泰定帝宠臣，左丞相倒剌沙则在上都扶立泰定帝之子、7岁的太子阿剌吉八为帝。[①] 这场以两都对峙而展开的皇位争夺，不仅发展为一场破坏惨重的行省间的内战，而且，斗争的结局是帝系重新回到了海山后人手中，并一直延续到元朝灭亡。此次帝位争夺战也是对统治秩序的进一步崩坏，对当时社会稳定性亦造成一定的冲击。卷入帝位争夺的有三位关键性人物，虽然和世㻋和他的弟弟图帖睦尔是帝位的竞争者，但推动帝位争夺的实际上是海山的旧侍从燕帖木儿。两都对峙的最终结果便是上都派选择投降，但这并不意味着大都派取得全面胜利。上都派在其他地方的战斗还持续了很长时间。一直到1328年12月，

---

① 萧功秦：《论元代皇帝继承问题——对一种旧传统在新的历史条件下的蜕变过程的考察》，南京大学历史系元史研究室编：《元史及北方民族史研究集刊·7》，南京大学历史系元史研究室1983年，内部资料，第32页。

在陕西的上都派还没有放下武器。而四川的上都派到第二年5月才投降。在当地部族的支持下,以王禅以前的追随者宗王秃坚为首的云南上都派顽强战斗,坚持了四年之久,到1332年3月才放弃了他们的努力。也就是说,帝位争夺战及其引起的连锁战争,使图帖睦尔朝成了一个战争年代。①

然而图帖睦尔登基的时间,对于倪家而言,注定是个不平凡的日子,此年倪家发生重大变故。《倪文光墓碑》载:"命及门,而文光已迁化,则天历元年九月十四日也。文光既服道士服,然执亲之丧,亦遵程子朱子所修礼,用古葬法亦不徇流俗,为祠以奉祀,又为永思堂于锡山。"②倪瓒长兄倪璨于此年九月十四日去世,郑元祐《遂昌杂录》云:"居久之,文光殁而子瑛騃。元镇出应门户,不胜州郡之朘剥也,资力遂耗减。已而子瑛卒,家中干。元镇划无作有,以济朋友。会文友卒,元镇买油杉棺葬之芙蓉峰傍,葬之日梁溪士友皆至。葬文友后,元镇窘于诛求,顾未有能振之者。"③倪璨卒后,倪瑛"騃"(智力方面有一定缺陷),此时的倪家只有倪瓒一人可以出应门庭,但是官府强制性的剥削搜刮导致倪家财力日益消耗,等到倪瑛去世时,家中已无积蓄。倪瓒曾作诗赠郑元祐,诗中写道:"谷口子真今最贤,久别郁郁梦相牵。好营秫田多酿酒,欲买茅屋尚无钱。兄病每书赊药券,客来唯候煮茶烟。阊阖城东有艇子,忆尔青灯相对眠。"④此诗是记录倪瓒为仲兄倪瑛买药治病的事情,倪瑛卒于元统二年(1334)春,故此诗应作于元致和元年(1328)至元统二年之间。此时倪瓒所生活的环境已经不如从前那般自在,主要是因为经济压力巨大,不仅无钱购买房产,甚至为仲兄倪瑛买药治病都需要赊账。此诗与郑元祐《遂昌杂录》中的记载相符。

① [德]傅海波、[英]崔瑞德编:《剑桥中国辽西夏金元史:907—1368年》,史卫民等译,北京:中国社会科学出版社1998年版,第623—624页。

② (元)虞集:《道园学古录》卷五十,《四部丛刊初编》第1446册,北京:商务印书馆1922年版,不分页数。

③ (元)郑元祐:《遂昌杂录》,《景印文渊阁四库全书》第1040册,台北:台湾商务印书馆1986年版,第388页。

④ (元)倪瓒著,江兴祐点校:《清閟阁集》卷六,杭州:西泠印社出版社2010年版,第203页。

另外，倪瓒此时的窘困之境地，在其《述怀诗》中有更为完整的记述：

> 嗟余幼失怙，教养自大兄。励志务为学，守义思居贞。闭户读书史，出门求友生。放笔作词赋，览时多论评。白眼视俗物，清言屈时英。……钓耕奉生母，公私日侵凌。黾勉二十载，人事浩纵横。输租膏血尽，役官忧病婴。抑郁事污俗，纷攘心独惊。磬折拜胥吏，戴星候公庭。昔日春草晖，今如雪中萌。宁不思引去，缅焉起深情。……嵇康肆宏放，刑僇固其征。被褐以怀玉，天爵非外荣。贱辱行岂玷，表暴徒自矜。兰生萧艾中，未尝损芳馨。①

倪瓒出身富豪家庭，早年过着清雅的生活，长兄倪璨又身为"玄中文节贞白真人"，享有种种特权，全家过着舒适的生活。由"大兄忽捐馆，母氏继沦倾"可知，倪瓒长兄倪璨去世后，倪璨的生母蒋氏也驾鹤西去。此时倪家境遇变得十分窘迫，并且原本因宗教关系所拥有的特权也已失去，《述怀》一诗道出了倪瓒内心的复杂与矛盾，甚至有丝苦闷之情。此种苦闷乃是被动式的忍耐，丝毫不会以个人主观愿望而转移。云林这位"高士"不得不面对"磬折拜胥吏，戴星候公庭"的现实处境，倪家也必须面对此时官府衙门的盘剥，"输租膏血尽，役官忧病婴"也透露出倪家家境衰落的事实，此时各种社会与家族重担都压在倪瓒一人身上。此时的倪瓒，为了生活，只能忍气吞声向官吏低头，奔波劳累。

倪璨作为倪家重要的家庭支柱之一，其逝世给家族带来较为沉重的打击，但是他的才学以及建设的玄文馆皆对倪瓒青少年时期的成长产生了一定程度的影响。关于倪璨作为道教人物的杰出代表，其出生时有灵异现象发生一事，清人秦湘业《无锡金匮县志·卷二十九·释道》载："倪文光，字昭奎。瓒从兄，生时有光出屋上，稍长学道、儒、释、舆地、象胥之说，无不精究。出为黄冠师，作玄文馆于弓河之上，以祠老子。有荐之者，署州道判。会蝗，文光祝之，悉入太湖。于是州上其事，赐号元素神应崇道法师，又赐玄中文节贞白真人。尝筑清微观于惠山，

---

① (元)倪瓒著，江兴佑点校《清閟阁集》卷一，杭州：西泠印社出版社2010年版，第16—17页。

重九日登山绝顶,下睨五湖,挥手谢别,越明日卒。"①倪璨不仅具有富豪家族成员的标签,更具有一丝传奇色彩,其利用"道法"消灭蝗灾的事迹在某种程度上亦反映出他对道学研习之深。与此同时,倪璨生前曾精心筹建道教相关场馆,亦受到了元廷的褒奖与赏赐,玄文馆便是其代表性建筑之一,《无锡金匮县志·卷十三·寺观》载:"金匮有元元万寿宫,在第六箭河,元倪文光建,初名元文馆,元统间(1333—1335)赐今额。"②《卷十四·古迹》载:"清微精舍,在锡山之阴,元延祐间(1314—1320)倪文光筑堤遏涧为水帘,潺湲之声,昼夜不绝,倪瓒、张雨皆有诗。又小蓬莱亭、海天亭、栖神伟观楼,俯临黄公涧,俱文光筑。"③同时《梁溪倪氏宗谱》中亦记载《邑志道观考》云:"元元万寿宫,在城中第六箭河之上。元文节贞白真人倪文光建,文光高士,云林先生之兄也。有诗名,去为黄冠师,初祀老子于此,名元文馆。门列古木、池,跨二桥,坛殿、讲堂、斋馆各有位置,元统间赐今额……元延祐间,邑人倪文光先生尝筑堤遏涧为水帘,潺湲之声,昼夜不绝,倪云林、张伯雨皆有清微精舍诗,又小蓬莱亭、海天亭,栖神伟观楼,仰观九龙绝顶,俯临黄公涧,真奇境也。皆为文光所筑。"④《邑志道观考》中记载内容可为《无锡金匮县志》的佐证,即此数则,足见云林之兄于道教建筑所耗资财,而玄文馆等结构之宏丽,盖为日后云林清閟阁之滥觞也。

玄文馆位于锡山东郭门处,关于锡山的地望,《重修无锡县志》载:

> 锡山在县西五里,本慧山之脉,慧山至是中断,伏而起为是山,《陆羽记》云:慧山东峰,周秦间大产铅锡,故谓之锡山。汉兴锡方殚后,汉有樵客于山下得铭,云:有锡,兵天下争;……无锡,义天下济。王莽时,锡复出,光顺之世而锡不复有矣。遂以名县。按无锡诸山皆高,惟是山独低,地理家言:凡山高者多,则低

① (清)裴大中等修,(清)秦湘业等纂:《无锡金匮县志》,《中国地方志丛书·华中地方》,台北:台湾成文出版社有限公司 1970 年版,第 518 页。
② (清)裴大中等修,(清)秦湘业等纂:《无锡金匮县志》,《中国地方志丛书·华中地方》,台北:台湾成文出版社有限公司 1970 年版,第 209 页。
③ (清)裴大中等修,(清)秦湘业等纂:《无锡金匮县志》,《中国地方志丛书·华中地方》,台北:台湾成文出版社有限公司 1970 年版,第 212—213 页。
④ 倪城辑:《梁溪倪氏宗谱》卷四,《无锡文库·第 3 辑》,南京:凤凰出版社 2011 年版,第 187 页。

者为主。故世以是山为主山，俗云客山高，利客不利主，山上有小石，圆廓若盆，引窍潜通山谷，积水尝满，大旱不竭，俗呼为仙人洗面石，前有月子荡，下有洞，其水入梁溪。①

另外，关于玄文馆的旧址，《邑志道观考》载："按元文馆旧址在六箭河崇宁桥之东，清微精舍即清微宫，一名来清宫，在锡山之阴，今张中丞新庙即其旧地也。"②倪璨对于道教场馆的选址极为重视，其地理位置与周围环境皆可称为"清幽"，而倪瓒曾一度在此"讽咏古人书"，并作《玄文馆读书》云：

> （余友玄中真师在锡之东郭门立静舍，名玄文馆。幽洁敞朗，可以闲处。……清晨栉沐竟，终日与古书、古人相对，形忘道接，脩然自得也。且西神山下有泉，味甚甘冽，与常水异。馆去山不出五里，故得昕夕取泉，以资茗莽。余读书研道之暇，时饮水自乐焉。乃赋诗记事。）真馆何沉沉，寥廓神明居。……潜心观道妙，讽咏古人书。怀澄神自适，意惬理无遗。谁云黄唐远，泊然天地初。回首抚八荒，纷攘蚍蜉如。愿从逍遥游，何许昆仑墟。③

诗文中提及"潜心观道妙，讽咏古人书"，倪瓒自出生至其长兄逝世、独立持家为止，此时期大多时间都为读书研道，奠定经史学问、儒道思想，以及熏陶文艺才藻。倪瓒之所以"潜心观道妙"，想必与其长兄曾任道官有关。因为在道教家庭氛围与元代社会道教盛行的濡染下，倪瓒不得不从小与道玄思想结缘，或许这是一种被动式的接受，但为其中年隐居山林，远偕方外，游心淡泊之生活奠定了精神支柱。"愿从逍遥游，何许昆仑墟"道出了青年时期的倪瓒追求绝对自由，不愿接受任何束缚与枷锁，向往庄子世界中的超脱与逍遥的人生态度。此种逍遥也许不是倪瓒本意，但是当家庭发生重大变故之后，倪瓒只能在主观的精神世界中寻求一丝慰藉，现实世界的残酷已经来临，加上自己本身秉性

---

① (明)吴翀、(明)李舜明：《(弘治)重修无锡县志》卷十五，明弘治九年(1496)刻本，南京图书馆古籍部藏。
② 倪城辑：《梁溪倪氏宗谱》卷四，《无锡文库·第3辑》，南京：凤凰出版社2011年版，第187页。
③ (元)倪瓒著，江兴佑点校：《清閟阁集》卷一，杭州：西泠印社出版社2010年版，第10—11页。

风雅,不善营生,此时只能一心扎进文章翰墨之中,寻求真正的心灵放飞。"讽咏古人书"亦使得倪瓒此时能够信口成章,为日后诗歌创作积累了大量素材,同时也在培养自己的艺术修养。倪瓒 15 岁时(1320),曾作《春日书绝句》一首:"燕子低飞不动尘,黄莺娇小未胜春。东风绿尽门前草,细雨寒烟愁杀人。"[1]此诗清新婉约,又翌年,为牧庵写《江山习照图》,题诗云:"鹏抟鲲化未逍遥,大吕黄钟久寂寥。燕处丘园真足乐,贪愚海贾定难招。能禅岂复沈空寂,善牧宁当犯稼苗。逢著吾乡闲老子,地炉连榻话连宵。"[2]高逸之风,流溢楮墨,足见倪瓒青少年时期,已以诗、画酬酢于骚人雅士间。

　　《玄文馆读书》亦是倪瓒于至顺三年(1332)壬申作《西神山图》的题画诗[3],诗后有李日华跋文云:"玄中真师不知何人,观此称呼,必云林所礼为师者。元时玄教极盛,吴全节,张伯雨,皆博极群书,高抗物外,倪所尚贞洁,其所尊事,必非凡流。"[4]跋文中提及的吴全节与张雨,皆为元代著名的玄教道士。元顾瑛《草堂雅集》卷七载:"张雨,字伯雨。钱塘人,博览群书,故其诗清旷俊逸,时辈不能及,始隐茅山,后徙杭之灵石涧。与赵魏公、虞翰林友善。诗名震京师,自号句曲外史云。"[5]张雨为倪瓒最亲近的道教人物,他们也是莫逆之交。纵观《清閟阁全集》中,倪瓒酬唱方外之作,共计 76 首,与张雨有关联的共计 30 首,约占 2/5,交情之深不须多言。譬如倪瓒曾作《题张贞居书卷》一诗:"贞居真人诗文字画皆为本朝道品第一,虽获片楮只字,犹为世人宝藏,况彦廉所得若是之富且妙耶?……师友沦没,古道寂寥。今之才士方高自标致,予方忧古之君子终陆沉耳。"[6]倪瓒认为张雨的诗文字画,为有元一代"道品第一",足见张雨在倪瓒心目中的书画地位是何其之高。张雨晚年迁徙至杭州居住,优游于湖山烟水间,又往来于太湖流域,与倪瓒的交往便

①(明)汪砢玉:《珊瑚网》卷十一,《景印文渊阁四库全书》第 818 册,台北:台湾商务印书馆 1986 年版,第 171 页。

②(元)倪瓒著,江兴佑点校:《清閟阁集》卷六,杭州:西泠印社出版社 2010 年版,第 189 页。

③ 容庚:《倪瓒画之著录及其伪作》,载《岭南学报》1948 年第 2 期,第 42 页。

④(明)李日华:《六研斋二笔》卷二,《景印文渊阁四库全书》第 867 册,台北:台湾商务印书馆 1986 年版,第 600 页。

⑤(元)顾瑛撰,杨镰、祈学明、张颐青整理:《草堂雅集》卷七,北京:中华书局 2008 年版,第 565 页。

⑥(元)倪瓒著,江兴佑点校:《清閟阁集》卷九,杭州:西泠印社出版社 2010 年版,第 300—301 页。

颇为频繁。同时,倪瓒日后交友圈的扩展,张雨襄助甚多。譬如当时颇负盛名的大儒虞集为倪璨撰写墓志铭,即通过张雨介绍。至元二年(1336)以前,张雨住在茅山华阳南洞,时常往返于荆溪苏州间,与倪瓒、柯九思、陆友仁、郑元祐、朱德润等相善。至元二年以后,张雨告归杭州,与黄公望、杨维桢、王蒙、俞紫芝、张子英等,皆常与倪瓒诗酒唱和,倪瓒在文艺界的人脉因以渐渐丰富起来。①

另外,黄苗子先生考证认为,李日华跋文中所提及的"玄中真师"即云林长兄倪璨,并且《清閟阁集》卷一所记《玄文馆读书》中"玄中真师"前面有"余友"二字亦为大谬。② 因元人虞集所撰《倪文光墓碑》记:"久之,二弟生且长,文光曰:可矣。去从金先生应新为玄学,又从余杭王真人寿衍游,即弓河之上作玄文馆,祠老子而事之。"③而李日华未见《墓碑》,遂未详"玄中真师"为何人。此段黄苗子先生的考证未必周全,但倪璨的道玄思想确实对倪瓒青少年时期影响至大。同时,根据《倪文光墓碑》中"二弟生且长"一语观之,建造玄文馆的时间大致在大德十年(1306)、十一年(1307)之间,因《倪文光墓碑》后半部分记载:"至大元年(1308),有旨以玄元馆为观,赐号'元素神应崇道法师'",说明至大元年(1308)玄文馆已经建成。

倪瓒早年的读书生涯除受到张雨影响外,还有一位开创元代新画风,被称为"元人冠冕"④的人物对倪瓒一生的价值观起到了一定的引导作用,他便是赵孟頫(1254—1322)。赵孟頫逝世时,倪瓒仅 16 岁。由于二人所生活的区域与各自身份阶级不同,他们未曾有过直接接触的机会,查阅现存的史料,亦未发现他们正面接触的记载。但是赵孟頫诗文集中的许多避世观念深深影响了倪瓒日后的价值选择,他们二人在某种社会语境下有着相同的悲惨命运。赵孟頫以宋宗室后裔的身份仕

① 沈雅文:《元季四大画家之艺文生活及诗歌创作》,2017 年博士论文,第 46 页。
② 黄苗子、郝家林:《倪瓒年谱》,北京:人民美术出版社 2009 年版,第 19 页。
③ (元)虞集:《道园学古录》卷五十,《四部丛刊初编》第 1446 册,北京:商务印书馆 1922 年版,不分页数。
④ 《画源》中载:"赵集贤画,为元人冠冕。独推重高彦敬,如后生事名宿……"见(明)董其昌:《画禅室随笔》卷二,《丛书集成三编》第 31 册,台北:台北新文丰出版公司 1997 年版,第 399 页。

元世祖、成宗、武宗、仁宗、英宗，成为"荣际五朝，名满四海"①的显赫人物。许多元代的蒙古贵族认为赵孟頫是贰臣，他是宋代赵氏遗民，但是仍然最终效力于元朝。若是站在赵氏宗族的立场来看，他便是位逆子。宋末元初之际，大多数汉族知识分子不肯出仕，赵孟頫的选择在他们眼中，似乎少了一些"骨气"，更无"气节"而言。但是赵孟頫的内心或许其实与常人一样，属于身处魏阙心在汉，他的那份故国之思、亡国之痛，应与别人一样真实、切肤。② 正如赵孟頫所作《和姚子敬秋怀五首》云："野旷天高木叶疏，水清沙白鸟相呼。……新亭举目山河异，故国伤神梦寐俱。黄菊欲开人卧病，可怜三径已荒芜。"③此种"故国伤神梦寐俱"中流露出的愤懑与忧伤，表明赵孟頫对南宋灭亡的事实伤心欲绝。关于出仕元朝，他内心也作过激烈的斗争，有时也深感内疚，其所作诗文《罪出》载："在山为远志，出山为小草。……平生独往愿，丘壑寄怀抱。图书时自娱，野性期自保。谁令堕尘网，宛转受缠绕。昔为水上鸥，今如笼中鸟。……病妻抱弱子，远去万里道。骨肉生别离，丘垄缺拜扫。愁深无一语，目断南云杳。恸哭悲风来，如何诉穹昊。"④正因为赵孟頫时常负罪似的内疚，所以他日后并没有将荣华富贵、功名利禄作为毕生的追求，《松雪斋集》中多首诗文表明他视功名利禄为危机，譬如卷二《酬滕野云》载："功名亦何有，富贵安足计。唯有百年后，文字可传世。"⑤卷二《咏逸民十一首》载："鹿门何亭亭，下有辟世贤。凤雏隐中林，卧龙蟠其渊。一朝起高翔，斯人独深潜。功名不可为，我志久已安。一闻《耆旧传》，使我心悠然。"⑥卷五《题范蠡五湖杜陵浣花图》载："功名自古是危机，谁似先生早拂衣。"⑦这些诗文正是赵孟頫内心的独白，透过这些诗文中的隐喻之意，可见赵氏对归隐赋闲生活的向往，同时间接流露出对现实社会中不公现象的愤怒。赵孟頫对倪瓒的影响不仅仅是政治生

① （元）夏文彦：《图绘宝鉴》卷五，《景印文渊阁四库全书》第814册，台北：台湾商务印书馆1986年版，第615页。
② 谈福兴：《倪瓒书画交游研究之一：关于倪瓒与赵孟頫（上）》，载《荣宝斋》2011年第1期，第271页。
③ （元）赵孟頫著，黄天姜校：《松雪斋集》卷四，杭州：西泠印社出版社2010年版，第89页。
④ （元）赵孟頫著，黄天姜校：《松雪斋集》卷二，杭州：西泠印社出版社2010年版，第25—26页。
⑤ （元）赵孟頫著，黄天姜校：《松雪斋集》卷二，杭州：西泠印社出版社2010年版，第30页。
⑥ （元）赵孟頫著，黄天姜校：《松雪斋集》卷二，杭州：西泠印社出版社2010年版，第14页。
⑦ （元）赵孟頫著，黄天姜校：《松雪斋集》卷五，杭州：西泠印社出版社2010年版，第128页。

态层面,书画观念以及创作技法方面亦至甚。如元至正二年(1342)倪瓒为友人张德常所藏《赵松雪诗稿》作题诗云:"赵翰林高情散朗,殆似晋宋间人,故其文章翰墨如珊瑚玉树,自是照映清时,虽寸缣尺楮散落人间,亦莫不以为宝也。"①倪瓒对赵孟頫的文章翰墨十分珍视,可能源于他对赵孟頫人品的敬崇,倪瓒因而对赵孟頫的书画艺术产生了非同寻常的关注与偏好。

## 第二节　初染绘事

### 一、《西神山(玄文馆)图》与元代画坛生态

倪瓒于至顺三年(1332)曾为玄文馆作《西神山图》②,此时的倪瓒年仅27岁,根据容庚对其画作著录的考证③,此图乃是著录文献中倪瓒最早的绘画作品,因此玄文馆可以视为倪瓒青年时期绘画创作的重要题材之一。张丑曾在此图之后作跋:"倪元镇《林亭秋霁》直幅在震泽王氏,笔墨生动,奕奕有神,兼得元镇'四题',品上之上。又云倪迂《玄文馆图》《奇峰古木图》《桐里夕凉图》,并在王氏,奇迹上上。"④倪瓒所作《玄文馆图》未传世,但曾被震泽王氏收藏,此处震泽王氏应是明代著名的政治家、文学家王鏊(1450—1524)。明人张丑用"奇迹"二字来形容倪瓒这几幅图,说明的确是不可多得的墨迹。关于倪瓒早期的画学思想或者师承脉络的探讨,可能需要结合整个元代画坛的背景,以及江南地域风格的特点来开展。元代属于蒙古人统治的时期,画院制度弃废,宫廷院画由兴盛至衰落。又因为种族歧视严重,士人大多以书画创作

①(明)赵琦美:《赵氏铁网珊瑚》卷八,《景印文渊阁四库全书》第815册,台北:台湾商务印书馆1986年版,第507页。

②按:张丑《清河书画舫》卷十一记载此图名为《元文馆图》,另外《法书名画见闻表》亦载此图为《元文馆图》,故而容庚所著录的《西神山图》亦可称为《元文馆图》。

③容庚:《倪瓒画之著录及其伪作》,载《岭南学报》1948年第2期,第42页。

④(清)卞永誉:《式古堂书画汇考》卷五十,《景印文渊阁四库全书》第829册,台北:台湾商务印书馆1986年版,第185—186页。

来寄情抒怀,文人画开始逐渐走向昌盛。文人画之所以走向昌盛,离不开元朝文艺政策的支持。台湾学者高木森在《元气淋漓:元画思想探微》一书中提及元朝文艺政策的大环境大概有五个主要方面。① 第一,由于宋元的朝代更替,加之元朝统治者又非汉族,元政府出台的政策都与两宋期间出入较大。元朝关于艺术方面的条例大多继承金朝,宫廷中设有秘书监,管理及收藏图书、绘画、书法和古物之鉴定与收藏。《元史·百官志》载:

> 秘书监,秩正三品。掌历代图籍并阴阳禁书。卿四员,正三品;太监二员,从三品;少监二员,从四品;监丞二员,从五品;典簿一员,从七品;……属官:著作郎二员,从六品;著作佐郎二员,正七品;秘书郎二员,正七品;校书郎二员,正八品;辨验书画直长一员,正八品。至元九年置。其监丞皆用大臣奏荐,选世家名臣子弟为之。大德九年,升正三品,给银印。延祐元年,定置卿四员,参用宦者二人。②

秘书监中收藏的作品乃是集金、宋内府之大成,而主持秘书监的人选也都是有才学之士,通过秘书监中官阶的大小亦可显现元政府对于书画艺术品的重视程度。另外,在服装设计方面,宫中设有"御衣局",秩从五品③。此外在工部中设有"将作院"和"诸色人匠总管府",掌管全国艺人和艺术工程。画局就设立在"将作院"其下,《元史》卷八十八载:"将作院,秩正二品。掌成造金玉珠翠犀象宝贝冠佩器皿,织造刺绣段匹纱罗,异样百色造作。至元三十年始置。院使一员,经历、都事各一员。……画局,秩从八品。掌描造诸色样制。至元十五年置。大使一员。"④关于工部设立的"诸色人匠总管府",《元史》卷八十五载:"诸色人匠总管府,秩正三品。掌百工之技艺。至元十二年始置,总管、同知、副总管各一员。"⑤宫廷中所谓待诏就是负责宫殿、佛庙、道观等建筑和装饰的工匠,这些机构与宋朝画院最大的差别在于政府不会继续供养和

① 高木森:《元气淋漓:元画思想探微》,台北:台湾东大图书股份有限公司1998年版,第4—6页。
② (明)宋濂等:《元史》卷九十,北京:中华书局1976年版,第2296页。
③ (明)宋濂等:《元史》卷八十八,北京:中华书局1976年版,第2229页。
④ (明)宋濂等:《元史》卷八十八,北京:中华书局1976年版,第2225—2227页。
⑤ (明)宋濂等:《元史》卷八十五,北京:中华书局1976年版,第2144页。

培养这些艺术类人才，从而使得从事艺术创作的画家丢失了稳定的经济来源与生活保障。南宋遗留下来的宫廷画家此时也失去了优越的地位与身份。此外，元政府还在天历二年(1329)设置"艺文监"，"艺文监"主要敷译儒书，及儒书之合校雠者俾兼治之。"监书博士""艺林库"与"广成局"皆在"艺文监"机构下，监书博士主要负责品定书画，并且选择朝中博识者胜任此职，《元史》卷八十八载："监书博士，秩正五品，天历二年始置。品定书画，择朝臣之博识者为之。博士二员，正五品；书史一人。艺林库，秩从六品。……掌藏贮书籍。天历二年始置。广成局，秩七品。掌传刻经籍，及印造之事。天历二年始置。"①第二，元朝政府为了保护蒙古人的政治和经济利益，制定了许多不受汉人欢迎的政策，其中最重要的一项政策便是缩小甚至取消自唐朝以来从未间断过的科举考试制度。宋末元初，科举停滞，大部分文人只能将精力与情感投诸诗画创作，清顾嗣立《元诗选》初集卷九记载"天台山人黄庚"云："自科目不行，始得脱屦场屋，放浪湖海，几平生豪放之气，尽发而为诗。"②至元代后期，相同的论述亦被重新提出，元代著名遗民李祁《颜省原诗序》载：

> 《诗》三百篇，皆可以移风俗，动天地，感鬼神，至其可兴、可怨、可群，最易以感发人者，莫近于十五《国风》。……近自科场以通经取士，有司命题，多出《雅》《颂》，出《国风》者十无二三。由是而习是经者，亦惟《雅》《颂》是精；《国风》则自二《南》之外，罕有能究其情而得其趣者。此学诗者之大患也。禾川颜省原，蚤有志于学习《诗经》。为举子业，廪廪有向进意。不幸遭世乱离，科目废，无以展其业，遂折入声韵，以吟咏其情性，而发舒其英华。予得其稿，首读《秋怀十章》，兴趣超卓，非苟焉者。他如五七言律，亦磊磊可称咏，盖其所得于《三百》者，固自有本也。予特恐其习熟乎科场之弊，故以《国风》之说语之，诗道无穷，学诗者无止法。省原苟能因

---

① (明)宋濂等:《元史》卷八十八，北京：中华书局1976年版，第2223—2224页。
② (清)顾嗣立:《元诗选初集》卷九，《景印文渊阁四库全书》第1468册，台北：台湾商务印书馆1986年版，第160页。

其所已能而益求其所未能,他日所就其可量乎?①

　　然而李祁所提出的"科目废"与元初科举真正意义上的停止是不一样的概念,这里所指是元末科举开考名存实亡、实效不着。自从元延祐以来,科举制度虽然得以实行,但至元朝后期,士人科举入仕的机会仍然渺茫。尤其至元末时期,战火四起,国家处于动荡之际,加之科举时断时续,迫使许多士人开始从事诗歌与书画的创作,借以寓意抒情。②第三,元朝政府为了尊重宗教,允许佛道寺观的田产免税,因此许多大地主将田产托付于寺观,使寺观成了富户。许多壮志难酬、仕途不顺的士人,浪迹江湖的同时也附庸于寺院道观,继续从事艺术创作活动,暗中助长了文人画家与道人的结合。第四,元初 50 年间江浙一带的社会较安定,国内外贸易较频繁,关于元初贸易的记载本书第一章已经交代,至元中后期,在这一带有许多大地主和商贾崛起,他们的兴趣是附庸风雅、收藏书画、赞助画家、举行文人雅集。正是江浙一带富商的经济支持,使得当时落魄的文人画家可以自由进行书画创作,以绘画寄意,聊以自娱,文人画便在这样的环境下茁壮成长。第五,元朝统治者对文人画的态度也有助于文人画的发展,宫廷里许多皇帝和官员都爱好汉族文化,包括诗文和字画。最有名的如金章宗之仿效宋徽宗,忽必烈之重用汉人。众所周知,忽必烈年轻时就和汉族士大夫有所接触,以 1242 年为例,他召海云禅师(宋印简)去漠北,海云邀刘秉忠(僧子聪)与俱行。《元史·列传》卷一百五十七载:"世祖在潜邸,海云禅师被召,过云中,闻其博学多材艺,邀与俱行。既入见,应对称旨,屡承顾问。……世祖大爱之,海云南还,秉忠遂留藩邸。后数岁,奔父丧,赐金百两为葬具,仍遣使送至邢州。服除,复被召,奉旨还和林。"③海云南还之后,刘秉忠留在忽必烈藩邸,为其服务。刘秉忠精于阴阳术数,忽必

① (元)李祁:《云阳集》卷五,《景印文渊阁四库全书》第 1219 册,台北:台湾商务印书馆 1986 年版,第 681 页。
② 武君:《科举兴废与元代后期诗学思想的转变》,载《青海社会科学》2017 年第 4 期,第 158 页。
③ (明)宋濂等:《元史》卷一百五十七,北京:中华书局 1976 年版,第 3688 页。

烈称赞他"占事和来,着合符契"。① 同年,另一名汉族儒士赵璧也应召到忽必烈的藩府。《元史》卷一百五十九载:"赵璧字宝臣,云中怀仁人。世祖为亲王,闻其名召见,呼秀才而不名,赐三僮,给薪水,命后亲制衣赐之,视其试服不称,辄为损益,宠遇无与为比。命驰驿四方,聘名士王鹗等。又令蒙古生十人,从璧受儒书。敕璧习国语,译《大学衍义》,时从马上听璧陈说,辞旨明贯,世祖嘉之。"②忽必烈对他"呼秀才而不名","宠遇无与为比",命他驰驿四方,聘请名士王鹗等人为其服务。1247年,忽必烈在藩邸召见另一个汉人名士张德辉,《元史·列传》卷一百六十三载:

> 岁丁未,世祖在潜邸,召见,问曰:"孔子殁已久,今其性安在?"对曰:"圣人与天地终始,无往不在。殿下能行圣人之道,性即在是矣。"又问:"或云,辽以释废,金以儒亡,有诸?"对曰:"辽事臣未周知,金季乃所亲睹,宰执中虽用一二儒臣,余皆武弁世爵,及论军国大事,又不使预闻,大抵以儒进者三十之一,国之存亡,自有任其责者,儒何咎焉!"世祖然之。因问德辉曰:"祖宗法度具在,而未尽设施者甚多,将如之何?"德辉指银盘,喻曰:"创业之主,如制此器,精选白金良匠,规而成之,畀付后人,传之无穷。当求谨厚者司掌,乃永为宝用。否则不惟缺坏,亦恐有窃而去之者矣。"世祖良久曰:"此正吾心所不忘也。"又访中国人材,德辉举魏璠、元裕、李冶等二十余人。……世祖即位,起德辉为河东南北路宣抚使,下车,击豪强,黜赃吏,均赋役。③

此番元世祖召见,主要是向张德辉询问为治之道以及"农家作劳,何衣食之不赡"的原因,并向他求中国人才。张德辉向忽必烈剖析了金朝之所以灭亡的原因,指出并非"金以儒亡",而是"自有任其责者";同时论述了农桑为天下之本的道理,并指出农家之所以衣食不赡,是由

---

① 丁国范:《真金与权臣的斗争》,载《元史及北方民族史研究集刊·8》,南京大学历史系元史研究室编,1984年版,第21页。
② (明)宋濂等:《元史》卷一百五十九,北京:中华书局1976年版,第3747页。
③ (明)宋濂等:《元史》卷一百六十三,北京:中华书局1976年版,第3823—3825页。

于亲民之吏的横征暴敛。最后，还向忽必烈推荐了李冶、元好问等二十余著名儒士。除此之外，元仁宗大力提倡汉文化，格外喜欢书画，在至大四年（1311）三月登基之前，就先后有王振鹏、赵孟頫为他作过画。清张豫章《四朝诗》中记载王振鹏《题金明池图》云："三月三日金明池，龙骧万斛纷游嬉。欢声雷动喧鼓吹，喜色日射明旌旗。锦标濡沫能几许，吴儿颠倒不自知。因怜世上奔竞者，进寸退尺何其痴。但取万民同乐意，为作一片无声诗。储皇简淡无嗜欲，艺圃书林悦心目。适当今日称寿觞，敬当千秋金鉴录。"①

其中"储皇简淡无嗜欲，艺圃书林悦心目"反映了仁宗的性情和修养。仁宗喜好文艺，还可以由现存的墨迹来证实。东晋王羲之《快雪时晴帖》现藏于台北"故宫博物院"，曾被收藏于仁宗内府，延祐五年（1318）四月廿一日，赵孟頫曾经"奉敕恭跋"云："东晋至今近千年，书迹传流至今者，绝不可得。《快雪时晴帖》，晋王羲之书，历代宝藏者也，刻本有之，今乃得见真迹，臣不胜欣幸之至！延祐五年四月二十一日，翰林学士承旨荣禄大夫知制诰兼修国史臣赵孟頫，奉敕恭跋。"②此跋文为小楷五行半，略带行笔，结体较为扁平，或许因为面对的是"书圣"王羲之的作品，加之奉敕而书，难免下笔时有些恭谨。除仁宗外，元末明初史学家陶宗仪《书史会要》中有关于元英宗、元文宗、元顺帝、元顺帝皇太子创作书法作品的史料记录。《书史会要》卷七载：

> 英宗蒙古氏，讳硕迪巴拉，仁宗子，……尝见宋宣和"手敕卷首"御题四字，又别楮上："日光照吾民，月色清我心"十字一卷，上"至治之音"四字皆雄健纵逸，而刚毅英武之气发于笔端者，亦足以昭示于世也。
>
> 文宗讳托克托穆尔，武宗子，以聪明睿知之资入正大统，乃稽古右文，开奎章阁，置学士员讨论治道，几致刑措，喜作字，每进用儒臣或亲御宸翰，作敕书以赐之，自写阁记，甚有晋人法度，云汉昭

① （清）张豫章：《四朝诗·元诗》卷二十七，《景印文渊阁四库全书》第1440册，台北：台湾商务印书馆1986年版，第310—311页。
② （清）卞永誉：《式古堂书画汇考》卷六，《景印文渊阁四库全书》第827册，台北：台湾商务印书馆1986年版，第256页。

回，非臣庶所能及也。

庚申帝(元顺帝)讳托欢特穆尔，明宗子，天性仁恕，务以宽平致治，改奎章为宣文，崇儒重道，尊礼旧臣。万几之余，留心翰墨，所书大字严正结密，非浅学可到，奎画传世，人知宝焉。

阿裕锡哩达喇，庚申帝子，风仪俊迈，性资英伟，帝于东宫建端本堂，置贤师傅以教之，知好学，喜作字，真楷遒媚，深得虞永兴之妙，非工夫纯熟不能到也。①

其中元文宗时期，元代内府收藏活动颇为频繁，文宗本人也是元代极风雅、提倡艺术的皇帝。② 陶宗仪评价元文宗的书法为"甚有晋人风度"，他不但能书，而且能画。陶宗仪创作的一部有关元朝史事的笔记《南村辍耕录》中记载"文宗能画"一条："文宗居金陵潜邸时，命臣房大年画京都万岁山。大年辞以未尝至其地。上索纸，为运笔布画位置，令按稿图上。大年得稿，敬藏之。意匠经营，格法遒整，虽积学专工，所莫能及。"③此条虽然记载的不是真正意义上的绘画创作，但是足见文宗天性所近，不学而能，为其日后的书画鉴赏能力奠定了基础，正如《南村辍耕录》又载："文宗之御奎章日，学士虞集、博士柯九思常侍从，以讨论法书、名画为事。时授经郎揭傒斯亦在列。比之集、九思之承宠眷者，则稍疏，因潜著一书曰《奎章政要》以进，二人不知也。万机之暇，每赐披览，及晏朝有画《授经郎献书图》行于世，厥有深意存焉。句曲外史张雨题诗曰：'侍书爱题博士画，日日退朝书满床。奎章阁中观政要，无人知有授经郎。'盖柯作画虞必题，故云。"④文宗常与虞集、柯九思等君臣讨论法书、名画之事，间接说明文宗对书画鉴藏与创作的挚爱。至于文宗成立奎章阁的宗旨是由多方面因素构成，其性质也在随时变化。⑤ 虞集《道园学古录》卷二十二载《皇图大训序》云："《皇图大训》者，前荣禄大

---

① (元)陶宗仪：《书史会要》卷七，《景印文渊阁四库全书》第814册，台北：台湾商务印书馆1986年版，第752页。

② 傅申：《元代皇室书画收藏史略》，上海：上海书画出版社2018年版，第54页。

③ (元)陶宗仪：《南村辍耕录》卷二十六，《四部丛刊三编》，北京：商务印书馆1936年版，不分页数。

④ (元)陶宗仪：《南村辍耕录》卷七，《四部丛刊三编》，北京：商务印书馆1936年版，不分页数。

⑤ 傅申：《元代皇室书画收藏史略》，上海：上海书画出版社2018年版，第58页。

夫中书右丞臣许师敬,因其先臣衡,以修德为治之事,尝进说于世祖皇帝者,而申衍之。而翰林学士承旨、荣禄大夫、知经筵事臣阿瞵帖木儿,奎章阁大学士、光禄大夫、知经筵事臣忽都鲁都儿迷失,润译以国语者也。天历二年(1329),天子始作奎章阁,延问道德,以熙圣学,又并艺文监,表章儒术,取其书之关系于治教者,以次摹印。"①奎章阁初期的宗旨与原先集贤院有重复的地方,《元史》卷八十七载:"集贤院,秩从二品。掌提调学校、征求隐逸、召集贤良,凡国子监、玄门道教、阴阳祭祀、占卜祭遁之事,悉隶焉。"②虞集《道园学古录》卷二十二载《奎章阁记》中,也有对奎章阁更为简要的说法:"大统既正,海内定一,乃稽古右文,崇德乐道,以天历二年(1329)三月,作奎章之阁,备燕闲之居,将以渊潜遐思,缉熙典学。乃置学士贲俾颂乎,祖宗之成训毋忘乎,创业之艰难而守成之不易也。又俾陈夫内圣外王之道,兴亡得失之故,而以自儆焉。其为阁也。"③然而《元史·百官志》中对奎章阁学士院的记载,与前面创办初期的宗旨略有不同,《元史》卷八十八载:"奎章阁学士院,秩正二品。天历二年,立于兴圣殿西,命儒臣进经史之书,考帝王之治。"④或许这是因为此机构为元朝设立的一个新部门,其作用并不单一。在奎章阁中,皇帝可以和近臣不拘束于朝廷礼仪形式来互相交谈,近臣可以相对自由地表达自己的真实想法,所以《奎章阁记》中又载:"几无一日而不御于斯,于是宰辅有所奏请,宥密有所图回,净臣有所绳纠,侍从有所献替,以次入对,从容密勿,盖终日焉。"⑤这已经超出了奎章阁成立的宗旨,按照文宗自己的描述来看,创立奎章阁的初衷,则是因为奎章阁一批学士申请辞职,而文宗不准其所请,《元史》卷三四《文宗本纪》载:

奎章阁学士忽都鲁都儿迷失、撒迪、虞集辞职,……朕以统绪

---

① (元)虞集:《道园学古录》卷二十二,《四部丛刊初编》第1440册,北京:商务印书馆1922年版,不分页数。

② (明)宋濂等:《元史》卷八十七,北京:中华书局1976年版,第2192页。

③ (元)虞集:《道园学古录》卷二十二,《四部丛刊初编》第1440册,北京:商务印书馆1922年版,不分页数。

④ (明)宋濂等:《元史》卷八十八,北京:中华书局1976年版,第2222—2223页。

⑤ (元)虞集:《道园学古录》卷二十二,《四部丛刊初编》第1440册,北京:商务印书馆1922年版,不分页数。

所传，实在眇躬，夙夜忧惧，自惟早岁跋涉艰阻，视我祖宗，既乏生知之明，于国家治体，岂能周知。故立奎章阁，置学士员，日以祖宗明训、古昔治乱得失陈说于前，使朕乐于听闻。卿等其推所学以称朕意，其勿复辞。①

此段叙述，情理并至，亦间接说明了当时君臣之间关系亲密的原因，总之，关于书画的鉴藏，实为余事。顺帝继位后，又成立了宣文阁。宣文阁实际上是奎章阁的延续，将原来的艺文监改称崇文监，亦设监书博士，但在蒙古官吏的掣肘下，其职权范围与效应已经不能与昔日的奎章阁相提并论。虽然偶尔宣文阁也收藏一些书画作品，但阁内诸位大臣主要职责是向皇帝讲经筵，加上当时正处元末动乱年代，帝国自身安危受到严重威胁，举国上下皆无余力顾及书画之事。② 除此之外，元代皇室还出现了私人女收藏家，她便是皇姊大长公主祥哥剌吉，元顺宗答剌麻八剌之女，仁宗爱育黎拔力八达之姊，自幼聪颖，才气英迈。③ 同时她也热爱收集字画，并有自己的收藏印，还广泛结交文士，请他们在她的藏品上加以题跋。④ 在至治三年（1323）三月甲寅，她召集了一次盛大雅集⑤，元袁桷《清容居士集》记载《鲁国大长公主图画记》云：

> 至治三年三月甲寅，鲁国大长公主集中书议事执政官、翰林集贤成均之在位者，悉会于南城之天庆寺，命秘书监丞李某为之主，其王府之寮寀悉以佐执事。笾豆静嘉，尊罍洁清，酒不强饮，簪佩杂错，水陆毕凑，各执礼尽欢，以承饮赐，而莫敢自恣。酒阑，出图画若干卷，命随其所能，俾识于后。……至于宫室有图，则知夫礼之不可僭，沟洫田野，则知夫民生之日劳，朝觐赞享，冕服悬乐，详其仪而慎别之者，亦将以寓其徼戒之道。是则鲁国之所以袭藏而躬玩之者，试有得夫五经之深意，夫岂若嗜奇哆闻之士为耳目计

① （明）宋濂等：《元史》卷三十四，北京：中华书局 1976 年版，第 751 页。

② 杜哲森：《中国传统绘画史纲：画脉文心两征录》，北京：人民美术出版社 2015 年版，第 268 页。

③ 李俊义：《元代大长公主祥哥剌吉及其书画收藏》，载《北方文物》2000 年第 4 期，第 70 页。

④ 傅申：《元代皇室书画收藏史略》，上海：上海书画出版社 2018 年版，第 24 页。

⑤ 按：傅申《元代皇室书画收藏史略》一书中记载"皇姊雅集"为"一次以女性为主的历史性的雅集"（傅申：《元代皇室书画收藏史略》，上海：上海书画出版社 2018 年版，第 26 页）。但是，仔细阅读袁桷《鲁国大长公主图画记》中的内容，并没有直接证据表明此次雅集是以女性为主，待考。

哉！河水之精,上为天汉,昭回万物,霞云兴而英露集也,吾知缣缃之积宝气旁达,候占者必于是乎得。泰定元年正月,具官袁桷记。[1]

天庆寺雅集的意义是作为载体去连接"雅集"与"品题",这种行为被袁桷理解为"得五经深意",不是简单的宣誓告诫,而是这些建构政治文化的导向性,具有深刻的政治意涵。从现实意义中举办雅集的行为,到诗词歌赋的欣赏,再到鉴藏世界中所建构的文人空间,种种意义的生成与转换皆有赖于"因物以喻意,观文以鉴古"。[2]

从以上元代文艺环境的五个方面可以看出,元军最初是以武力征服异族,元朝政府的统治阶级与中国的传统士大夫之间,存在着教育程度、文化背景以及语言的鸿沟。执政者接受汉文化教育、收藏书画作品,以及了解中国历代帝王为君之道,在此时显得格外重要。正因为元代有着如此特殊的时代背景,文人画才有机会走向鼎盛阶段,最终成为元画主流,以消愁舒愤、寄兴自娱为目的。与此同时,元代文人画作多强调"诗化意境"以及"笔墨韵趣",并表现出元代士人特有的时代意识。清人秦祖永《画学心印》载:"宋法刻画,而元变化。然变化本由于刻画,妙在相参而无碍。习之者视为歧而二之,此世人迷境。如程李用兵,宽严异路。然李将军何难于刁斗,程不识不妨于野战,顾神明变化,何如耳。"[3]宋人和元人的画法本不应该对立,应该相互参照,取长补短,元人笔墨之下亦能表现形式美感,正如《画学心印》又载:"元人幽秀之笔,如燕舞飞花,揣摸不得。又如美人横波微盼,光彩四射,观者神惊意丧,不知其所以然也。"[4]就元代文人画整体而言,多为继承五代、宋人的优良绘画传统,并且发扬北宋苏轼、文同、米芾等文人画家的思想传统。同时他们大多数人看重抒发自我主观情绪,关注自我精神世界的呈现,尚

---

[1] (元)袁桷:《清容居士集》卷第四十五,《景印文渊阁四库全书》第1203册,台北:台湾商务印书馆1986年版,第600页。按:傅申《元代皇室书画收藏史略》引用了此段内容的前半部分,重点考证了当时参与雅集的人员信息。

[2] 谷卿:《论元代雅集品题的内涵特质:以作为雅集物证的书画原迹为中心》,载《文学评论》2017年第1期,第153页。

[3] (清)秦祖永:《画学心印》卷五,《续修四库全书》第1085册,上海:上海古籍出版社2002年版,第516页。

[4] (清)秦祖永:《画学心印》卷五,《续修四库全书》第1085册,上海:上海古籍出版社2002年版,第521页。

逸格，贵天趣，不求形似，求的是超越宋人的讲物理、重传神，但实际结果却是未能超越写实世界的影响。

## 二、元代早期山水画对倪瓒绘画创作的潜在影响

以元代山水画而言，大致可分为初、中后两期。初期，以钱选、赵孟頫、高克恭(1248—1310)为代表。钱选绘画创作能力较为全面，元人陈泰《所安遗集》中记载《为秋堂题钱舜举所画吴兴山水图》云："画师小景如传神，自昔水墨无丹青。老钱变法米家谱，妙在短幅开烟屏。……秋堂吏隐洪堂都，对画却忆莼丝鲈。吴兴山水虽可摹，老钱丹青今世无。"①钱选所画山水、人物、花鸟、鞍马等皆入妙品，造诣极高，画法传神，故有"老钱丹青今世无"之美誉。同时他的绘画艺术在当时影响较大，外人经常来请教学习，清人顾嗣立《元诗选》二集卷二中记载："乡人经其指授，类皆以能画称。至元间吴兴有八俊之号，以孟頫为称首而选与焉后。"②除此之外，钱选还是"吴兴八俊"之一，正是由于他当时名扬四海，许多人假冒其名、伪造其画，借此来谋取不义之财，因此，钱选后期在画《白莲图》时，画上自题云："余改号雪䉶翁者，盖赝本甚多，因出新意，庶使作伪之人知所愧焉。钱选舜举。"③至于赵孟頫，前文略有提及，但未涉及其书画理论，他主要倡导绘画要有"古意"，同时提出"书画同源"观念。……此外，明人张丑《清河书画舫》卷十载："子昂自跋画卷云：作画贵有古意，若无古意，虽工无益，今人但知用笔纤细，傅色浓艳，便自为能手殊，不知古意既亏，百病横生，岂可观也。吾所作画似乎简率，然识者知其近古，故以为佳，此可为知者道，不为不知者说也。"④赵氏还注重书法笔墨情趣，并主张师法造化，正如《题苍林叠岫图》云："桑苎未成鸿渐隐，丹青聊作虎头痴。久知图画非儿戏，到处云山是我师。

---

① (元)陈泰：《所安遗集》，《景印文渊阁四库全书》第 1210 册，台北：台湾商务印书馆 1986 年版，第 558 页。

② (清)顾嗣立：《元诗选二集》卷二，《景印文渊阁四库全书》第 1470 册，台北：台湾商务印书馆 1986 年版，第 55 页。

③ 中国古代书画鉴定组编：《中国古代书画图目》十六册，北京：文物出版社 1999 年版，第 173 页。

④ (明)张丑：《清河书画舫》卷十下，《景印文渊阁四库全书》第 817 册，台北：台湾商务印书馆 1986 年版，第 412 页。

溪上先人之敝庐,南山秀色熙庭除。何时共买扁舟去,看钓寒波缩项鱼。"①其中一语"到处云山是我师"道出其对自然世界的崇尚,赵氏笔墨秀逸,境界清旷,大抵与其诗歌之风格、意境相类似。

最后,高克恭的绘画题材较为单一,从现有的记录来看,主要集中在山水与墨竹。从元人的评论来看,他们认为高克恭的山水画主要师承二米与李成、董原、巨然。朱德润《存复斋续集》载:"高侯画学,简淡处似米元晖,丛密处似僧巨然,天真烂漫处似董北苑,后人鲜能备其法者。今观此卷,天真烂漫,故可宝也。"②赵孟頫于至治元年(1321)六月二日题高克恭《墨竹卷》云:"仆至元间为郎兵曹,秩满,彦敬与仆为代,情好至笃,是时犹未甚作画。后乃爱米氏山水,专意摹仿,久而自成一家,遂能名世传后。盖其人品高,胸次磊落,故其见于笔墨间,亦异于流俗耳。至于墨竹、树石,又其游戏不经意者,因见此二纸,使人缅想不能已。书东坡《墨君堂记》于其后。至治元年六月二日,吴兴赵孟頫书。"③元人王冕《竹斋集》云:"国朝画手不可数,神妙独数高尚书。尚书意匠悟三昧,笔力固与常人殊。林树无根云懵懂,昆仑泰华云中涌。山城野店不逢人,碧波翠嶂淋漓动。于今绝响三十年,尚书笔法谁能传?片藤尺青不易得,使我感慨心茫然。"④纵观高克恭的画作以及元人的题跋,确实可以看出他的师承关系正如上文所述,但是高克恭的"仿米"是其早期风格,至其晚年时,已经基本摆脱了米氏云山在技法上的束缚,从现藏于台北"故宫博物院"的《云横秀岭图》来看,笔势苍健,风格洒落,它的风格类似于五代北宋,此时期的高克恭是用米芾的艺术观来简化宋法,将米芾的艺术思想与实践相分离,再与五代、北宋的山水画技法相融合,从而催生了元代早期山水画风格的形成。此外,纵观元人关于高克恭墨竹画的师承评论,大多数认为其墨竹画师承于文同与王庭筠,

① (元)赵孟頫著,黄天姜校:《松雪斋集》卷五,杭州:西泠印社出版社 2010 年版,第 129 页。
② (元)朱德润:《存复斋续集》,《续修四库全书》第 1324 册,上海:上海古籍出版社 2002 年版,第369 页。
③ (清)吴升:《大观录》卷十八,《续修四库全书》第 1066 册,上海:上海古籍出版社 2002 年版,第768 页。
④ (元)王冕:《竹斋集》卷下,《景印文渊阁四库全书》第 1233 册,台北:台湾商务印书馆 1986 年版,第82—83 页。

倪瓒《清閟阁集》载："中州人物，独黄华（王庭筠）父子诗画逸出毡裘之表，为可尚也。观澹游（王曼庆）此卷，笔意萧然，有蔡天启之风流，盖高尚书（高克恭）之所祖述，而能冰寒于水与？卷后有欧阳承旨所赋诗，不揆因次其韵。时丙午六月晦日。"①邓文原《巴西集》卷下记载《故大中大夫刑部尚书高公行状》云："好作墨竹，妙处不减文湖州（文同）。画山水初学米氏父子，后乃用李成、董元、巨然法，造诣精绝。"②作为异族的高克恭并没有受到汉人画家的排斥，反而颇受爱戴，或许与其画法中具有北方地域山水的风格有一定程度的关联，其画法可以为江南地区画家所借鉴，倪瓒则是元末时期较好地吸收前辈创作经验的代表画家之一。

### 三、初染绘事而入列"元四家"

至元代中后期，山水画的代表则要关联一个群体，它便是"元季四大家"。后世关于对"元四家"的人员选择，曾一度发生争议。首先，对"元四家"这一称谓提出的时间范畴产生分歧，目前学界主要争论于明人王世贞（1526—1590）所撰《艺苑卮言》与何良俊（约1506—1573）所撰《四友斋画论》的时间先后问题。王世贞《艺苑卮言》从嘉靖四十四年（1565）初刊，到万历五年（1577）世经堂本《弇州四部稿》刊印时的最后定型，时间跨越十余载，他不断对《艺苑卮言》进行斟酌损益，而且在此过程中也有过结集刊行。③王世贞自己所提到的《艺苑卮言》版本有三种：嘉靖四十四年（1565）本、隆庆六年（1572）本和万历五年（1577）本。首先是嘉靖四十四年（1565）本，这个本子是《艺苑卮言》最初的刊本。从嘉靖三十六年（1557）年开始撰写，一年以后得到六卷，此后又不断对其进行增益，到嘉靖四十四年（1565）才脱稿刊行，王世贞所著《弇州四部稿》云："余始有所评骘于文章家曰《艺苑卮言》者，成自戊午耳。然自戊午而岁稍益之，以至乙丑而始脱稿，里中子不善秘，梓而行之。"④根据

---

① （元）倪瓒著，江兴佑点校：《清閟阁集》卷七，杭州：西泠印社出版社2010年版，第243页。
② （元）邓文原：《巴西集》卷下，《景印文渊阁四库全书》第1195册，台北：台湾商务印书馆1986年版，第555页。
③ 李燕青：《〈艺苑卮言〉研究》，上海大学2010年博士学位论文，第24页。
④ （明）王世贞：《弇州四部稿》卷一百四十四，《景印文渊阁四库全书》第1281册，台北：台湾商务印书馆1986年版，第342页。

王世贞隆庆六年（1572）的序文，这个版本或许所存卷数与之前相同，但目前无法有确切资料考证，遂难断定。其次为隆庆六年（1572）本。王世贞出于种种原因又不断对嘉靖四十四年（1565）本进行增补："盖又八年而前后所增益又二卷，黜其论词曲者，附它录为别卷，聊以备诸集中。"①关于此处提及的"增益又二卷"，那么此版本应为八卷，可惜不是现存万历五年（1577）世经堂刊八卷本的模样，因为世经堂《艺苑卮言》八卷本及其《附录》部分，不仅含有诗文、词曲，还包括书画论述部分。最后是万历五年（1577）世经堂刊《弇州山人四部稿》本。从隆庆六年（1572）到万历五年（1577）前夕，王世贞一直对《艺苑卮言》及《艺苑卮言附录》部分进行修补，所以，在这一年刊行的《弇州山人四部稿》中，《艺苑卮言》及《附录》已经具有了十二卷的规模。②"元四家"这一称谓出自新安程荣刻《新刻增补艺苑卮言》第十二卷，《新刻增补艺苑卮言》共计十六卷，此本书后有"万历己丑孟冬武林樵云书社梓行"牌记。《续修四库全书》据上海图书馆藏本影印。"万历己丑"，即万历十七年（1589）。《新刻增补艺苑卮言》是我们知道和看到的《艺苑卮言》各种版本中卷数最多，内容也最博杂的一个版本。由于刊行晚于世经堂刻本，且非王世贞本人经手，故尚未引起学者足够重视。③ 而何良俊编撰《四有斋丛说》是一部综合论述，其中涉及经、史、子、释道、文、诗、书、画、求志、娱生、正俗、考文、词曲等内容，关于"元四家"内容的《四友斋画论》是丛说的两卷，共计有画论五十余条，涉及画史、画派、品鉴、审美、画坛轶事等多个方面。④ 根据华京生对《四友斋画论》版本进行考证可知，《四友斋画论》在隆庆三年（1569）的初刻"十六卷初刊本"中，书画论尚为一卷，自"二十六卷增补本"时书论与画论分为两卷，画论独立成一卷，再至龚元成刻本时，画论已经增加为两卷，应该是何良俊"三十卷增补本"后所

① （明）王世贞：《弇州四部稿》卷一百四十四，《景印文渊阁四库全书》第 1281 册，台北：台湾商务印书馆 1986 年版，第 342 页。
② 李燕青：《〈艺苑卮言〉研究》，上海大学 2010 年博士学位论文，第 45 页。
③ 李燕青：《〈艺苑卮言〉研究》，上海大学 2010 年博士学位论文，第 49 页。
④ 华京生：《何良俊〈四友斋画论〉版本考》，载《南京艺术学院学报（美术与设计版）》2011 年 03 期，第 103 页。

为。① 根据对两本画论的初步推断可知，王世贞《艺苑卮言》初创时间为1565 年，但此书中对书画有论述的时间大概为1577 年，而何良俊《四友斋画论》的初创时间为1569 年，之后一直对画论有所增补，直至他逝世之前，所以关于这两本书中提出"元四家"的先后顺序较难作出准确判断。

事实上，关于"元四家"的称谓最早见于书面记录的时间的确是明代，但既不是王世贞的《艺苑卮言》，亦不是何良俊的《四友斋画论》，而是明初画家王绂（1362—1416）《书画传习录》中记录的冷谦论述：

> 冷太常谦尝论曰：松雪道人赵孟𫖯子昂，梅花道人吴镇仲圭，大痴老人黄公望子久，黄鹤山樵王蒙叔明，元四大家也。高彦敬、方方壶、倪元镇，品之逸者也。盛懋、钱选其次也。……元镇极简雅，似嫩而苍，或谓宋人易摹，元人难摹。元人犹可学，元镇不可学也。予心初不以为然，而终未有以夺之。②

这里最早提出了以赵孟𫖯为首的"元四家"称谓，并且指出以赵孟𫖯、吴镇、黄公望、王蒙为"元四家"，另外高克恭、方从义、倪瓒被归为"逸品"画家之列。《书画传习录》中亦收录陶宗仪《说郛》之说："陶南村《说郛》曰：人物自顾、陆、展、郑，各擅神妙，可云化工；以至僧繇、道玄，此一变也；山水则大小李一变也；荆、关、董、巨又一变也；李成、范宽又一变也；刘、李、马、夏又一变也；大痴、黄鹤又一变也。赵子昂近于宋，故人物为胜。大小米，高彦敬以简略取韵，倪迂以稚弱取姿，宜登逸品，未是当家。"③至于最先提出者冷谦为何人物？明人陈建《皇明通纪法传全录》卷五载："冷谦，字启敬，杭州人。精音律，善鼓瑟，工绘画，元末以黄冠隐居吴山顶上，飘然有尘外之趣。国初召为太常协律郎，郊庙乐章

---

① 华京生：《何良俊〈四友斋画论〉版本考》，载《南京艺术学院学报（美术与设计版）》2011 年 03 期，第104 页。

② （明）王绂：《书画传习录》，卢辅圣主编《中国书画全书》第 3 册，上海：上海书画出版社 1992 年版，第248 页。

③ （明）王绂：《书画传习录》，卢辅圣主编《中国书画全书》第 3 册，上海：上海书画出版社 1992 年版，第248 页。

多所裁定。谦常遇异人传仙术,有友人贫,不能自存,求济于谦。"①明人
过庭训《本朝分省人物考》亦载:

> 冷谦,字启敬,武陵人,号龙阳子。初与邢台刘秉忠从沙门海
> 云游,无书不读,尤邃于《易》及邵氏《经世》,天文、地理、律历、众伎
> 皆能,曲尽其妙。至国初已百余岁矣,绿发童颜,如方壮时,飘飘然
> 有尘外之趣,避游金陵,以方药济人,取效如神。高祖闻其善音律,
> 召为太常协律郎。谦承命,考正宗庙雅乐音律及钟磬等器,并乐舞
> 之制,称旨一日,至便殿上曰:汝善遁,即此处能否? 谦曰:得一小
> 罂亦可遁也,命与之谦,以足渐没其中,呼冷谦,辄应,及视之,空罂
> 耳,命碎之,左右执碎罂,片片皆应,自是遂不复见,下诏命所在物
> 色之,竟不得,后有人见谦于武夷山中云。②

可知,在后世的叙述中,大多将冷谦与元初的刘秉忠联系起来,同
出于海云禅师门下,但他们一仕一隐,冷谦这一黄冠道人仿佛看尽了元
代近百年的兴衰异变,而最终选择了归隐吴山。冷谦对音乐以及绘画
皆擅长,提出"元四家"的看法亦有一定可能性,但许多学者对《书画传
习录》的真伪持怀疑态度。譬如余绍宋在《书画书录解题》中对于嵇承
咸校刊的这部书提出了异议,认为嵇氏"以己意擅为增订","论书论画
两卷或采录诸家之成文,或摘录前人成说,加以改篡,或自撰之文,又或
不注明所出,无一定之体例","又有旁批文法之语,皆是俗格","杂采、
传记、题跋、诗文及至说部所记出处或注或不注,每则下俱有山人曰云
云"。③ 同时俞剑华认为此书"文格特鄙","王绂高人,绝不致如此俗不
可耐"。④ 所以明初时期关于"元四家"称谓的提法,确实有待更进一步
的证据挖掘,但若此提法真实,那么从时间维度来看,的确早于何良俊
《四友斋画论》或王世贞《艺苑卮言》。

---

① (明)陈建:《皇明通纪法传全录》卷五,《续修四库全书》第 357 册,上海:上海古籍出版社 2002 年版,
第 105 页。
② (明)过庭训:《本朝分省人物考》卷八十二,《续修四库全书》第 535 册,上海:上海古籍出版社 2002
年版,第 362 页。
③ 余绍宋:《书画书录解题》,北京:北京图书馆出版社 2003 年版,第 558—559 页。
④ 俞剑华:《中国古代画论类编》,北京:人民美术出版社 1998 年版,第 101 页。

关于何、王二者具体对"元四家"的论述,兹分别如下:首先,明人何良俊,曾任翰林院孔目,他在《四友斋画论》中指出:

> 元人之画,远出南宋诸人之上。文衡山评赵集贤之画,以为唐人品格。倪云林亦以高尚书与石室先生、东坡居士并论。盖二公神韵最高,能洗去南宋院体之习。其次则以黄子久、王叔明、倪云林、吴仲圭为四大家。盖子久、叔明、仲圭皆宗董巨,而云林专学荆关。黄之苍古,倪之简远,王之秀润,吴之深邃,四家之画,其经营位置、气韵生动,无不毕具,即所谓六法兼备者也。此外如陈惟允、赵善长、马文璧、陆天游、徐幼文诸人,其韵亦胜。盖因此辈皆高人,耻仕胡元,隐居求志,日徜徉于山水之间,故深得其情状。且从荆、关、董、巨中来,其传派又正,则安得不远出前代之上耶!乃知昔人所言,一须人品高,二要师法古,盖不虚也。①

何良俊这段话中将黄公望、王蒙、倪瓒、吴镇作为"元四家",他们师承五代北宋时期的董源、巨然、荆浩、关全,倪瓒作为其中独树一帜的人物,唯独师法于荆浩与关全。何良俊用"苍古""简远""秀润""深邃"等诗文品评的语汇来描述"元四家"的绘画特征,可见是以鉴赏文人画的标准做评判。至于像陈惟允、赵善长、马文璧、陆天游、徐幼文等人,他们皆为耻于在元朝为官,故而归隐山林的"高人",但他们的绘画风格仍然师法于荆关董居,属于正统传派,但所获得的艺术成就并不突出,仅备于此。虽然赵孟頫被脱离"元四家",但是何良俊给予他的地位并未下降,反而是一种变相的提高,通过其《四友斋丛说》中透露出的绘画旨趣亦可窥见:

> 余小时即好书画,以为此皆古高人胜士。……一遇真迹,辄厚赀购之,虽倾产不惜。故家业日就贫薄,而所藏古人之迹亦已富矣。然性复相近,加以笃好,又得衡山先生相与评论,故亦颇能鉴别,虽不敢自谓神解,亦庶几十不失二矣。余家法书,如杨少师、苏

① （明）何良俊：《四友斋丛说》卷二十九，《续修四库全书》第1125册，上海：上海古籍出版社2002年版，第720页。

长公、黄山谷、陆放翁、范石湖、苏养直、元赵松雪之迹，亦不下数十
卷。然余非若收藏好事之家，盖欲真有所得也。今老目昏花，已不
能加临池之功，故法书皆已弃去，独画尚存十之六七。正恐筋力衰
惫，不能遍历名山，日悬一幅于堂中，择溪山深邃之处，神往其间，
亦宗少文卧游之意也。然亦只是赵集贤、高房山、元人四大家及沈
石田数人而已，盖惟取其韵耳。今取古人论画之语，与某一得之
见，著之于篇。①

何良俊从小便爱好收藏法书名画，因此花费重金，致其家境并不富
庶，但依然乐在其中，依靠的便是书画艺术的感染力。晚年的何良俊即
使老目昏花，也要感受宗炳"卧游"之意，以解对书画的相思之苦，此时
能悬挂于墙的作品必是其一生所高度赞扬的，只有赵孟頫、高克恭、元
四家（黄公望、倪瓒、吴镇、王蒙）以及沈周的作品。通过他们的作品可
以间接反映出何良俊的收藏标准，其首要原则是追求其"韵"，以便细细
品味，最终通往"神往其间"的"境"。从清人孙岳颁《佩文斋书画谱》中
也可侧面证实何良俊的绘画鉴藏旨趣："云间何元朗所藏尽元人子久、
仲圭、元镇、方壶诸作，合五十余。内元镇至二十四幅，独叔明仅一幅
尔，大抵越吴叔明真山水甚少。惟武林王氏葛仙翁移居一长幅，云间顾
氏三幅，吾歙罗氏一幅，已归吴，今又归歙汪氏。余所见有真者三，何元
朗藏沈启南至三十余幅，无宋人墨迹，惟松雪手简一卷。又绢写《陈情
表》，字逾寸，法李北海。其所藏宋人，仅有谢灵运《出浴图》，而绢已黑
矣，亦无画者名欤。"②詹景凤（1532—1602）在《跋饶自然山水家法》中亦
提及"元四家"：

清江饶自然先生所著山水家法，可谓尽善矣。然而山水有二
派：一为逸家，一为作家，又谓之行家、隶家。逸家始自王维、毕宏、
王洽、张璪、项容，其后荆浩、关仝、董源、巨然及燕肃、米芾、米友仁

① （明）何良俊：《四友斋丛说》卷二十八，《续修四库全书》第 1125 册，上海：上海古籍出版社 2002 年
版，第 714—715 页。
② （清）孙岳颁：《佩文斋书画谱》卷九十九，《景印文渊阁四库全书》第 823 册，台北：台湾商务印书馆
1986 年版，第 396 页。

为其嫡派。自此绝传者几二百年,而后有元四大家黄公望、王蒙、倪瓒、吴镇,远接源流。至吾朝沈周、文徵明,画能宗之。作家始自李思训、李昭道及王宰、李成、许道宁。其后赵伯驹、赵伯骕及赵士遵、赵子澄皆为正传。至南宋则有马远、夏圭、刘松年、李唐,亦其嫡派。……若文人学画,须以荆关董巨为宗,如笔力不能到,即以元四大家为宗,虽落第二义,不失为正派也。①

詹景凤所提出的"元四大家"人选与何良俊一致,他对四家的主要评价是他们"远接源流",是对荆浩、关仝、董源、巨然的继承与创新,绘画风格既有师古的传统,亦有开创元代新画风的高度,真可谓"承继大统"者。

其次,身为明代文坛"后七子"领袖的王世贞,他在《艺苑卮言》中云:"人物自顾、陆、展、郑以至僧繇、道玄一变也;山水大小李一变也;荆、关、董、巨又一变也;李成、范宽又一变也;刘、李、马、夏又一变也;大痴、黄鹤又一变也。赵子昂近宋人,人物为胜;沈启南近元人,山水为尤。二子之于古,可谓具体而微。大小米、高彦敬以简略取韵,倪瓒以雅弱取姿,宜登逸品,未是当家。"②在王世贞的认识中,将倪瓒归为"逸品"一格,"逸品"是相对缺乏技巧与能力的,而且将倪瓒与高克恭、方从义并列。在王世贞心目中,"元四家"人选另有其人。通过与传为王绂《书画传习录》中的相关论述作比对,可以发现王世贞与冷谦的描述除个别字有出入以外,观点基本雷同,此后借鉴"赵、吴、黄、王"为四家提法的理论家都认为这是王世贞的观点。王氏这段话亦对"赵、吴、黄、王"四家的先后顺序作了排列,主要是基于他们卓越的画艺成就。同时王世贞指出赵孟頫绘画风格与其余画家是存在差异的,赵氏属于"描写精绝"类,而其余则属于"写意取气韵"。另外,王世贞指出倪瓒绘画"极简雅,似嫩而苍",与其晚年绘画中"逸笔草草"风格极为类似,似嫩而苍的用笔技法极难掌握,其实关键是对于毛笔与纸张之间一种"度"的权

---

① 穆益勤编著:《明代院体浙派史料》,上海:上海人民美术出版社1985年版,第93—94页。

② (明)王世贞:《新刻增补艺苑卮言》卷十二,《续修四库全书》第1695册,上海:上海古籍出版社2002年版,第573页。

衡,"或谓宋人易摹,元人难摹,元人犹可学,独元镇不可学",说明当时倪瓒的绘画风格已经独树一帜,旁人想模仿其画风十分困难,这与"逸格常法"的内涵存在一致性,这或许也是王世贞将倪瓒作为"品之逸者"的另一个原因。

与王世贞主张相同的是被称为"明末五子"之一的屠隆(1543—1605),他在《考槃余事》中的"元画"一条云:

> 评者谓士夫画,世独尚之。盖士气画者,乃士林中能作隶家。画品全法气韵生动,不求物趣,以得天趣为高。观其曰写而不曰画者,盖欲脱尽画工院气故耳。此等谓之寄兴,但可取玩一世,若云善画,何以上拟古人而为后世宝藏?如赵松雪、黄子久、王叔明、吴仲圭之四大家,及钱舜举、倪云林、赵仲穆辈,形神俱妙,绝无邪学,可垂久不磨,此真士气画也。虽宋人复起,亦甘心服其天趣,然亦得宋人之家法而一变者。[1]

万木春考证屠隆此段话极有可能抄袭了高濂《燕闲清赏笺》中的"论画"部分,高濂"论画"一文如下:

> ……今之画论,必曰士气。所谓士气者,乃士林中能作隶家画品,全用神气生动为法,不求物趣,以得天趣为高。观其曰写而不曰描者,欲脱画工院气故耳。此等谓之寄兴,取玩一世则可。若云善画,何以比方前代而为后世宝藏。若赵松雪、王叔明、黄子久、钱舜举辈,此真士气画也,而四君可能浅近效否?是果无宋人家法,而泛然为一代之雄哉?例此可以知画矣。[2]

二者相对比可以发现,屠隆所记述的接受宋人家法而又能立于一代的元朝画家,要比高濂"论画"中所列举的人物多出三人,他们分别是倪瓒、吴镇和赵雍。万木春认为"这种著作权的不明朗,显示的是流行

① (明)屠隆:《考盘余事》卷二,《续修四库全书》第 1185 册,上海:上海古籍出版社 2002 年版,第 354—355 页。
② (明)高濂:《燕闲清赏笺·论画》,黄宾虹、邓实编:《美术丛书》,南京:江苏古籍出版社 1997 年版,第 1948 页。

的集体观念"①,换言之,这则材料可以视为体现了群体间的一种默契借鉴,其之所以出现,或是受到流行观念的冲击,抑或此提法在当时已经逐渐被理论家所接受,成为一种约定俗成的见解。与他们提法相似的,还有晚明鉴藏家张丑(1577—1643),他在《清河书画舫》中指出:"又闻王子蒙《黄鹤山居图》真迹,落笔奇伟,层叠无穷,青城山人王璲题以长歌,亦甚可喜,不让云林小隐图也,此本今在项氏。北宋四名家,李成为冠,董源、巨然、范宽次之。南宋则刘松年为冠,李唐、马远、夏珪次之。胜国则赵孟頫为冠,黄公望、王蒙、吴镇次之。而董源、黄公望尤为品外之奇,马远、夏珪、吴镇鄙性不甚见喜,特以前人尊崇之极,故并列之篇中耳,敢以就正真赏者。"②此段材料与屠隆提法相似,张丑将"赵、黄、王、吴"作为元四家代表。

最后,对"元四家"整体的推崇是从董其昌(1555—1636)开始的,他在《画禅室随笔》中指出:"元季四大家以黄公望为冠,而王蒙、倪瓒、吴仲圭与之对垒。"③又在《容台集》中云:"文人之画,自王右丞始。其后董源、巨然、李成、范宽为嫡子,李龙眠、王晋卿、米南宫及虎儿,皆从董、巨得来。直至元四大家黄子久、王叔明、倪元镇、吴仲圭,皆其正传。吾朝文、沈则又远接衣钵。若马、夏及李唐、刘松年又是大李将军之派,非吾曹当学也。"④何良俊当时在翰林院供职,其画论所提"四家"对董其昌或许有一定的影响,此处董氏正式提出黄公望、王蒙、倪瓒、吴镇为"元四家",将其列入文人画序列,同时指出不应该学习"南宋四家"的绘画风格,这一观点为董其昌日后定下"南北宗论"的基调埋下伏笔。董其昌最终以倪瓒代替赵孟頫,董其昌的同乡挚友陈继儒(1558—1639)则在"元四家"中定夺优劣,从而进一步提高了倪瓒的画坛地位。陈继儒《妮古录》云:"倪迂画在胜国时,可称逸品。昔人以逸品置神品之上,历代

① 万木春:《味水轩里的闲居者:万历末年嘉兴的书画世界》,北京:中国美术学院出版社 2007 年版,第169 页。
② (明)张丑:《清河书画舫》卷十一上,《景印文渊阁四库全书》第 817 册,台北:台湾商务印书馆 1986年版,第 436 页。
③ (明)董其昌:《画禅室随笔》卷二,《丛书集成三编》第 31 册,台北:台北新文丰出版公司 1997 年版,第398 页。
④ (明)董其昌:《容台集》别集卷四,《四库全书存目丛书·集部》第 171 册,济南:齐鲁书社 1997 年版,第722 页。

惟张志和、卢鸿可无愧色。宋人中米襄阳在蹊径之外，余皆从陶铸而来。元之能者虽多，然承率宋法，稍加萧散耳。吴仲圭大有神气，黄子久特妙风格，王叔明奄有前规。而三家未洗纵横习气，独云林古淡天然，米痴后一人而已。"①此段材料提到倪瓒无"纵横习气"，与其他三家相比，更为天然古朴，此番对比是把倪瓒当作"元四家"成员而展开。最终，陈继儒与董其昌一样，将倪瓒的地位从"元四家"中进一步显现出来，以此来体现倪瓒绘画中共性与个性的关系。

　　中国绘画史上的"元四大家"之说，到此脉络基本明确。历史上总共有两种说法：其一是以"赵孟頫、吴镇、黄公望、王蒙"为四大家，王绂、王世贞、屠隆以及张丑四人提倡此说；其二是以"黄公望、吴镇、倪瓒、王蒙"为四大家，提倡此说者有何良俊、詹景凤、董其昌、陈继儒。其中关注的焦点在于赵孟頫和倪瓒，"元四家"候选人的变化就在他们二者之间，关于董其昌以倪瓒代替赵孟頫，原因可能为以下几点：第一，赵氏仕元失去节气，受后人议论，产生的争议较大；第二，赵氏提倡的复古主义与四家风格不同；第三，关于赵氏的社会地位、个人经历与生活环境与四大家皆有差异。邓乔彬与李杰荣《赵孟頫与元四家之变》一文从元代绘画发展与艺术成就方面分析，认为赵孟頫与高克恭同为元代绘画的开创者，具有引领元画的崇高地位，此乃董其昌在他的理论体系中，既称许赵氏，又未将其纳入南北宗的原因；再者，四大家的社会地位、个人经历、生活环境相似，彼此关系亲密，相互推重、影响，且赵孟頫与黄公望、吴镇、王蒙三家基本上属于师生关系，故就辈分而言，倪瓒入"元四家"更加合理。② 赵孟頫是承接由宋入元过渡性的画家，必须深刻认识到他的复杂性与在时代中的关键性。上述以赵孟頫为"元四家"的理论家眼中，皆以赵孟頫为四家之首；而将倪瓒替代赵孟頫的评论家心中，不仅没有丝毫贬低赵氏之意，而且都看到了赵氏画风的多变性，认为其既有古意又有创新，同时融入"以书入画"的写意精神，基本认同赵氏为元画

① （明）陈继儒：《妮古录》卷一，《四库全书存目丛书·子部》第 118 册，济南：齐鲁书社 1995 年版，第 653 页。
② 邓乔彬、李杰荣：《赵孟頫与四家之变》，载《东南大学学报（哲学社会科学版）》2010 年 06 期，第 83 至 87 页。

之领袖。前文提及董其昌以赵孟頫为元代画家的冠冕，可是他日后所提"南北宗论"中却没有将赵氏纳入南宗脉络，极有可能是因为赵氏较为复杂与多样性的画风，使得董其昌无法将他归类。

"黄、吴、倪、王"四家，皆能师法古人，自写胸臆，研精造微，各标风格，引领画坛。明清论者，大多认为"元四家"画风起源于董、巨，清人庞元济《虚斋名画录》云："元四大家，风格各殊，其源流要皆出于董、巨"①，清人王时敏《王奉常书画题跋》云："元四大家，皆宗董、巨，秾纤淡远，各极其致。惟子久神明变化不拘，拘守其师法，每见其布景用笔于浑厚中，仍饶波峭苍莽处，转见娟妍纤细而气益闳填，塞而气愈廓，意味无穷。"②关于董源、巨然的绘画风格，宋人米芾《画史》载："巨然师董源，今世多有本，岚气清润，布景得天真多。巨然少年时多作矾头，老年平淡趣高。……董源平淡天真多，唐无此品，在毕宏上。近世神品格高，无与比也。峰峦出没，云雾显晦，不装巧趣，皆得天真。岚色郁苍，枝干劲挺，咸有生意。溪桥渔浦，洲渚掩映，一片江南也。"③元人汤垕《画鉴》云："唐画山水，至宋始备，如元（董源）又在诸公之上"④，由此可见，董源在画史上的地位或许与杜甫在诗史上的地位一样，杜是"诗圣"，则董当是"画圣"。董源所画场景多取材于江南景物，以短长相结合的披麻皴表现江南土石结构的山脉，又以浓淡适度的长水平线表现平沙浅渚，中锋线条勾勒树枝干部分，圆润的墨点表现远树或山顶苔点，有时加上水墨渲染，创造了平淡天真、不装巧趣、缥缈超逸的画风。关于巨然绘画风格，宋人郭若虚《图画见闻志》载："钟陵僧巨然，工画山水，笔墨秀润。善为烟岚气象、山川高旷之景。但林木非其所长。随李主至阙下，学士

① （清）庞元济：《虚斋名画录》卷九，《续修四库全书》第 1090 册，上海：上海古籍出版社 2002 年版，第552 页。

② （清）王时敏：《王奉常书画题跋》卷下，《续修四库全书》第 1065 册，上海：上海古籍出版社 2002 年版，第 106 页。

③ （宋）米芾：《画史》不分卷，《丛书集成初编》第 1647 册，上海：上海商务印书馆 1936 年版，第 14—15 页。

④ （元）汤垕：《画鉴》不分卷，《景印文渊阁四库全书》第 814 册，台北：台湾商务印书馆 1986 年版，第425 页。

院有画壁。兼有图轴传于世。"①巨然师承董源的笔墨技巧，同样是以点线为主的方式去表现物象，但又有其自己的绘画语言，譬如题材方面，巨然更喜欢描绘崇山峻岭、层峦叠嶂的高远景致，山石皴线需要延长，只能将董源的短披麻皴变为长披麻皴，这也是巨然师承中的创新点。董源和巨然正因为有着师承关系与相近的笔墨技法语言，才被后世称为"董巨"，二人风格迥异于荆浩、关仝、李成等北方山水画家。到了明清两代，董源与巨然的地位格外升高，清人秦祖永《画学心印》卷四载："画之有董、巨，如书之有钟、王，舍此则为外道。惟元季大家正脉相传。近代自文、沈、思翁之后，几作'广陵散'矣。独大痴一派，吾娄烟客奉常深得三昧。意此外无人，客冬遇王子石谷、沈子伊在于金阊，得观所作，俱师子久，而各有出蓝之妙，不啻如朝彩敌夜光，令人应接不暇也。"②此段材料说明山水画只有董、巨是正宗，此外都是"外道"，从董、巨传到"元季大家"，再传到"文、沈、思翁"，三传到"吾娄烟客奉常"都是正脉，其他皆非正派传承，此乃"清初四王"之一的王鉴眼中的画学道统。

倪瓒作为"元四家"成员之一，他早年的绘画风格应当亦是师承董、巨二家之风格。他所作《西神山（玄文馆）图》虽未能传世，但其绘画风格可以大致想象。关于绘画场景的铺垫，倪瓒曾为玄文馆作诗，《宿玄文馆》云："玄馆清虚五月秋，疏帘珍簟看瀛洲。窗前种得青桐树，时有凤凰栖上头。"③或许绘画场景正如诗文中所言，环境十分清新，闷热的五月似秋天一样凉爽，稀疏的竹织窗帘可以遮阳，窗前有几株青桐树，树上还有几只凤凰鸟嬉戏，画中无人，是倪瓒常用的表现手法，此番空旷的景象便印于画纸之上。另外，倪瓒曾作《述怀》云："读书衡茅下，秋深黄叶多。原上见远山，被褐起行歌。依依墟里间，农叟荷筱过。华林散清月，寒水澹无波。遐哉栖遁情，身外岂有它。人生行乐耳，富贵将

① （宋）郭若虚：《图画见闻志》卷四，《景印文渊阁四库全书》第 812 册，台北：台湾商务印书馆 1986 年版，第 545 页。
② （清）秦祖永：《画学心印》卷三，《续修四库全书》第 1085 册，上海：上海古籍出版社 2002 年版，第 486 页。
③ （元）倪瓒著，江兴佑点校：《清閟阁集》卷七，杭州：西泠印社出版社 2010 年版，第 212 页。

如何。"①倪瓒此时期读书的大环境大概如此。至于《玄文馆图》，以诗入画，以画写胸中逸气，逸笔草草，率略点染，而天真烂漫，逸趣横生。其笔墨韵趣高胜绝俗，可能源于倪氏自身性情，胸中丘壑，烟云变幻，都体现着士气与学问之间的关联，后世能尊其画为"逸格"，为"仙品"，或许就是因为他能集百家之长，而能自写真宰、自立面目。

---

① （元）倪瓒著，江兴佑点校：《清閟阁集》卷一，杭州：西泠印社出版社2010年版，第11页。

# 第三章 诗画交游，建构清閟阁
## （1332—1353）

## 第一节 清閟阁中的生活

### 一、清閟阁建筑群之自然环境与功用

至顺三年（1332）是元廷政权频繁更替的年份，此年八月文宗崩，四个月之后宁宗又相继离世，最终明宗长子妥欢帖木儿继位。① 然而，元统元年（1333）开始，江浙地区的饥民逐年增加，至元三年（1337）时饥民居然增至四十万户，②可见，江浙地区百姓的生活境遇极为严峻。与此同时，自从长兄逝世后，倪家逐步衰败，主要原因是倪瓒不善营生，但由于倪家此前家底较为厚实，故而他似乎没有太多关注社会外部环境的转变，依然将秉性风雅作为他生活的重心。因此，倪瓒才会投入较多剩余财富用于清閟阁的建设。倪瓒心目中的雅集圣地清閟阁规模较大，需要耗费巨资才能建成。据现有文献看，清閟阁得到记载的最早时间为至元四年（1338），《赵氏铁网珊瑚》载："至元四年龙集戊寅正月二日，京口袁矩子方、曹南史元举大用、金华吴福孙子善同观于清閟阁。"③关于清閟阁的具体样貌，《无锡金匮县志·古迹》载："清閟阁在梅里乡，元

---

① （明）宋濂等：《元史》卷三十七，北京：中华书局 1976 年版，第 809—813 页。
② （明）宋濂等：《元史》卷三十九，北京：中华书局 1976 年版，第 838 页。
③ （明）赵琦美：《赵氏铁网珊瑚》卷四，《景印文渊阁四库全书》第 815 册，台北：台湾商务印书馆 1986 年版，第 386 页。

倪瓒故居,旁列碧梧奇石,设古尊罍彝鼎法书名画,其中非杨维桢、张雨诸人不得至。他有云林堂、朱阳馆之属,以清閟阁为最胜,其名至外国使臣皆知之。"①另外,《清閟阁集·云林遗事》又载:

> 云林有清閟阁、云林堂。清閟阁尤胜,客非佳流不得入。尝有夷人道经无锡,闻瓒名,欲见之,以沉香百斤为贽。给云:"适往惠山。"翼日载至,又云:"出探梅花。"夷人以倾慕不得一见,徘徊其家。瓒密令人开云林堂,使登焉。堂前植碧梧,四周列奇石,东设古玉器,西设古鼎尊罍法书名画。夷人方惊顾间,谓其家人曰:"闻有清閟阁,能一观否?"家人曰:"此阁非人所易入,且吾主已出,不可得也。"其人望阁再拜而去。②

倪瓒所建筑的清閟阁是客非佳流不得入的风雅之地,要登上清閟阁,不但需要"雅",还需有"佳"的品质,言外之意就是登阁之人必须与倪瓒有着相同的审美以及共鸣的心气。常有人想来参观,却不得一见。阁内所陈列的藏品种类众多、皆为上品,加之阁内雅致的环境,所以这里成了大多数文人所向往的酬唱圣地。清人孙承泽在《庚子销夏记》中记载:"薛道祖有清閟阁,黄伯思有云林堂,倪皆两袭之。清閟尤胜前,植碧梧四周,列以奇石,蓄古法书名画,尝有进贡。人经无锡,以沉香百斤求见,倪辞之,再至再辞,其人徘徊不去,倪令开云林堂,使登焉。堂东设古玉器,西施古鼎彝樽罍,其人方惊,顾间问曰:'清閟何在?'家人曰:'非可易入也。'乃望阁再拜而出。"③此段所提及薛道祖,即薛绍彭,为北宋著名书法家,宗法二王,与米芾交好,每以鉴赏相高。元人陶宗仪《书史会要》载:"薛绍彭,字道祖。长安人,官至秘阁修撰,出为梓潼漕,自谓河东三凤(薛元敬、薛收、薛德音)后人。书名亚米芾,符祐间号能书。"④黄伯思,字长睿,号云林子,为北宋晚期重要的文字学家、书法

---

① (清)裴大中等修,(清)秦湘业等纂:《无锡金匮县志》卷十四,《中国地方志丛书·华中地方》,台北:台湾成文出版社有限公司1970年版,第214页。

② (元)倪瓒著,江兴佑点校:《清閟阁集》附录一,杭州:西泠印社出版社2010年版,第367页。

③ (清)孙承泽:《庚子销夏记》卷二,《景印文渊阁四库全书》第826册,台北:台湾商务印书馆1986年版,第19页。

④ (元)陶宗仪:《书史会要》卷六,《景印文渊阁四库全书》第814册,台北:台湾商务印书馆1986年版,第734页。

家、书学理论家,陶宗仪《书史会要》又载:"黄伯思,字长睿,别字霄宾,号云林子。邵武人,官至秘书郎。天资警敏,长于考古。正行草隶书皆精,初仿欧、虞,后乃规模钟、王,笔势简远,有魏晋风气。尤精小学,凡字书讨论备尽,刘梦得(刘禹锡)云:'长睿好古,善隶楷,法能得古人用笔意。'"[①]倪瓒极有可能因为崇敬此二人而沿用斋阁之名,通过记载可知,清閟阁与云林堂的等级差距较大,或许只有契友参与雅集,常人无法登堂入室。此外,张端《云林倪先生墓表》载:"有洁癖,所建云林堂、逍闲仙亭、朱阳宾馆、雪鹤洞、海岳翁书画轩,斋阁前植杂色花卉,下以白乳甃其隙,时加汲濯。花叶堕下,则以长竿黐取之,恐人足侵污也。……清閟阁,藉以青毡,设纻履百緉。客至,易之,始入。雪鹤洞,以白毡铺之,几案则覆以碧云笺。"[②]此大型庄园别墅类似于一个庞大的建筑群,除了清閟阁、云林堂之外,还有清淮堂、萧闲馆、朱阳馆、净名庵、雪鹤洞、水竹居、逍遥仙亭、海岳翁书画轩等部分,其中清閟阁、云林堂为倪瓒日常读书、吟诗、作画、迎宾之所。虽然此段主要记述了倪瓒有洁癖一事,却可见园林主人用心布置,构筑了一个自处自得与吟咏雅集的理想乐园。首先关于云林堂,其内陈设极为古雅,清人黄蛟起《西神丛话》载:"云林草堂,备极焕丽,扁曰云林,而无堂字,云字摹天台白云寺额,林字摹庐山东林寺额,皆王右军书,大小匀适,宛似一时挥洒。"[③]云林草堂的匾额只有"云林"二字,皆摹写王羲之书法,亦可窥探倪瓒对"二王"书法的尊崇。

关于倪瓒的云林草堂,其《清閟阁集》中有多首诗文提及,譬如《春日云林斋居》云:"池泉春涨深,径苔夕阴满。讽咏紫霞篇,驰情华阳馆。晴岚拂书幌,飞花浮茗碗。阶下松粉黄,窗间云气暖。石梁萝茑垂,翳翳行踪断。非与世相违,冥栖久忘返。"[④]倪瓒一生都倾慕于"讽咏紫霞篇,驰情华阳馆"的舒适清闲生活,可是却"非与世相违",现实的社会环

① (元)陶宗仪:《书史会要》卷六,《景印文渊阁四库全书》第814册,台北:台湾商务印书馆1986年版,第736页。
② (元)倪瓒著,江兴佑点校:《清閟阁集》附录一,杭州:西泠印社出版社2010年版,第379页。
③ 无锡文献丛刊编辑委员会:《泰伯梅里志》,台北:台北市无锡同乡会1981年版,第174—175页。
④ (元)倪瓒著,江兴佑点校:《清閟阁集》卷一,杭州:西泠印社出版社2010年版,第3页。

境与家道中衰的窘迫，让其眷恋起在云林堂读书与创作书画的光阴。倪瓒曾与好友张雨于云林堂宴集，享受春日美好时光，忘记俗尘烦事，其诗《与张贞居云林堂宴集，分得春字》云："青苔网庭除，旷然无俗尘。依微樵径接，曲密农圃邻。鸣禽已变夏，疏花尚驻春。坐对盈樽酒，欣从心所亲。"①杨维桢曾作《云林草堂答元镇次韵》云："坐断深林事不闻，西窗风日爱余曛。旧经高赤寻三传，新咏山王削五君。翠筱侵床落空雪，石池洗砚动玄云。东邻书屋最相忆，莫遣草堂移浪文。"②其次，清閟阁相对于云林堂而言，其周围环境更为幽迥绝伦，关于阁中布置之"雅"，周南老所撰《元处士云林先生墓志铭》载：

> 所居有阁，名清閟，幽迥绝伦，中有书数千卷，悉手所校定。……古鼎彝名琴陈列左右，松桂兰竹香菊之属，敷纡缭绕。而其外则乔木修篁，蔚然深秀，故自号云林。每雨止风收，杖屦自随，逍遥容与，咏歌以娱。望之者，识其为世外人。客至，辄笑语留连，竟夕乃已。③

除了环境之雅外，倪瓒藏书丰富，且对各类书籍研究十分精勤。阁中不仅有名琴、古器、松桂兰竹以助雅兴，更以收藏古法书名画、读书之嗜好而显内在之雅韵，并非只有静态的陈设之雅。至于清閟阁的自然环境之"幽"，清人顾嗣立《元诗选·初集·云林小传》中，引饶介语，云："其阁如方塔三层，疏窗四眺，远浦遥峦，云霞变幻，弹指万状。窗外巉岩怪石，皆太湖、灵璧之奇，高于楼堞。松篁兰菊，茏葱交翠，风枝摇曳，凉阴满苔。阁中藏书数千卷，手自勘定，三代鼎彝，名琴古玉，分列左右。时与二三好友啸咏其间。"④清閟阁如方塔一般高耸庄严，甚至能够将太湖石与灵璧石之奇特收入眼帘，可见其确实营造出一种气氛高雅、环境绝尘的文人式庄园。清人黄蛟起《西神丛话》对清閟阁有

---

① (元)倪瓒著，江兴佑点校：《清閟阁集》卷三，杭州：西泠印社出版社2010年版，第52页。

② (清)卢文弨：《常郡八邑艺文志》卷十二上，《续修四库全书》第917册，上海：上海古籍出版社2002年版，第789页。

③ (元)倪瓒著，江兴佑点校：《清閟阁集》附录一，杭州：西泠印社出版社2010年版，第377页。

④ (清)顾嗣立：《元诗选初集》卷五十八，《景印文渊阁四库全书》第1469册，台北：台湾商务印书馆1986年版，第517页。

更详细的描写：

> 清閟阁制如方塔，仅三层耳。高比明州之海望，方广倍之。启窗四眺，遥峦远浦，尽在睫前，而云霞变换，弹指万状。窗外巉岩怪石，皆太湖、灵璧之奇。碧梧高柳，葱茏烟翠，凉阴满苔，风枝摇曳，有若浪纹。阁左有二三古藤，蜿蜒盘曲，恍如木栈。入户白扉，有王学士彝斋题句云："萝挂楼台扶客上，鸟鸣窗牖唤人来。"所列多三代彝鼎。古琴一张，比时制短半尺，汉以前物也。二王真迹六七卷，其余法书、名画以百数，逾半皆宣和秘物。其什器如井栏药臼、食柜水槽，铛釜盆盎、长几圆案，皆出名斤奇斧。①

此段不仅描述了清閟阁的外貌与周边自然风景，而且介绍了清閟阁的门扇上有王彝斋所题诗句，诗句内容表示清閟阁作为文人雅集、书画收藏之地，仍然欢迎更多的志同道合之人前来做客，想必王彝斋是有幸完整参观过清閟阁之人。倪瓒与他之间有多首酬和之诗，譬如曾作题画诗《画竹寄王彝斋》云："荆南山色里，翠竹密缘溪。冉冉春烟薄，冥冥暮雨迷。梦长蝴蝶化，行远鹧鸪啼。旧日栽桃李，清阴自满蹊。"②除此之外，倪瓒还曾作《太常引·寿彝斋》一词相赠："柳阴濯足水侵矶，香度野蔷薇。芳草绿萋萋。问何事、王孙未归。一壶浊酒，一声清唱，帘幕燕双飞。风暖试轻衣，介眉寿、遥瞻翠微。"③以含蓄而又形象的手法，赞颂彝斋的人品、操守、志趣与追求，颇为独到，亦间接体现出两人关系之密切。

## 二、倪、王之交往与《清閟阁集》的刊刻雏形

倪瓒与王彝斋还有部分书信往来，《清閟阁集》中记录了《与彝斋学士先生·十二通》，两人情谊深厚，其中一通中记载：

> 瓒获交于高门几二十年矣，深愧迂缪粗疏，与世相左，但受知于贤父子则深耳。英嗣得婚于陆氏，非止斋则不可成。止斋之推

---

① 无锡文献丛刊编辑委员会：《泰伯梅里志》，台北：台北市无锡同乡会 1981 年版，第 173—174 页。
② （元）倪瓒著，江兴佑点校：《清閟阁集》卷三，台北：西泠印社出版社 2010 年版，第 72 页。
③ （元）倪瓒著，江兴佑点校：《清閟阁集》卷九，杭州：西泠印社出版社 2010 年版，第 290—291 页。

精察详，虽瓠斋往来数数，非止斋犹不能决然为准。瓒于斯时适寓溪上，目见其周折，而瓒又深知高门礼义之素，且承贤父子见嘱，令具书于止斋，瓒敢靳于言乎？人事好乖，固定议于止斋之手，乃成婚于其捐馆之后。今兹英嗣夫妇、父母之间，并怡然无间言，宁非止斋之德？是亦天之所造就。①

这则书信起因是讨论倪瓒女儿结婚事宜，彝斋家族在倪瓒落魄时还帮助联系其女儿婚事，令倪瓒内心充满感激之情。同时倪瓒亲家陆氏还赠送羊腔、珍果、精缣等物品给倪瓒。然而倪瓒认为自己并不是主婚之亲长，亦不是充当"媒人"之角色，不应接受此番礼品，"苟辞受不当于义，是亦不能固穷，所谓小人穷斯滥矣"。倪瓒与孔子当年气节一致，而且作为一名父亲，看见女儿婚姻幸福便是最为欣慰之事，不能贪图亲家陆氏之财力，反而更要注意保持自己的文人气节。

从倪瓒与王彝斋的信文中还可以看出，二人不仅是生活中的好友，更是书画世界的知音，倪瓒在感谢彝斋的同时，仍不忘向其借用莲叶砚数日。王氏家族在当时富可敌国，收藏甚富，为一时文士集会之所，或许倪瓒亦有大饱眼福之欲，故常流连于王家。倪瓒《清閟阁集》中记载王氏家族收藏过赵孟頫的书法，在其《跋环庆王氏所藏赵荣禄六帖》中云："右赵荣禄与觉轩先生手简共六纸，有以知交谊之深、家世之旧也。先生学行纯正，为宋琅琊王仲宝之后，仕至兰溪州判官。今获观于其孙光大之彝斋，老成典刑，不可复见矣，尚赖翰墨文章有以想其风流哉！时庚子二月十日倪瓒题。"②王彝斋为宋琅琊王仲宝之后世，王彝斋祖父觉轩先生，官至兰溪判官。关于王氏家族的收藏及富庶，元代郑元祐《侨吴集》卷十记载《王氏彝斋记》有记：

兰溪君之子子敬与其昆季仲德、子明，皆克力学以世其家，文献之传有可稽可法。重以三昆季博洽以考索，嗜古而识精，于是其家书传子史百家之言，三代两汉尊彝罍鼎之器，六朝以下图史绘画之属，象犀玉石制作之粹，在他人代有一二物犹可哆然自足。若兰

① （元）倪瓒著，江兴佑点校：《清閟阁集》卷十，杭州：西泠印社出版社2010年版，第327—328页。
② （元）倪瓒著，江兴佑点校：《清閟阁集》卷九，杭州：西泠印社出版社2010年版，第302—303页。

溪君之家，殆所谓如行山阴道中，千岩万壑，使人应接不暇。①

王彝斋原名王令显，字光大。当年王氏家族为避战乱而迁徙至吴中地区，等到战乱平定之后才返回家乡，但家中已被洗劫一空，唯独王令显之父王子敬最钟爱的"商彝"仍然完好无损地保留在家中，令显喜出望外，如获至宝，遂以此物作为斋名。

倪、王二人的后世仍有往来，并且倪云林诗集得以重刻，与王彝斋家族有密切关系。清人丁丙《善本书室藏书志》载："天顺四年（1460），荆南蹇朝阳因王彝斋之季梅西，旧藏《云林集》，其孙景升出而辑之，遂鸠梓以寿其传。同郡卞荣以诗代跋，翰林侍读学士钱溥为之序。世尚有一刻，乃江阴孙大雅序也。万历辛卯（1591），王穉登又因理重刻而序之，缀以附录。"②天顺四年（1460），蹇曦刊行并整理了"湮没无闻者"③的倪瓒诗歌，名为《倪云林先生诗集》。江阴孙大雅作序的倪瓒诗集共六卷，《附录》一卷，可惜此版本今已不传。关于倪瓒诗集的源流，最早提及它的应是倪瓒好友周南老，他所撰写《元处士云林先生墓志铭》云："处士所著有稿，句曲张天雨、钱塘俞和爱之，为书成帙，藏于家。"④根据"藏于家"来看，当时此诗文集只是被好友所收藏或者是在小范围内的传阅，并未公开流传。而在此后，张雨在自己的手录诗集中，收录了包括倪瓒等一批好友的作品。明初姚绶所撰《句曲外史小传》中记载："望于外史，重其不轻许，可较然矣。手营墓，灵石西湖之阴，南屏之右，前阻涧售，繫腰作梁，名玉钩桥。桥南数十武，作藏书石室。自勒铭而吴睿隶古。绶五七年前，从甘泉刘邦彦得八帖，往往言造酒必善饮。又见其手录诗文各一册，予以古书画一卷，易得诗册，计廿六纸。五七言诗八十一首，中有附录。遂昌郑明德、东海倪元镇、龙河僧大䜣诗十余首。"⑤张雨诗文集是在市面上流传的，那么，倪瓒的诗也因此公开流布

----

① （元）郑元祐撰，徐永明校点：《郑元祐集》卷十，杭州：浙江大学出版社2010年版，第254—255页。

② （清）丁丙：《善本书室藏书志》卷三十四，《续修四库全书》第927册，上海：上海古籍出版社2002年版，第579页。

③ （清）钱溥：《云林诗集前序》，《四部丛刊初编》第1491册，北京：商务印书馆1922年版，不分页数。

④ （元）倪瓒著，江兴佑点校：《清閟阁集》附录一，杭州：西泠印社出版社2010年版，第378页。

⑤ （明）姚绶：《句曲外史小传》，《谷庵集选》卷九，明嘉靖三十七年（1558）刻本，南京图书馆古籍部藏。

于世,这或许是他的作品公开流传的最早记录。王穉登在明万历辛卯(1591)云:"先生诗风调闲逸,材情秀朗,若秋河曳天,春霞染岫,望若可采,就若可餐,而终不可求之于声色景象之间。虽虞、杨、范、揭诸公登词坛执牛耳,非不称盟主矣,然比于先生,犹垂棘夜光之视水碧金膏也。先生诗有二刻,一为江阴孙大雅序,一为华亭钱学士序,皆岁久剥裂,不堪吟讽,读者病其豕鱼。"①其中一刻为孙大雅作序。"孙大雅,名作,一字次知,自号东家子,宋景濂为作东家子,传推许甚至,有《沧螺集》,其诗绝去元季之习,独以苏、黄为师,好盘硬语"②。他生活于元明之际,对倪瓒的诗画较为欣赏,在倪瓒辞世八年之后,于明洪武十五年岁壬戌(1382)中秋日题倪瓒《溪亭山色图》云:"雨中留绿净轩,友人高彦举出示所藏倪云林山水并识僧诗,复求余题。余为两诗,以一效僧闭门留山之语,一以叹云林笔思之清,且此诗此画可见,其人不可复得,宁不兴观者之思,而重彦举之什袭云。时洪武十五年,岁壬戌,中秋日,江阴孙大雅书。"③关于孙大雅为倪瓒诗文集作序的这一版本,尤镗《清贤记》中有较为详细的记载:

> 景泰中,冯氏作《邑志》,载元板《倪云林稿》,此稿非元镇先生之诗文,贡奎所作也。奎字文斗,宣城人。至治间,任集贤学士。此稿在朝时著,故有早朝侍燕诸诗,既焚鱼而归来,著《倦游集》,任耳无目之人,但见稿名云林,辄以为元镇之作。不求见其书,而漫笔于志。何也。元镇集,失于兵火,仅赖俞钱塘紫芝翁中子(按:应为子中)以古精茧,缮写七百七十余篇,藏之楼壁。紫芝浙西美贤,夙精临池,风韵遒雅,其字骨本右军,肉调大令,天真纵逸,晶采射目。一时名在子昂之上,是七八百琲骊珠也。得者欣赏而善护之,转展匪壹。天顺庚辰,为蹇君朝阳所得,始创刊行世。至万历辛

---

① (元)倪瓒著,江兴佑点校:《清閟阁集》附录三,杭州:西泠印社出版社 2010 年版,第 447 页。
② (清)金武祥:《粟香随笔》卷八,《续修四库全书》第 1183 册,上海:上海古籍出版社 2002 年版,第 353 页。
③ (清)张照:《石渠宝笈》卷八,《景印文渊阁四库全书》第 824 册,台北:台湾商务印书馆 1986 年版,第 228 页。

卯，公之云孙珵，复梓之家塾，冯善作邑志之舛，此亦一征也。①

此段所提及"俞钱塘紫芝翁子中"是指俞和（1306—1382），字子中，别号紫芝生，桐庐人，寓居杭州，陶宗仪《书史会要》载："俞和，字子中，号紫芝，武林人，隐居不仕，真行草书皆师赵文敏，其合作者，殆优孟之于叔敖，用赵款记，人不能辨。"②明代凌迪知《万姓统谱》对他亦有类似评价："俞和，字子中，杭人，号紫芝生，暮年称紫芝老人，隐居不仕，能诗善书翰，早年得见赵松雪逼真，好事者得其书，每用松雪款识，仓猝莫能辨。"③他与句曲外史张雨往来尤密，明代徐一夔《始丰稿》记载《俞子中墓碣》云："少时得见赵文敏公用笔之法，极力工书，书日益有名，篆楷行草各臻于妙。一纸出，戏用文敏公私印识之，人莫能辨其真赝。至其临摹晋唐人法书，尤称妙绝。……句曲外史张公伯雨以辞翰名世，与子中往来尤密。……洪武十五年（1382）三月七日卒，享年七十有六，卒之月十又七日，葬于其县南山仙芝坞之原。"④几段文献皆可看出俞和书法师从赵孟頫，甚至达到以假乱真之境地，佐证了尤镗《清贤记》中对他的描述。此人与倪瓒为同年出生，倪瓒曾作《俞子中见过》一诗："积雨众芳歇，新晴生绿阴。独眠方不惬，多子复相寻。鸣鹿在春野，啼莺闻远林。余怀良已罄，咏啸罢清琴。"⑤可见倪瓒与俞和亦有不少交往，此诗记录了倪瓒对俞和来探访的欣慰之情，正是因为此种关系，俞和为倪瓒抢救诗集也是人之常情。倪瓒诗文集失于兵火，根据俞和逝世的时间来看，孙大雅为倪瓒诗文集作序的版本被毁时间，应该在俞和卒年明洪武十五年（1382）之前，在此之后仅剩俞和的抄本。此版收录"凡古今体共数百首"，前有钱溥序言，后有卞荣与蹇曦跋文。蹇曦后序与《善本书室藏书志》所载内容基本一致，蹇曦跋曰："世人之殁齿无闻者盖多矣，然有

① （明）尤镗：《清贤记》卷六，《丛书集成续编》第89册，上海：上海书店1994年版，第300页。
② （明）朱谋垔：《续书史会要》，《景印文渊阁四库全书》第814册，台北：台湾商务印书馆1986年版，第817页。
③ （明）凌迪知：《万姓统谱》卷十二，《景印文渊阁四库全书》第956册，台北：台湾商务印书馆1986年版，第253页。
④ （明）徐一夔：《始丰稿》卷十三，《景印文渊阁四库全书》第1229册，台北：台湾商务印书馆1986年版，第358页。
⑤ （元）倪瓒著，江兴佑点校：《清閟阁集》卷三，杭州：西泠印社出版社2010年版，第55页。

以道德者、功名显、文章鸣,挺然出于类者焉。道德尚矣,未易及也。功名则随于世用。……子曾大父西溪翁,至正间与同里彝斋王先生、鹤溪张先生(天民)齐称于时。云林恒往来荆溪,交谊既洽,题咏最多。彝斋之季文静号梅西,旧藏云林集,其孙景升近出而辑之。予得览焉,不胜追叹。然虑誊缮久,将愈讹而废,因命工鸠梓,用寿其传,且求词林宿学、诗坛宗盟序其首而赞其末,庶乎先生之名于是益著云。"①王彝斋之弟,号梅西,旧藏云林集,此人对于云林集刊刻的贡献十分重大,同时对于后世关注云林集之人,可谓功莫大焉。同时此文中用"誊缮"一词,可知塞版《倪云林先生诗集》所本应为俞和誊录的孙大雅作序的云林诗集,因为两者都是六卷。而孙大雅作序的版本所本之一,或许就是早年"句曲张天雨、钱塘俞和爱之,为书成帙,藏于家"后而付梓的,因其篇幅都是700余首。② 另外,至明万历二十八年(1600),倪瓒的八世孙倪理由于年事已高,便委托其子倪锦代为向人请序,最终父子二人共同完成《清閟阁遗稿》的编撰工作,而此本诗文集的大部分内容都源于《倪云林先生诗集》,此时的"清閟阁"不仅是倪瓒私家别墅之象征,更是其诗文汇集之别名。

### 三、清閟阁的书画收藏

清閟阁,早在《泰伯梅里志》中便有相关诗文记载:"眼前藤梢已过墙,手拈书卷复堆床。闲临水槛亲鱼鸟,欲出柴门畏虎狼。冠制不嫌龟壳小,衣裾新剪鹤翎长。从来任拙惟疏懒,一月秋阴不下堂。"③此外,倪瓒好友陈方曾题《清閟阁二首》云:"门前灌木春啼鸟,屋畔长松夜宿云。剪得蒲苗青似发,烧残香篆白成文。偶同杜老惟耽句,遂讶颜渊不茹荤。境胜固应天所惜,品题潇洒最怜君。""湘帘半卷云当户,野鹤一声风满林。才立簟纹波细细,又疑墙影雪阴阴。竹摇棐几常开帙,花落藜床独抱琴。不谓世间能得此,恍然飞属驻仙岑。"④倪瓒以隐逸之心寓居

① (元)倪瓒著,江兴佑点校:《清閟阁集》附录三,杭州:西泠印社出版社2010年版,第445—446页。
② 张洲:《倪瓒诗画汇通研究》,广州:广东高等教育出版社2014年版,第30页。
③ 无锡文献丛刊编辑委员会:《梅里志·泰伯梅里志》,台北:台北市无锡同乡会1981年版,第231页。
④ (元)倪瓒著,江兴佑点校:《清閟阁集》附录一,杭州:西泠印社出版社2010年版,第393页。

于此,早年便是逍遥自适、淡然遗世的生活,张端《云林倪先生墓表》又载:"日晏坐清閟阁,于世累泊如也。或作溪山小景,人得之如拱璧。家故饶于资,不以富为事。……出入则以书画舫、笔床、茶灶自随"①,其超凡弃俗,沉浸于翰墨绢素之中的心态,非平庸之人可为之。倪瓒建造清閟阁的最大心愿就是在此进行诗书画之创作、藻鉴,同时安置多年以来家族以及自身的书画收藏。② 至于阁中所藏法书名画,根据张丑《清河书画舫》载:

> 倪云林清閟阁所藏王大令《洛神十三行》、陶隐居《画版帖》、僧智永《月仪帖》、褚河南《楷书千文》、张长史《秋深帖》、米南宫《宝章待访录》、赵承旨《小楷过秦论》、张僧繇《星宿图》、吴道子《释迦降生像》、常粲《佛因地图》、荆浩《秋山》、李成《茂林远岫》、董北苑《河伯娶妇》、李公麟《三清图》、米南宫《海岳庵图》、马和之《小雅六篇图》,右方一册十五卷,乃公朝夕展玩者也。③

倪瓒藏品精良,除了反映其身家财富厚实,更流露出其审美旨趣。这些佳作汇聚于清閟阁,倪瓒每日把玩、观赏,甚至可以用朝夕相伴来加以形容,由此不仅与古为徒,更可领略出师古开今之法则。由收藏目录可知,倪瓒的清閟阁中聚集了大量晋唐法书,王献之、智永、张旭的墨迹赫然在目。"复古"观念几乎贯穿整个元代书法史,譬如鲜于枢、邓文原、康里巙巙、柯九思等,均在书法创作上遵循前人的要求,并积极实践,形成温润平正的时代书风,书家之中对于晋唐法帖的向往与收藏也是一股热潮。

清閟阁中的这些藏品,对于倪瓒而言,并非简单地满足其搜寻古法书名画的欲望,而且深深影响了他个人的创作取向。由向前辈学习来陶冶其本身的创作实践,或许这才是其主要的收藏动机,亦是建造清閟阁的重要原因之一。下面通过对譬如王献之《洛神赋十三行》、褚遂良

---

① (元)倪瓒著,江兴佑点校:《清閟阁集》附录一,杭州:西泠印社出版社 2010 年版,第 379 页。

② (元)倪瓒著,江兴佑点校:《清閟阁集》附录一,杭州:西泠印社出版社 2010 年版,第 377 页。

③ (明)张丑:《清河书画舫》卷十一下,《景印文渊阁四库全书》第 817 册,台北:台湾商务印书馆 1986 年版,第 452—453 页。

《楷书千字文》等略加剖析,分析倪瓒的书法收藏与创作的关联。首先关于王献之的书法,王献之为王羲之第七子,承翰墨家法,两者并称"二王"。献之少年得志,经常被其父夸耀,后精行书与草书,亦擅楷体,对于前人书风力图继承中创新,唐张怀瓘《书断》载:"(献之)尤善草隶,幼学于父,次习于张,后改变制度,别创其法。……察其所由,则意逸乎笔,未见其止,盖欲夺龙蛇之飞动,掩钟张之神气。"①王献之在其短暂的人生中,一直将改变制度,别创其法作为信念,积极贯彻在书法实践中。《洛神赋十三行》是王献之小楷的代表作品,其墨迹本已佚失,流传迄今的版本主要为刻石本《玉版十三行》。关于王献之书《洛神赋》的记载,最早文献资料见于北宋董逌《广川书跋》。《广川书跋》卷六有《洛神赋》与《洛神赋别本》两条记载,分别为:

> 《洛神赋》。逸少此赋,当以为第一,今无复存者。但子敬所书犹传,疑未可以伯仲间论也。谢安石尝疑子敬不逮父书,后世或谓不复可辨,且曰外人那得知。岂书法虽一艺,彼亦自有至处,恐非造其域者,不能致论也。此书摹传失据,更无神明,点画存尔,非子敬书法尽此。②

> 《洛神赋别本》。今世所传《洛神赋》,余见者四本矣。虽王和甫家者号最胜,结字疏密得法,然不若此书,亦自与周子发家者稍异。子发谓:子敬爱书《洛神赋》,人间宜有数本,似未见其余也。昔马澄评右军书,谓劝进《洛神赋》诸书十余种,皆作今体。知逸少尝书此赋,子敬当是习其家学尔。然《书录》不记子敬《洛神赋》,其传之失,实将后人摹揭不可知也。字法端劲,是书家所难。③

根据上述两则文献可知,王羲之也曾写过《洛神赋》,而王献之所书《洛神赋》很可能是"习其家学",《洛神赋》的传本在北宋时期已经

---

① (唐)张怀瓘:《书断》卷中,《景印文渊阁四库全书》第812册,台北:台湾商务印书馆1986年版,第56—57页。

② (宋)董逌:《广川书跋》卷六,《景印文渊阁四库全书》第813册,台北:台湾商务印书馆1986年版,第399页。

③ (宋)董逌:《广川书跋》卷六,《景印文渊阁四库全书》第813册,台北:台湾商务印书馆1986年版,第399页。

颇多,董迪所看见的都有四件之多,譬如安希古藏本、王和甫藏本、周子发藏本等。周子发即北宋书法家周越,其藏本后来入藏宣和内府,《宣和书谱》卷十六载:"正书:《洛神赋》,不完。"①此件入藏北宋内府时,已残缺不全,残损情况不明。经过靖康之变,宋室南渡,至宋末元初时,见于记录的仅有两件。赵孟頫在所著《松雪斋集》卷十《洛神赋跋》中记载:

> 晋王献之所书《洛神赋》十三行,二百五十字,人间止有此本,是晋时麻笺,字画神逸,墨彩飞动。绍兴间,思陵极力搜访,仅获九行一百七十六字,所以米友仁跋作九行,定为真迹。宋末贾似道执国柄,不知何许复得四行七十四字。欲续于后,则与九行之跋自相乖忤,故以绍兴所得九行装于前,仍依绍兴,以小玺款之,却以续得四行装于后,以悦生胡卢印及长字印款之耳。……至治辛酉既装池,适老疾不能跋。壬戌闰五月十八日,雨后稍凉,力疾书于松雪斋。②

此段跋文书于壬戌闰五月(1322),依据跋文叙述,赵孟頫所收藏的此幅作品是写在晋代的麻笺纸上,宋高宗赵构极力搜访,结果只得到此卷墨迹的前 9 行,共 176 字,命米友仁作跋,米友仁鉴定为真迹。此后作品流入南宋权相贾似道手中,他得到作品后 4 行,共计 74 字,最后合为 13 行,贾氏命人镌刻于石版,因石头色润如玉,便美其名曰"碧玉",故该本被称为"碧玉版本",后世遂名其《玉版十三行》,作品起于"嬉"字,止于"飞"字,共计 250 字,文章起首题有"晋中□令王献之书",玉版原石今收藏于首都博物馆。此件作品还有一个流传较广的版本是写在硬黄纸上,后有柳公权等人题跋,赵孟頫定为唐人摹本,后人疑即柳公权所临。赵孟頫《松雪斋集》卷十《洛神赋跋》后提及此卷:

> 又有一本,是《宣和书谱》中所收,七玺宛然,是唐人硬黄纸所书,纸略高一分来,亦同十三行,二百五十字,笔画沉著,大乏韵胜。余屡尝细观,当是唐人所临。后却有柳公权跋两行,三十二字,云:"子敬好

① (宋)轶名著,顾逸点校:《宣和书谱》卷十六,上海:上海书画出版社 1984 年版,第 125—126 页。
② (元)赵孟頫著,黄天姜校:《松雪斋集》卷十,杭州:西泠印社出版社 2010 年版,第 273 页。

写《洛神赋》，人间合有数本，此其一焉。宝历元年正月廿四日，起居郎柳公权记。"所以吾不敢以为真迹者，盖晋唐纸异，亦不可不知也。①

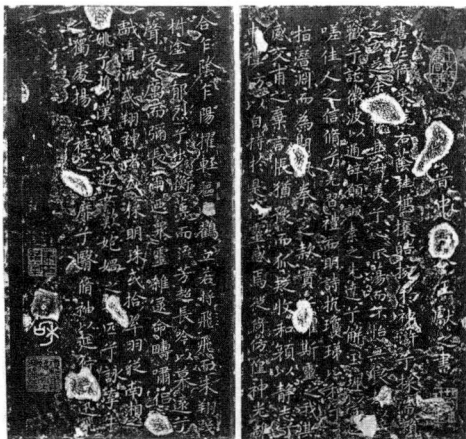

图8　（东晋）王献之：《洛神赋十三行》拓本局部，纵29厘米，横26厘米，首都博物馆藏

　　此卷《洛神赋十三行》本，唐代经柳公权、柳璨题跋，北宋曾为周子发所藏，后入藏于宣和内府，著录于《宣和书谱》，钤有宣和七玺。因为是写在硬黄纸上，被赵孟頫鉴定为唐人临本。现传无柳公权跋本的石刻，皆推"碧玉版本"为最精。碧玉版本《洛神赋十三行》于书史的地位是较高的，也是具有开拓性与标杆性的一件小楷佳作。根据张丑《清河书画舫》记载，倪瓒清閟阁的收藏目录中，排在首位的便是此件《洛神赋十三行》。若将倪瓒的小楷与王献之作品相比对，可以明显看出倪瓒吸取了王献之作品的虚和简静、灵秀流美，丰盈了倪氏自身的创作手法。倪瓒传世作品中，现存最早的应属至元五年（1339）九月所作《秋林野兴图》，现藏于美国大都会博物馆，大概是倪瓒34岁所创作，大概描绘的是他本人在清閟阁中幽居读书的情景，画面中的笔法集李成、郭熙、董源、巨然诸家之法。画中倪瓒题记有两段，一段是他当年作画时初题，一段是49岁重题，两段并列于画幅左上角。1339年所题款识文字或许为倪瓒传世最早书迹，自题内容为："余既与小山作秋林野兴图，九月

① （元）赵孟頫著，黄天姜校：《松雪斋集》卷十，杭州：西泠印社出版社2010年版，第273—274页。

中，小山携以索题，适八月望日，经鉏斋前木犀盛开，因赋下章。今年自春徂秋，无一日有好兴味，仅赋此一长句于左方：政喜秋生研席凉，卷帘微露净衣裳。林扉洞户发新兴，翠雨黄云笼远床。竹粉因风晴靡靡，杉幢承月夜苍苍。焚香底用添金鸭，落蕊仍宜副枕囊。己卯秋九月十四日。云林生倪瓒。"①此段跋文右侧为至正十四年（1354）甲午重题，内容如下："至正十四年岁在甲午，冬十一月，余旅泊甫里南渚，陆益德自吴淞归，携以相示，盖藏于其友人黄君允中家。余一时戏写此图，距今十有六年矣，对之怅然如隔世也。瓒重题其左而还。十九日。"②仔细观察1339 年倪瓒初题书法的字态，或高或宽、随字展势；飘逸洒脱、中宫紧结，笔画灵动处仿佛柳枝摇曳，十分轻盈，字里行间流露出王献之《洛神赋十三行》的笔意，充分展现出魏晋时期的雅趣，正如张丑《清河书画舫》卷十一所云："云林倪瓒早年书法精美，其在至正初元者妙，有大令遗风。第指顶已上大字便不能工，是亦尺有所短也。"③

关于倪瓒的书法风格，明人何良俊《四友斋丛说》曾载："元人中，余最喜张贞居、倪云林二人之书，盖贞居师李北海，间学素师，虽非正脉，然自有一种风气。云林师大令，无一点俗尘。"④后期沈周于弘治三年（1490）所画《仿云林山水》，其题跋云："朱君性甫，久欲余仿倪云林墨法为溪山长卷，余辞不能。云林在胜国时，人品高逸，书法王子敬，诗有陶韦风致，画步骤关同，笔简思清，至今传者，一纸百金。"⑤这些都是明人对于倪瓒书法源流的归纳，二者观点中对于倪瓒脱俗的书法风格，皆认为受到王献之的影响。张丑《清河书画舫》记载，褚遂良有件《楷书千字文》曾被清閟阁收藏，想必褚遂良楷书亦曾受到倪瓒追慕，关于"初唐四家"之

---

① 见此幅作品题跋内容。按：倪瓒《秋林野兴图》的著录始于明代万历时期，相比之下在早期的著录中，郁逢庆的《书画题跋记》较为接近原作。此图因年久破损，其自题部分的个别字现已磨损，难以识读，现根据郁逢庆《书画题跋记》卷八所载内容补录，郁氏记载所有错误之处，一律遵循原作题跋。自题款识的右侧还有陆继善题跋，画幅最上端的题跋诗自右往左依次有吴宽、王鏊、张大千三人。

② 见此幅作品题跋内容。

③ （明）张丑：《清河书画舫》卷十一下，《景印文渊阁四库全书》第 817 册，台北：台湾商务印书馆 1986年版，第 447 页。

④ （明）何良俊：《四友斋丛说》卷二十七，《续修四库全书》第 1125 册，上海：上海古籍出版社 2002 年版，第 711 页。

⑤ （清）张照：《石渠宝笈》卷六，《景印文渊阁四库全书》第 824 册，台北：台湾商务印书馆 1986 年版，第182 页。

图 9　（元）倪瓒：《秋林野兴图》，纸本，水墨，纵 98.1 厘米，
　　　横 68.9 厘米，美国大都会博物馆藏

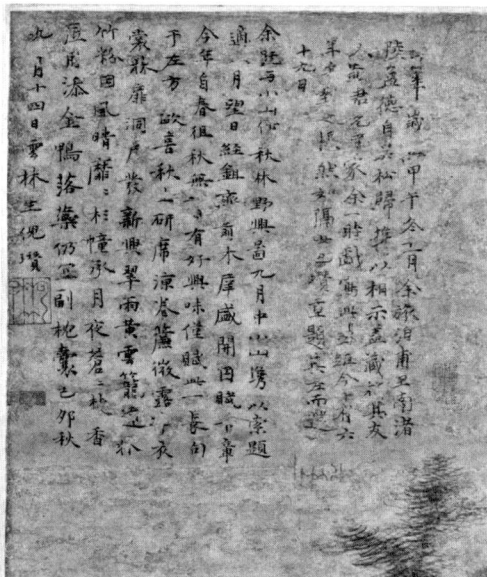

图 10　（元）倪瓒：《秋林野兴图》局部

一的褚遂良，张彦远《法书要录》载："褚遂良，河南阳翟人……善书，少则服膺虞监，长则祖述右军。真书甚得其媚趣，若瑶台青琐，窅映春林，美人婵娟，不任罗绮，增华绰约。欧、虞谢之。其行、草之间，即居二公之后。显庆四年卒，年六十四。遂良隶、行入妙，亦尝师授史陵，然史有古直，伤于疏瘦也。"[①]褚遂良早年所作楷书，宽博开张，古意盎然，苏轼《题唐氏六家书后》云："褚河南书，清远萧散，微杂隶体。"[②]可惜此件曾流入过清閟阁的《楷书千字文》，一直存在真伪争议，上面有"永徽四年秋八月廿六日中书令褚遂良奉为燕国于公书"款，与褚遂良所作《雁塔圣教序》同年，《雁塔圣教序》中的行笔是变化无方，产生一种雍容闲趣的神趣，但是在《楷书千字文》中的行笔过于质朴，停顿间稍显愚拙，故引起方家议论，清杨宾《大瓢偶笔》中记载一篇《论褚遂良书》：

> 余《金石源流》所载，褚中令书三十五种，而经目者则十有三。十三种中惟《三龛记》《同州圣教序》《颍上兰亭》《黄庭经》犹是原刻，古雅瘦劲，姿致横生，所谓独得逸少媚趣者。其余非屡经摹刻，则米老钩临。摹刻者多失之弱，钩临者或失之野，而中令之为中令，不可问矣。……褚中令《千字文》，余见宋拓旧本，疑米海岳临摹，与中令行世碑刻皆不同。海岳最喜赝作古人书，而中令为尤多，究之于古人，无一笔是处。[③]

论述中提到褚遂良书法多为古雅瘦劲、姿致横生，而此《千字文》与他传世碑刻的书风差异较大，怀疑所见的宋拓旧本是米芾所临摹，米芾本人擅长对古书画作伪，其卷中"渊"字无水，"世""民"字皆缺笔，虽然颇具心思，但也不能证明是真迹。今人徐无闻先生亦认为其为伪作，他在《褚遂良书法试论》中指出：

> 此件寸楷《千字文》见于清中叶那彦成刻《莲池书院法帖》中。……此卷未见宋人著录，至明张丑《清河书画舫》乃有记

① （唐）张彦远著，范祥雍点校：《法书要录》卷八，北京：人民美术出版社1984年版，第286页。
② （宋）吕祖谦：《宋文鉴》卷一百三十一，《景印文渊阁四库全书》第1351册，台北：台湾商务印书馆1986年版，第489页。
③ （清）杨宾撰，柯愈春点校：《大瓢偶笔》，杭州：浙江人民美术出版社2012年版，第83—85页。

载。……卷中有些形体乖谬的字与褚书它碑都不合，并非自然的书写习惯，而是出于故意的做作。……有不少字左支右绌，字的右下部不是显得局促而不开展，便是空虚不稳，这正是由于执笔太低，肘腕不能自由挥运而呈现的马脚。就整个来说，艺术水平也不高。①

虽然质疑此卷的人数较多，但是张丑本人对褚遂良这件作品的看法，仍然持夸赞态度，其《清河书画舫》载："褚河南黄麻千文一卷，瘦劲绝伦，楷书真笔上上，且宋裱完好，后有宋濂题跋，今在韩宗伯存良家。余凡十数，阅唐人书法，世不多见，此真绝品可宝者。此帖真笔无疑，或者以为柳诚悬临褚登善书，斯言过矣。……又按：晋唐墨妙，传世极少，即有之不过数行数字耳。此千文卷，褚书妙绝，如千丈云锦，而丝理秩然。当为域中真迹之冠。"②若是仔细品读倪瓒书作，其中之宽博古雅，得见褚遂良早期楷书风采；而挺劲飘逸之处，则契合了褚遂良后期书法韵致。清人王澍《虚舟题跋》中曾这样评价："褚公书看似疏瘦，实则腴润；看似古澹，实则风华。盘郁顿挫，运笔都在空际，突然一落，偶尔及纸，而字外之力，笔间之意，不可穷其端倪。矣后此惟山谷老人为得其意。"③同样的评价与赞赏，如果对象换成是倪瓒，也是妥帖的。透过现存可以见到的倪云林最早的书迹《跋陆继善摹禊帖》，亦可窥见其书法风格，倪瓒所题时间是至正二年(1342)，距陆氏自题已三年余，倪瓒与陆氏相交甚善，中年弃家云游江湖之时，曾寄宿陆氏斋中数月。倪瓒所题跋文共三行，五十九字，可谓字字精美。这幅字落笔露锋，收笔含蓄，尤其是在捺脚处，圆润丰满，再观字的结体，整体偏瘦长形，左右宽展，字与字之间的姿态十分洒脱，左右撇捺部分，亦有隶书的笔意，线条造型优美，大有褚遂良的风姿。这是倪瓒早年精绝之作，书风清劲，在欧、褚之间。④

---

① 徐无闻：《褚遂良书法试论》，上海书画出版社编：《20世纪书法研究丛书·品鉴评论篇》，上海：上海书画出版社2008年版，第89页。

② (明)张丑：《清河书画舫》卷三上，《景印文渊阁四库全书》第817册，台北：台湾商务印书馆1986年版，第80页。

③ (清)王澍：《虚舟题跋》卷四，《续修四库全书》第1067册，上海：上海古籍出版社2002年版，第415页。

④ 楚默：《倪云林书风的分期及特征》，刘正成主编：《中国书法全集》第46卷，北京：荣宝斋出版社2002年版，第25页。

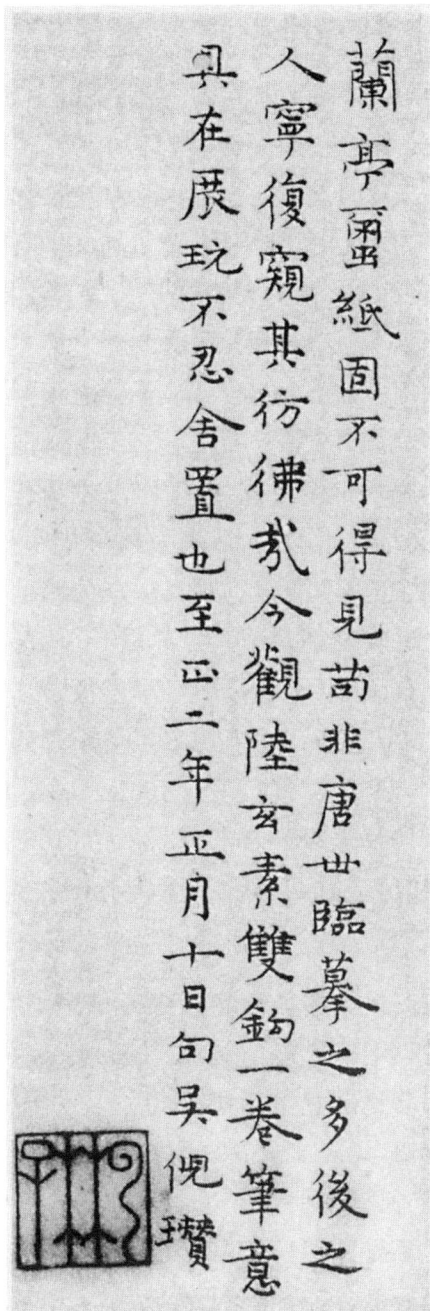

蘭亭繭紙固不可得見茜非唐世臨摹之多後之人寧復窺其彷彿哉今觀陸亥素雙鉤一卷筆意宛在展玩不忍舍置也至正二年正月十日句吳倪瓚

图 11　（元）倪瓒：《跋陆继善摹禊帖》，1342 年，
台北"故宫博物院"藏

## 四、清閟阁雅集之意趣

清閟阁雅集的精神承袭北宋苏轼、黄庭坚等名贤的西园雅集,由倪瓒至正三年(1343)癸未十一月一日《题马和之西园雅集图卷》可窥知:"夫画贵在劲而不枯,简而韵胜,先造乎天趣,然后应之于笔端,此画院之所以立也,不独和之而已。绍兴间,圣主命写《西园图》,故仿李思训笔意,每启轴披览,则东坡、晋卿、天启、子由辈,幅巾丈履,俨如当年与山林竹径抵掌谈笑时,令人飘飘然,端欲追随之而不可及也。惟寅陈君命仆写题为卷,谓余曰:'庶几风流人品,千载之下烂然可观。马和之所作,抑亦不朽。'余嘉其志,故书于卷末云。"①西园雅集的时间是北宋神宗元丰初年,东道主驸马都尉王诜,邀请以苏轼为代表的文人来自己的府邸西园集会。这次雅集影响巨大,李公麟为此作《西园雅集图》,以记其盛,他们写字作画、打坐论禅、互相切磋,李公麟便用白描的手法记录下此番交游场景。此次受邀者包括:苏轼(1307—1101)与其弟苏辙(1039—1112),文士蔡天启(?—1119)、李子仪(?—1117)、郑靖老、王钦臣(1034—1101)、刘巨济(1043—1100)、苏门四学士张耒(1052—1112)、秦观(1049—1110)、黄庭坚(1045—1105)、晁补之(1053—1110),画家李公麟(1049—1106),书画家米芾(1051—1108),高僧圆通大师(1027—1090)和道士陈碧虚。米芾为此图作记,记述参加集会者的风貌,并言:

> 李伯时效唐小李将军为着色泉石云物、草木花竹,皆绝妙动人;而人物秀发,各肖其形,自有林下风味,无一点尘埃气,不为凡笔也。其乌帽、黄道服捉笔而书者为东坡先生……二人并坐于怪石之上,下有激湍,溅流于大溪之中。水石潺湲,风竹相吞,炉烟方袅,草木自馨,人间清旷之乐,不过于此。嗟呼!汹涌于名利之域而不知退者,岂易得此耶!自东坡而下,凡十有六人,以文章议论、博学辨识、英辞妙墨、好古多闻、雄豪绝俗之资,高僧羽流之杰,卓

---

① (清)杜瑞联:《古芬阁书画记》卷十一,《中国历代书画艺术论著丛编》第26册,北京:中国大百科全书出版社1997年版,第380页。

然高致，名动四夷。后之揽者，不独画图之可观，亦足仿佛其人耳。①

倪瓒想追求的是幅巾丈履的林下风味，更是憧憬远偕方外、游心淡泊之生活，体会虽在尘世中却能脱俗的心境，西园雅集文士的风流人品亦为其追慕的对象。

倪瓒于晚年流寓时画了一幅《清閟阁图》，上有洪武五年（1372）四月十七日的题跋，清人张照《石渠宝笈》记载此段跋文："元倪瓒清閟阁图一轴，上等闰二。素笺本墨画款题云：家在梁溪寝底之里，以泥水自闭，柴门掩于白日，藜床穿而未起，棐几如练瓯香。若空传（缺）书淫聊以卒，岁云尔。戏效董体，写其幻而赋之：'干木凄肥荫草庐，芙蓉山下是依居。横塘一夜来春涨，高阁萧然读我书。'壬子四月十又七日。"②从中可见清閟阁在倪瓒心中的地位，此时的心境与过往不同，因战乱流离，对于过去的美好仅能绘图以记，斋阁虽已不复见，闭门读书的兴致仍不熄灭。另外，柯九思晚年退居苏州后常出入当地的文人宴集，既是玉山的常客，也时常光临倪瓒的清閟阁，其现存作品《清閟阁墨竹图》就是 1338 年在清閟阁中所作，款识为："至元后戊寅十二月十三日，留清閟阁，同作此卷，丹丘生题。"③亦可见清閟阁中文士们书画交游活动之繁盛。在一定程度上，"清閟阁"作为社交载体扩大了倪瓒的交际圈。

## 五、元代文人热衷雅集之缘由

关于文人交游、酬唱的活动，自古有之。清代张潮在《幽梦影》中写道："人莫乐于闲，非无所事事之谓也。闲则能读书，闲则能游名胜，闲则能交益友，闲则能饮酒，闲则能著书，天下之乐，孰大于是？"④古代文士赋闲之时，便会约三五知己，游山玩水、诗酒唱和、书画遣兴与文艺品

---

① （清）卞永誉：《式古堂书画汇考》卷三十三，《景印文渊阁四库全书》第 828 册，台北：台湾商务印书馆 1986 年版，第 433—434 页。

② （清）张照：《石渠宝笈》卷三十八，《景印文渊阁四库全书》第 825 册，台北：台湾商务印书馆 1986 年版，第 475 页。

③ （清）安岐：《墨缘汇观录》卷三，《续修四库全书》第 1067 册，上海：上海古籍出版社 2002 年版，第 311 页。

④ （清）张潮：《幽梦影》，郑州：中州古籍出版社 2008 年版，第 103 页。

鉴。这种以文会友的聚会可称为"雅集",主要目的是切磋文艺、娱乐性灵,具有很强的游艺功能与随意特征。此种"雅集"形式最早见于记载的有三国时曹丕等人的南皮之会、魏晋时期竹林七贤之集、石崇组织的金谷之会以及东晋永和九年的兰亭之会,等等。

"妙思六经,逍遥百氏……清风夜起,悲笳微吟"①,这或许是现存中国文人觞咏雅集的最早的文字记载,从中亦可体会中国文人的集会发轫于"雅"的气息,此种气息与倪瓒"清閟阁"之"清"有着相似之处,或可称为完全契合。

文酒诗会在元代是非常普遍的文人之间的交往形式,这一现象不仅是元代以前宴集唱和文化的响应和延续,更是时风熏染的产物,清代王玉树《经史杂记》中载《元尚风雅》一篇:

> 有元一代文学甚轻,当时有九儒十丐之谣,科举亦屡兴屡废,宜乎风雅之事,弃如弁髦矣。而缙绅之徒,往往以文墨相尚。每岁必联诗社四方,名士毕集燕赏,穷日夜诗,胜者辄有厚赠。饶介为淮南行省参政,豪于诗,自号醉樵。尝大集诸名士赋醉樵歌,张简诗第一,赠黄金一饼;高启次之,得白金三斤,杨基又次之,犹赠白金一镒,见《明史·文苑传》。然此犹仕宦者之提唱也……又顾仲瑛玉山草堂,杨廉夫、柯九思、倪元镇、张伯雨、于彦成诸人尝寓其家,流连觞咏,声光映蔽江表……盖自南宋遗民、故老相与唱叹于荒江蔓草,闲而流风余韵,久而弗替,遂相沿为此,风会焉耳。②

导致此种风雅之气蔓延的原因大致有以下几个方面③:

第一,元代统治者对文化政策的宽松性。元代初期的几位统治者汉化程度较浅,对于儒生课赋吟诗之事不甚留意。元朝文化具有多元性,统治者也不屑纠缠于文字,譬如元人孔齐《静斋至正直记》载:

① (晋)陈寿撰,(宋)裴松之注:《三国志》卷二十一,北京:中华书局1964年版,第607—608页。
② (清)王玉树:《经史杂记》卷五,《续修四库全书》第1156册,上海:上海古籍出版社2002年版,第399页。
③ 关于元人热衷于参加文酒诗会的原因,笔者参考了以下三人观点:1. 张洲:《倪瓒诗画汇通研究》,广州:广东高等教育出版社2014年版,第149—155页。2. 谷春侠:《玉山雅集研究》,中国社会科学院研究生院2008年博士学位论文,第107—123页。3. 刘季:《玉山雅集与元末诗坛》,南开大学2012年博士学位论文,第149—175页。

宋末士人梁栋隆吉先生有诗名，以其弟中砥为黄冠，受业三茅山，尝往还，或终岁焉。一日，登大茅峰，题壁赋长句，有云："大君上天宝剑化，小龙入海明珠沉。要得长松撑日月，华阳世界收层阴。"隆吉先生每恃己才，藐忽众人，众人多憾之，且好多言。一黄冠者与隆吉有隙，诉此诗于句容县，以为谤讪朝廷，有思宋之心。县上于郡，郡达于行省，行省闻之郡省，直毁屋壁，函致京师，救梁公系于狱。不伏，但云："吾自赋诗耳，非谤讪也。"久而不释。及礼部官拟云："诗人吟咏情性，不可诬以谤讪。倘使是谤讪，亦非堂堂天朝所不能容者。"于是免罪放还江南。[①]

　　正是因为统治者对文化的宽容，几次本有可能掀起的"文字狱"，最终皆未引起较大的波动，使得元代文学在继承金宋余绪的基础上蓬勃发展，文学团体活动因此在元初较为兴盛。元初南方最引人注目的文学活动便是诗社，比如月泉吟社、汐社、越中诗社、山阴诗社、武林诗社等开始成立，参与者大多是南宋遗民，因此这些诗社的性质已经不是一般文人墨客之间的吟风嘲月、以诗会友的雅集，而是具有浓厚政治色彩，抒发着亡国之情，表现出遗民故老眷怀宗邦的强烈感情。[②] 如元至元年间，吴渭月泉吟社以《春日田园杂兴》为题征诗四方，并对此题目进行了点评：

　　《春日田园杂兴》，此盖借题于石湖，作者固不可舍田园而泛言，亦不可泥田园而他及。舍之则非此诗之题，泥之则失此题之趣。有因春日田园间景物，感动性情，意与景融，辞与意会，一吟讽顷，悠然自见，其为杂兴者，此真杂兴也。不明此义，而为此诗，他未暇悉论，往往叙实者多入于赋；称美者多近于颂，甚者将杂兴二字体贴，而相去益远矣！诸公长者，惠顾是盟而屑之教，形容模写，尽情极态，使人诵之，如游辋川，如遇桃源，如共柴桑墟里，抚荣木，

① （元）孔齐：《静斋至正直记》卷二，《四库全书存目丛书·子部》第 239 册，济南：齐鲁书社 1995 年版，第 236—237 页。
② 欧阳光：《宋元诗社研究丛稿》，广州：广东高等教育出版社 2011 年版，第 46—51 页。

观流泉,种东皋之苗,摘中园之蔬,与义熙人相尔汝也。①

这里点出"义熙人",即指晋义熙间自居不肯屈事刘宋的陶渊明,可谓点睛之笔,此意正是暗示应试者要在诗歌中抒发像陶渊明那样的隐逸情怀,要守节不移,而参加征选者也是心有灵犀,皆能体会"与义熙人相尔汝也"的真实含义,比如第十一名方赏云:"绕畦晴绿弄潺湲,倚杖东风却黯然。往梦更谁怜秀麦,闲愁空自托啼鹃。犁锄相种地力尽,花柳无私春色偏。白发老农犹健在,一蓑牛背听鸣泉。"②第七名栗里云:"春风建业马如飞,谁肯田园拂袖归。栗里久无彭泽赋,松江仅有石湖诗。踏歌槌鼓麦秧绿,沽酒裹盐菘芥肥。吴下风流今莫续,杜鹃啼处草离离。"③第一名罗公福云:"老我无心出市朝,东风林壑自逍遥。一犁好雨秧初种,几道寒泉药旋浇。放犊晓登云外垄,听莺时立柳边桥。池塘见说生新草,已许吟魂入梦招。"④此类诗句明显流露出怀念故国的情感,但并未受到元廷制裁,被选中的诗文得以刊刻成《月泉吟社》诗一卷,得到出版和流传。

第二,元代科举制度的狭隘性。元代南方士人主要靠科举入仕,不幸的是科举考试长期被搁置,直到延祐二年才正式恢复,之后又时断时续。另外,江南汉族文士在四等人中属于最下等的南人,国家层面的等级划分是他们无论如何努力都无法改变的,而南人的用世之心却无法抛却。南方士人们就这样长期被排除在权力圈之外,一直处在焦虑和苦恼之中。这种苦恼源自他们与蒙古权贵之间心理层面的不信任,双方甚至均持怀疑心态。元廷在后期科举招考中,对汉人与南人的录取比例极小,取士标准亦极不公平。元人程端礼《畏斋集》载:"至正十一年春,天下乡贡进士云会于京师,群试于礼部。于时,江浙行省与计偕

---

① (明)李诩:《戒庵老人漫笔》卷六,《丛书集成续编》第213册,台北:台北新文丰出版公司1988年版,第552页。
② (宋)吴渭:《月泉吟社》不分卷,《景印文渊阁四库全书》第1359册,台北:台湾商务印书馆1986年版,第623页。
③ (宋)吴渭:《月泉吟社》不分卷,《景印文渊阁四库全书》第1359册,台北:台湾商务印书馆1986年版,第622页。
④ (宋)吴渭:《月泉吟社》不分卷,《景印文渊阁四库全书》第1359册,台北:台湾商务印书馆1986年版,第621页。

者四十有三人,前举二人,由胄监者六人,既试,江浙之仕于朝及客于京师者,相率持金钱,具牢礼,张国西门内咸宜里之荣春堂,以燕劳之。……我国家设科以来,声教洽海宇,江浙一省,应诏而起者岁不下三四千人,得贡于礼部者四十三人而已。出于三四千人之中而立乎四十三人之列,虽其知能得失有不偶然,盖亦难矣。"①此篇《江浙进士乡会小录序》记载了科举考试在江浙地域的录取比例,达到了一百选其一,可说是有史以来最低,间接体现了入仕之路对于南方士人而言的艰难。此种现象就连身为色目人的余阙也为之鸣不平,他在《杨君显民诗集序》中说道:

> 我国初有金、宋,天下之人惟才是用之,无所专主,然用儒者为居多也。自至元以下,始浸用吏,虽执政大臣,亦以吏为之。由是中州小民,粗识字能治文书者,得入台阁共笔札,累日积月,皆可以致通显,而中州之士见用者遂浸寡。况南方之地远,士多不能自至于京师。其抱材缊者,又往往不屑为吏,故其见用者尤寡也。及其久也,则南北之士亦自町畦以相訾,甚若晋之与秦,不可与同中国,故夫南方之士微矣。②

无法入仕的士人们感到苦恼焦灼,只能整体性地选择逃避政治社会,通过雅集结成一定的群体或纽带,壮志难酬、怀才不遇者重新互相确认,形成一个自我认同与他者认同的文化圈络,以此来排解内心之苦闷;同时也以雅集为载体,将自己的声音通过诗文结集出版的形式流传出去,以彰显个人存在于这个时代的价值,不被政治权力中心边缘化。

第三,江南地区经济发展的优越性,以及自然环境的优美。元代,随着江南的平附,大批蒙古、色目政治官僚南下江南,管理着各地的税赋,同时江南亦是唐宋以来的经济中心,元廷需要倚重江南地区的漕粮供应。正如《元史》所载:"元都于燕,去江南极远,而百司庶府之繁,卫

---

① (元)程端礼:《畏斋集》卷三,《景印文渊阁四库全书》第1199册,台北:台湾商务印书馆1986年版,第653页。

② (元)余阙:《青阳先生文集》卷四,《四部丛刊续编》第449册,北京:商务印书馆1934年版,不分页数。

士编民之众,无不仰给于江南。自丞相伯颜献海运之言,而江南之粮分为春夏二运。盖至于京师者一岁多至三百万余石,民无挽输之劳,国有储蓄之富,岂非一代之良法欤。"①江南经济地位的重要性显而易见,尤其在元代一开始,"十室之邑,必有数家居货财……百家之中,不下一二十家有钱粟"②,更何况"国运所倚"的江南地区,其富庶程度不可小觑,明人于慎行《穀山笔尘》载:"元平江南,政令疏阔,赋税宽简,其民止输地税,他无征发,以故富家大族,役使小民,动至千百,至今佃户苍头,有至千百者,其来非一朝夕也。江北士族,位至卿相,臧获厮养不盈数人,产至千金以上,百里比肩,地瘠利勘,民惰差烦,致此非一道也。"③另外,江南地区是南宋统治时期的核心区域,原本繁华热闹的局面很快恢复,民众的经济活动趋于频繁,内容不断丰富和扩展。元代的统一使南北交通障碍得以破除,擅于经商的色目人也纷纷南下,还有一批蒙古人随着元军的南下开始进入江南区域生活,此时的江南地区呈现出多民族人口共同生活的新格局,推动了文学作品的繁荣与创新。④ 举办雅集活动是需要一定资金支持的,比如同题集咏在江浙地区的宴会上十分盛行,许多好事者要求编辑流传以不朽,或许是因为许多文士的兰亭情结,谁都希望能够留下风雅的名声,以此让后人共享逸乐,而且江浙经济发达,举办活动的东道主们一般都能承担得起刊刻费用,有些富人也乐于捐资玉成此事。⑤ 譬如杨维桢在顾瑛草堂中编成《西湖竹枝集》,徐达左编同游之作为《金兰集》,周砥和马治有《荆南唱和集》等,在所编集子种类和收录数量上来看,顾瑛《玉山雅集》为冠。文士们举行雅集活动多在江南区域是因其自然风光旖旎,适合打造属于自己的宅园,比如倪瓒的清閟阁、陶宗仪的南村草堂、曹知白的贞松白雪轩、徐达左的耕渔轩,天如禅师的狮子林等。整个元代历史上最显赫的私家园林可能属于元末江南处士顾瑛的玉山佳处。堂舍楼阁、良禽嘉木皆备,华美异

① (明)宋濂等:《元史》卷九十三,北京:中华书局1976年版,第2364页。
② (明)叶子奇:《草木子》卷四,《元明史料笔记丛刊》,北京:中华书局1959年版,第69页。
③ (明)于慎行:《穀山笔尘》卷十二,《元明史料笔记丛刊》,北京:中华书局1994年版,第139页。
④ 潘清:《江南地区社会特征与元代民族文化交融》,载《东南文化》2004年第6期,第52—53页。
⑤ 谷春侠:《玉山雅集研究》,中国社会科学院研究生院2008年博士学位论文,第115—116页。

常,还"居娄江之上,引娄之水入其居之西小墅为桃花溪"①。这些江南美景为雅集酬唱增添了许多素材,同时也使抑郁不得志的文士逃脱了一些伤感的诗文创作,至少是一种暂时性的精神与身体的放松,使他们有更多机会创作出清丽奇古之诗。比如元代文豪吴克恭评价玉山雅集核心诗人于立、释良琦等人的诗风,便用"清丽奇古"②四字来描绘,清丽诗风的形成与江南山水和文化品格是分不开的,江南山清水秀,物产丰富,其文学特质受到地理环境的影响。倪瓒的许多诗文也可以用"清丽奇古"来形容,"奇"是奇特、奇崛,是一种劲拔挺秀之气,是不同于现实社会的卓然独立,"古"是高古,是对流行于元中期诗坛那种模拟盛唐、圆熟平滑、中正平和的诗风的扬弃,表现出来就是追求意象的奇崛和构思的奇特。③ 倪瓒追求自然环境,又生在富庶之家,得以建筑清閟阁来宴请各地文士相聚一堂,流连于诗酒,高唱隐逸之乐,正如顾嗣立在《元诗选》中评倪瓒诗所云:

> 云林诗句挺秀,多可存者。五言如"蘼芜细雨湿,桃李春风寒","湘簟闲秋水,风莲堕粉衣","卷帘微雨里,岸帻晚风余"……七言如"午夜月明风满帐,千崖人静鹤眠松","春池雨后泉应满,庭树云移影更长","翳日长林藏伏虎,际天春水浴轻鸥","忽有故人骑马至,即呼稚子出门迎","烟边去鸟暮山碧,衣上飞花春雨香","溪船斫鲙云生柁,松室闻猿月满枝","半席白云临碧涧,四更落月挂长松"。④

第四,对生命与人生的深沉反思。元代末年战火纷纭,风雨飘摇的江南总是人事维艰,此时的文人不得不通过聚会的形式去释放对生命

---

① (元)顾瑛:《玉山名胜集》卷七,《景印文渊阁四库全书》第 1369 册,台北:台湾商务印书馆 1986 年版,第 106 页。
② 至正九年(1349),吴克恭来到玉山佳处,与众人唱和,他在《玉山草堂序》中说:"仲瑛肃予于草堂,出诸君所为诗观之。适兰阴方霁,林景清沐,予神情超然,手其帙不舍去。时客会稽外史于立、吴龙门山僧穆琦各捉笔赋诗,诗成,辞辄清丽奇古,皆可观。"见(元)顾瑛:《玉山名胜集》卷一,《景印文渊阁四库全书》第 1369 册,台北:台湾商务印书馆 1986 年版,第 7 页。
③ 刘季:《玉山雅集于元末诗坛》,南开大学 2012 年博士学位论文,第 209 页。
④ (清)顾嗣立:《元诗选初集》卷五十八,《景印文渊阁四库全书》第 1469 册,台北:台湾商务印书馆 1986 年版,第 537 页。

的恐惧,感受命运的无情与善变,重新思考人生存在的意义和价值。大部分生活在末世之乱中的文士,常怀感时之心,这与魏晋之人的心情有着某种内在关联或者契合。比如元康六年(296)的金谷园雅集,开文士同声相应、雅集赋诗的先河,使得东晋名士羡慕不已。关于此次雅集之盛况,北魏郦道元《水经注笺》卷十六载:"余以元康六年,从太仆卿出为使持节,监青、徐诸军事、征虏将军。有别庐在河南县界金谷涧中,或高或下,有清泉茂林,众果竹柏、药草之属,莫不毕备。又有水碓、鱼池、土窟,其为娱目欢心之物备矣。时征西大将军祭酒王诩当还长安,余与众贤共送往涧中,昼夜游宴,屡迁其坐。或登高临下,或列坐水滨。时琴瑟笙筑,合载其中,道路并作。及住,令与鼓吹递奏。遂各赋诗,以叙中怀。或不能者,罚酒三斗。感性命之不永,惧凋落之无期。故具列时人官号、姓名、年纪,又写诗著后。后之好事者,其览之哉!"①再至百年之后的元末,玉山草堂主人顾瑛组织的多次雅集,也正是基于某种悲怆之感而举行的觞咏之会。顾瑛《玉山名胜集》卷四载《口占诗序》有云:

> 海虞山人缪叔正扁舟相过,以慰别后之思。予谓兵后朋旧星散,得一顷相见,旷如隔世。遂邀汝阳袁子英、天平范君本、彭城钱好学、荥城赵善长、扶风马孟昭聚首可诗斋内。诸公亦乐就饮,或携肴,或挈果,共成真率之会。由是皆尽欢饮。酒酣,各赋诗以纪,走笔而就,兴有未尽者,复能酬倡,以乐永夜。予以诗先成,叔正俾予序数语于篇首。②

这是至正十六年丙申岁(1356)己亥月乙亥日举行的某次草堂聚会,顾瑛此段诗序交代聚会的缘起,众人感慨"缅思烽火隔江,近在百里,今夕之会,诚不易得,况期后无会乎"。顾瑛日后又有题诗云:"玄阴翳阳景,积雪凝深寒。客行玉山里,悠然起遐观。登高发清啸,临流揭长竿。勿云钟鼎贵,且尽樽俎欢。蜀琴弹白雪,秦箫吹紫鸾。人

---

① (北魏)郦道元:《水经注笺》卷十六,《景印文渊阁四库全书》第 575 册,台北:台湾商务印书馆 1986 年版,第 287 页。

② (元)顾瑛:《玉山名胜集》卷四,《景印文渊阁四库全书》第 1369 册,台北:台湾商务印书馆 1986 年版,第 73 页。

生百年间，嘉会谅亦难。莫嗟岁云暮，长歌夜漫漫。"①此诗尾联道出了人在乱世中的缥缈与无助之感，此时每个人都面对着颠沛流离的人生，需要拥有像雅集一样的沙龙场所，去使得精神世界的自我更加强大，让伤痛的心灵获得暂时的慰藉。元代文士们正是通过参加各种雅集去重新发现或定位自我价值，以此寻求些许的心灵平衡与满足，正如元初诗人戴表元在《千峰酬倡序》中写道："方其濯缨清流，连镳层云，雍容雅言，优游燕歌，固当他有汲汲于今时之为者。风霜摇落，砂砾净尽，平生扳援驰逐之好，一切不以介意，乃相率俯首从事于山川篇翰间，一以逃喧远累，一以忘形遗老，寒暄、荣悴、器寂、禽虫、卉木、百物之变出没于前，忧愁、喜乐、穷达、贵贱、史册古今之感往来于中，一一可与吾接而不得为吾累也，何莫非诗之助者？呜呼，快哉！"②

## 第二节　文人雅集与诗画唱和

倪瓒交游广泛，好友不论身份与阶层，只要性情与兴趣相投便可交，尤镗《清贤记》中记载《友谊》一篇：

> 张彦真学博任，情意相合者，则倾身交结。不问穷贱，如乖其志，虽王公大人，强之不能合，尝曰：有知我者，吴越可亲，苟或不然，从物何益，其立志如此。谢混自负才地，少所交纳，与刘万寿（案：刘敬宣，字万寿，彭城人）相遇，便尽礼著欢，或怪问之，曰：人之相知，岂可以一途限，孔文举接太史慈，夫岂有非之者。我云林公苦劲而雅有风则，骛禄爵而轻其上，生平有结欢杵臼者，有定谊望衡者，或孔称忘年，或挚敏同岁，周旋不一，大都婉合张谢之论，

---

① （元）顾瑛：《玉山名胜集》卷五，《景印文渊阁四库全书》第 1369 册，台北：台湾商务印书馆 1986 年版，第 78 页。
② （元）戴表元：《剡源集》卷十一，《丛书集成新编》第 65 册，台北：台北新文丰出版公司 1985 年版，第 476 页。

故金兰簿中,尽确然雅正,无一凡品。①

通过描述张彦真与谢混的交友原则,可以窥探倪瓒结交朋友之态度,不畏权贵,不问穷贱,唯独关注情意是否相合,志趣是否相投,若皆满足,便可倾身交结,故其"金兰簿中,尽确然雅正,无一凡品",这与倪瓒以"品"鉴画、以"品"定人的准则有关。故其交游之人,各类皆备,本节只选择与倪瓒交往较为密切之人进行考察。另外,倪瓒的交游平台多通过参与各种雅集而展开诗文唱和,故对其交游范围与社会活动的考察也多结合雅集圈层展开。②

## 一、倪瓒与黄公望、王蒙、吴镇的交游

"元四家"中除了吴镇性情孤高简旷,活动范围以家乡嘉兴为主,较少参与文人雅集外,其余三家则常流连于各种文人聚会。现存文献中虽无黄公望参与清閟阁雅集的记载,但因张雨的关系,两人应有交集。《清閟阁集》中记载了四首题黄公望画之诗文,分别为:《题黄子久画》:"白鸥飞处碧山明,思入云松第几层。能画大痴黄老子,与人无爱亦无憎。"③《题黄子久画》:"本朝画山林水石,高尚书之气韵闲逸,赵荣禄之笔墨峻拔,黄子久之逸迈,王叔明秀润清新,其品第固自有甲乙之分,然皆予敛衽无间言者。外此,则非予所知矣。……东海倪瓒题。"④《题大痴画》:"大痴画格超凡俗,咫尺关河千里遥。惟有高人赵荣禄,赏伊幽意近清标。"⑤《题大痴画》:"山木苍苍飞瀑流,白云深处卧青牛。大痴胸次多丘壑,貌得松亭一片秋。黄翁子久虽不能梦见房山鸥波,要亦非近世画手可及,此卷尤为得意者。甲寅(1374)春倪瓒题。"⑥倪瓒于洪武七年甲寅(1374)春天所作题画诗,应是他为黄公望所作题画诗中较晚或最晚的一首,因为此年十一月倪瓒以疾

---

① (明)尤镗:《清贤记》卷一,《丛书集成续编》第89册,上海:上海书店1994年版,第268页。

② 关于倪瓒的交游与雅集部分,其体例划分参阅沈雅文:《元季四大画家之艺文生活及诗歌创作》,2017年博士学位论文,第55—80页。

③ (元)倪瓒著,江兴佑点校:《清閟阁集》卷八,杭州:西泠印社出版社2010年版,第250页。

④ (元)倪瓒著,江兴佑点校:《清閟阁集》卷九,杭州:西泠印社出版社2010年版,第296—297页。

⑤ (元)倪瓒著,江兴佑点校:《清閟阁集》卷八,杭州:西泠印社出版社2010年版,第284页。

⑥ (元)倪瓒著,江兴佑点校:《清閟阁集》卷八,杭州:西泠印社出版社2010年版,第247页。

卒，相比至正十二年（1352）所题黄公望的绘画作品，甲寅春日所题诗句中对黄公望画面分析得更为直接，"此卷尤为得意者"亦是对他绘画水平的肯定与夸赞。同样，《元诗选》中有四首诗是黄公望为倪瓒画所题，分别为：《倪云林为静远画》①《倪云林为子章徵士画》②《题倪云林赠耕云东轩读易图》③《题春林远岫图》④，其中《东轩读易图》上还有三首吴镇次云林韵之题诗，分别如下："山堂昨夜起秋风，景物萧条便不同。岂是天公嫌冷淡，故将林木染黄红。"⑤"高人相对东轩下，竟日曾无朝市言。几卷图书几竿竹，天香冉冉泛芳尊。"⑥"云林点笔染秋山，往道荆关今又还。别去相思无可记，开缄时见墨纤纤。"⑦诗中"萧条""点笔""相思"等语汇正是对倪瓒画面内容的写照，其中倪瓒所作《春林远岫图》上黄公望的题画诗有可能是王蒙索求而来，张丑《清河书画舫》载："至正二年（1342）十二月廿一日，明叔（案：此处'明叔'或作'叔明'）⑧持元镇春林远岫，并示此纸，索拙笔以毗之，老眼昏甚，手不应心，

---

① 《倪云林为静远画》："遥山近山青欲滴，大木小木叶已疏。斜日疏篁无鸟雀，一湾溪水数函书。"见（清）顾嗣立：《元诗选二集》卷十四，《景印文渊阁四库全书》第 1470 册，台北：台湾商务印书馆 1986 年版，第 463 页。

② 《倪云林为子章徵士画》："荒山白石带古木，个中仍置子云亭。砚坳疑有烟云贮，时见青青落户庭。"见（清）顾嗣立：《元诗选二集》卷十四，《景印文渊阁四库全书》第 1470 册，台北：台湾商务印书馆 1986 年版，第 463 页。

③ 《题倪云林赠耕云东轩读易图》："君家书屋锁闲云，庭前丛桂吹清芬。东轩虚敞坐凉夜，扑帘香雾来纷纷。金吹不动露华洁，月里仙人降瑶节。奇葩点缀黄金枝，灵种移来白银阙。秋林潇洒秋气清，千竿修竹开前楹。自是燕山尚清贵，不与桃李争芳荣。花下读成日未尽，更喜幽人往来近。清绝何如元镇兄，应识耕云是高隐。"见（清）顾嗣立：《元诗选二集》卷十四，《景印文渊阁四库全书》第 1470 册，台北：台湾商务印书馆 1986 年版，第 457 页。

④ 《题春林远岫图》："春林远岫云林画，意态萧然物外情。老眼堪怜似张籍，看花玄圃欠分明。"见（清）顾嗣立：《元诗选二集》卷十四，《景印文渊阁四库全书》第 1470 册，台北：台湾商务印书馆 1986 年版，第 464 页。

⑤ （清）陈邦彦等奉敕编：《御定历代题画诗类》卷四十八，《景印文渊阁四库全书》第 1435 册，台北：台湾商务印书馆 1986 年版，第 591 页。

⑥ （清）陈邦彦等奉敕编：《御定历代题画诗类》卷四十八，《景印文渊阁四库全书》第 1435 册，台北：台湾商务印书馆 1986 年版，第 591 页。

⑦ （清）陈邦彦等奉敕编：《御定历代题画诗类》卷四十八，《景印文渊阁四库全书》第 1435 册，台北：台湾商务印书馆 1986 年版，第 592 页。

⑧ 庄申《元季四画家诗校辑》中认为"明叔"应作"叔明"，而王蒙字叔明，号黄鹤山樵，因此倪瓒所作《春林远岫图》上黄公望的题画诗有可能是王蒙向子久索求而来。（庄申编著：《元季四画家诗校辑》，香港：香港大学亚洲研究中心 1973 年版，第 18 页。）张路《曹知白研究》一文中认为此处明叔应是孙道明（1297—？），字明叔，华亭人，与陶宗仪、曹知白等人交往密切。（见《朵云》，上海：上海书画出版社，1993 年第 3 期，第 36 页。）

聊塞来意,并题一绝。"①除此之外,至正元年(1341)辛巳十月四日,黄公望为倪瓒画《层峦晓色图》,此画又名《雪山图》,倪瓒后来又在画上加题诗转赠卢恒,《清河书画舫》载:"黄子久山水真迹。大痴道人为云林生画《层峦晓色》。雪上溪山也自佳,黄翁摹写慰幽怀。若为剩载乌程酒,直到云林叩野斋。倪瓒题。大痴翁写《雪山图》以赠山甫卢君。至正元年十月四日。"②至正五年(1345)乙酉四月八日,苏州名士卢恒宴请文士于宅中雅集,倪瓒与黄公望皆在座,李日华《味水轩日记》载:"十八日许叔重以倪云林《六君子图》来观此。余友许伯厚物也,昔留余斋中者一年,今复观之,倪自题云:卢山甫每见辄求作画,至正五年(1345)四月八日,泊舟弓河之上,而山甫篝灯以此纸苦征画,时已惫甚,只得勉以应命,大痴老师见之必大笑也。倪瓒。"③黄公望实则夸赞云林所作《六君子图》,画上题诗曰:"远望云山隔秋水,近看古木拥陂陀。居然相对六君子,正直特立无偏颇。"④黄公望曾花费十年多时间为倪瓒作《江山胜览图卷》(素笺本,淡作色),此卷前半部分有黄公望所书小楷一段,款"至正戊子(1348)十月大痴学人黄公望",题云:

> 余生平嗜懒成痴,寄心于山水,然得画家三昧,为游戏而已。今为好事者征画甚迫,此债偿之不胜为累也。余友云林,亦能绘事,伸此纸索画,久置筐中。余每遇闲窗兴至,辄为点染,迄今十有年余,以成长卷为江山胜览,颇有佳趣。惟云林能赏其处为知己。嗟夫,若此百世之后,有能具只眼者,以为何如耶。⑤

此画完工的第二年(1349),倪瓒加题云:

① (明)张丑:《清河书画舫》卷十一上,《景印文渊阁四库全书》第 817 册,台北:台湾商务印书馆 1986 年版,第 428 页。

② (明)张丑:《清河书画舫》卷十一上,《景印文渊阁四库全书》第 817 册,台北:台湾商务印书馆 1986 年版,第 429 页。

③ (明)李日华:《味水轩日记》卷一,《续修四库全书》第 558 册,上海:上海古籍出版社 2002 年版,第 304 页。

④ (明)李日华:《味水轩日记》卷一,《续修四库全书》第 558 册,上海:上海古籍出版社 2002 年版,第 304 页。

⑤ (清)张照:《石渠宝笈》卷十四,《景印文渊阁四库全书》第 824 册,台北:台湾商务印书馆 1986 年版,第 433—434 页。

依微沙际路，飘飘江上舟。名山少文画，壮岁子长游。挥杯自酣适，清咏以消忧。且尽兹晨乐，明朝非所求。子久契友雅志林壑，潜心于绘事。此卷为予十载而就，自名《江山胜览》，生平得意之作。岷山万里，翠黛峨峨。浮屠野店，曲径崎岖。令人复有楚游之想。其用笔高古，浑厚天真，大似晋唐规格，清閟阁中足供老眼耳。①

此卷作品是当时清閟阁中精品之一。

与黄公望的交游相比，倪瓒与王蒙之间的互动或许更为频繁。《清閟阁集》中至少有十余首与王蒙酬唱之诗歌②，其中《题王叔明岩居高士图》一诗对其赞赏有加："临池学书王右军，澄怀观道宗少文。王侯笔力能扛鼎，五百年来无此君。"③前两句说明王蒙的书法师从王羲之，山水画中能体现宗炳"澄怀观道，卧以游之"的美学精神。王蒙山水画中所具有的内在生命精神，或许就深受老子"涤除玄鉴"、庄子"心斋"以及"坐忘"等观念的影响。此诗的后两句是赞赏王蒙作画笔力雄健，常为鉴赏家所引用，如《石渠宝笈》中所载王蒙所作《多宝塔院图》即引用此语，倪瓒跋文曰："笔精墨妙王右军，澄怀卧游宗少文。叔明绝力能扛鼎，五百年来无此君。瓒寄叔明句也。今观所图《多宝塔院卷》，其笔墨之妙具见于诗中矣。至正四年（1344）夏五月，与惟允陈君（按：陈汝言）、良夫徐君（按：徐达左），啜茗观于清閟阁，因记。廿八日，倪瓒。"④另外，倪瓒跋文中提及陈汝言与徐达左常拜访清閟阁观画，根据《清閟阁集》中记载的三首送别诗，可看出王蒙亦常至清閟阁探访倪瓒。某年

① （清）李佐贤：《书画鉴影》卷五，《续修四库全书》第 1085 册，上海：上海古籍出版社 2002 年版，第 685 页。

② 《清閟阁集》中与王蒙酬唱之诗歌大致如下：《寄王叔明》（见（元）倪瓒著，江兴祐点校：《清閟阁集》卷三，西泠印社出版社 2010 年版，第 69 页）。此条注释的下文关于《清閟阁集》出处只标注卷数与页码。《送王叔明》（卷三，第 76 页）、《孤云用王叔明韵》（卷三，第 85 页）、《二月廿二日潘子素、王叔明来访，临别为写水傍树林图》（卷三，第 87 页）、《题王叔明小画》（卷三，第 88 页）、《寄王叔明》（卷五，第 142 页）、《留别王叔明》（卷五，第 157 页）、《用王叔明韵题画》（卷五，第 165 页）、《易尚贤赴鲍郎场司丞，次王叔明韵》（卷六，第 196 页）、《寄王叔明》（卷七，第 225 页）、《题王叔明岩居高士图》（卷八，第 256 页）。另外，《清閟阁集》中有两首题作《寄王长史》，无法确知是否为王蒙，故不列入。

③ （元）倪瓒著，江兴祐点校：《清閟阁集》卷八，西泠印社出版社 2010 年版，第 256 页。

④ （清）张照：《石渠宝笈》卷七，《景印文渊阁四库全书》第 824 册，台北：台湾商务印书馆 1986 年版，第 208 页。

二月二十二日，潘子素和王蒙来访，临别之时，倪瓒为其画《水傍树林图》，自题诗云："积雨开新霁，汀洲生绿萍。临流望远岫，归思忽如云。"①又《送王叔明》诗中言："连榻卧听雨，剧谈清更真。少年英迈气，求子不多人。仕禄岂云贵，贝琛非所珍。当希陋巷者，乐道不知贫。"②可见倪瓒对叔明是赏爱有加，连榻卧听雨都不觉疲惫，遇见知己兴奋不已。《留别王叔明》诗中云："秋蛩唧唧雨萧萧，楮颖陶泓伴沉寥。此去那能期后会，清言聊以永今朝。湿云窗里初温酒，白鸟汀前又晚潮。故国何人赋招隐，桂花零落更停桡。"③此诗乃是倪瓒在王蒙入明后出仕时所写，其中一句"此去那能期后会，清言聊以永今朝"道出了二人依依惜别之情，不禁让人想起倪瓒劝王蒙远离乱世的官场，安贫乐道的《寄王叔明》："野饭鱼羹何处无，不将身作系官奴。陶朱范蠡逃名姓，那似烟波一钓徒。"④除此之外，二人之间也互相题跋画作，上文所述《多宝塔院图》就是一例。有时倪瓒为王蒙画作乃是一跋再跋。譬如至正八年（1348）二月十一日，张雨为王蒙《听雨楼图卷》作诗，倪瓒追和伯雨之诗，云："河阔楼低雨如洗，只疑身宿孤篷底。清晨倚槛看新晴，依旧山光青满几。听雨怜君隐市中，我忧徭役苦为农。田间那得风波险，朝朝愁雨又愁风。追和伯雨诗。"⑤此卷《听雨楼图》是王蒙为卢山甫之子卢恒所作，作画地点便在卢恒的听雨楼中⑥。18 年之后（至正廿五年），倪瓒再题此卷：

> 虚牖蒙蒙含宿雾，瀑流涧响来何处。江潮近向枕边鸣，林风又
> 送檐前去。挟水随云自往还，根尘石染性安闲。多情一种娇儿女，
> 泪滴天明翠被寒。至正廿五年岁在乙巳，卢士恒携至绿绮轩见示，
> 辄走笔次韵贞居外史诗韵以寄意云。陶蓬寄亭中人，暨诸名胜，当

---

① （元）倪瓒著，江兴佑点校：《清閟阁集》卷三，杭州：西泠印社出版社 2010 年版，第 87 页。
② （元）倪瓒著，江兴佑点校：《清閟阁集》卷三，杭州：西泠印社出版社 2010 年版，第 76 页。
③ （元）倪瓒著，江兴佑点校：《清閟阁集》卷五，杭州：西泠印社出版社 2010 年版，第 157 页。
④ （元）倪瓒著，江兴佑点校：《清閟阁集》卷七，杭州：西泠印社出版社 2010 年版，第 225 页。
⑤ （明）郁逢庆：《书画题跋记》卷九，《景印文渊阁四库全书》第 816 册，台北：台湾商务印书馆 1986 年版，第 718 页。
⑥ 明代李日华《六研斋三笔》载："王叔明《听楼图》为卢山甫之子士恒作，款云：至正二十五年四月廿七日，黄鹤山中人在卢生听雨楼写。此卢生，名恒，字士恒。时东海云林生亦在楼中。"见（明）李日华：《六研斋三笔》卷二，《景印文渊阁四库全书》第 867 册，台北：台湾商务印书馆 1986 年版，第 694 页。

不默然也。后十又八年四月九日，瓒记。①

　　庄申所校辑的《黄鹤山樵诗抄》中，有多首诗文与倪瓒相关②，至正十六年丙申王蒙题《云林春霁图》二首："开元道士来相访，索写云林春霁图。别我云林已二载，去濯沧浪泛五湖。满目波容蘸山黛，撩人柳眼乱花须。避喧政欲寻耕钓，源上桃花无处无。"③"五株烟树空陂上，便是云林春霁图。仙老御风归洞府，隐君鼓枻入江湖。几回梦见清双眼，十载相逢白尽须。此日武陵溪上路，桃花流出世间无。"④王蒙题此诗时已与倪瓒分别两年，诗中流露出对倪瓒的挂念，这时的倪瓒已经弃家避难，黄冠野服，浮游湖山间，开元道士携图来访，叔明睹物思人而题诗。诗后王蒙自题："仆与云林别，已及二年。云林弃田宅，携妻子，系舟汾湖之滨，日与游者，皆烟波钓艇，江海不羁之士也。回视乡里昔之纷扰，如脱敝屣，真有见之士也。至正十六年（1356）孟秋，仆侍家叔玄度于开元，而宗晋兄特此见示，风尘眯目，展卷浩然。因为和诗其上。吴兴王蒙题。"⑤此外，现藏台北"故宫博物院"的山水图，有一幅为倪瓒与王蒙合作的《松石望山图》，王蒙题识曰：

　　　　苍崖积空翠，怡我旷古心。飞泉落深谷，泠泠弦玉琴。尘消群嚣豁，松雪洒闲襟。清谣天籁发，如聆正始音。曩余为倪东海画此图，后倪自画以转惠他人，今归博广文斋中，又为略加点缀，补其笔墨未足者，复和东海生韵，题识画端以正其事云。黄鹤山中樵者王蒙。⑥

--------

① （明）郁逢庆：《书画题跋记》卷九，《景印文渊阁四库全书》第816册，台北：台湾商务印书馆1986年版，第718页。
② 通过检索庄申《元季四画家诗校辑》中《黄鹤山樵诗抄》目录，发现多首关于倪瓒的诗文，比如：《云林辞》（卷一，第197页）、《云林歌》（卷一，第199页）、《倪瓒赠伯清墨竹图》（卷四，第219页）、《倪瓒墨竹》（卷四，第219页）、《倪瓒惠麓图》（卷四，第220页）、《倪云林春斋图二首有序》（卷五，第231页）。见庄申：《元季四画家诗校辑》，香港：香港大学亚洲研究中心1973年版，第197—231页。
③ 庄申：《元季四画家诗校辑》，香港：香港大学亚洲研究中心1973年版，第231—232页。
④ 庄申：《元季四画家诗校辑》，香港：香港大学亚洲研究中心1973年版，第232页。
⑤ （明）汪砢玉：《珊瑚网》卷三十四，《景印文渊阁四库全书》第818册，台北：台湾商务印书馆1986年版，第635页。
⑥ （明）汪砢玉：《珊瑚网》卷三十四，《景印文渊阁四库全书》第818册，台北：台湾商务印书馆1986年版，第653页。

该题识叙述了王蒙曾为倪瓒作画的经过,画作上方亦有倪瓒于至正二十一年(1361)辛丑四月五日的题跋:"东海倪瓒画《松石望山图》,并赋五言,奉寄文伯友兄,且以督屡约屡失期云。"①此图辗转几人之手后又回到王蒙手中,此时他的内心或许五味杂陈,但是王蒙的题识中并未责怪倪瓒对图稍作修改后再转赠他人的行为。从此处亦可窥见二人友谊之深厚,早在至正十二年(1352)三月七日,倪瓒观黄公望画作的题跋上,就可看出他对王蒙画艺的欣赏,其跋文云:"本朝画山水林石,高尚书之气韵闲远,赵荣禄之笔墨峻拔,黄子久之逸迈不群,王叔明之秀雅清新,其品第固自有甲乙之分,然皆余敛衽无间言者,外此,则非余所知矣。此卷虽非黄杰思,要亦自有一种风气也。"②倪瓒和吴镇二人的酬唱诗文,相比四家中的另外两人,可能实乃寥寥可数。原因或许是地域不同,或吴镇为人过于抗简孤洁,高自标表③,很少参与雅集活动。但是,倪瓒与吴镇的某些品格十分相似,都以画寄情,抒胸中逸气,用以自娱,同时都不愿意踏入仕途,亦不从俗卖画。吴镇禀性孤耿,从其题画诗可见他的处世哲学:

> 漏泄元阳,爷娘搬贩,至今未休。吐百种乡音,千般扭扮,一生人我,几许机谋。有限光阴,无穷活计,汲汲忙忙作马牛。何时了,觉来枕上,试听更筹。古今多少风流,想蝇利蜗名谁到头。看昨日他非,今朝我是;三回拜相,两度封侯。采菊篱边,种瓜园内,都只到邙山土一邱,惺惺汉,皮囊扯破,便是骷髅。④

其中一句"古今多少风流,想蝇利蜗名谁到头"是对蜗室求名最好的讥讽。吴镇的归隐思想亦体现在为倪瓒画作的题跋上,至正二十三

---

① (明)汪砢玉:《珊瑚网》卷三十四,《景印文渊阁四库全书》第818册,台北:台湾商务印书馆1986年版,第652—653页。
② (明)张丑:《清河书画舫》卷十一上,《景印文渊阁四库全书》第817册,台北:台湾商务印书馆1986年版,第429页。
③ 明代孙作《沧螺集》载:"仲珪为人抗简孤洁,高自标表,号梅花道人,从其取画,虽势力不能夺,惟以佳纸笔投之案格,需其自至,欣然就几,随所欲为,乃可得也。"见(明)孙作:《沧螺集》卷三,《景印文渊阁四库全书》第1229册,台北:台湾商务印书馆1986年版,第493—494页。
④ (元)吴镇:《梅花道人遗墨》卷下,《景印文渊阁四库全书》第1215册,台北:台湾商务印书馆1986年版,第501页。

年癸卯(1363)春三月,倪瓒曾为亲家陆德原(静远)作画,《倪高士年谱》载:"高士为静远画,并诗云:寝扉桃李昼阴阴,耕凿居人有远心。一夜池塘春草绿,孤邨风雨落花深。不瞑野老群争席,时有游鱼出听琴。白发多情陆征士,松间石上续幽吟。至正癸卯春三月既望写,赠静远征士并赋一诗。"①后有吴镇题:"隐君重价如结绿,萝屋萧然依古木。蓝舆不到五侯家,只在山椒与泉曲。"②吴镇家境并不富庶,晚年主要以占卜为生,却未曾想过鬻画维生,可见其精神世界的高雅。董其昌《容台集》载:

> 梅花道人吴仲圭,画师巨然,多似船子和尚,以拨棹诗题之吴门,王文恪家藏其渔乐图,入妙品,本与盛子昭(盛懋)比门而居,四方以金帛求子昭画者甚众,而仲圭之门间然,妻子颇笑之。仲圭曰:"二十年后不复尔",果如其言。盛虽工实有笔墨,畦径非若仲圭之苍苍莽莽有林下风气,所谓气韵非耶。③

此段更加充分体现吴镇抱着对艺术的虔诚之心,不会随便改变画风去迎合世人。若是遇到知己,他也会主动作画相送。吴镇与倪瓒都很喜欢结交方外人士,比如道士周元真、竹叟禅师、古泉禅师等。周元真便是吴镇主动作画相送人选之一。元真乃嘉兴人,自号鹤林先生,至正年间曾住在嘉禾的紫虚观,在此期间吴镇为他作画。至正二十一年(1361)十月,周元真曾带着吴镇的画前往倪瓒住处,邀请倪瓒一起欣赏。此时吴镇已经去世数年,倪瓒记之曰:"元初真士尝居嘉禾紫虚观,好与吴仲圭隐君游,故得其诗画为多。今年十月,余始识元初,即出示此帧,命仆赋诗。因走笔,次吴隐君诗韵题于上。隐君自号梅花道人云。至正廿一年辛丑。"④后有倪瓒所作《题吴仲圭诗画次韵》:"鸳湖在嘉禾,湖水春浩汤。家住梅花村,梦绕白云乡。弄翰自清逸,歌诗更悠

① (清)沈世良:《倪高士年谱》卷下,《续修四库全书》第552册,上海:上海古籍出版社2002年版,第672页。
② (清)沈世良:《倪高士年谱》卷下,《续修四库全书》第552册,上海:上海古籍出版社2002年版,第672页。
③ (明)董其昌:《容台集》别集卷四,《四库全书存目丛书·集部》第171册,济南:齐鲁书社1997年版,第738页。
④ (元)倪瓒著,江兴佑点校:《清閟阁集》卷二,杭州:西泠印社出版社2010年版,第51页。

长。缅怀园中人,看云杖桄榔。"①尾联抒发了倪瓒对吴镇前辈的怀念之情,首联提及的"鸳湖在嘉禾,湖水春浩汤"句不禁让人想起吴镇的山水画,《清河书画舫》载:"仲圭山水多用焦墨成之,皴斫分晓,气韵沉毅。"②"渔父(隐)"题材的山水画是吴镇所偏爱的,画面构图与倪瓒作品基本一致,皆为"一河两岸"三段式构图,全真思想对他们影响颇深,故其山水体现出"天人合一"的道家哲学思想,吴镇的画被人称为"有山僧道人气",现藏台北"故宫博物院"的《渔父图》便较好地佐证了其"道人思想",近景画平远山丘,中景为一片湖水,远山缥缈,山色入湖,扁舟一叶,水波泛起涟漪,画面有种豪放纵情之感,正如倪瓒曾题《吴仲圭山水》云:"道人家住梅花村,窗下松醪满石尊。醉后挥毫写山色,岚霏云气淡无痕。"③这种"醉后挥毫写山色"体现了吴镇作画的泼墨淋漓之感,明代王绂在其《书画录》吴镇条下注曰:"其笔端豪迈,泼墨淋漓,无一点朝市气,虽似率略,人莫能到。然当其世者,不甚重之,仲圭尝谓人曰,吾之画直须五百年后方遇赏音耳。"④除山水之外,仲圭之竹"长枝大叶",阔略纵意,明季徐渭在《徐文长文集》中有一段关于吴镇墨竹的评论:"余观梅花道人画竹,如群凤为鹘所掠,翎羽腾闪,捎掠变灭之诡,虽凤亦不得而知。而评者或谓其赝,岂理也哉?"⑤现藏于上海博物馆的《竹谱图卷》,系吴镇作于至正十年(1350)庚寅,属于长卷,画中以竹石为主题描绘了竹子的三种形态,用笔处处体现着率略与雄肆的特征,⑥笔墨奔放而气象沉厚,具有极强的艺术感染力。

## 二、倪瓒与环庆堂雅集

倪瓒、王蒙皆曾为环庆堂座上宾。环庆堂为荆溪(今江苏宜兴)王

① (元)倪瓒著,江兴佑点校:《清閟阁集》卷二,杭州:西泠印社出版社 2010 年版,第 51 页。
② (明)张丑:《清河书画舫》卷七下,《景印文渊阁四库全书》第 817 册,台北:台湾商务印书馆 1986 年版,第 296 页。
③ (元)倪瓒著,江兴佑点校:《清閟阁集》卷七,杭州:西泠印社出版社 2010 年版,第 231 页。
④ (明)王绂:《书画传习录》,卢辅圣主编:《中国书画全书》第 3 册,上海:上海书画出版社 1992 年版,第 243 页。
⑤ (明)徐渭:《徐文长文集》卷二十一,《四库全书存目丛书·集部》第 145 册,济南:齐鲁书社 1997 年版,第 228 页。
⑥ 安详详:《吴镇艺术的审美品格研究》,中国艺术研究院 2015 年博士学位论文,第 62 页。

氏所有,倪瓒与王氏家族相识甚久,上文已经叙述一二,此段仅作为交游关系的补充。倪瓒在其《与彝斋学士先生》一文中言:"瓒获交于高门几二十年矣,深愧迂缪粗疏,与世相左,但受知于贤父子则深耳。"①彝斋先生为王令显,字光大。王氏为荆溪著名的世家大族,博雅好古,藏书画古器物甚众。上文已经提及郑元祐撰《王彝斋记》②,通过其记述可知,彝斋之父为王子敬,其祖父为王觉轩,根据张光宾考察,倪瓒与其父祖相识,可能是由于张雨的关系。③

倪瓒虽然很早就与王氏家族相交,却没有留下参与环庆堂雅集的记载,不过在倪瓒的集子中有描绘环庆堂环境的诗文,《题幽篁古木图,赠文静征君》云:"环庆堂前翠竹多,雨苔侵石树交柯。不游罨画溪头路,奈此春宵月色何?"④可见堂前翠竹环绕,石阶上生长着青苔,四周绿树相映丛中,营造出一种幽静的氛围。此堂乃是王仲德会客之处。元人柯九思曾为王仲德的家庭教师张天民父子的《良常张氏遗卷》题词,创作地点就在王氏环庆堂,《丹丘生集》载:"予尝为德常记草堂矣。复见此卷,诵五峰先生(按:二字据真迹补)之词甚奇古,仲穆使君之篆笔力道劲(按:原作'紧',据真迹改),泽民、若水之画清润,张助教之诗流丽,皆令人敛衽。故为之识其后。丹年柯九思题于王氏环庆堂。"⑤此处德常便是张天民之子,草堂指良常草堂,下文会详细叙述该草堂的雅集唱和之事;五峰先生即李孝光,柯九思认为篆书笔力道劲的仲穆是赵子昂之子。除此之外,郑元祐曾在元中期赴宜兴拜访过王氏家族,撰写了一篇《王彝斋记》,四十余年后他还赋诗记王家的收藏,《向年与岳汉阳、赵宛丘同登荆溪王氏仁寿堂,今几四十稔。时允同尚未生,兹允同出拜,感念今昔,赋以与之》云:"昔年尝登仁寿堂,岳赵两侯与颉颃。周情孔思蔼胸臆,商彝雒鼎陈宝藏。名画珠官启丹碧,法书金薤垂琳

① (元)倪瓒著,江兴佑点校:《清閟阁集》卷十,杭州:西泠印社出版社2010年版,第327页。
② (元)郑元祐撰,徐永明校点:《郑元祐集》卷十,杭州:浙江大学出版社2010年版,第254—255页。
③ 张光宾:《元玄儒张雨生平及书法》,载《美术学报》1993年第27期,第4803—4805页。
④ (元)倪瓒著,江兴佑点校:《清閟阁集》卷七,杭州:西泠印社出版社2010年版,第241页。
⑤ (元)柯九思:《丹丘生集》卷二,《丛书集成续编》第137册,台北:台北新文丰出版公司,1989年,第7页。"王氏环庆堂"之后有小字注文《铁网珊瑚》书品八、《式古堂画考》二十三、此卷今藏俞廙轩廉三中承家。朱泽民、王若水各为图"。

琅。……归途列炬兼击柝,候人奔迓遥相望。南枝禽翻北枝冻,置酒张灯罗艳妆。主宾一时极欢会,转头于今四十霜。"①由此可见,王氏家族收藏种类甚多,可谓琳琅满目。

倪瓒亦有许多与王令显(彝斋)赠答的诗歌,皆可表明与王氏家族之间深挚的情谊,如《次韵答王彝斋见赠》一诗:"客居北渚静窥临,霜藻萧萧雪满簪。玉石在山聊混璞,金兰惟子久同心。"②倪瓒此时寓居笠泽,由霜雪萧瑟之景衬托客居他乡之孤寂,以"玉石"象征君子德行,间接赞誉王令显,后以"金兰"象征两人友情深厚,互相投合。赵琦美《赵氏铁网珊瑚》中也提及此首诗:

> 客居北渚静窥临,……长至后十日盖十一月十日也,获与德机、伯昂二高尚公,董、伯充二贤良共咏彝斋。有道先生见贻佳制,绝叹敦厚优柔,得唐人句法,宋诸老性情也。张高尚命即次韵奉和书纸尾,所谓以狗尾续貂,多见其不知量也,恕之幸甚。是岁乙巳。倪瓒再拜。③

倪瓒此诗作于至正二十五年(1365)十一月十日,倪瓒当时与张纬(字德机)、周伯昂、书董、伯充共聚彝斋。除此之外,《清閟阁集》中载《雪泉为王光大赋》一篇:"高斋面绝壁,林密径难寻。风落松上雪,零乱幽涧阴。皓洁映鹤氅,清圆和瑶琴。闲咏以自乐,聊用忘华簪。"④尾联引用陶渊明的"此事真复乐,聊用忘华簪",来表达自己视功名富贵如浮云,向往悠闲舒适的生活,同时体现出安贫乐道,恬淡自甘的心境。倪瓒曾劝诫王令显遁世归隐,享受云松之间结庐为巢的愉悦,并栽竹安家于山林之中,倪氏所作《赠王光大》云:"荆溪王隐士,相见每从容。借地仍栽竹,巢云独傍松。青苔盘石净,嘉树绿阴重。约我同栖遁,嵩高第几峰。"⑤除此诗之外,倪瓒还于春日作《寄王光大》表示自己不愿仕宦之

① (元)郑元祐撰,徐永明校点:《郑元祐集》卷二,杭州:浙江大学出版社2010年版,第37—38页。
② (元)倪瓒著,江兴佑点校:《清閟阁集》卷八,杭州:西泠印社出版社2010年版,第245页。
③ (明)赵琦美:《赵氏铁网珊瑚》卷七,《景印文渊阁四库全书》第815册,台北:台湾商务印书馆1986年版,第474页。
④ (元)倪瓒著,江兴佑点校:《清閟阁集》卷一,杭州:西泠印社出版社2010年版,第12页。
⑤ (元)倪瓒著,江兴佑点校:《清閟阁集》卷三,杭州:西泠印社出版社2010年版,第64页。

志,"春服始轻体,嘉树欲垂阴。夫椒结秀色,江流涵碧深。晴丝正高下,好鸟亦嘤吟。岂无伐木诗,怡此风雩心。"①尾联用"伐木"表达朋友间深情厚谊,借"风雩"反映倪瓒"圣人韬光,贤人遁世"之心,二人在元代特殊的政治环境下,作为江南文士,只能选择漂泊于江湖,或崇佛奉道,或隐遁山林。

倪瓒离家十年之后又作《题画贻王光大》:"荆南山色隐晴湖,暖翠当窗不用图。避世移家今十载,盛书连舸泊三吴。可怜画卷撩归梦,依旧香奁傍药炉。珍重故人王架阁,笔能扛鼎要人扶。"②此首诗的写作年代可能与前首诗相同,营造出一种凄美之情,怀念二人昔日之美好,隐含着一种流离的悲凉,虽然不知此时王令显是否在离家避难,但是倪瓒仍然期望两人能够自珍自重,积极面对生活。《清閟阁集》中还有一首《题画贻王光大》云:"荆南山色青如染,卜筑正当溪水南。浪舞渔舟鸥泛泛,雪消沙渚柳毵毵。凉轩枫叶晴云缀,秋浦荷花落日酣。旧宅不归幽梦远,吴淞聊结小禅龛。"③此首诗应与前一首所题画作相同,都是描述画面中所绘荆南山色的风光,尾联"旧宅不归幽梦远"道出了倪瓒不能归家的伤感与无奈。洪武六年癸丑(1373)十月二十日,倪瓒作《远山拥翠图》,李日华《六研斋笔记》载:"云林画,有名八层沙者,从下至顶,其沙屿掩暎,凡八级也。下作四树,二背二向,极有真态,上峦浑厚,小树点簇,皆人意。题者三人,彝斋王光大云:'山远初晴涌翠,树疏木叶藏莺。日与渔樵为侣,萧闲自适余生'。"④清人卞永誉《式古堂书画汇考》亦载:"云林生《远山涌翠图》并题……癸丑正月二十日云林生写"⑤,由此可知,倪瓒画完此图之后,王令显于彝斋为此图题诗,道出了作为长辈对晚辈的慰问之情,希望倪瓒潇洒生活,忘却烦心之事。此次见面或许是两人的最后一次,倪瓒来年便与世长辞了。

---

① (元)倪瓒著,江兴佑点校:《清閟阁集》卷一,杭州:西泠印社出版社 2010 年版,第 17 页。

② (元)倪瓒著,江兴佑点校:《清閟阁集》卷六,杭州:西泠印社出版社 2010 年版,第 181 页。

③ (元)倪瓒著,江兴佑点校:《清閟阁集》卷五,杭州:西泠印社出版社 2010 年版,第 165 页。

④ (明)李日华:《六研斋笔记》卷四,《景印文渊阁四库全书》第 867 册,台北:台湾商务印书馆 1986 年版,第 561 页。

⑤ (清)卞永誉:《式古堂书画汇考》卷五十,《景印文渊阁四库全书》第 829 册,台北:台湾商务印书馆 1986 年版,第 163 页。

《清閟阁集》中还记载了倪瓒与王彝斋的书信十二通，上文已经叙述了其中一通，余下十一通书信附录于此：

瓒漫浪之迹，胥于江湖之上，虽时时往还钱唐、苕霅，出入城府，遨游缙绅，闻知动静之详，意不得奉一字为歉耳。极热，不审何似，想惟履候多福。贤郎姻事，将有成期，可贺可贺。此姻事，执事但知潘瓠斋利口辩才之力，殊不知贱者一书之功。此时非贱者之书，徐止斋、小婆妈皆断断不肯。执事可密为打听，不必问之瓠斋，便可知其的实。姻事将成之际，虽以岳氏莲叶砚、松雪玄武水滴相酬，亦不足以为浼也，如何？因便附此上问，且以发执事一笑，此亦饮水知源之义也。便中希还数字，不备。良常草堂先生会次告致意，赵正书未曾勾疏，早晚入吴来面取之也。瓒拜。①

瓒启：隔日不面，阴雨愦愦，悬情比复何如，创已差耶？晚刻致彼晤集可否？谨驰力问，不一。瓒再拜。鹅一只、夏果、尊酒，聊为迁乔之庆……轻渎，悚愧何限，冀留幸幸。②

瓒再拜：昨日承橘、蘗二君及庾兄枉顾，深见高谊不薄，感刻感刻。兹因子真送药，辄附数字上谢。……馆舍温笔，乞取一枝绝佳者封至，幸甚。③

瓒比承下顾，欣慰欣慰。缪稿曾写否？如写毕，乞付尊染。来桃竹枝，曾对贤长公说否？草略匆匆。不具。④

瓒拜：闻足下苦泻泄，想已平复，谨此驰问。欲往见，足肿未全差耳。《雅山》卷缪为二小诗，烦染翰一书并小引，遂割去涂窜者拈合，并求佳制一首，长短随意。近赋得二三诗，粗有兴味。倘体中已无恙，明日来共观之也。雨湿殊愦愦。不具。⑤

瓒顿首：比辱枉顾，喜慰无可。云喻五日内之约，必能践魏公之期猎也。两日不面，想尊候多福。林提举已来未耶？伯氏体中

① （元）倪瓒著，江兴佑点校：《清閟阁集》卷十，杭州：西泠印社出版社2010年版，第328—329页。
② （元）倪瓒著，江兴佑点校：《清閟阁集》卷十，杭州：西泠印社出版社2010年版，第329页。
③ （元）倪瓒著，江兴佑点校：《清閟阁集》卷十，杭州：西泠印社出版社2010年版，第329页。
④ （元）倪瓒著，江兴佑点校：《清閟阁集》卷十，杭州：西泠印社出版社2010年版，第329页。
⑤ （元）倪瓒著，江兴佑点校：《清閟阁集》卷十，杭州：西泠印社出版社2010年版，第329—330页。

当遂平复也。老温遣其子以新制笔来,特神妙于常者,不敢独擅妙用,分致前。如希言、允同、公谨不在宅,先生各留三二帖,偿其所值以遣之,幸甚,亦不自负其所举也。若使之空返,则仆深有愧于彼矣,惟加意焉。谨咨启,不具。①

瓒再拜:昨日乃知舟楫入城,移在沈氏,犹可贺也。比闻城中卖书王老者,有碧笺上打弁阳道人自铭石刻,得为应钱买至,幸幸。物到即还元直,或五或十更好,向开亦不较耳。更乞问王老,此刻谁与书者,博就带来一观。切说相见不远,所冀加爱。不宣。②

瓒启:九日欲屈从者奉黄酒一卮,知为他人所先,遂不果也。十日辱手帖,饷以吴淞四腮鲈,益重惭感,强颜登受,当面谢以尽。昨晚同从善奉谒,而从者尚未还寓也。不具。③

瓒比获解后,一见贤叔侄,真若隔世也。为之恻然者久之。数日后,来瀼西草堂,何意杳然不闻挈舟音耶?闻桐露君获于水火中洮石、班卜佛像二件,中能以其一全归,乃见古义非流俗比也。然亦以元价奉还,不知贤主以此言为然否?谨干渎。不具。④

瓒再拜:夜来获聚言笑之乐,经宿不面,想履候平善也。汉鉴书中有一纸草稿,恐在叶内。蓬上雨潺潺,及白推访寄,幸一检付,无则已。并书院中几上有贞居写《夷则宫》《雪狮儿》二词,后有贱子写《满江红》未了。如在彼,乞付至。检本写足付去,不在则已。⑤

瓒启:不审复何似,想惟体中清胜。行元博士近有信来家否?体中少不佳,比当平复也。不得往问,悬情。……村居枇杷数树尽熟,烂然如金弹,乃陈正之因补赵子昂诗有"贫家自笑无金弹,数树枇杷俭不生"之句,仆赋一诗云:"疏疏梅雨橘花香,寂寂桐阴砚席凉。怪底枝间金弹子,枇杷都熟不知尝。"并写上,一笑。⑥

① (元)倪瓒著,江兴佑点校:《清閟阁集》卷十,杭州:西泠印社出版社2010年版,第330页。
② (元)倪瓒著,江兴佑点校:《清閟阁集》卷十,杭州:西泠印社出版社2010年版,第330页。
③ (元)倪瓒著,江兴佑点校:《清閟阁集》卷十,杭州:西泠印社出版社2010年版,第331页。
④ (元)倪瓒著,江兴佑点校:《清閟阁集》卷十,杭州:西泠印社出版社2010年版,第331页。
⑤ (元)倪瓒著,江兴佑点校:《清閟阁集》卷十,杭州:西泠印社出版社2010年版,第331页。
⑥ (元)倪瓒著,江兴佑点校:《清閟阁集》卷十,杭州:西泠印社出版社2010年版,第331—332页。

通过以上书信可见，倪瓒与王彝斋之间的走动相当频繁，信中所记述内容大致为两家的日常家事，譬如对晚辈婚姻的关心与祝福，倪瓒为此事拒绝了王氏给予的厚礼，转而向彝斋索取岳氏莲叶砚作为办事的报酬，甚至当倪瓒收到《庾子山诗集》时，也想与老友彝斋分享，还有倪瓒所住寓所的枇杷成熟之时，自己却忘却品尝，便赋诗一首博取老友彝斋一笑；信中亦有表达对老友的挂念之情，比如倪瓒得知彝斋身体不适，内心十分着急，苦于自己脚肿未能痊愈，不能前往探望，无奈感慨。还有一些关于诗集、书法的探讨，倪瓒作诗之后请彝斋写篇引文，长短随意，语气十分诚恳，可见老友之间的诗文唱和已是常态。所记之事皆为生活中的平常小事，看似"日记体"般的行文状态，却在记述中寓有作者"悲世愤俗"之情，所以看似平常却奇崛。语言简洁、灵动，且富机趣、情感。

倪瓒不仅与王彝斋父祖相识，与其子也有诗文唱和，王蒙《山斋记》载：

> 义（按：宜）兴王允冈甫即其先垄之左结屋，而名之曰：山斋。允冈以予同宗，皆出于故宋秦王之裔，蒙又得上交其祖父兄三世，知允冈出处甚详，故求予言以记之……乐清早世，子彝斋以温恭靖懿之资，籍祖父之泽，留心典籍，笃志铅椠，行以基其身，学以文其辞，生子二人，长曰允同，季则允冈也。溯允冈而上数世，皆享其积善之报，富润福泽，好德康宁，养生送死，无复遗憾。至允冈之身年，未冠，遭元季之乱，王氏避兵尽室东行，从其祖父兄，盘游吴中几二十年，继而德斋卒于杭。允同以畎亩之故，为妻族所累，远戍于边。允冈遂茕然归义兴，至则故里，漫为荆杞。……惟允冈甫夙夜勤悫，孜孜奉公，数年之间，先期集事，至于今日，终免于戾，于是渺然深思……自秦王至于允冈，凡十三世，譬如高山峻岭，原委起伏其来远矣……黄鹤山中人王蒙故历叙而记之。①

① （明）董斯张：《吴兴艺文补》卷二十九，《四库全书存目丛书·集部》第 376 册，济南：齐鲁书社 1997 年版，第 739—740 页。关于"义兴"为"宜兴"问题，《元史》卷六二《地理志》载："宜兴州，中。唐义兴县。宋改义为宜。元至元十五年（1278），升宜兴府。二十年（1283），仍为县。二十一年（1284），复升为府，仍置宜兴县以隶之。元贞元年（1295），府县俱废，止立宜兴州。"详见（明）宋濂等：《元史》卷六二，北京：中华书局 1976 年版，第 1494 页。

首先,根据王蒙此段记载,以及郑元祐《侨吴集》卷十中记载的《王氏彝斋记》①,可大致勾勒出王氏家族世代关系。郑元祐所提到的王氏先祖襄愍公,即为随宋室南渡诸将之一的王渊。《宋史》载:"王渊,字几道,熙州人,后徙环州。善骑射。应募击夏国,屡有功,累迁熙河兰湟路第三将部将、权知巩州宁远砦。诸羌入寇,经略司讨之,表渊总领岷山蕃兵将,兴师城泽州。羌悉众来争,渊奋击,大破之,追至邈川城。移同总领湟州蕃兵将兼知临宗砦,坐法免。"②佐证了郑元祐所言"王仲德为故宋将家子孙",还有提法认为王氏"出于故宋秦王之裔",关于这一说法,最早见于倪瓒《云林题觉轩手简、子昂手简录于后》,其文曰:"右赵荣禄与觉轩先生手简共六纸……先生学行纯正,为宋琅琊王字仲宝之后。"③明代以后的文献对此说法描述更为细致,譬如李日华云:"好古博雅,乐与名士大夫游。出其先世所传交游翰墨,并宋初赐券,历历可睹。"④李日华还记载襄愍公王渊是五代时期王审琦的后裔,《六研斋三笔》卷一载:"券词曰:运负鼎之雄材,统经邦之大略,一言兴天地之机,万世建盘石之固。黄河有如带之流,泰山有如拳之石。故使我念卿,使卿常袭宠荣,克保富贵。恕卿九死,子孙恕五死,云孙恕三死。如犯常刑,有司特各赦除……赐秦王券誓。"⑤生活于元末明初的王蒙,是宋秦王的后裔,也是王允冈的友人,故王蒙《山斋记》中称"自秦王至于允冈,凡十三世",此说将王氏先祖称为王审琦的五世孙,与秦王家族关联起来。

根据郑元祐记载,王渊的五世孙,即为王彝斋祖父王天觉(字觉轩),入元后曾官至兰溪判官。王觉轩有三子,分别为王仲德、王子敬、王子明,元代曹伯启《觉轩二子头角崭然,盖乃翁生平积德设施所致,因作数语颂之》:"西州文族姓名香,阶下三槐葆盖张。鹅眼不辞公府用,

① (元)郑元祐撰,徐永明校点:《郑元祐集》卷十,杭州:浙江大学出版社 2010 年版,第 254—255 页。

② (元)脱脱等:《宋史》卷三六九,北京:中华书局 1977 年版,第 11485 页。

③ (明)郁逢庆:《书画题跋记》卷九,《景印文渊阁四库全书》第 816 册,台北:台湾商务印书馆 1986 年版,第 717 页。

④ (明)李日华:《六研斋三笔》卷一,《景印文渊阁四库全书》第 867 册,台北:台湾商务印书馆 1986 年版,第 674 页。

⑤ (明)李日华:《六研斋三笔》卷一,《景印文渊阁四库全书》第 867 册,台北:台湾商务印书馆 1986 年版,第 675 页。

马蹄常为故人忙。言思切直心无碍,道合中庸气自刚。积庆更沾山水秀,欲期阳羡作桐乡。"①这是曹伯启与王觉轩的唱和诗文,其中提到"觉轩二子头角崭然",应为长子王仲德与次子王子敬,当时已经有一定名气。王蒙《山斋记》中提及王觉轩有二子,分别为德斋先生与乐清先生,认为他们"咸有盛德于乡里"。此处德斋先生,即为王仲德,而乐清先生,王蒙记载其为"早世"(早逝)。根据刘迎胜先生考证②,王氏三兄弟,长子王仲德与幼子王子明至元末仍在世,故早逝的乐清先生只能是王子敬。且王子敬不见于元末文献。此外,王氏的友人郑元祐云:"方泰定间,子敬当无恙……至合海内博识之士观之,不独推彝为三代铜器第一,且尽识子敬之赏识为不可企及云。未几,子敬捐馆。至正壬辰(1352),距父没余二十年矣。"③可见王氏三兄弟中,王子敬约逝于至顺(1330—1332)至元统(1333—1334)间。王子敬之子为王令显,字光大,号彝斋,王彝斋又有二子,分别为王允同、王允冈。根据王蒙《山斋记》可知,允同因妻族所连累而远戍边疆,允冈则归至宜兴,率其童仆,躬耕溪上,后常年与其父住在溪上。

其次,倪瓒曾作诗云:"允同日夕能求画,靳酒藏茶更惜香。独有馆中张博士,夸余弄翰不寻常。"④王允同曾向倪瓒索画,与张博士(张纬)皆欣赏倪瓒的画作。倪瓒又作《题画赠王允同·二首》:"湛湛绿波春雨里,娟娟翠竹晓风前。此中著得玄真子(张志和),一棹夷犹独醉眠。"⑤"桐露轩前月满窗,竹声树影落春江。青苔石径无人迹,坐待归来白鹤双。"⑥或许因为允同被贬的缘故,倪瓒题画诗中流露出允同的壮志难酬之意,以及对唐代张志和归隐生活的向往,"青苔石径无人迹,坐待归来白鹤双"表达出一种凄凉之景,同时也期盼着允同能早日归家。此外,倪瓒于元顺帝至正十九年(1359)五月十三日书《陈惟允荆溪图题跋》:

① (元)曹伯启:《曹文贞公诗集》卷七,《景印文渊阁四库全书》第1202册,台北:台湾商务印书馆1986年版,第516页。

② 刘迎胜:《王仲德家族与元末江南古玩收藏》,载《元史及民族与边疆研究集刊》2010年9月,第20页。

③ (元)郑元祐撰,徐永明校点:《郑元祐集》卷十,杭州:浙江大学出版社2010年版,第255页。

④ (元)倪瓒著,江兴佑点校:《清閟阁集》卷八,杭州:西泠印社出版社2010年版,第252页。

⑤ (元)倪瓒著,江兴佑点校:《清閟阁集》卷七,杭州:西泠印社出版社2010年版,第238页。

⑥ (元)倪瓒著,江兴佑点校:《清閟阁集》卷七,杭州:西泠印社出版社2010年版,第238页。

东坡先生尝曰:"一入荆溪,便觉意思豁然。欲买田其间,种橘作小亭,名以楚颂。"卒不遂其志。杜樊川作水榭,正当荆溪之上。其遗址,僧结庵以居。至今历历可考见。盖荆溪山水之胜,善权、离墨、铜官诸山,冈陇之起伏,云霞之吞吐,具区汇于其左,苕霅引于其前。……允同命予友陈君惟允绘为《荆溪图》,以示不忘乡都之意。他日,指图而叹曰:某树也,吾祖之所封植也;某丘也,吾父之所游登也。宁无惕然有感于中乎?若允同之一举足话言,而不敢忘其祖若父者,非教之有素而能然哉?吾固知其中多隐君子,既乐善于一世,又能使其将来之未艾,盖亦山川之钟秀粹美而致然乎!岁己亥五月十三日,东海生倪瓒漫书。[①]

倪瓒与王氏家族为姻亲关系,王氏后至荆溪(今为宜兴)居住,允同让倪瓒好友陈汝言画《荆溪图》,以示不忘乡都之意,也有可能是因为此时浙西处于兵乱中,王氏家族即将举家迁徙避难,因而为之。《荆溪图》中近景柳林枝冠,繁密如烟;中景平房为主体,亭台楼榭之间互相交错,小桥流水,连接房屋两端;远景仅见缥缈之山头,云霭飘浮,弥向远方,画面用笔工致细微,于古画中亦为奇格。此幅画上有许多人的题跋,比如周砥、遂昌郑元祐、成都虞堪、王蒙、张经、王光大、陈植、张田、荆南樵人、陆大本、张监等,虽不能确定是否同时所题,但可能为一雅集盛事,王蒙亦参与其中。荆溪王氏家族与赵孟頫关系密切,王蒙可能很早就与之往来。

最后,倪瓒曾为允同之弟允冈画竹,《清閟阁集》中载《画竹赠王允刚(冈)》云:"子猷借地种修筲,何可一日无此君。叶笼书席摇翠雨,阴结香炉屯绿云。闻孙近住吴江渚,二仲邀游如蒋诩。置酒邀余写竹枝,隔竹庵人夜深语。"[②]"竹"对于中国传统士人已经成为某种"雅"的符号,东晋书法家王徽之一日不可无竹,"王子猷尝暂寄人空宅住,便令种竹。或问:'暂住何烦尔!'王啸咏良久,直指竹曰:'何可一日无此君!'"[③]允

① (元)倪瓒著,江兴佑点校:《清閟阁集》卷九,杭州:西泠印社出版社 2010 年版,第 299—300 页。
② (元)倪瓒著,江兴佑点校:《清閟阁集》卷四,杭州:西泠印社出版社 2010 年版,第 114 页。
③ (南朝宋)刘义庆著,黄征、柳军晔注释:《世说新语》,杭州:浙江古籍出版社 1998 年版,第 324 页。

冈置办好酒桌，邀请倪瓒为其画竹，畅聊人生，诗中"闻孙近住吴江渚，二仲遨游如蒋诩"一句亦可窥见倪瓒劝诫允冈归隐之心，借用东汉蒋诩告病返乡、终身不出，来暗示自由之身难能可贵。蒋诩家中的庭院有三条小路，只与"二仲"（羊仲、求仲）两位隐士来往，后来人们把"三径"作为隐士住所的代称。

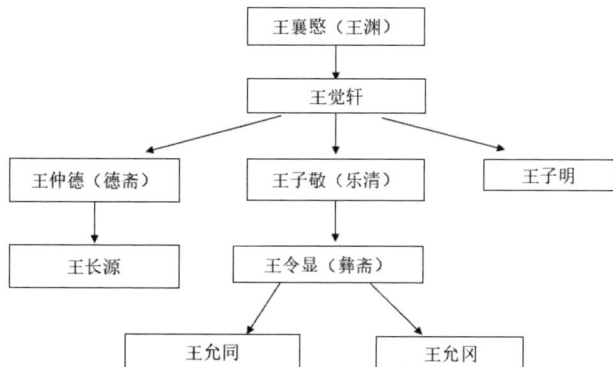

**图12　王氏家族世次图**

### 三、倪瓒与良常草堂雅集①

良常草堂主人为金坛（今江苏常州）张氏，与上文所述荆溪王氏关系密切。"良常山人""良常先生"便是倪瓒对张经的称呼，"良常"为张经在宜兴的宅第之名，且地近良常山，故用此名来怀念在金坛的故居。关于张经其人，明代王鏊《（正德）姑苏志》载："张经，字德常，金坛人。博学通才，为一时之望。初任吴县丞。至正丙申（1356），行省以牧字者罕良，遴选而更张之。自经等，令、丞、簿、尉同日命十一人，盛赐遣之。经在任三年，以政最，升知县事。仁恕公廉，教化平易，折狱明慎。时扰攘之余，继以凶疫，民死者半，经焦劳全活，百姓感怀。省又陈荐，擢嘉定州同知。"②张经一生经历了由民到官，又由官到民的坎坷历程，张士

---

① 关于倪瓒与张氏良常草堂的交往，参考两篇学位论文，分别如下：1. 李晓娟：《倪瓒生平、交游研究——元末明初社会个案考察》，暨南大学2004年硕士学位论文，第28—39页。2. 庄明：《倪瓒在元末至正年间的活动研究》，中国美术学院2016年硕士学位论文，第52—60页。

② （明）王鏊：《（正德）姑苏志》卷四十一，《景印文渊阁四库全书》第493册，台北：台湾商务印书馆1986年版，第754页。

诚占据苏州后,张经便被举荐为官,且政声颇好,倪瓒一直与他保持着密切的联系,卞永誉《式古堂书画汇考》载:"(张)德常是其(张天民)子也,宦游无定居,与倪元镇最善,倡和为多。后任嘉定令,元镇诗云:'闻道之官嘉定去,载书连舸泊江濆。'又廷珪诗寄天民云:'令子已为吴县令,先生犹是葛天民。皆实录也后德常,又为松江府判官。'"①《张吴令像赞》亦载:"德常日侍其亲,内而家庭,外而朋旧,人人得其欢心。暇辍读书讲学,德业滋进,于是德常允然为荆溪之逸民。夫何淮甸兵兴。而荆溪遂为戎首,向所谓田园室庐,尽为瓦砾。德常遂奉先生辟地来吴,以才名著闻,起家吴县丞,由丞升尹。县遭亢旱焚劫,而德常能涵煦以仁恩,自非才美兼具能若是乎?仆与有世契,见其松石小像而喜之,为题其上,云:钟英金坛,蜚声荆溪。以孝以友,身修家齐。辟地来吴,起家佐邑。升之制锦,蔼乎仁术。峨冠野服,松石之间。逍遥天游,良常之山。猗欤,老先生有此令子,尔公尔侯,必复其始。"②张经为官亲民,为友仗义,同时孝顺至亲,照顾家庭。关于张经的孝顺之心,倪瓒曾作《挽张德常》云:"孝弟由天性,清贞有祖风。宦游江郭远,归隐曲林通。嗜古真成癖,歌诗信已工。有才悲贾傅,荏苒百年中。"③关于良常草堂的建立,郑元祐《题良常草堂卷》载:

> 荆溪王仲德,以故宋将家子孙,博古嗜学,延致金坛张天民先生于其家。德常,盖先生子,其父子绩学,能以其道行于荆溪,荆溪之人为其父子买田筑室,居甚充设。无朋从往访,仲德必过德常,饮酒赋诗,盖极一时之盛。卷中所谓良常草堂者,德常扁其室,云不忘金坛故居,日接良常之山也。俯仰廿年,不惟当时朋友大半沦落,而荆溪更世变,鞠为丘墟,仲德亦辟地去乡土,故独德常父子仅存,全其家于中吴。而德常以文学起家,今为吴县尹。予与德常最友善,观画诵诗,感念存殁,为之慨然。④

① (清)卞永誉:《式古堂书画汇考》卷五十三,《景印文渊阁四库全书》第 829 册,台北:台湾商务印书馆 1986 年版,第 306 页。

② (元)郑元祐撰,徐永明校点:《郑元祐集》卷八,杭州:浙江大学出版社 2010 年版,第 158 页。

③ (元)倪瓒著,江兴佑点校:《清閟阁集》卷三,杭州:西泠印社出版社 2010 年版,第 68—69 页。

④ (元)郑元祐撰,徐永明校点:《郑元祐集》卷八,杭州:浙江大学出版社 2010 年版,第 166 页。

正如上文所述，"所谓良常草堂者，德常扁其室，云不忘金坛故居，日接良常之山也"，倪瓒与张经的相识地点有可能在宜兴王仲德家中，因为王仲德曾聘请张监（张经之父）为家庭教师，《张吴令像赞》云："曩予客荆溪主岳仲远，仲远中表多姻戚，若王君仲德其一也。仲德以宋阀阅居州市，时延金坛张天民先生训饬其子弟。久之，先生德孚其身，行孚其人，凡溪大家无不敬慕之者，于是买田筑室，请先生挈家荆溪之上，今吴县尹德常则先生冢子也。"①作为岳仲远家庭教师的郑元祐，不光与宜兴王氏往来密切，亦与王氏的家庭教师张天民有私交之情。张监，字天民，张经之父，金坛人，因家近金坛白鹤溪，时人多称其"鹤溪"先生，卞永誉《式古堂书画汇考》载："张天民，号鹤溪先生。自荆溪徙居金坛，享年九十。成廷珪《题天民移居图》云：'旧隐荆溪第几村，手栽松桧至今存。大茅峰下千年鹤，迟汝重来问子孙。'"②鹤溪先生继承了家族长寿的传统，高年硕德，张经为之建"世寿堂"颐养天年，郑元祐《侨吴集》卷七载：

> 而金坛张德常乃于吴中所寓之室扁曰"世寿"，以奉其父天民先生居之。先生今年八十岁，耳聪目明，气神滋王。其大父爱山先生，年七十五岁而终。其曾大父定轩先生于书无不读，于学无不讲，宋季赵信公最知人，将起先生以共事，先生知事不可为，力谢绝之，日与漫塘刘先生、实斋王先生优游以终老。其卒也，年九十有三。伯父叔刚先生年七十有八。至其两老姑今皆年望九十，起居无恙。世言寿有种，岂信然欤！③

张监祖父张爱山，曾祖父张定轩。郑元祐称张定轩"于书无不读，于学无不讲"，可见张氏家族乃书香之家。张监以"教书"为生，家中经济较为贫困，与王氏家族形成鲜明对比。良常草堂初建之时，乃是艰难重重，不过凭借张监"德孚其身，行孚其人"的品质，鼎力而助者众多，

① （元）郑元祐撰，徐永明校点：《郑元祐集》卷八，杭州：浙江大学出版社2010年版，第158页。
② （清）卞永誉：《式古堂书画汇考》卷五十三，《景印文渊阁四库全书》第829册，台北：台湾商务印书馆1986年版，第306页。
③ （元）郑元祐撰，徐永明校点：《郑元祐集》卷七，杭州：浙江大学出版社2010年版，第154—155页。

"其父子绩学,能以其道行于荆溪,荆溪之人为其父子买田筑室,居甚充设"。草堂建成后,倪瓒为表示祝贺,或许亦为了增加草堂藏品的数量,赠予张氏一卷自己所藏赵孟頫的书法作品,《清闷阁集》中有篇《题良常草堂疏》云:"余捐舍赵荣禄正书一卷。昔王录事寄少陵之资,近代赵文敏干岳氏之助,皆有实效,不事虚文。今德常欲构草堂,所求者柯、张、杜三君,或宿诺而寒盟,或解嘲以调笑,遄求其实则罔所知。数年之间,三君已矣,草堂适成,载览标题,重增嗟悼,捐予珍秘,永镇新居。"①此处亦可见草堂建立之不易,草堂建造之初曾向柯、张、杜②三君借钱,却遭到嘲讽,倪瓒指责三人满口承诺却尽是寒暄之词,遂捐赠赵氏法书一卷,永镇新居。倪瓒所赠赵孟頫书法或许与京口人石岩(字民瞻)有关联,因为张经曾邀请石岩为其家乡故地作画,画名为《鹤溪图》,此图后有张雨、仇远的题跋,赵琦美《赵氏铁网珊瑚》载:"白鹤翩翩入太清,溪流不尽松风声。髯翁笔底有仙路,倩渠更写芙蓉城。张雨。""鹤溪近与练湖连,一镜秋水清无边。依稀淮岸潇湘浦,惯见月虹书画船。山翁几年吴下客,溪草溪花未相识。笔床茶灶老玄真,肯与鸥沙分半席。"③石岩是元代中期著名的收藏家,与赵孟頫交谊甚笃,《赵荣禄小楷过秦论》就是赵氏为石岩所作,张丑《清河书画舫》载:

> 《赵荣禄小楷过秦论》真迹。至元辛卯(1291)秋,(石)民瞻自江左来谒选,时时相过,慰余寂寥,风雨中持黄素四幅求作小楷。适案上有贾生《过秦论》三篇,乃为书之。八月晦日,集贤滥直赵孟頫书。……天历改元建子月之十日,京口袁子方、安岳曹克明,共观于民瞻双清堂,湘中刘致时中拜手书……此卷余旧得之石民瞻,元度见而爱之,辄以相赠。其结体妍丽,用笔遒劲,真无愧隋唐间人,至正二年(1342)壬午岁九月望日,元度自钱唐暂还山中,笺以

---

① (元)倪瓒著,江兴佑点校:《清闷阁集》卷十,杭州:西泠印社出版社 2010 年版,第 316 页。

② 按:根据张氏交游情况来看,此三君有可能是柯九思、张雨及杜本。

③ (明)赵琦美:《赵氏铁网珊瑚》卷八,《景印文渊阁四库全书》第 815 册,台北:台湾商务印书馆 1986 年版,第 504—505 页。

自随,因得重观。是日潘子素同在密庸斋,展玩久之。勾吴倪瓒题。①

根据跋文来看,《赵荣禄小楷过秦论》在天历元年(1328)十一月十日时,仍然留在石岩家中,此后便由倪瓒收藏,又因挚友徐元度对此幅作品见而爱之,便转赠于他。至元二年(1336)九月望日,徐元度从钱塘还乡拜访倪瓒时,携带了此幅倪瓒昔日所收藏过的赵氏小楷,倪瓒不禁思绪万千,作跋于卷后。张氏草堂建成之际,倪瓒所赠赵氏正书一卷,不知是否也是石岩转赠倪瓒的作品。倪瓒除了为草堂捐赠法书,还为良常草堂题诗留念,内容如下:"一室良常洞,幽深古太茅。风瓢元自寂,畦瓮不知劳。独出逢骑虎,初来学种桃。还应白云里,迟子共游遨。""翠壁邻丹灶,青枫背草堂。琴书聊卒岁,麋鹿自成行。叠涧(一作涧水)流杯滑,飞花入座香。宁无问津者,及此系舟航。"②另外,倪瓒为张氏良常草堂的常客。在良常草堂里,倪瓒受张经的邀请,为他的画像作赞。倪瓒《良常张先生像赞》云:

> 钱唐王生思善画,德常时年四十二矣。德常高情虚夷,意度闲雅,顾非顾长康之丘壑置身,曹将军之凌烟润色,又那缘得其气韵耶?王生盖亦见其善者几耳。今日因过德常草堂,出此图求赞,且欲作树石其旁,乃先缀数语像上,树石俟它日补为之。诵诗读书,佩先师之格言;登山临水,得旷士之乐全。非仕非隐,其几其天。云不雨而常润,玉虽工而匪镌。其据于儒,依于老,逃于禅者欤?③

张经画像为杭州知名画家王思善(王绎)所绘,明代田汝成《西湖游览志余》载:"王思善绎,号痴绝生。其先睦人,至正间居杭之新门,从携李叶居仲,年十二三,已能丹青,亦解写真。尝为居仲作小像,面部如钱而精采宛肖,后得顾周道开发,益造精微。尝为《写像秘诀》行于世,云:凡写像须通晓相法,盖人之面貌部位,与夫五岳四渎,名各不侔,自有相

---

① (明)张丑:《清河书画舫》卷十下,《景印文渊阁四库全书》第 817 册,台北:台湾商务印书馆 1986 年版,第 405—406 页。

② (元)倪瓒著,江兴佑点校:《清闷阁集》卷三,杭州:西泠印社出版社 2010 年版,第 54 页。

③ (元)倪瓒著,江兴佑点校:《清闷阁集》卷九,杭州:西泠印社出版社 2010 年版,第 295 页。

对照处,而四时气色亦异。……近代俗工胶柱鼓瑟,不知变通之道,必欲其正襟危坐如泥塑人,方乃传写,因是万无一得,又何足怪哉?"①张经邀请为这幅画作赞的文士,除倪瓒外,还有王蒙以及马治。赵琦美《赵氏铁网珊瑚》卷八载《题德常小像》:"冠切云之崔嵬,佩鸣玉之琳琅。丹青仿佛其形似,气象已绚烂乎文章。深注意于林泉,而托迹乎轩裳。耕钓于荆溪,笑傲于良常,岂岫之闲云,亦九畹之孤芳,故将纵浪大化,游咏天和。周旋馨(阙),追琢磨于躬,有光而奕,世其昌者耶。黄鹤山人王蒙谨题。""冠纶巾,服素衣,静式后昆,动扬前徽,濯埃氛于宴景,憺山水之清辉,吾固知其夷险,一节出处,显默之间,惟德之常而从容于道机者。马治。"②王蒙与宜兴人马治,皆为倪瓒与张经的共同好友,王蒙乃为"元四家"之一,亦为赵孟頫的外甥,上文有所提及。关于马治,明代毛宪《毗陵人品记》载:"马治,字孝常,宜兴人。少好学,精通经史。洪武间,举秀才,任内丘知县,迁建昌府同知所,著《荆南倡和集》。"③马治与周砥时而唱和,周砥亦是倪瓒好友,他们之间的诗画风格十分相似。顾瑛《草堂雅集》载:"周砥,字履道,兰陵人。幼学举子业,且力意作诗,不泛交。来游姑苏,与予聚首弥月。过草堂,即往鸿山。其与倪云林最相友爱,故其诗画亦相似云。"④此种形式的诗文交流,在良常草堂中较为常见,倪瓒很乐于前往草堂与张经交流诗画,倪瓒曾作《为德常写竹》云:"张公宅里挑灯话,对影依依梦寐同。坐到夜深喧境寂,庭前疏竹起秋风。"⑤张经除了邀请王思善为他作画像外,还邀请朱德润(字泽民)和王若水画《良常草堂图》,柯九思曾在王氏环庆堂看见此画并题"仲穆使君之篆笔力遒劲,泽民若水之画清润,助教之诗流丽,皆令

① (明)田汝成:《西湖游览志余》卷十七,《景印文渊阁四库全书》第585册,台北:台湾商务印书馆1986年版,第524页。
② (明)赵琦美:《赵氏铁网珊瑚》卷八,《景印文渊阁四库全书》第815册,台北:台湾商务印书馆1986年版,第508页。
③ (明)毛宪:《毗陵人品记》卷六,《续修四库全书》第541册,上海:上海古籍出版社2002年版,第152页。
④ (元)顾瑛撰,杨镰、祈学明、张颐青整理:《草堂雅集》卷十四,北京:中华书局2008年版,第1055页。
⑤ (元)倪瓒著,江兴佑点校:《清閟阁集》卷七,杭州:西泠印社出版社2010年版,第237页。

人祫祔。故为之识其后，丹邱柯九思题于王氏环庆堂。"①上文描述环庆堂雅集时亦提起此段，《良常草堂图》由朱德润与王若水执笔，题字的乃是赵孟頫之子赵雍，应该是张经携带此画参与王氏雅集时，邀请柯九思再作题，毕竟在此之前柯氏已经为草堂撰写过记文，可惜未传世。《良堂张氏遗卷》中收有朱德润的诗："过江山色萃良常，碧树阴森结草堂。处士不知人世变，更求丹篆写仙方。"②上文提及张氏家族应是书香门第，张经祖孙三代，即其父张监，弟张纬、子张以中，皆能学好文。倪瓒与张家大致是志趣相投，所以倪瓒与张经祖孙三代都有诗文唱和。倪瓒《清閟阁集》中有多首寄张天民的诗文，《别张天民》："鸣雁将北归，徘徊旧栖处。江湖春水多，欲去仍回顾。稻粱岂余谋，缯缴非所虑。犹为气机使，暄冷逐来去。寥寥天宇宽，彼此同一寓。风萍无定踪，易散聊为聚。君看网中鱼，在疚犹相煦。"③《张天民溪亭》："罨画溪亭月，当窗影更妍。朱弦弹绿水，细柳舞春烟。杜牧何年宅，山僧栖夜禅。张公一杯酒，独醉羲皇前。"④《画竹寄张天民》："良常南洞口，闻有扫尘斋。竹影春当户，泉声夜绕阶。自矜霜兔健，安有鲁鱼乖。截得青鸾尾，因风寄好怀。"⑤《鹤溪为张天民赋》："溪西松影高千尺，白鹤时时眠上头。风雨不惊鸥鹭宿，云霄应与凤鸾游。明窗笔格珊瑚树，新酿松花玛瑙瓯。露下鸣皋声彻远，幽人空谷独相求。"⑥《寄张天民》："清溪演漾绿生苹，溪上轩楹发兴新。只欠竹阴垂北牖，尽多山色近南津。湖鱼入馔长留客，沙鸟缘阶不畏人。愧我萍踪此淹泊，片云回首一伤神。"⑦倪瓒对于好友张监是极为信任的，许多家事也乐于找他倾诉。譬如至正二十三年（1363），倪瓒妻子去世，此时的他已年近花甲，内心十分悲痛，便致信张监表达自己新的人生感悟，《与介石》云："仆罪衅所积，而我室人亦成

---

① （元）柯九思：《丹邱生集》卷二，《丛书集成续编》第137册，台北：台北新文丰出版公司1989年版，第7页。

② （明）赵琦美：《赵氏铁网珊瑚》卷八，《景印文渊阁四库全书》第815册，台北：台湾商务印书馆1986年版，第501页。

③ （元）倪瓒著，江兴佑点校：《清閟阁集》卷一，杭州：西泠印社出版社2010年版，第5页。

④ （元）倪瓒著，江兴佑点校：《清閟阁集》卷三，杭州：西泠印社出版社2010年版，第65页。

⑤ （元）倪瓒著，江兴佑点校：《清閟阁集》卷三，杭州：西泠印社出版社2010年版，第78页。

⑥ （元）倪瓒著，江兴佑点校：《清閟阁集》卷五，杭州：西泠印社出版社2010年版，第141页。

⑦ （元）倪瓒著，江兴佑点校：《清閟阁集》卷五，杭州：西泠印社出版社2010年版，第147—148页。

长往，哀摧哽塞，大不可言。日月不居，奄逾两月。依依故物，触事损心，奈何奈何！以世缘言之，悲叹何能有已。若以法眼观之，则我此身诚亦无有。此宗少文所以三复至教，方能遣哀耳。襄事粗毕，太山长林之思，此心已群于鹿豕间矣。"①张纬是张经之弟，字德机，于荆溪南岸筑有"荆南精舍"，倪瓒亦与他有酬唱往来，"张纬，字德机，鹤溪先生之子。德常府判经弟也。鹤溪讳监，又字天民，自金坛移居宜兴。德机卜筑荆南精舍，倪高士为之图。"②倪瓒《水竹居图》后有张纬跋文，清代陆心源《仪顾堂题跋》载：

> 云林《水竹居图》，纸本，水墨山水，为吴郡曹仲和所作也。前有沈雄仲篆书"水竹居"三字，后有俞焯记，张纬、王令显、孔思构……案仲和，名谨，又字勉之……张纬，字德机，父监，字天民。自金坛移居宜兴，弟经，字德常，兄弟自相师友，文风蔼然，高士尝为纬作《荆南精舍图》，为德常作《良常草堂图》。③

荆南精舍便是张纬的宅子，倪瓒曾为他作《荆南精舍图》，《赋德机征君荆南精舍图》云："结庐溪水南，胜处慊幽探。夏果足山雨，春衣染夕岚。石欹招鹤磴，门俯射蛟潭。日日萦归梦，萧条雪满簪。"④《赋德机荆南精舍图》："溪上田园定有无，愁将归思画成图。春林寂寂花开落，风牖泠泠鬼啸呼。尚有流泉悲夜雨，已荒幽径入寒芜。何当一举同黄鹄，未觉山川路郁纡。"⑤倪瓒《清閟阁集》中有多首诗文相赠张纬："嘉藻柱我前，令人意也消。展咏当庭除，清阴起凉飙。出何去岩穴，隐何逃市朝。仙师赤城霞，旦旦起神标。"⑥"昕夕轻鸥傍钓矶，幽情自不与人违。琴尊花圃春醺后，童冠风雩晚咏归。云卧半间僧入定，苔侵三径客

① (元)倪瓒著，江兴佑点校：《清閟阁集》卷十，杭州：西泠印社出版社2010年版，第320—321页。
② (清)端方：《壬寅销夏录》不分卷，《续修四库全书》第1089册，上海：上海古籍出版社2002年版，第482页。
③ (清)陆心源：《仪顾堂题跋》卷十五，《续修四库全书》第930册，上海：上海古籍出版社2002年版，第176页。
④ (元)倪瓒著，江兴佑点校：《清閟阁集》卷三，杭州：西泠印社出版社2010年版，第58页。
⑤ (元)倪瓒著，江兴佑点校：《清閟阁集》卷六，杭州：西泠印社出版社2010年版，第180页。
⑥ (元)倪瓒著，江兴佑点校：《清閟阁集》卷一，杭州：西泠印社出版社2010年版，第24页。

来稀。却怜服食清虚甚，黄独松花煮疗饥。"①"空折花枝插满盆，清吟清坐想盘飧。主人欲出松肪酿，谩道糟床尚苦浑。"②"博士今宵不用夸，竹枝袅袅趁风斜。莫烦更把官奴烛，且与狂吟野老家。""西家饮酒不尽欢，东家灯下坐团栾。我侬自有一壶酒，不怕先生酒量宽。""醉醒宜城竹叶春，竹枝空画损精神。诗成不厌干喉吻，谁道伤多酒入唇。""允同日夕能求画，靳酒藏茶更惜香。独有馆中张博士，夸余弄翰不寻常。"③通过以上诗文，大致可以看出倪瓒与张纬交谊不浅，《醉后调张德机四首》亦可表明他们不仅是诗文酒友，更是知心好友。张纬与其兄长不同，志向不在为官，所以为官时间较短，且官职不大，这点与倪瓒颇为相似。因为郝经曾有《诗寄德机判簿》一诗，"十载无家客，东西几播迁。已拚书马券，留作买山钱。处处荆花好，枝枝棣鄂连。将车日来往，便比草堂前。六月廿七日书于吴中客船。(郝)经。"④说明张纬曾在吴地或许做过判簿，但时间不长。倪瓒所赠张纬诗文中，也没使用判簿官职称呼过他，一般称张纬为德机隐君，"隐君"二字便揭示了其日常生活态度，归隐情怀估计隐匿在张纬内心深处。张纬曾在《张德机论交诗帖》自题《德机顿首次韵答朱德载，将筑室邻村，作诗见寄》云：

　　论交州里自不恶，更欲邻居亦大奇。避俗如仇还好客，知穷为崇却攻诗。一丘风雨书声共，十载冰霜鬓影知。不用裹粮勤访远，闭门忧患是吾师。

　　红尘冠盖今无梦，风雪相逢自一奇。便欲倾家多酿酒，不须结社苦吟诗。名涂有阱吾方悔，拙味如饴子未知。缠市山林竟谁是，岁寒农圃有余师。⑤

　　其中"避俗如仇还好客，知穷为崇却攻诗。一丘风雨书声共，十载冰霜鬓影知"的性格与倪瓒十分相似，甚至在"雅"与"清"的层面更胜一

---

① (元)倪瓒著，江兴佑点校：《清閟阁集》卷五，杭州：西泠印社出版社2010年版，第148页。
② (元)倪瓒著，江兴佑点校：《清閟阁集》卷七，杭州：西泠印社出版社2010年版，第226页。
③ (元)倪瓒著，江兴佑点校：《清閟阁集》卷八，杭州：西泠印社出版社2010年版，第252页。
④ (清)卞永誉：《式古堂书画汇考》卷十八，《景印文渊阁四库全书》第827册，台北：台湾商务印书馆1986年版，第831页。
⑤ (清)卞永誉：《式古堂书画汇考》卷十九，《景印文渊阁四库全书》第827册，台北：台湾商务印书馆1986年版，第864页。

筹，"便欲倾家多酿酒，不须结社苦吟诗"道出张纬不愿随波逐流，在当时大的结社宴唱氛围下，仍然保持自己独立的人格品质，某种程度上是一种对现实的批判，只是用一己之力较为弱小罢了，但"避俗如仇"是其精神世界的底线。倪瓒曾作《古木竹石图》，元人杨维桢作跋云："懒瓒先生懒下楼，先生避俗避如仇。自言寓此三株树，清閟阁中气已投。"①其中一句"先生避俗避如仇"与张纬的精神世界相当契合，所以倪瓒赠张纬诗歌云："独有馆中张博士，夸余弄翰不寻常"，可见二人是多么志同道合。

张元度与张以中都是张经之子，倪瓒与张氏第三代亦有交往，元度与以中应算是倪瓒的"小友"。倪瓒曾画竹赠张以中并自题："吾友张以中，少年如老翁。因过修竹里，邀我碧岩东。琥珀松醪釅，玻璃茗碗红。子端今已矣，千载事同风。"②"吾友"乃是直接点明了二人的关系。关于张元度，沈世良《倪高士年谱》卷下载：

> 夜宿张判府环绿轩，赠张元度诗云：戊申十月十八日，环绿轩中借榻眠。案：元度，张德常子。高士题画赠元度，有十二月廿四日侍乃翁顾予江渚之语，当即指辛丑季冬，德常将还嘉定，道过笠泽蜗牛庐时也。德常为松江判府，是时元度殆随侍署中，故作诗投赠。③

此事发生在元至正二十八年（1368），即明洪武元年，倪瓒寄宿张氏宅中，题画赠张经之子张元度。相比张元度，倪瓒《清閟阁集》中与张以中的诗文唱和更为频繁，或许倪瓒对以中更关爱有加，故而诗文集中常常称他为"以中兄"④。另外，张以中的野亭成为倪瓒漂泊时期常住之所。倪瓒《题张以中野亭》云："人境旷无车马杂，轩楹只在第三桥。开

---

① （明）汪砢玉：《珊瑚网》卷三十四，《景印文渊阁四库全书》第 818 册，台北：台湾商务印书馆 1986 年版，第 649 页。

② （元）倪瓒著，江兴佑点校：《清閟阁集》卷二，杭州：西泠印社出版社 2010 年版，第 40 页。

③ （清）沈世良：《倪高士年谱》卷下，《续修四库全书》第 552 册，上海：上海古籍出版社 2002 年版，第 679 页。

④ 《与彝斋学士先生·十二通》载："以中兄要乃翁像，并要不肖诗画，此月望前后寄上。数日来，意思惯惯，大不佳。画像亦留南渚，未曾取出耳。临书增怅，所冀加爱，以慰怀思。不备。"见（元）倪瓒著，江兴佑点校：《清閟阁集》卷十，杭州：西泠印社出版社 2010 年版，第 328 页。

门草色侵书幌,隔水松声和玉箫。一榻云山供夏簟,满江烟雨看春潮。君能撷取飞霞佩,天际真人近可招。"①倪瓒又作《六月九日过以中野亭赋》:"豆苗引蔓已过檐,荇叶团团菱叶尖。兀坐野亭忘日暮,窗前竹影月纤纤。"②可见张以中的野亭环境清幽,"隔水松声和玉箫"的高雅氛围适合吟诗作赋。同时作为长辈的倪瓒,对于提携后辈更是十分积极,尤其关于绘画艺术,倪瓒经常给予张以中悉心指导,并且阐释自己作画的体会,如《题张以中画》云:"密雪初晴僧舍深,地炉活火酒时斟。张家公子清狂甚,冒冷看山意不禁。"③又《题溪山雪霁图,赠以中张君》云:"水影山容黯淡,云林翠(一作细)筱萧疏。谁见重居寺里,雪晴沙际吟余。"④倪瓒除了赠画给张以中,还与他讨论一些画理层面的问题,广为流传的"逸气"说,便是倪瓒写赠给张以中画竹卷中所言,《跋画竹》云:"以中每爱余画竹。余之竹聊以写胸中逸气耳,岂复较其似与非,叶之繁与疏,枝之斜与直哉?或涂抹久之,它人视以为麻、为芦,仆亦不能强辨为竹。真没奈览者何,但不知以中视为何物耳。"⑤元末兵乱结束后,张以中准备从宜兴返回家乡金坛,倪瓒将为他送行,可惜倪瓒此时已无故土,散尽家财、游寄于湖山之间,生活较为窘迫。送行一事让倪瓒触景生情,内心十分惆怅,思乡之情也油然而生,故而发出"君今尚有归耕地,顾我将从何处归"之感慨。

## 四、倪瓒与贞松白雪轩雅集

贞松白雪轩主人为松江富家曹知白(1272—1355),字又玄,一字贞素,号云西,浙西华亭(今上海松江)人,人称贞素先生。倪瓒、黄公望、王蒙与之交往十分频繁,雅集之间常见其踪迹。关于曹知白,元人贡师泰《贞素先生墓志铭》载:

> 至正十五年(1355)春二月五日壬戌,贞素先生曹氏卒。逾月

① (元)倪瓒著,江兴佑点校:《清閟阁集》卷五,杭州:西泠印社出版社2010年版,第137页。
② (元)倪瓒著,江兴佑点校:《清閟阁集》卷七,杭州:西泠印社出版社2010年版,第224页。
③ (元)倪瓒著,江兴佑点校:《清閟阁集》卷七,杭州:西泠印社出版社2010年版,第233页。
④ (元)倪瓒著,江兴佑点校:《清閟阁集》卷三,杭州:西泠印社出版社2010年版,第94页。
⑤ (元)倪瓒著,江兴佑点校:《清閟阁集》卷九,杭州:西泠印社出版社2010年版,第302页。

己酉葬于修竹乡千山之原从，子庆孙状先生世系行实来请曰：庆孙甚幸，承教叔父。叔父死，墓未得铭，敢以其孙於菟请师泰。游吴楚间，久高先生之行，遂不复辞。按状，先生讳知白，字又玄，号云西。先世有讳霭者，在唐中叶，自闽之霍童山徙居温之许峰，没而为神，有驱厉捍患之功，祀久不绝，其族益蕃衍。……先生生于咸淳壬申（1272）三月廿八日丙戌，蚤孤鞠于母谢氏教之成人，则从祖教授君泽之也。先生身长七尺，美须髯，性机悟，善识事。①

墓志铭交代了曹知白生卒年时间。其先族颇有恢宏壮观气象，"自闽之霍童山徙居温之许峰，没而为神，有驱厉捍患之功"。曹知白父亲早亡，从学于其祖曹泽之，其容貌甚伟，长身美髯。曹知白所在曹氏分支中，属于小蒸曹氏一族，乃为江南富豪，书香世家，"以世家子好读书，工翰墨，海内胜流，如昆山顾仲瑛、无锡倪瓒，知白与之齐名"②，清代王昶《蒲褐山房诗话新编》载："吾邑曹氏有三支，一在元延祐年间居咸鱼港，僧正印《众褐院记》所谓宣慰曹公及其子提举日照是也；一在明天顺年间居广福林，曹时和、时中、时信三兄弟是也；一亦在元时居于小蒸，则曹应府知白及其孙永、曾孙炳是也。三家皆雄于赀，各以田园第宅称。至于风流文采，宣慰提举无闻焉。定庵之后，迄今亦蔑有传者。唯小蒸一支，士食旧德，农服先畴，时有人起而继之。虽园馆久无，而青衿弦诵，阅四百年如故，洵为衣冠盛事已。"③可见曹氏家族有隐居不仕、归隐山林者；亦有步入仕途、建功立业者，不论是"仕"与"隐"，曹氏皆能以读书修身为己任，营造了一种宁静淡泊的家族文化氛围。虽然元初科举之路较为艰难，但也没有妨碍青浦曹氏一族绵延兴学。曹知白的祖上大多学问通达且诗书画精通，元代邵亨贞《野处集》中记载《松竹林记》一篇：

① （元）贡师泰：《玩斋集》卷十，《景印文渊阁四库全书》第 1215 册，台北：台湾商务印书馆 1986 年版，第 695—696 页。
② （清）王昶著，周维德校点：《蒲褐山房诗话新编》，北京：人民文学出版社 2011 年版，第 197 页。
③ （清）王昶著，周维德校点：《蒲褐山房诗话新编》，北京：人民文学出版社 2011 年版，第 198 页。

松竹之为林,高山平野,在在莫不有之。而此乃欲为之记者,何哉?以曹炳幼文筑室读书其下故也。自古读书者不择地,而朝夕可以用其力。今此乃特取于松竹之间者,又何哉?尝疑而问焉,盖有慕于昌黎韩子之言故也。……又尝见之云间之地矣,九山之间有曰"读书堂"者,晋二陆之故居也。亭林之阳有曰"读书堆"者,陈野王之遗址也。是邦之望,古今所称,惟陆与顾。……今曹氏所居,与之密迩,三世相传,循习不坠,将不得与前修追逐而流芳后世哉?室既成,松竹日茂,幼文属予为之记。①

邵亨贞乃是曹知白外从孙,自幼就跟从知白,对其家事所知甚深。曹氏家族可谓"三世相传,循习不坠"的显赫豪富之家,他们"皆种学绩文,相继不绝",所建"读书堂""读书堆"都弥漫着浓厚的读书风气,重文化修养的家族环境使得曹知白幼年时就耳濡目染,开始培养丹青翰墨的兴趣,故而成就日后一番书画事业。另外,曹知白的文章也被给予高度评价,元代王冕《曹云西画山水图》云:"前年常见云西画,今年始识云西翁。文章惊世世所重,笔力到老老更工。……岂云笔底有江山,自是胸中蕴丘壑"②,足可见曹氏妙笔生花之本领。

曹知白作为元代归隐文人中的一员,家中亦常常宾朋满座,陶宗仪《南村诗集》中记载《曹氏园池行》一文:"浙右园池不多数,曹氏经营最云古。我昔避兵贞溪头,杖屦寻常造园所……宾朋满座冠峨冠,投壶散帙馨交欢。桂酒椒浆麋鹿脯,璃觞翠釜琉璃盘。"③此段记述反映了曹知白家中雅集交游的情形,亦可见曹氏家族雄厚的资财。曹知白与倪瓒、顾瑛当时乃为江南"三大名士",家族早年皆富裕,得以让曹知白"南归长谷中,隐居读《易》,终日不出庭户,尤喜黄老氏之学"④。从其居所的

---

① (元)邵亨贞:《野处集》卷二,《景印文渊阁四库全书》第 1215 册,台北:台湾商务印书馆 1986 年版,第 194—195 页。

② (元)王冕:《竹斋集》卷下,《景印文渊阁四库全书》第 1233 册,台北:台湾商务印书馆 1986 年版,第 64 页。

③ (元)陶宗仪:《南村诗集》卷一,《丛书集成续编》第 168 册,台北:台北新文丰出版公司 1989 年版,第 707 页。

④ (元)贡师泰:《玩斋集》卷十,《景印文渊阁四库全书》第 1215 册,台北:台湾商务印书馆 1986 年版,第696 页。

名称也可看出曹氏好古的心性，"扁其居曰常清净、曰洼盈、曰厚堂、曰古齐，盖于是超然有所得矣。"①曹氏所建园林不仅有亭台楼阁，"晚益治圃，种花竹，日与宾客故人以诗酒相娱乐。"②日常生活的闲适，使曹知白能够生活于闹市，却能够人为营造一种隐逸的环境。纵观其传世山水画作，譬如《松林平远图》《溪山泛艇》等，画面中常常伴随着静穆旷达，可臻不染俗尘的氛围。曹知白外从孙邵亨贞曾作《题钱素庵所藏曹云翁手书龙眠述古图叙文》，记载了当时的文人们于贞松白雪轩中雅集的盛况：

> 贞素翁为乡里典刑，学术优。赡经史百家，罔不造诣。家所蓄书，数千百卷；法书墨迹，数十百卷。非徒藏也。日展诵之，所得者，深广也。翁生太平时，年几九帙，以考，终不可复得矣。晚年目明，手书细字，精致可怜。此卷盖为素庵先生书《宋福唐郑先生所为龙眠述古图叙文》也。追思翁，康强时，幅巾野褐，扶短筇竹，招邀文人胜士，终逍遥于嘉花美木，清泉翠石间，论文赋诗，挥麈谈玄，援琴雅歌，觞咏无算，风流文采，不减古人。③

此段除了记载曹氏园林环境之优美，以及规模之庞大，还记述了文人们风雅相尚，题咏唱和，逍遥于嘉花美木，清泉翠石间，同时提及曹氏家中藏品之丰富，与倪瓒的清閟阁相比，可能是有过之而无不及。

曹知白雅集与交游范围较为广泛，有达官贵人、道释门人、书画之人、归隐志士等，倪瓒应属于其文人书画交游圈，同时也是贞松白雪轩的常客。倪瓒弃家后，"寓松，在曹知白家最久"④。现存于台北"故宫博

① （元）贡师泰：《玩斋集》卷十，《景印文渊阁四库全书》第 1215 册，台北：台湾商务印书馆 1986 年版，第696 页。
② （元）贡师泰：《玩斋集》卷十，《景印文渊阁四库全书》第 1215 册，台北：台湾商务印书馆 1986 年版，第696 页。
③ （元）邵亨贞：《野处集》卷二，《景印文渊阁四库全书》第 1215 册，台北：台湾商务印书馆 1986 年版，第202 页。
④ （清）宋如林等编撰：《（嘉庆）松江府志》卷六十二，《中国方志丛书》，台北：台湾成文出版社公司 1970年版，第 1425 页。

物院"曹知白所绘的《贞松白雪轩图》①上记载了一次雅集情形,画上有张雨题跋云:"至正十二年(1352)正月句曲张雨与云林会于贞松白雪轩,其地林石奇胜,窗牖明洁,轩中主人抱奇才,守冰操。款坐剧谈,啸咏竟日,云西作图,各赋诗以赠。境静尘虑清,雨余山光变。池塘阒虚闲,琴酌申缱绻。蔚哉春木荣,憩我飞翮倦。石间有题字,苔蚀已难辨。方外张雨。"②后亦有倪瓒作跋:"境静尘虚阒馆深,轩牕幽寂迥无尘。云西画手堪惊绝,为写双龙落翠阴。倪瓒。"③然而《清閟阁集》中亦有类似的文字记载,但是款署的日期不同:"《至正二十三年(1363)正月廿日,余与诸友集于贞松白雪轩。其地林石奇胜,窗牖明洁,且主人好文尚古,有文武材。款坐设肴醴,相与啸咏,以小谢'云中辨江树'分韵各赋,得辨字》:境静尘虑清,雨余山光变。池馆阒虚闲,琴酌申缱绻。蔚哉春木荣,憩我飞翮倦。石间有题字,苔蚀已难辨。"④两者可能为同一次雅集,因为《清閟阁集》中所载诗文与画迹相同,但是《清閟阁集》中的诗文是将画中张雨题跋与倪瓒自题的内容相结合,倪瓒于画作上的跋文亦有可能为后世作伪,并且二者所记述的贞松白雪轩雅集时间相差甚远。此外,根据贡师泰所撰曹知白墓志铭可知,他是卒于至正十五年(1355),故《清閟阁集》中所记之日期与题诗有误。若是先抛开此画真伪问题,透过《清閟阁集》中倪瓒的自述,亦可发现倪、曹二人之间的交往较为密切。

松江董其昌对于倪、曹二人交游略有记载,曾题《曹知白吴淞山水》云:"曹云西,吾(吴)郡人,与倪迂同时,以画相倡和。山水师冯觐。觐,宣和时宦官,大都似右丞之娟秀。玄宰。"⑤文献记载中多有他们书画交

---

① 台北"故宫博物院"藏《贞松白雪轩图》疑伪作,原因有二:1. 此图右上方张雨题跋的时间为至正十二年(1352)正月,而学界对张雨卒年的考证时间范畴为1350年或在此之前数年;2. 关于此图倪瓒的跋文,《清閟阁集》中记载了此次雅集情形,诗文集中的内容与跋文有所差异。另外,倪瓒所记载此次雅集时间为至正二十三年(1363),而曹知白的卒年时间为1355年,此问题待考。

② (清)张照:《石渠宝笈》卷二十六,《景印文渊阁四库全书》第825册,台北:台湾商务印书馆1986年版,第112页。

③ (清)张照:《石渠宝笈》卷二十六,《景印文渊阁四库全书》第825册,台北:台湾商务印书馆1986年版,第112页。

④ (元)倪瓒著,江兴佑点校:《清閟阁集》卷一,杭州:西泠印社出版社2010年版,第19页。

⑤ (明)汪砢玉:《珊瑚网》卷四十三,《景印文渊阁四库全书》第818册,台北:台湾商务印书馆1986年版,第807页。

游的资料,譬如高士奇《江村销夏录》中载:"元曹云西为倪高士作小幅,纸本水墨。……云西老人作于清閟阁。吾闻箕颍水,能洗古人心。兹山有飞泉,泠泠琴上音。尘垢悉荡除,方寸清似涤。何止匡庐间,啸咏成李白。危素。"①可知曹知白曾赠倪瓒一幅水墨画,并且是在倪氏清閟阁作的画。前文已经叙述登阁之困难,看来曹知白的审美情趣与诗文品味十分符合倪瓒的心意,故能登上此阁。正如曹氏所赠画作上的危素跋文所言:"尘垢悉荡除,方寸清似涤"②,倪瓒所交之人多有清高性情,山水之"清"与倪瓒所追求的"清""雅",融为一体。倪瓒同样有画作赠与曹知白,某年十一月一日,倪瓒与杨维桢、钱惟善同聚曹氏贞松白雪轩,倪瓒为曹知白于灯下戏写《竹石霜柯图》,《清閟阁集》载:"十一月一日灯下戏写竹石霜柯并题。久客令人厌,为生只自怜。每书空咄咄,聊偃腹便便。野竹寒烟外,霜柯夕照边。五湖风月迥,好在转渔船。"③诗中表达出离开家乡的惆怅与哀思,以五湖风月为寄托,聊以自娱,同时隐约透露出一种无奈与悲凉的气氛。杨、钱二人并各题一首七言绝句勉之,钱惟善题诗云:"去年溪上泊轻舟,笑弄沧波狎海鸥。云去楼空无此客,寒林留得数竿秋。曲江居士题。"④后有杨维桢作跋云:"懒瓒先生懒下楼,先生避俗避如仇。自言写此三株树,清閟斋中笔已投。老铁在素轩醉笔。"⑤杨维桢最后的落款为"老铁在素轩醉笔",可见系诗酒之兴意浓时在曹氏素轩题此段跋文。明清之际书画家笪重光对画上题跋者评价云:"云林此图为曹云西作,杨铁崖先生跋中所云素轩者是也。曲江居士钱惟善与铁史二诗,其清绝同于高士画法。诗意每为展玩吟咏,涤尽胸中百斛尘矣。"⑥可见笪重光对杨、钱二人所作诗文评价较高,此种

---

① (清)高士奇:《江村销夏录》卷二,《景印文渊阁四库全书》第 826 册,台北:台湾商务印书馆 1986 年版,第 532 页。

② (清)高士奇:《江村销夏录》卷二,《景印文渊阁四库全书》第 826 册,台北:台湾商务印书馆 1986 年版,第 532 页。

③ (元)倪瓒著,江兴佑点校:《清閟阁集》卷三,杭州:西泠印社出版社 2010 年版,第 81 页。

④ (清)高士奇:《江村销夏录》卷二,《景印文渊阁四库全书》第 826 册,台北:台湾商务印书馆 1986 年版,第 535 页。

⑤ (清)高士奇:《江村销夏录》卷二,《景印文渊阁四库全书》第 826 册,台北:台湾商务印书馆 1986 年版,第 535 页。

⑥ (清)高士奇:《江村销夏录》卷二,《景印文渊阁四库全书》第 826 册,台北:台湾商务印书馆 1986 年版,第 535 页。

清新绝俗的诗句估计才能与倪瓒的画作相媲美。

曹知白曾作《江山图长卷》，卞永誉《式古堂书画汇考》载："至正壬辰(1352)清和月，云西老人曹知白写赠同庵老友"①，同庵即释夷简，是元代的释道书家，《续书史会要》载："释夷简，字易道，义兴人，书师张雨"②，他在此卷后题跋云："至正壬辰初夏寓上朔回龙寺，适云西老人来，联榻数日，值景清和，或挂乔林，或放船幽渚，江山延人，佳思花月，助我闲吟，漫赋山居十首呈正，云西亦记图所历为江山长卷见赠，投砖引玉，深愧鄙俚，因附录卷尾，以识一时之雅会。"③这是发生在回龙寺并持续数日的一次雅集，曹知白把此次雅集的经历汇成一幅画，此画虽不存，但是曹知白在雅集中应该画过许多类似的作品。在此期间，曹知白与黄公望和倪瓒的关系十分密切，《清閟阁集》中有多首倪瓒题赠曹知白的诗文，比如《题曹云西画松石》："云西老人子曹子，画手远师韦与李。衡门昼掩春长闲，彩毫动处雄风起。叶藏戈法枝如籀，苍石庚庚横玉理。庭前明月满长松，影落吴淞半江水。"④又《题曹云西画》云："吴淞江水碧于蓝，怪石乔柯在渚南。鼓柁长吟采薠去，新晴风日更清酣。"⑤曹知白曾在倪瓒清閟阁为其画《清閟阁图》，卞永誉《式古堂书画汇考》载："曹贞素《清閟阁图》，纸本长一尺二寸，阔九寸。款书：'云西老人作于清閟阁'。"⑥

曹知白于至正四年(1344)七月五日在澄江旅行途中所绘《疏林亭子》一轴，上有张雨、倪瓒等人的题跋，张雨题云："五粒松渣服食稀，泠泠礀玉写清晖。道人气味谁能似，六月山中翠雪飞。至正五年夏日，句曲道者张雨。"⑦又倪瓒题云："地僻林深无过客，松门原自不曾关。展将

---

① (清)卞永誉：《式古堂书画汇考》卷五十二，《景印文渊阁四库全书》第829册，台北：台湾商务印书馆1986年版，第239页。

② (元)陶宗仪：《书史会要》补遗，《景印文渊阁四库全书》第814册，台北：台湾商务印书馆1986年版，第809页。

③ (清)卞永誉：《式古堂书画汇考》卷五十二，《景印文渊阁四库全书》第829册，台北：台湾商务印书馆1986年版，第239页。

④ (元)倪瓒著，江兴佑点校：《清閟阁集》卷四，杭州：西泠印社出版社2010年版，第112页。

⑤ (元)倪瓒著，江兴佑点校：《清閟阁集》卷七，杭州：西泠印社出版社2010年版，第235页。

⑥ (清)卞永誉：《式古堂书画汇考》卷五十二，《景印文渊阁四库全书》第829册，台北：台湾商务印书馆1986年版，第241页。

⑦ (清)张照：《石渠宝笈》卷二十六，《景印文渊阁四库全书》第825册，台北：台湾商务印书馆1986年版，第112页。

图 13 （元）曹知白 《溪山泛艇图》，纸本水墨，纵 86.3 厘米，
　　　横 51.4 厘米，上海博物馆藏

一幅溪藤滑，写得湖阴数点山。沧浪漫士倪瓒。"①题诗中展现了曹知白怡然自得的心境，并且流露出他们与曹氏相知甚深之情谊。曹知白还有一幅风格转变时期的佳作，名为《溪山泛艇图》，上有倪瓒题诗云："萧萧图画自天开，下有轩居亦壮哉。云气四时多似雨，涛声八月大如雷。直看查溯天潢去，莫遣舟乘雪夜回。拟待他年具舟楫，中流小试济川才。"跋文足以说明画面的意境之雅，远山延绵起伏，近景苍松虬屈，两文士泛舟于溪山之间，左上方的瀑泉湍急而下，为观者营造了山中听泉的氛围。

## 五、倪瓒与竹西草堂雅集

竹西草堂的地理位置与前文所述贞松白雪轩相同，皆位于松江（今属上海）。杨谦（生卒年不详）为竹西草堂的主人，曾邀请倪瓒为其像添画树石。关于杨谦的情况我们知之甚少，只知道他是一名隐士。据《（乾隆）江南通志》载："杨谦，字竹西，华亭人。读书尚志，不乐仕进，多高人胜士之交，尝筑小楼，登眺海中大小金山，题曰'不碍云山楼'。杨维桢、贝琼俱为歌咏。"②《松江志》载："杨谦，别号竹西。读书不仕，家有不碍云山楼，杨维桢、贝琼为之歌咏。"③《元人传记资料索引》称："杨谦，号平山，又号竹西，松江人。读书不仕。"④通过相关文献记载可知，杨谦留给后世最为深刻的印象便是读书不仕，这或许亦代表了当时元代江南文坛的普遍现象，故而成为时人或后人推崇的一种时尚风气。

杨谦"多高人胜士之交"，所筑"不碍云山楼"也成为文士一时聚集之地。明代董纪《西郊笑端集》中载《题杨竹西不碍云山楼》诗一首，"斯楼不与云山碍，十二阑干在半天。云自往来飞鸟上，山尤隔越去帆前。

---

① （清）张照：《石渠宝笈》卷二十六，《景印文渊阁四库全书》第 825 册，台北：台湾商务印书馆 1986 年版，第 112 页。

② （清）赵宏恩：《（乾隆）江南通志》卷一百六十八，《景印文渊阁四库全书》第 511 册，台北：台湾商务印书馆 1986 年版，第 837 页。

③ （清）陈田：《明诗纪事》卷十九，《续修四库全书》第 1710 册，上海：上海古籍出版社 2002 年版，第 407 页。

④ 王德毅主编：《元人传记资料索引》，台北：台北新文丰出版公司 1981 年版，第 1534 页。

歌儿莫放高声起,画史惟将远意传。日日登临留客醉,四时风月浩无边。"①与其他雅集主人一样,杨谦为了在此处留下美好回忆,请友人为其作图。孙承泽《庚子销夏记》载:"杨竹西富而韵,楼成,赵仲穆作画,杨铁崖作记,马文璧诸人题咏之。又王绎为画其像,倪元镇为布树石,极一时韵事。"②吴升《大观录》载:"《倪王合作杨竹西小像卷》,纸本长三尺,余作园林景架空旷处,恍挹峰泖之缥缈,而云之英英、水之浮浮也。元诚自写竹数茎,云林补松树、坡石、松针,空勾虚涛,谡谡如闻楮端,王思善写竹西像,幅巾深衣、曳杖逍遥于松筠坡石间。题赞若郑明德、杨廉夫十余俦并,文采风流,照耀一世,非寻常行乐图比,故可传为赏鉴也。"③但是《竹西草堂图》非赵雍所画,而是张渥之作,赵雍画的是墨竹,目前藏于辽宁省博物馆。

《杨竹西小像》卷末有倪瓒行书题识两行:"杨竹西高士小像,严陵王绎写,句吴倪瓒补作松石。癸卯二月。"④汪砢玉《珊瑚网》亦载:"杨竹西高士小像,严陵王绎写,句吴倪瓒补作松石,癸卯二月。云林山水《竹西图》,左一松,右有小竹,平坡上王绎貌竹西高士,方巾深衣,执杖立于坡间。"⑤癸卯为至正二十三年(1363)。据款识可知此卷为王绎、倪瓒合作而成,画中人物应是草堂主人杨谦。后纸有郑元祐、杨维桢、苏昌龄、马琬、高淳、钱鼏、静慧、王逢、茅毅题九段,钤名章、藏印等80余方。画面核心部分所绘是杨氏归老林泉后的晚年肖像。王绎将杨谦面相表现得十分清癯,同时眼神坚定,描绘了一位有气质而清贫的知识分子形象。学界常由倪瓒的题识,将其画的创作时间定为1363年,然而真实情况并非如此。据倪瓒自题的时间可知,他确实是在1363年补画树石,但是王绎画杨谦小像的具体时间却不得而知。此幅画作上没有王

① (明)董纪:《西郊笑端集》卷一,《景印文渊阁四库全书》第1231册,台北:台湾商务印书馆1986年版,第753页。

② (清)孙承泽:《庚子销夏记》卷八,《景印文渊阁四库全书》第826册,台北:台湾商务印书馆1986年版,第96页。

③ (清)吴升:《大观录》卷十八,《续修四库全书》第1066册,上海:上海古籍出版社2002年版,第786页。

④ 见北京故宫博物院藏王绎、倪瓒合作《杨竹西小像》题跋。

⑤ (明)汪砢玉:《珊瑚网》卷三十四,《景印文渊阁四库全书》第818册,台北:台湾商务印书馆1986年版,第654页。

绎题款,亦未加盖其印章,仿佛即兴发挥而作。但是根据画后郑元祐的跋文内容,可以判定王绎画小像的时间下限应为至正二十二年壬寅(1362)二月,具体跋文内容如下:

图 14　(元)王绎、倪瓒《杨竹西小像》卷,纸本,水墨,纵 27.7 厘米,横 86.8 厘米,北京故宫博物院藏

三泖之水东流,九峰之云高浮。笃生隐人,是为杨侯。杨侯之生,才质具美。能济之以方来之讲学,兼本之以凤闻之诗礼。此所以行修,而文辞뮐而醇。乃自号竹西子,欲追踪乎葛天民。人谓其草玄之暇裔,而不滞于其出处进退。此所以不戚戚于贱贫,不汲汲于富贵。既无惭于次公之颖脱,亦无忝于大年之秀发。此所以江海知名,而畎求躬耕。夸匪溢美,论斯称情。吾闻其初度在迩,寿星腾辉乎泖水。吾题其像既以文,若揆之心宜以礼,能若此则参千祀而一成纯,匪但以八千岁为秋春而已也。至正二十二年壬寅岁春二月,遂昌山尚左老人郑元祐明德父题。[①]

此段跋文交代了郑元祐作题时间为“至正二十二年壬寅岁春二月”,而他也是此画的第一位题跋者,因此可以大致推断出王绎作画的时间节点。倪瓒补画松石的时间是至正二十三年二月,正好是在郑元祐题跋之后的一年。故而王、倪二位画家实际上是一种前后关系的合作,而且时间至少相差一年。[②] 除此之外,跋文还具体描绘了草堂主人

---

① 见北京故宫博物院藏王绎、倪瓒合作《杨竹西小像》跋文。此段跋文亦著录于众多文献中,譬如汪砢玉《珊瑚网》卷三十四、郁逢庆《书画题跋记》续卷五、卞永誉《式古堂书画汇考》卷五十三、吴升《大观录》元贤名画卷十八等。

② 丁霏:《王绎、倪瓒合作〈杨竹西小像〉相关问题研究》,载《北京文博文丛》2018 年第 3 期,第 26—27 页。

"不戚戚于贱贫，不汲汲于富贵"的人物品格，让后世对杨谦的隐士身份有了进一步了解。同时由杨谦邀请倪瓒为其像添补松石，可知杨谦对于倪瓒松石画法的认同以及偏爱，亦认可倪瓒笔下的松石较为符合其自身之精神气质。杨谦的精神气质可从杨维桢《不碍云山楼记》中观之：

> 至正九年春，余抵淞之张溪，溪之东有大族，为杨竹西氏居之，南偏，其楼曰"不碍云山"，竹西宴于楼之上，卤户四辟，万顷之云，雨鳌之岛，皆自献于眉睫之下，其所名也固宜竹西，且举酒属予以记，请予谓云山之奇观不得于近而得于远，远非至高至明之境无以得之；有其境矣，而非至高至明之人，则亦无以得之也。竹西脱去仕累，归讨幽事，稍为园池亭榭以自娱，以及其客之好事者……竹西风日佳时，岸巾楼上，手挥五弦之余，与一二解人谈至理，既以八卤不碍者辟于目，复以八荒不碍者洞于心，云山之观尽矣，备矣。竹西怃然若有得，起，举酒而自歌曰："海之云兮油油，雨我田兮有秋；海之山兮离离，障我疏兮东之。"又歌曰："云之动兮跐跐，吾与云动兮动而不迁；山之静兮层层，吾与山静兮静而不停。"并录其歌以为记。[1]

此文乃是至正九年（1349）杨维桢在松江为脱去仕累隐居其地的杨谦所写，称赞其逍遥物外，归隐自得的洒脱。同时杨氏认为只有心眼皆无碍才能真正超脱尘俗，去享受云山之美，这也正符合杨谦歌中之意。除此之外，元末明初时期的贝琼曾作《不碍云山楼赋并序》云："赤松溪杨竹西氏筑楼一所，在居第之南，而海中大小两金山飞舞而前，因取杜少陵诗语，颜之曰：'不碍云山'，铁崖杨先生为之记。"[2]结合杨维桢所作记文来看，杨谦居住的确切位置应是松江张溪，张溪又称留溪、清溪、赤松溪，因汉代留侯张良从赤松子游曾居于此而得名，即现在上海金山区

---

[1] （元）杨维桢：《东维子文集》卷十九，《四部丛刊初编》第1497册，北京：商务印书馆1922年版，不分页数。

[2] （明）贝琼：《清江诗集》卷一，《景印文渊阁四库全书》第1228册，台北：台湾商务印书馆1986年版，第184页。

张堰镇。杨家是当地大族，杨谦一生退藏不仕，喜欢饮酒弹琴、赋诗谈理，徜徉山水，醉心林泉。从杨谦脱口而出的诗歌来看，其诗歌具有先秦两汉古风，可以说，他是身在元代，心游千载之上，难怪生平"抱豪杰之才，而不屑于济用"。① 另外，通常情况下的合作绘画，一般分为前后分开绘画或者同时一起创作，若是前后分开绘画，前面执笔者大多数情况下知道后续补画者为何人，甚至会一起商讨整体画面布局以及用笔方式，让整幅作品显得相对和谐，不会令观者感觉突兀。反观王、倪二人合作的《杨竹西小像》，此画上没有留下第一位执笔者王绎任何信息，只有倪瓒题识中交代此人，因此王绎当时作画时的所思所想，后世并不清楚。通过查阅倪瓒《清閟阁集》，发现王、倪二位画家不止一次合作，通过倪瓒所作《良常张先生像赞》②可知，王绎先画张经的画像，倪瓒之后被邀请为此图题赞并画树石。不过倪瓒只是"先缀数语像上，树石俟它日补为之"，最后是否补完树石，不得而知，毕竟此图已经佚失。

前文所述草堂图并非赵雍所画，而是元代另外一位著名画家张渥所作。关于张渥，文献中多有记载，比如顾嗣立《元诗选》载："渥（张渥）字叔厚，淮南人，博学明经，累举不得志于有司，遂放意为诗章，自号贞期生，又能用李龙眠法为白描，前无古人，虽时贵亦罕能得之，与玉山主人友善，即一时景绘为玉山雅集图，会稽杨廉夫为之序，传者无不叹美云。"③夏文彦《图绘宝鉴》载："张渥，字叔厚，号贞期生，杭人，善白描人物，笔法不老无古意。"④顾瑛《草堂雅集》亦载："字叔厚，博学明经，累举不得志于有司。放意为诗章。时用李龙眠法作白描，前无古人，虽达显

---

① 参见杨春晓：《王绎〈杨竹西小像〉考证》，载《内蒙古大学艺术学院学报》2010 年第 3 期，第 107 页。

②《良常张先生像赞》："钱唐王生思善画，德常时年四十二矣。德常高情虚夷意，度闲雅，顾非顾长康之邱壑置身，曹将军之凌烟润色，又那缘得其气韵耶？王生盖亦见其善者几耳。今日因过德常草堂，出此图求赞，且欲作树石其旁，乃先缀数语像上，树石俟它日补为之。诵诗读书，佩先师之格言；登山临水，得旷士之乐全。非仕非隐，其几其天。云不雨而常润，玉虽工而匪镂。其据于儒，依于老，逃于禅者欤？"见（元）倪瓒著，江兴佑点校：《清閟阁集》卷九，杭州：西泠印社出版社 2010 年版，第 295 页。

③（清）顾嗣立：《元诗选三集》卷十二，《景印文渊阁四库全书》第 1471 册，台北：台湾商务印书馆 1986 年版，第 517 页。

④（元）夏文彦：《图绘宝鉴》卷五，《景印文渊阁四库全书》第 814 册，台北：台湾商务印书馆 1986 年版，第 621 页。

人不能以力致之。"①通过上述几段史料记载可知,张渥早年饱读诗章,博学明经,在元朝异族统治下不能得志,遂于官场退隐,以诗画为长,往来吴越之间,参与了顾瑛主持的玉山雅集等众多文人交游活动,以擅长模仿李公麟白描法而著称,在当时已经享有较高的声望。张渥所作《竹西草堂图》现藏辽宁省博物馆,以元末高士杨谦于松江的隐居所竹西草堂为画面主要内容,在画心左上角有元代杨瑀题诗一首。引首赵雍篆书作"竹西"二字,又画竹枝,并题诗一首。卷后有杨维桢、张雨、邵亨、马琬、赵橚、钱惟善元人六跋,又有陶宗仪、杨循吉、黄云、唐寅、项元汴、高士奇等名家题跋。

图15　(元)张渥《竹西草堂图》(局部),纸本,墨笔,纵 27.4 厘米,横 81.2 厘米,辽宁省博物馆藏

　　倪瓒与张渥都曾经是玉山雅集中的宾客,虽然没有找到倪瓒与张渥直接往来的证据,但是可以见到倪瓒多次赞颂张渥的画艺:"张叔厚画法,吴孟思八分,俱有古人风流,今又何可得哉!"②"寓情托写岂真见,龙眠落笔无遁形。可以移赠由叔厚,规制龙眠在伯仲。"③"……则已失去谷翁与龙眠二公,余深叹之不幸。既又得叔厚补遗(按:《西园雅集图》)示之,合之不能辨,二公之幸则诚在叔厚矣,喜甚! 喜甚! ……其中假故少山谷、龙眠二像,经张渥补之始成完璧,其笔痕墨渖与马作无

① (元)顾瑛撰,杨镰、祈学明、张颐青整理:《草堂雅集》卷十,北京:中华书局 2008 年版,第 820 页。
② 见吉林博物馆藏张渥《九歌图》卷倪瓒题跋。
③ (清)顾文彬:《过云楼书画记》卷二,《续修四库全书》第 1085 册,上海:上海古籍出版社 2002 年版,第 210 页。

少区别,信补大手也。"①由此跋文来看,倪瓒赞赏张渥的重点是张渥学习李公麟白描画法逼真,深有古韵,其次则是因为张渥绘画生动传神。

## 六、倪瓒与耕渔轩雅集

耕渔轩是元末明初藏书家徐达左所建造的雅集场所,位于苏州吴县光福里。徐氏祖辈多读书好学,淡泊名利,《故建宁府儒学训导徐良夫墓志铭》载:"良夫徐氏,其先开封人。始祖讳来,来江南,居州之太泉里,继移苏州,今为吴县光福里人。纨绔子弟讳揆,宋太学生,没于靖康之难。六世祖讳茂,始大其家。曾祖讳自明,将仕郎。祖讳雷龙,元常州路武进路儒学教谕。考讳天凤,妣钱氏。良夫讳达左,良夫其字也。"②可见徐达左家族世居北方,北宋、金易代时南迁,后定居于苏州,其家族在当时已有一定的声誉,或许与其先祖的民族气节相关,譬如徐揆曾于靖康二年(1127)正月,率诸生扣南熏门,上书金帅,请送还钦宗,结果被金军所杀。③ 徐氏家族的学识渊博或许源于徐雷龙(徐达左祖父),"尝从状元阮登炳习举业,为时论所重,有浒溪三绝之名,谓雷龙之论,黄竹野之策,刘浩然之赋也。"④关于徐达左的生平,现存资料甚少。王鏊《(正德)姑苏志》载:"徐达左,字良夫,吴县人。少受《易》于鄱阳邵弘道,再受《书》于天台董仁仲。值时多故,隐居光福山中,家故温裕,喜接纳四方名士,置家塾,合族属子弟教之,乡党遵化。洪武初,郡人施仁守建宁,荐为其学训导,师道克立。居六年,卒于学宫。所著有《四字书》十卷,诗文集六卷。"⑤明季张昶《吴中人物志》载:"徐达左,字良辅

---

① (清)杜瑞联:《古芬阁书画记》卷十一,徐娟主编:《中国历代书画艺术论著丛编》第26册,北京:中国大百科全书出版社1997年版,第380页。
② (明)俞贞木:《故建宁府儒学训导徐良夫墓志铭》,(明)都穆编:《吴下冢墓遗文》卷三,台北:台湾学生书局1969年版,第13—14页。
③ 《(光绪)光福镇志》载:"徐基,原籍汴梁,子揆,宣和中,为太斋长。当二帝蒙尘时,肃王出使,诏择从官,朝臣多畏难,揆毅然应命。上书金人,不屈被害,诏谥靖节。基避兵南下,爱光福山水清嘉,遂家焉,世号汴河公。此光福徐氏之始祖也。"见(明)徐傅:《(光绪)光福志》,台北:台湾成文出版公司1983年版,第165页。
④ (明)张昶:《吴中人物志》卷七,《续修四库全书》第541册,上海:上海古籍出版社2002年版,第264页。
⑤ (明)王鏊:《(正德)姑苏志》卷五十四,《景印文渊阁四库全书》第493册,台北:台湾商务印书馆1986年版,第1031页。

（夫），早失怙恃。年十六始知书，从邵光祖，精于义理之学，遭时多故，隐居光福山中，躬行孝悌，以身率教，其族之子弟，讲论礼乐，彬彬揖让。洪武二十二年，聘为建宁学训导，以朱子阙里，欣然往就。达左质厚气温，未尝谈人过犯之，亦不留怨好，山水尝游武夷，将历览以广见闻，平生所著有颜曾思孟四子书刻，留家塾。"①通过上述两则材料可知，徐达左年少时父母双亡，先后跟随邵弘道、董仁仲学习《易经》《尚书》，学成后隐居光福里邓尉山中，潜心读书。元朝末期，各地农民起义不断，此时天下处于战火之中，至正十五年（1355）之后，苏州地区被张士诚集团占领。徐达左面对如此纷乱的时局，决定散尽家财，赠予族人，同时聚集全族而居，修礼尚学，以儒家仁义之学教化宗族内的子弟。张士诚占据吴中期间，曾招揽文人之士为其集团服务，徐达左并未投靠于张氏集团，与倪瓒一样，保持着中立的态度，实则是对兵乱的无声抗拒。徐达左后来坚持隐居于邓尉山，并在宅邸之中设计、修建了"耕渔轩""遂幽轩"等处所，一时名流文士与之往还，多为题咏。②倪瓒曾题其"遂幽轩"云："来访幽居秋满林，尘喧暂可散烦襟。风回研沼摇山影，夜静寒蛩和客吟。危磴白云侵野屐，高桐清露湿窗琴。萧然不作人间梦，老鹤眠松万里心。"③徐达左根据倪瓒所题《遂幽轩》，又作《次云林韵》云："披图仿佛见云林，坐想当时共散襟。山馆风流长对酌，溪桥烟月漫行吟。米生身后存遗笔，钟子仙游罢鼓琴。联璧远来相慰藉，旧题追写故人心。"④但徐达左曾经创造的雅集辉煌却逐渐被后世淡忘，已不及倪瓒的清閟阁或顾瑛玉山雅集，清人陈田《明诗纪事》载：

　　元季吴中好客者，称昆山顾仲瑛、无锡倪元镇、吴县徐良夫，鼎峙二百里间，海内贤士大夫闻风景附，一时高人胜流，佚民遗老，迁客寓公，锱衣黄冠与于斯文者，靡不望三家以为归。……良夫当时

---

① （明）张昶：《吴中人物志》卷六，《续修四库全书》第 541 册，上海：上海古籍出版社 2002 年版，第 251 页。

② 《（正德）姑苏志》卷三十一载："耕渔轩在光福，徐良夫作。徐良夫有文学，所交皆名士，为题咏者甚多。"见（明）王鏊：《（正德）姑苏志》，《景印文渊阁四库全书》第 493 册，台北：台湾商务印书馆 1986 年版，第 1031 页。

③ （元）倪瓒著，江兴佑点校：《清閟阁集》卷六，杭州：西泠印社出版社 2010 年版，第 198 页。

④ （明）徐达左辑录，杨镰等整理：《金兰集》卷一，北京：中华书局 2013 年版，第 30 页。

为风雅所归,可称好事。至今仲瑛、元镇人皆知之,而良夫或不尽知也。①

究其原因,或许有两方面的不同,其一,财力不同。一般规模较大的聚会需要花费的钱财甚多,而徐达左的家境仅"家故温裕"②,但是"东吴富豪,唯松江曹云西,无锡倪云林,昆山顾玉山,声华文物,可以并称"③,倪瓒与顾瑛当年已经列入富豪门类。其二,举办雅集的时间与规模不同。倪瓒清閟阁与顾瑛玉山草堂建立的时间要比耕渔轩早数十年,主要活动在元代中晚期,当时太湖流域相对和平,兵乱并未全部覆盖,而徐达左主要活动在张士诚割据苏州之时及洪武初,规模相对较小。这一时期战乱频繁,文士流散,人心浮动。入明后,明太祖实行专制统治,社会风气紧张,聚会变成仅数个好友平常往来。

倪瓒素来被后世冠以"洁癖"之号,其"洁癖"或"高逸"之处往往反映在与朋友初次会面之时,总会有诙谐或幽默的趣事发生。《史西村日记》曾记载倪瓒与徐达左的会面,内容如下:

> 高士至光福,访良夫,以清晓至门。良夫久不出,而令人以椅坐高士于门外。高士拂衣起,趋登舟而行。舟中垂翠幕,焚异香,两岸观者如堵,疑为神仙。俄而,良夫追及,谢曰:今早在蓐中,始闻高士至,以为非沐浴更衣不敢见,而苦发湿难晞,以数扇挥之,尚不能干。迟非简慢也。后闻高士督过之,乃勉强奉迎之。元镇曰:有是乎?良辅乃去巾散发示之,则犹湿也。元镇大喜,自此为刎颈交。④

除此之外,不禁让人想起张雨初次拜访倪瓒的情形。当倪瓒获悉张雨即将来访,便提前"沐浴更衣",由于沐浴及整理仪容时间过久,最

---

① (清)陈田:《明诗纪事》卷二十五,《续修四库全书》第 1710 册,上海:上海古籍出版社 2002 年版,第 453 页。

② (明)王鏊:《(正德)姑苏志》卷五十四,《景印文渊阁四库全书》第 493 册,台北:台湾商务印书馆 1986 年版,第 1031 页。

③ (明)何良俊:《四友斋丛说》卷十六,《续修四库全书》第 1125 册,上海:上海古籍出版社 2002 年版,第 622 页。

④ (清)陆绍曾:《古今名扇录》不分卷,《续修四库全书》第 1111 册,上海:上海古籍出版社 2002 年版,第 596 页。

终耽搁了会面的时间，还曾引起来客张雨的一丝不满。当张雨得知事情原委后，深受感动，而这也奠定了两人日后成为"挚友"的基础。此番趣事亦被《云林遗事》所收录："茆山羽士张伯雨，时来谒。舟甫至，闻报，即使二童子邀于水次。及中途，又遣二童子迎候。及门，又遣二童子出肃云林。久之，始出，礼意甚恭。伯雨以其久不出，有难色，询知沐浴更衣为敬己设，遂与定交。"①徐达左性好交游，为人慷慨热情，与倪瓒的交谊为人津津乐道。倪瓒出身于道教家庭，为人极为孤清高洁，不屑与俗人交往，但在其晚年漂泊之时，常往来徐达左的居处。《清閟阁集》曾载："光福徐达左，构养贤楼于郑蔚山中，一时名士多集于此，云林为尤数焉。尝使童子入山，担七宝泉，以前桶煎茶，后桶濯足。人不解其意，或问之，曰：'前者无触，故用煎茶。后者或为泄气所秽，故以为濯足之用。'"②《寓圃杂记》载："倪云林洁病，自古所无。晚年游地于光福徐氏（徐达左），一日，同游西崦，偶饮七宝泉，爱其美，徐命人日汲两担，前桶以饮，后桶以濯。"③由此可见，倪瓒即使客居他乡，"洁癖"的特征依然伴随其左右，但徐良夫对倪瓒礼遇有加，仍然对客人细心周至地招待，使得倪瓒逗留耕渔轩期间，尽享自然之趣与图书之乐，留下了非常美好的回忆。倪瓒离别之后，还曾写诗表达对耕渔轩主人的感谢与怀念。《怀耕渔大隐》云："山谷真堪埋百忧，月窗桂树思绸缪。荷花浦口见山色，寄书汝亦忆侬不。"④倪瓒此时的思念之情，溢于言表，他与徐达左的友谊之情见于二人诗文集中，倪瓒曾作《答徐良夫》云：

> 八月七日偕耕云叟访耕渔隐者，风雨寂寥中，为留三日，（日）有图书笔砚之乐。九日，耕隐赋诗见赠，次韵奉答。云卧雨声集，庭树飒以秋。身同孤飞鹤，心若不系舟。燕俎登松菌，匏尊斟涧流。兰芳日凋悴，吾生行归休。不作蝼蚁梦，游神凤麟洲。青山澹

---

① （元）倪瓒著，江兴佑点校：《清閟阁集》附录一，杭州：西泠印社出版社 2010 年版，第 368 页。

② （元）倪瓒著，江兴佑点校：《清閟阁集》附录一，杭州：西泠印社出版社 2010 年版，第 371 页。

③ （明）王锜撰，张德信点校：《寓圃杂记》卷六，《元明史料笔记丛刊》，北京：中华书局 1984 年版，第 51 页。

④ （元）倪瓒著，江兴佑点校：《清閟阁集》卷八，杭州：西泠印社出版社 2010 年版，第 271 页。

相对，白发忽满头。……居吴二十载，未及兹山游。君才如鲍谢，摘词亦云优。欢然敬爱客，能不为尔留。桑土凤所彻，户牖何绸缪。地无车马尘，路转岩穴幽。既晴引飞屬，回望林间楼。①

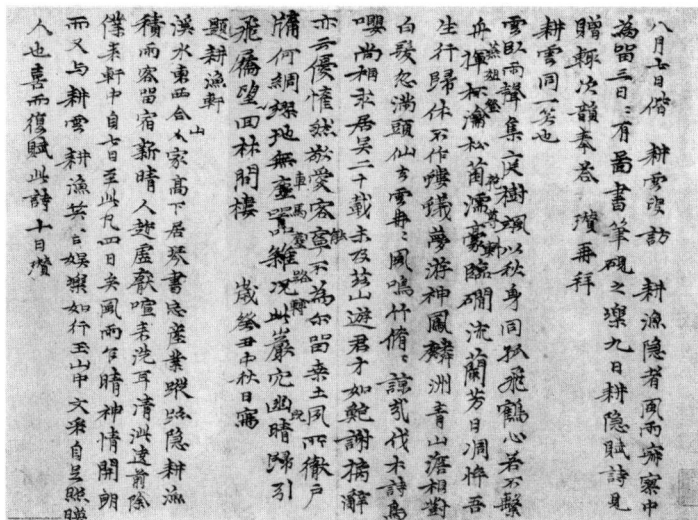

图16　（元）倪瓒《次韵耕隐渔者诗札》，纵28.7厘米，横39.4厘米，
创作于1373年，香港中文大学藏

此诗是《次韵耕隐渔者诗札》中的一首，现被香港中文大学收藏，上有倪瓒落款"岁癸丑中秋日写"。此诗亦提到与倪瓒同行拜访耕渔轩的还有耕云老人，此人应是王照磨，字季耕，号耕云，也就是王昽。《金兰集》卷二中，徐达左作《谢云林倪处士、耕云王照磨见访》②，《青村遗稿》中有《寄王照磨季耕》③一诗，可知"王照磨季耕"与"耕云王照磨"是同一个人，倪瓒与王季耕访耕渔轩，与"云林倪处士、耕云王照磨"来访耕渔轩，是同一件事。倪瓒《清闷阁集》中有多首与耕云唱和的诗文，比如《为耕云赋山居》云："高木垂帷密，清池拭镜明。虫书叶字古，风织浪纹

---

① （元）倪瓒著，江兴佑点校：《清閟阁集》卷二，杭州：西泠印社出版社2010年版，第43—44页。
② （明）徐达左辑录，杨镰等整理：《金兰集》卷二，北京：中华书局2013年版，第48页。
③ 《寄王照磨季耕》："底事乡心忆镜湖，一朝归去伴樵渔。传家尚喜贫存砚，教子尤勤老著书。静里有时观水坐，闲来何处买山居。门墙桃李应如旧，添得春风柳五株。"见（元）刘泂：《青村遗稿》不分卷，《景印文渊阁四库全书》第1217册，台北：台湾商务印书馆1986年版，第483页。

轻。悄悄悲秋意，悠悠惜别情。古人虽已矣，得失未须惊。”[①]《画赠耕云》：“戢栧泊清陂，禅居独下帷。轩扉雨寥落，草木晚离披。野老无机事，江鸥更不疑。虚舟身世远，萍叶任飘吹。”[②]另外，《赵氏铁网珊瑚》亦载：“癸丑八月八日，固始王畹观于徐良夫氏之耕渔轩。是日，雨气作凉，庭无来迹，展玩再四，因得窥见笔意。东坡先生文章气节，震耀一世，因孟君子之行事特为之记，使顽懦之夫，有以奋激，扶植世道之盛心也。岂特翰墨之妙而已哉，良夫宜葆之。南昌卢熊记。”[③]可知王畹作客于耕渔轩的时间与倪瓒一致，此日（八月八日），徐良夫示《东坡泛舟诗》，倪瓒与王畹均作跋以记其事，上文就是南昌卢熊所记王畹的观跋内容，倪瓒所题亦见于《赵氏铁网珊瑚》：“右苏文忠公真迹一卷，公之书，纵横斜直，虽率意而成，无不如意，深赏识其妙者，惟涪翁一人，圜活遒媚，或似颜鲁公，或似徐季海，盖其才德文章，溢而为此。故絪缊郁勃之气，映日奕奕耳。若陆柬之、孙虔礼、周越、王著非不善书，寘之颜鲁公、杨少师、苏文忠公之列，则如神巫之见壶丘子矣。癸丑八月八日，倪瓒。”[④]除此之外，倪瓒《答徐良夫》中所谓“（八月）九日耕隐赋诗见赠，次韵奉答”，所次之韵乃是徐达左所作的《谢云林倪处士、耕云王照磨见访》一诗，其诗内容如下：

凉风起幽壑，蟋蟀鸣素秋。之子从何来，飘然驾扁舟。萧散古冠带，乃若晋贤流。须眉既皓皓，吟啸方休休。永怀眉山学，气逸鹦鹉洲。能书夸草圣，善画追虎头。嗟哉市井人，白眼看前修。鹤鸣溪渚阴，自为同气求。握手叙心素，忘形诚旧游。为子下陈榻，再宿清思优。虽无盘飧美，苹藻聊淹留。开怀写高兴，彼此情绸缪。况有王衍谈，临清偕讨幽。期看丹桂月，尊酒登高楼。[⑤]

徐良夫在这首诗中，把倪瓒形容为如同东晋时期才德兼备的名流，

① （元）倪瓒著，江兴佑点校：《清閟阁集》卷三，杭州：西泠印社出版社 2010 年版，第 84 页。

② （元）倪瓒著，江兴佑点校：《清閟阁集》卷三，杭州：西泠印社出版社 2010 年版，第 80 页。

③ （明）赵琦美：《赵氏铁网珊瑚》卷四，《景印文渊阁四库全书》第 815 册，台北：台湾商务印书馆 1986 年版，第 369 页。

④ （明）赵琦美：《赵氏铁网珊瑚》卷四，《景印文渊阁四库全书》第 815 册，台北：台湾商务印书馆 1986 年版，第 368—369 页。

⑤ （明）徐达左辑录，杨镰等整理：《金兰集》卷二，北京：中华书局 2013 年版，第 48 页。

衣带萧散飘举,高声吟唱而来,令人仿佛看见了"竹林七贤"的身影。同时他认为倪瓒深得东坡遗韵,书法可与草圣媲美,绘画可追顾恺之,才华气质超凡脱俗。清雅的气质使得倪瓒白眼看俗物,其精神世界的多样性亦是他不同于常人的重要特质。徐氏作此诗的最终目的是想略尽地主之谊,请倪瓒和王畛在耕渔轩多盘桓几日。作《次韵》奉答的除倪瓒之外,还有张适、高启、魏俊明、周南老、卢熊、陈汝秩、冯清、王璲、周彝、张常明、钮安、董昶、释道衍、释智及、黄本、陶琛、章璇、黄以忱,与会者共二十人。① 这应该是《金兰集》所记规模最大的一次文会,《金兰集》是徐达左编辑的诗集,正编有三卷本或四卷本,另有补录(或续集)一卷,以三卷本收入诗篇较全,三卷本的正编是徐达左的友朋唱和投赠之作,补录一卷是编录徐达左兄长之子徐济(樵苏子)出守邵武及归田后与友朋唱和之诗。② 由于此次文会规模较为庞大,加之耕渔轩主人的盛情挽留,倪瓒等人决定多住几日。至八月十一日,倪瓒赋诗《徐良夫耕渔轩》:"仆来轩中,自七日至此,凡四日矣。风雨乍晴,神情开朗,又与耕云、耕渔笑言娱乐,如行玉山中,文采自足照映人也。喜而赋此诗。溪水东西合,山家高下居。琴书忘产业,踪迹隐樵渔。积雨客留宿,新晴人趁墟。厌喧来洗耳,清泚绕前除。"③此时已经是倪瓒拜访耕渔轩的第四天,初八下雨,到十日时天空已经放晴,又与耕云、耕渔二人诗酒言谈,心情愉悦,灵感顿生,文采自足,十分享受在耕渔轩的美好时光。八月十三日,倪瓒和王畛前往七宝泉,傍晚便返回王畛的耕云轩,倪瓒作诗《七日访徐良辅,十三日至七宝泉上,及暮舟还耕云轩二首》云:"来看城西十月山,桂花风起碧岩间。扁舟夜过溪东宿,七宝泉头日暮还。"④"桂树窗间卧看云,风吹花落紫纶巾。偶来山廨饵苍术,又向江波采白蘋。"⑤八月十五日,正值癸丑年中秋,倪瓒在十九日赋诗提到,此年的中秋月特别圆,好友徐良夫与景和带着美酒来耕云轩,知己相逢千杯少,

① (明)徐达左辑录,杨镰等整理:《金兰集》卷二,北京:中华书局2013年版,第48—61页。
② (明)徐达左辑录,杨镰等整理:《金兰集》前言,北京:中华书局2013年版,第1页。
③ (元)倪瓒著,江兴佑点校:《清閟阁集》卷三,杭州:西泠印社出版社2010年版,第83页。
④ (元)倪瓒著,江兴佑点校:《清閟阁集》卷八,杭州:西泠印社出版社2010年版,第267页。
⑤ (元)倪瓒著,江兴佑点校:《清閟阁集》卷八,杭州:西泠印社出版社2010年版,第267页。

畅饮到二更才休息。倪瓒作诗多首,记录了他们月下欢饮的场景,比如《中秋偕徐良夫饮耕云山居》云:"酒渴茶瓯沁露凉,石床云卧冷侵裳。团团碧树悬金粟,月午风清梦寐香。"①又作《中秋月下欢饮》:"鸣凤冈头秋月明,一樽能为故人倾。月林满地青蘋影,琪树飘香露气清。"②八月十九日,倪瓒回忆了中秋当日在耕云轩的场景,作《中秋夜月明胜常年,良夫与景和携酒至耕云轩,酣饮及二更,乃就寝。十六日夜,阴云半天宇,月光或隐或见。十七日夜,月已不如中秋月色朗澈。十八日暮雨作,至十九日不止,因赋》:"八月山居秋廓廓,西风逗冷侵疏箔。鸟衔青影暮飞还,细雨空庭桂花落。"③中秋佳节后的第六天,即八月二十一日,倪瓒原本打算去西郭山,体会那份"山人留我白云间"的惬意,《八月廿一日出凤冈》:"江上来寻西郭山,山人留我白云间。风飘云去他山雨,云本无心亦未闲。"④想必倪瓒游西郭山的时间非常短促,未能悠闲地逛完全山,便被徐达左再次邀请回耕渔轩,一起欣赏怀素《酒狂帖》。《题唐怀素酒狂帖》云:"癸丑八月廿一日观于耕渔轩。时积雨初霁,残暑尤炽。王季耕自其山居折桂花一枝,以石罂注水插花,著几格间。户庭闲寂,香气郁然。展玩此卷久之,如在世外也。"⑤徐达左的耕渔轩实际是其书画的收藏场所,故而成为倪瓒等人的驻足之处,耕渔轩除了收藏草书大家怀素的作品外,还藏有许多苏东坡的作品。明吴宽《家藏集》载:

> 东坡遗张平阳《村醪》诗真迹,旧藏光福徐良夫家。据东阳黄晋卿题识:诗凡六首,今耕学翁得之,已亡其半,可惜也。然吾闻良夫所藏高编大册甚富,今则一字不存矣,则此卷虽脱落,为幸已甚,且徐皆出偃王。春秋时,徐子章羽被执,子孙散处扬徐间,今耕学与良夫同姓同里,此卷之在耕学犹在良夫也,为幸益甚。呜呼!楚人得失,孔子鄙之。吾恐故家子孙得以借口也,故拘拘于徐云。若

① (元)倪瓒著,江兴佑点校:《清閟阁集》卷八,杭州:西泠印社出版社2010年版,第271页。
② (元)倪瓒著,江兴佑点校:《清閟阁集》卷八,杭州:西泠印社出版社2010年版,第267页。
③ (元)倪瓒著,江兴佑点校:《清閟阁集》卷八,杭州:西泠印社出版社2010年版,第267页。
④ (元)倪瓒著,江兴佑点校:《清閟阁集》卷八,杭州:西泠印社出版社2010年版,第272页。
⑤ (元)倪瓒著,江兴佑点校:《清閟阁集》卷九,杭州:西泠印社出版社2010年版,第296页。

夫坡老声画之妙，前辈论之详矣，区区末学，何足以知此。[①]

倪瓒曾与王旡一同观赏东坡《村醪帖》，并《题东坡村醪帖》云："坡翁此卷笔意，比徐季海尤觉天真烂漫也。癸丑中秋同王季耕观于徐良夫之耕渔轩。"[②]除此之外，耕渔轩中还收藏不少时代较近或同时人的作品，包括交游士人的投赠。[③] 比如朱德润曾作《题云山图》云："苍山何层层，白云何英英。重溪汇九折，云影随风生。风生猿玃号，夜静山峥嵘。山人醉卧不扃户，晓骑翔鸾上青冥。"[④]后有徐贲同题云："绿树黄鹂处处山，偶从溪上看云还。人生未许全无事，才得登临便是闲。"[⑤]朱德润、徐贲均为元代画家，此诗皆载于《金兰集》中，画作曾被耕渔轩所收藏。倪瓒《题高彦敬山水图》亦载于《金兰集》，所题内容为："房山清影浸湖波，绿玉苍烟冷荡磨。宝墨珍图人世满，山中照见百东坡。"[⑥]交游士人投赠之作中最有名的是《耕渔轩图》，此图曾由两人作过，其中一位就是倪瓒，《赵氏铁网珊瑚》卷十五著录"倪云林《耕渔轩图》"，下录河南高巽志《耕渔轩记》："吴人徐君良辅，世家笠泽之坡，慕学，无所不读，凡往古之成败污隆，人物之是非得失，莫不周知而有要愈，叩而不穷。其为人平易以坦夷，尊贤而好礼，弗矫激以干名，弗苟偷以趋利。予得而友之。"[⑦]后有杨基《耕渔轩说》："震泽之东有隐者焉，朝而耕，夕而渔，结屋若千楹，倦则休息其中，题曰：耕渔轩。穿窿山牧，方饮牛水滨，乃舍牛而叩之曰：尔耕且渔，亦知所以耕渔之说乎……耕渔子姓徐氏，字良辅。牧者嘉陵杨基也。"[⑧]图后还著录唐肃、包大同《耕渔轩铭》，王行《耕渔轩诗序》，倪瓒等十三人诗以及释道衍《耕渔轩诗后序》。清吴升《大观录》对

① (明)吴宽：《家藏集》卷四十九，《景印文渊阁四库全书》第 1255 册，台北：台湾商务印书馆 1986 年版，第 450 页。
② (明)赵琦美：《赵氏铁网珊瑚》卷四，《景印文渊阁四库全书》第 815 册，台北：台湾商务印书馆 1986 年版，第 368 页。
③ 王媛：《元明之际耕渔轩文艺活动考论》，载《阴山学刊》2013 年第 2 期，第 46 页。
④ (明)徐达左辑录，杨镰等整理：《金兰集》卷三，北京：中华书局 2013 年版，第 116 页。
⑤ (明)徐达左辑录，杨镰等整理：《金兰集》卷三，北京：中华书局 2013 年版，第 117 页。
⑥ (明)徐达左辑录，杨镰等整理：《金兰集》卷三，北京：中华书局 2013 年版，第 117 页。
⑦ (明)赵琦美：《赵氏铁网珊瑚》卷十五，《景印文渊阁四库全书》第 815 册，台北：台湾商务印书馆 1986 年版，第 783 页。
⑧ (明)赵琦美：《赵氏铁网珊瑚》卷十五，《景印文渊阁四库全书》第 815 册，台北：台湾商务印书馆 1986 年版，第 783—784 页。

倪瓒所作《耕渔轩图》的画面内容以及笔法技巧的描绘尤为细致：

> 此卷牙色纸本，起首有古痕，高一尺一寸，长约六尺。作园林、景架、风轩、石磴、曲槛、幽廊，野水平田，莽苍空阔。迂翁画多尺幅，少长卷。此卷独仿董源，墨深气厚，是翁平生雄畅作也。《溪山亭子图》笔墨虽相类，未若此卷之舒长雄快也。余甲子年从维扬购得，携至长安，为梁相国鉴赏收去。诵诸公之序记，不觉神往而有慨乎中焉，短题诗句，俱在本身，墨采印颜，精光奕奕，照人可爱。①

此外，关于倪瓒作《耕渔轩图》的时间，《大观录》载："《耕渔轩》，至正壬寅四月十日东海倪瓒画"②，即至正二十二年（1362）所作，那么，倪瓒与徐达左的交往，应在倪瓒离开故乡无锡，泛舟于五湖三泖，寄迹苏州之后，但不会晚至正二十二年。另外一位作《耕渔轩图》是元季画家朱德润，《大观录》卷十八载："朱泽民《耕渔轩图》为良夫高士作"③，后有蒋堂题诗二首："落落长松积翠环，茯苓今已不知年。何人得似山中乐，春雨来时种石田。""桐江树色绿如衣，上接晴岚护石扉。人世浮埃三十丈，西风吹不到渔矶。"④倪瓒也有《题朱泽民为良夫作耕渔轩图》诗："寂寂溪山面碧湖，轻舟烟雨钓菰蒲。晓耕岩际看云起，夕偃林间到日晡。汉书自可挂牛角，阮杖何妨挑酒壶。江稻西风鲈鲙美，依依蓴食待樵苏。"⑤此画所作时间不详，根据朱德润的卒年时间来看，画应当作于至正二十五年（1365）之前。

除《耕渔轩图》外，倪瓒还有一幅风景画赠予徐达左，此画是倪瓒典型的"一河两岸"三段式构图，近景几株树丛，中景是渔屋坐落于江面，远景群山环抱。此图著录于李日华《六研斋二笔》："倪云林小景，上作

① （清）吴升：《大观录》卷十七，《续修四库全书》第 1066 册，上海：上海古籍出版社 2002 年版，第736 页。

② （清）吴升：《大观录》卷十七，《续修四库全书》第 1066 册，上海：上海古籍出版社 2002 年版，第736 页。

③ （清）吴升：《大观录》卷十八，《续修四库全书》第 1066 册，上海：上海古籍出版社 2002 年版，第784 页。

④ （清）吴升：《大观录》卷十八，《续修四库全书》第 1066 册，上海：上海古籍出版社 2002 年版，第784 页。

⑤ （元）倪瓒著，江兴佑点校：《清閟阁集》卷六，上海：西泠印社出版社 2010 年版，第 199 页。

嵯峨大峰,中作四五重林麓,皆有断沙孤屿出没闪露,下层写近景五树作三簇,渔屋处其中,盖滨江景也。题云:'萧萧白发沈休文,问舍求田江水汶。此日一杯成邂逅,淋漓醉墨气如云。'甲寅三月邂逅耕渔居士于开元精舍,因征余画为写此帧,并赋赠。东海云林子瓒。"①此外,还有一幅传为倪瓒的《霜柯竹石图》,亦是倪瓒为友人徐达左而作,此图曾在2010年9月18日至10月13日保利艺术博物馆举行的"宋元明清(二)中国古代书画大展"中展出,并于12月初举办的"北京保利5周年秋季拍卖会"上拍卖。2006年时,嘉德公司曾拍卖此图,可惜流拍,后转给保利公司代拍。② 在嘉德公司拍卖《霜柯竹石图》前,尹光华指出此图是"十余年来仅见的倪画真迹,一木一石,间以疏朗的修竹,是倪瓒晚年常作的题材"③。但亦有许多学者认为保利所拍作品为伪作,比如美国格林内尔大学(Grinnell College)历史系教授谢正光指出,保利所拍作品尺寸与清代李佐贤《书画鉴影》记录的尺寸相差较大,另外李氏著录的诗文与所拍作品的跋文有多字不合,以及落款时间不匹配,其间又与倪瓒其余几件作品对比,认为此画明显非其真迹。在此提及此画的意义,并不是讨论作品本身的真伪性,主要是受画者是徐达左,画上有倪瓒《题良夫遂幽轩》一诗,乃倪瓒与徐达左交往之一则重要记录。

关于徐达左的交友态度与原则,在其《金兰集》自序中已有明确阐述,包括为何将诗文集取名为"金兰",主要二字分别出自《易》与《传》:

> 《金兰集》者,达左与友朋往来之诗,编集成卷,以见不忘之义也。《易》曰:"二人同心,其利断金。"《传》曰:"同心之言,其臭如兰。"故名之。④

此序作于洪武八年(1375)乙卯秋九月,距倪瓒去世已近一年,《金兰集》文人中倪瓒与徐达左往来密切,所作诗歌最多,共计21首。倪瓒

---

① (明)李日华:《六研斋二笔》卷一,《景印文渊阁四库全书》第867册,台北:台湾商务印书馆1986年版,第574—575页。
② 谢正光:《倪瓒〈霜柯竹石图〉之新赝与旧伪》,载《中国文哲研究通讯》2012年第3期,第189页。
③ 尹光华:《倪瓒〈霜柯竹石图〉简考》,载《嘉德通讯》2006年第3期,第83页。
④ (明)徐达左辑录,杨镰等整理:《金兰集·自序》,北京:中华书局2013年版,第5页。

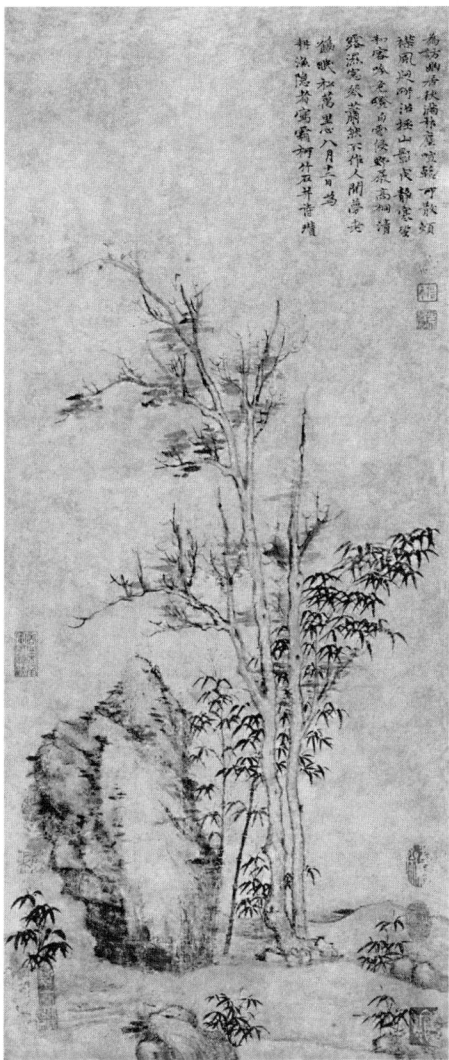

**图 17　(传)倪瓒《霜柯竹石图》,立轴,水墨,纸本,纵 86.7 厘米,
横 36.2 厘米,保利艺术博物馆藏**

也曾烟雨中过石湖忆起徐达左,其诗文《烟雨中过石湖四绝似良夫》云:
"烟雨山前渡石湖,一帘秋影镜平铺。何须更剪淞江水,好染空青画作
图。""姑苏城外短长桥,烟雨空蒙又晚潮。载酒曾经此行乐,醉乘江月
卧吹箫。""愁不能消已白头,沧江波上狎轻鸥。鸥情与老初无染,一叶
轻躯总是愁。"①在徐达左耕渔轩,从元末到明初,不分籍贯、民族、身份、
来历的雅集,一直延续了三十多年,在这期间,元朝分崩离析,明朝艰难

167

① (明)徐达左辑录,杨镰等整理:《金兰集》卷三,北京:中华书局 2013 年版,第 124 页。

创立。经历了改朝换代，徐达左的耕渔轩没有缺少过诗与诗人。雅集成为另一种意义的"保境安民"，成为地方文化的里程碑，亦成为倪瓒虚邪逍遥、隐约斯世之地，正如其所作《徐良夫耕渔轩》诗中所写："邓山之下，其水舒舒。林庐田圃，君子攸居。载耕载渔，爰读我书。唐虞缅邈，怆矣其悲。栖迟衡门，聊得我娱。敬慎诚笃，德冈三二。四勿是克，三益来萃。彼溺于利，我以吾义。彼自暴弃，我以仁智。匪今之同，惟古是嗜。虚邪逍遥，隐约斯世。"①邓山脚下的一片林庐，成为昔日战乱中的雅集圣地，更为倪瓒凄惨的晚年生活带来一丝慰藉。事实上，倪瓒更愿意在耕渔轩向徐达左倾诉自己的境遇，徐达左已成为其抒发感慨的最佳对象，《江渚茅屋杂兴四绝，奉寄云浦理问兼似良夫隐士》云："我自无心何慢勤，爱憎加我亦从人。青山不改如如体，雪后阳生依旧春。""五月阴风特地寒，阖闾浦口怯衣单。饥啼野哭浮村落，我本无愁也废餐。""虞赵虹光贯壁奎，碧梧端合凤来栖。春泥滑滑江天永，更着荒榛叫竹鸡。""眼底繁华一旦空，寥寥南北马牛风。鸿飞不与人间事，山自白云江自东。"②最后，就年龄而言，倪瓒与徐达左相差二十多岁而能建立起"忘年交"的友情，这与两人的彼此欣赏分不开，如倪瓒《寄良夫契友》云："昔者安丰董，朝耕暮读书。亲乐以妻顺，山樵而水渔。徐子慕古义，林卧独端居。弹琴咏王风，窅然观化初。月窗澹疏竹，跚跌当六如。"③倪瓒对徐达左性格儒雅，家风严整，赞赏有加，精神世界的共鸣为他们成为"契友"奠定了基础。徐达左读完此诗之后又附《次韵》一首，"故人云山里，日事琴与书。蔼然重交义，不肯忘樵鱼。奚奴将锦囊，来觅竹水居。佳画入幽趣，雅句复古初。七襄不成报，高风慕相如。"④可见徐达左对于倪瓒的诗画才绝，仰之弥高。后世由此见证了元末明初动荡之际，文人世界互相依赖的友谊，以及他们从雅集中得到的欢乐与天真之趣。

---

① (元)倪瓒著,江兴佑点校:《清閟阁集》卷一,杭州:西泠印社出版社2010年版,第3页。
② (元)倪瓒著,江兴佑点校:《清閟阁集》卷八,杭州:西泠印社出版社2010年版,第270页。
③ (明)徐达左辑录,杨镰等整理:《金兰集》卷二,北京:中华书局2013年版,第36页。
④ (明)徐达左辑录,杨镰等整理:《金兰集》卷二,北京:中华书局2013年版,第36页。

## 七、倪瓒与听雨楼雅集

元末吴中地区，很多雅集都与张士诚政权有密切联系。张氏虽出身盐商，但"恐众不附，大结人心，引士类为己用"①。《明史纪事本末》亦载："然士诚尚持重寡言，好士，筑景贤楼，士无贤不肖，輿马居室，多厌其心，亦往往趋焉。"②表面上看，张士诚在用人方面原则性不强，但是也从另一方面说明了他对待士人的开明与宽容，他正是以此种求贤的形象赢得众多文士的认同。上行下效，张氏政权中的部分官员也成了文人雅集的组织者与庇护人，张氏重臣饶介便是其中之一。饶介是元末著名文人、书法家，是元末吴门书家的重要一员，在复兴晋唐书法方面有重要贡献。《书史会要》载："饶介，字介之，番易人，博学有口才，草书亦飘逸。"③另外，其号众多，《新增格古要论》载："饶介……号醉翁、华盖山樵，浮丘公童子，亦曰介叟，临川人，游建康，丁仲容壻畜之，后卒于姑苏，时岁丁未。"④饶介既是张氏集团的高官，又具有较高的艺术修养，故而有能力去邀请吴中名流俊彦，组织大规模的雅集活动，《（同治）苏州府志》载："当元季，浙东西士大夫以文墨相尚，每岁必联诗社，聘一二文章巨公主之，四方名士毕至，宴赏穷日夜，诗胜者辄有厚赠。临川饶介为元淮南行省参政，豪于诗，自号醉樵，尝集诸名士赋《醉樵歌》。简（张简）诗第一，赠黄金一饼；高启次之，得白金三斤；杨基又次之，犹赠一镒。"⑤或许正是参与者的丰厚回报，才使得当时吴中众多文人聚集在其周围。

王进认为倪瓒晚年停留在苏州与饶介有很大关系，饶介可以利用

① （明）胡翰：《胡仲子集》卷九，《景印文渊阁四库全书》第 1229 册，台北：台湾商务印书馆 1986 年版，第 116 页。
② （清）谷应泰：《明史纪事本末》卷四，《景印文渊阁四库全书》第 364 册，台北：台湾商务印书馆 1986 年版，第 159 页。
③ （元）陶宗仪：《书史会要》卷七，《景印文渊阁四库全书》第 814 册，台北：台湾商务印书馆 1986 年版，第 759 页。
④ （明）曹昭撰，（明）舒敏、王佐增：《新增格古要论》卷四，《续修四库全书》第 1185 册，上海：上海古籍出版社 2002 年版，第 204 页。
⑤ （清）冯桂芬：《（同治）苏州府志（三）》卷七十九，《中国地方志集成·江苏府县志辑》，南京：江苏古籍出版社 1991 年版，第 130 页。

自己的地位为很多书画家提供庇护。① 倪瓒在至正二十五年（1365）曾有数月待在苏州，并为饶介画《西园图》，倪瓒在此画上作题："西园山翠近相望，疏渠种柳作林塘。幽吟一月不出户，落地岩花春雨香。题诗作赋惭草草，便欲相从似幽讨。石上灵芝三秀英，临水登山不知老。至正乙巳四月十七日，作西园图并赋此诗，聊为醉樵大参清赏云。延陵倪瓒。"②饶介众号之一是"醉樵"，西园正是饶介宴集文人的私家园林，倪瓒很可能是在参加饶介在此举办的宴集时绘制的这张画。从现存的资料看，也许是因为饶介的引荐关系，倪瓒这次在苏州城中的活动很丰富，多次参加听雨楼的宴集。听雨楼为吴郡卢山甫、卢恒父子的楼阁，为当时吴中（苏州）著名的宴集之所。卢山甫，别号白石先生③，与倪瓒、黄公望、张雨等人交好，听雨楼最初为其所建，作为雅集宾客之地，在当时文人中已经很有影响。其子卢恒（字士恒）继承了其父热衷雅集的性格，使听雨楼保持了持续的繁荣。④ 上文已经提及在至正元年（1341）十月四日，倪瓒曾题黄公望所写之《雪山图》以赠卢山甫。倪瓒还在至正五年（1345）四月八日作《六君子图》，此时倪瓒 40 岁，已经开始散尽家财，避兵乱于五湖三泖，生活逐渐窘迫，常常依靠朋友周济，而卢山甫便是周济他的朋友之一。现藏于上海博物馆的《六君子图》正是倪瓒为卢山甫所作，通过画中倪瓒自题可知："卢山甫每见辄求作画，至正五年四月八日，泊舟弓河之上，而山甫篝灯出此纸苦征画，时已惫甚，只得勉以应之，大痴老师见之，必大笑也。"⑤倪瓒题识表面上看似乎不愿意为卢山甫作画，实则是老友间的戏谑，毕竟倪瓒作画，绝少应承他人之请，更何况"时已惫甚"，若不是相当亲密的挚友，恐怕很难让倪瓒心甘情愿为其作画，并自题一段颇有风趣的跋文。另外，卢山甫之所以"每见辄求

---

① 王进：《元代后期文人雅集的书画活动研究——以玉山雅集为中心的展开》，中国艺术研究院 2010 年博士学位论文，第 59 页。

② （明）汪砢玉：《珊瑚网》卷三十四，《景印文渊阁四库全书》第 818 册，台北：台湾商务印书馆 1986 年版，第 641 页。

③ （明）汪砢玉：《珊瑚网》卷三十四，《景印文渊阁四库全书》第 818 册，台北：台湾商务印书馆 1986 年版，第 646 页。

④ 王进：《元代后期文人雅集的书画活动研究——以玉山雅集为中心的展开》，中国艺术研究院 2010 年博士学位论文，第 59 页。

⑤ 见上海博物馆藏倪瓒《六君子图》跋文。

作画",想必倪瓒漂泊五湖的日子如闲云野鹤,亦似不系之舟,即便好友也难以捕捉其踪迹。再观倪瓒自题最后两句,可推想倪、卢二人交谈中,卢山甫或许提到会把这幅画给黄公望观赏,"大痴老师见之,必大笑也"或是倪瓒的谦逊语,但更有可能是与黄公望之间的一种戏谑。黄公望之后确实曾题《六君子图》云:"远望云山隔秋水,近看古木拥陂陀。居然相对六君子,正直特立无偏颇。"①黄氏所题诗句,确实有种老师评价学生画作的感觉,整体上是对倪瓒绘画技法的肯定,也是对其人格的赞赏。

听雨楼现存的记载不多,张雨曾在至正八年(1348)二月十一日为听雨楼题诗:"雨中市井迷烟雾,楼底雨声无着处。不知雨到耳边来,还是耳根随雨去。好将此语问风幡,闻见何时得暂闲。钟动鸡鸣雨还作,依然布被拥春寒。樵人张雨为卢山甫题。"②张雨是茅山派道士,但他的题听雨楼诗却弥漫着"禅宗"意味,似乎在探讨内心与外物哪个是现象的本源,有些自然外在事物无须用言语回答便可亲身体会,正如"好将此语问风幡",这是一种无须发问更无须等待回答的问题,最终"依然布被拥春寒",顺应了道家"无为"、跟随自然规律的人生选择。张雨为卢氏听雨楼题诗18年后,卢恒邀请王蒙为其画《听雨楼图》,此图于各大书画录中皆有著录。王蒙所作《听雨楼图》落款云:"至正二十五年四月二十七日黄鹤山人王叔明于卢生听雨楼中画,生名恒,字士恒,时东海云林生同在此楼。"③此画正是王蒙于卢士恒宴集中所画,另外,《珊瑚网》亦载:"《叔明听雨楼图》在纸上,卷首篆书'听雨楼'三字,款云玉雪坡,下周伯温白文印。"④"周伯琦,字伯温,号雪坡,番阳人,江浙左丞"⑤,可知卷首还有张氏政权的资政大夫、江浙行省左丞周伯琦的篆书

---

① (元)黄公望著,毛小庆点校:《黄公望集》,杭州:浙江人民美术出版社2016年版,第30页。

② (明)李日华:《六研斋三笔》卷二,《景印文渊阁四库全书》第867册,台北:台湾商务印书馆1986年版,第694页。

③ (明)汪砢玉:《珊瑚网》卷三十五,《景印文渊阁四库全书》第818册,台北:台湾商务印书馆1986年版,第669页。

④ (明)汪砢玉:《珊瑚网》卷三十五,《景印文渊阁四库全书》第818册,台北:台湾商务印书馆1986年版,第669页。

⑤ (明)孙原理:《元音》卷十,《景印文渊阁四库全书》第1370册,台北:台湾商务印书馆1986年版,第546页。

引首"听雨楼"三字。这张画后来被沈周的祖父沈澄收藏,沈澄也把自己的小楼命名为"听雨",并仿效顾瑛成为文人雅集之地,这对沈周的艺术经历应有很大影响。上文提及倪瓒和王蒙交游时,便忆起倪瓒给此图的题诗,倪瓒所题亦是对王蒙的一种敬意,虽然二人画风不同,但通过"听雨"这一意象都传递出真情实感的成分,后来对此图的题诗者,或追随王蒙的高雅脱俗、俊逸跌宕,或跟从张雨的怅惘思绪,又或与倪瓒一样,避世于五湖三泖,这三种心态将融合为听雨楼题咏的特色。正如继倪瓒后题诗的苏大年云:"缃帘蠙浪萦香雾,幽人高卧云深处。月明丛桂小山空,疏烟白鸟沧江去。浮沉里社乐萧闲,大隐何妨市井间。抛却喧秋清洗耳,草楼六月雨声寒。"①苏大年自称"西涧老樵"②,此诗既追和张雨诗中所表达的迷惘情怀,又唱和倪瓒之诗③,用许由洗耳的典故作诗云:"尘生两耳何由洗,喜听雨声茅屋底。洒然心地自清凉,静对炉熏时隐几。乾坤纳纳悬壶中,书田沾润称书农。也胜江湖风浪恶,客舟漂泊怨秋风。"④许由结志养性,优游山林,听到尧让位给自己而感到耳朵受到了污染,因而临水洗耳。苏大年则接受大自然中的雨水、雨声,洗净心中的尘俗,人格在听雨的过程中得到升华。⑤ 在苏大年之后题诗的周伯琦则是另外一番心情,不仅给《叔明听雨楼图》篆书引首,还和诗步前韵,改用五言,比如和张雨诗云:"海气杂岚雾,听雨宜高处。风雨无时无,倏来又倏去。摇摇心悬幡,胡为不自闲。老人曾听雪,无被不知寒。"⑥又和倪瓒诗云:"头面都不洗,听雨重屋底。两耳任喧聒,

---

① (明)郁逢庆:《书画题跋记》卷五,《景印文渊阁四库全书》第816册,台北:台湾商务印书馆1986年版,第842页。

② (明)张丑:《清河书画舫》卷十一上,《景印文渊阁四库全书》第817册,台北:台湾商务印书馆1986年版,第437页。

③ 倪瓒题诗云:"河阔楼低雨如洗,只疑身在孤篷底。清晨倚槛看新晴,依旧山光青满几。听雨怜君隐市中,我忧徭役苦为农。田家那得风波险,朝朝熬雨又愁风。"见(明)汪砢玉:《珊瑚网》卷三十五,《景印文渊阁四库全书》第818册,台北:台湾商务印书馆1986年版,第669页。

④ (明)汪砢玉:《珊瑚网》卷三十五,《景印文渊阁四库全书》第818册,台北:台湾商务印书馆1986年版,第670页。

⑤ 张然:《"听雨"意境的传承与衍变——谈〈听雨楼图〉题咏》,载《学习与探索》2007年第3期,第202页。

⑥ (明)汪砢玉:《珊瑚网》卷三十五,《景印文渊阁四库全书》第818册,台北:台湾商务印书馆1986年版,第670页。

坐隐乌皮几。笔耕墨畦中,自适如老农。二仙隔今古,神文在阆风。"①
从周伯琦的和诗之中,可以隐约体会到一种无奈的心境,或许曾经最得
朝廷赏识,晚年却较为凄凉,此种落差感在听雨的氛围中油然而生。

在题听雨楼的诸家之中,部分是表达出对张雨、倪瓒的仰慕,也有
人则强调对听雨楼主人卢山甫的怀念。比如当时的易学专家鲍恂,"字
仲孚,本崇德(今桐乡)人,后徙嘉兴西溪,父德归安丞,恂领元浙省乡试
学士"②,在听雨楼所题之诗是对卢家上一代人风雅的追念,"斯人雅致
今安在,此夕幽怀孰与同。老我题诗成感慨,雨声有尽思无穷。"③在此
后还有郑元、王宥、严瑄、赵俶、淞上钓鳌生的题诗,可惜诗品较俗浅,不
复能与前辈隔代唱和了。

倪瓒题《听雨楼图卷》后不久,于六月二十日在卢氏楼观李成的《茂
林远岫图》云:"李营丘平生自贵重其画,不肯轻与人作画,故人间罕得,
米南宫至欲作无李论,盖以多不见真者也,此卷林木苍古,山石浑然,近
岸萦回,自然趣多类荆浩晚年合作。至正乙巳(1365)六月廿日,吴城卢
氏楼观,延陵倪赞。"④一代大师李成作品,能够观看其真迹的机会甚少,
所以听雨楼雅集不仅为书画家提供了彼此之间交流机会,更让他们观
摩古迹,向前辈借鉴学习。倪瓒认为此图山石浑然,得自然之趣,后世
张天骏观此图时亦有同样心得,其跋文曰:

> 李营丘作《茂林远岫图》,倪云林评其有浑然天趣者也,东平夫
> 人之曾孙,尝识其曾祖母金紫时小曲屏之具。今观其峰峦叠翠,草
> 木聊青,舟车往远,亭馆森郁,有无限真赏,良可嘉也。⑤

倪瓒除了师法董、巨之外,在平远的构图方式和秀峭的用笔方面,
受李成的影响应是很大的。比如从其早期《六君子图》《渔庄秋霁图》中

---

① (明)汪砢玉:《珊瑚网》卷三十五,《景印文渊阁四库全书》第818册,台北:台湾商务印书馆1986年
版,第670页。
② (明)过庭训:《本朝分省人物考》卷四十四,《续修四库全书》第534册,上海:上海古籍出版社2002
年版,第168页。
③ (明)汪砢玉:《珊瑚网》卷三十五,《景印文渊阁四库全书》第818册,台北:台湾商务印书馆1986年
版,第671页。
④ 见辽宁省博物馆藏李成《茂林远岫图》跋文。
⑤ 见辽宁省博物馆藏李成《茂林远岫图》跋文。

较为圆润的短披麻皴，再到后来以《容膝斋图》为代表的折带皴，显然源于李成用笔劲健和锋毫颖脱的一面。

图18　(北宋)李成《茂林远岫图》，绢本，水墨，纵 45.2 厘米，横 142.1 厘米，辽宁省博物馆藏

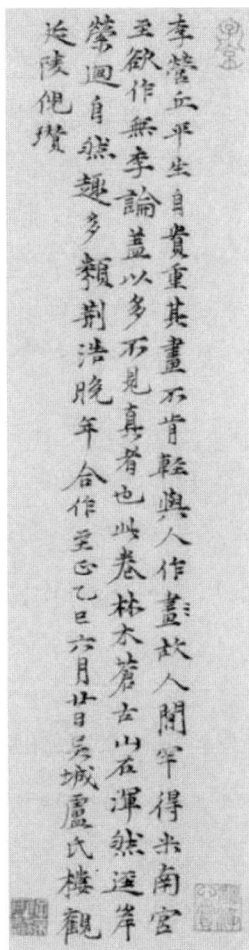

图19　倪瓒跋李成《茂林远岫图》

## 八、倪瓒与玉山草堂雅集

玉山雅集为元末文人雅集活动中最知名者,且规模空前,黄公望、倪瓒、王蒙皆与草堂主人有所交游。玉山草堂主人为顾瑛,《昆山人物志》载:"字仲英,别名辉。少轻财结客,豪宕自好,年三十始折节读书,益购古书名画、彝鼎秘玩,筑别业,扁曰'玉山佳处',日夜与客酌酒赋诗,其中四方文学之士,若张翥、杨维桢、柯九思、李孝光与凡一时名士咸主其家,其园池亭榭之盛,图史之富,与夫饩馆声伎,并鼎甲一时而才情妙丽,与诸公亦略相当。风流文雅著称东南,尝举茂材署、会稽教谕、辟行省属官,皆不就。张士诚入吴欲强以官,乃去隐于嘉兴之合溪,号金粟道人,自题其像曰:'儒衣僧帽道人鞋,天下青山骨可埋。若说少年豪侠处,五陵鞍马洛阳街。'洪武初,随其子元臣迁临濠,卒。所著诗曰'玉山璞稿'。"[1]顾氏乃昆山巨族,顾瑛在自撰《金粟道人顾君墓志铭》中说:"世居吴,谱传野王裔,未必然否也。大父以上皆宋衣冠,大父任皇元,为卫辉怀孟路总管。始居昆山之朱塘里,父玉山处士隐德不仕,在养予幼喜读书,年十六,干父之蛊,而遂废学焉。"[2]此处"野王裔"是指顾野王,《历代名画记》载:"顾野王,字希冯,吴郡人。七岁通五经,善属词,能书画。长为鸿儒,天象地理,无不毕习。在梁为中领军。时宣城王为扬州,野王善画,王褒善书,俱为宾友,时号二绝。入陈,官至黄门侍郎。年六十三,赠右卫将军。"[3]顾瑛的书画修养或许正源于其祖辈的天赋异禀,以及家族书画技艺的传承。

倪瓒和顾瑛二人较早就相识,杨维桢于至正八年(1348)撰《雅集志》云:"时期而不至者,句曲外史张雨、永嘉征君李孝光、东海倪瓒、天台陈基也。夫主客交并,文酒宴赏,代有之矣。而称美于世者,仅山阴

① (明)方鹏:《昆山人物志》卷五,明嘉靖刻本。
② (清)朱珪:《名迹录》卷四,《景印文渊阁四库全书》第683册,台北:台湾商务印书馆1986年版,第66页。
③ (唐)张彦远著,秦仲文、黄苗子点校:《历代名画记》卷八,北京:人民美术出版社2016年版,第154页。

之兰亭、洛阳之西园耳,金谷、龙山而次,弗论也。"①虽然倪瓒约定来会却未至,但是根据文义可推知,倪瓒在此之前已与顾瑛有交往,且彼此之间或有唱和往来。杨维桢此《雅集志》是为《玉山雅集图》而题。《玉山雅集图》是元末画家张渥仿北宋李公麟的画法而作,主要描绘了顾瑛在自己别墅庄园中宴请江南文士雅集的场景,可惜此作今已不存。杨维桢在跋文前段对此画作了相应的描述,之后开始对比东晋山阴兰亭雅集、北宋洛阳西园雅集,认为"兰亭过于清则隘,西园过于华则靡"②。但是不知什么原因,倪瓒直到至正九年(1349)似乎还未去过玉山佳处,因为他在寄给顾瑛的诗序中云:"至正九年八月十六日,计筹山吕尊师访予萧闲馆,为予言顾仲瑛征君玉山隐居之胜,辄想象赋长句以寄,他日尚同袁南宫携琴啸咏竹间也。"③从这段叙述中可以看出,倪瓒对于顾瑛所构建的玉山佳处还只是停留在想象阶段,但这并不影响二人间的交往与唱和。倪瓒的诗《玉山名胜集》收录 6 首,《草堂雅集》卷九收录236 首,从其数量亦可看出二人情谊较密。倪瓒所建筑的清閟阁也是东南文人雅集的重要场所,所以他的交游圈与顾瑛的玉山宾客圈肯定存在很大部分的重合,故而他们之间的关系通过其余好友的间接交往也会十分密切。

　　倪瓒与顾瑛虽然都是雅集的主持者,且关系亲近,但是二人诗风却相差较大。从倪瓒与顾瑛的唱和诗中,便可发现倪瓒诗歌如其画一般,给人一种清疏淡远的感觉。比如一组倪瓒与顾瑛的唱和诗:

　　　　江海秋风日夜凉,虫鸣络纬促寒裳。民生惴惴疮痍甚,旅泛依依道路长。衰柳半敧湖水碧,浊醪犹趁菊花黄。知君习静观诸妄,林下清斋理药囊。(倪瓒《寄顾仲瑛》)④

　　　　十月清霜天始凉,家家砧声夜捣裳。开书乃审近候好,问客兼

① (元)顾瑛:《玉山名胜集》卷二,《景印文渊阁四库全书》第 1369 册,台北:台湾商务印书馆 1986 年版,第18 页。

② (元)顾瑛:《玉山名胜集》卷二,《景印文渊阁四库全书》第 1369 册,台北:台湾商务印书馆 1986 年版,第18 页。

③ (元)顾瑛撰,杨镰、祈学明、张颐青整理:《草堂雅集》卷九,北京:中华书局 2008 年版,第 757 页。

④ (元)倪瓒著,江兴佑点校:《清閟阁集》卷五,杭州:西泠印社出版社 2010 年版,第 163—164 页。

知道味长。我尚笑谈浮大白，君能服食事中黄。何当相过一相见，带取奚奴携锦囊。（顾瑛《和倪云林所寄》）①

顾瑛的诗文中更多使用渲染情境的方式，娓娓道来，突出了对"人"与"我"之间关系的阐述，明显具有主观能动性，使得自己参与感更加明确，同时凸显了唱和诗的应酬功能。倪瓒诗文中所体现出的情感同样十分真挚，但在语言的表述上以及对情境的渲染上清冷得多，这也符合倪瓒"清""雅"的性格特点，这也是那个时期倪瓒独树一帜的诗风。倪瓒对于自己萧散冲淡的诗风也是极为自豪，曾作《秋水轩诗序》云：

> 或谓诗无补于学，是殆不然。风雅之音虽已久亡，而感发怨慕之情，比兴美刺之义，则无时而不在也。子朱子谓陶、柳冲淡之音，得吟咏性情之正，足为学之助矣。庐山陈君惟允好为歌诗，凡得若干首。读之悠然深远，有舒平和畅之气。虽触事感怀，不为迫切愤激之语。如风行波生，焕然成文，蓬然起于太空，寂然而遂止，自成天籁之音，为可尚矣。若夫祖述摹拟，无病呻吟，视陈君不既远乎？苟穷源于《风》《雅》，取则于六义，情感于中，义见乎辞，诵之者可以兴起，则陶、韦、杜、韩岂他人哉！是犹有望于陈君也。甲辰岁七月序。②

此篇诗序是倪瓒为陈惟允所写，体现了倪瓒作诗所提倡的"节清"，反对在诗中刻意、过度地表现情感，推崇自然清新、不假手于人力雕琢的诗风。故而四库馆臣评其诗云："诗文不屑屑苦吟，而神思散朗，意格自高，不可限以绳墨。"③通过倪瓒的诗，我们也能感受到他高洁旷达的气度与精神。

玉山雅集的宾客中，另外一位非常重要的诗人便是杨维桢。至正八年（1348），杨维桢成了顾瑛的主要交往对象，毕竟铁笛道人是顾瑛梦寐以求的贵宾，玉山雅集需要他在元末的影响力来为玉山佳处扩大声

---

① （元）顾瑛著，杨镰整理：《玉山璞稿》卷上，北京：中华书局 2008 年版，第 22 页。
② （元）倪瓒著，江兴祐点校：《清閟阁集》卷十，杭州：西泠印社出版社 2010 年版，第 312—313 页。
③ （清）纪昀等：《四库全书总目》卷一百六十八，《景印文渊阁四库全书》第 4 册，台北：台湾商务印书馆 1986 年版，第 443 页。

势。《草堂雅集》记载杨维桢云：

> 字廉夫，会稽人。泰定李黼榜登乙科进士第，再转乡郡监司令。以狷直傲物不调者十年，因得自放，历览东南名山水，其所得尽发而为诗文。自钱塘□□至雪川，又由雪川居苏城之锦绣坊。北南弟子受业者以百数，至正文体为之一变。其在钱塘与茅山张外史（雨）、永嘉李征君（孝光）为诗酒交。其来吴，则与昆陵倪君（瓒）、吴兴郯君（韶）及（瑛）为忘年友。当风日晴晖，雪月清霁，辄命舟载酒，妓契俦侣，访予于玉山草堂中。①

可见杨维桢与倪瓒也是忘年之交，关于至正八年二月十九日的玉山草堂集会，上文已经交代倪瓒是宾客之一，很遗憾的是他未能到场，但在文坛日益瞩目的杨维桢光临现场。此次玉山雅集是至正八年的第一场，杨维桢的加入，也标志着玉山雅集进入了繁荣期。关于此次雅集的盛况，杨维桢在三月初作《雅集志》云：

> 玉山主者为昆山顾瑛氏，其人青年好学，通文史，好音律、钟鼎古器、法书名画品格之辨。性尤轻财喜客，海内文士未尝不造玉山所。其风流文采出乎流辈者，尤为倾倒。故至正戊子二月十有九日之会为诸集之最盛。冠鹿皮、衣紫绮、坐案而伸卷者，铁笛道人会稽杨维桢也。执笛而侍者姬，为翡翠屏也。岸香几而雄辩者，野航道人姚文奂也。沉吟而痴坐，搜句于景象之外者，苕溪渔者郯韶也。琴书左右，捉玉麈从容而色笑者，即玉山主者也。姬之侍者为天香秀，展卷而作画者为吴门李立，旁侍而指画即张渥也。席皋比，曲肱而枕石者，玉山之仲晋也。……一时人品疏通隽朗，侍姝执伎皆妍整，奔走童隶亦皆驯雅。安于矩矱之内，觞政流行，乐部皆畅。碧梧翠竹与清扬争秀，落花芳草与才情俱飞。矢口成句，落毫成文，花月不妖，湖山有发。是宜斯图一出，为一时名流所慕艳也。②

---

① （元）顾瑛撰，杨镰、祈学明、张颐青整理：《草堂雅集》卷后二，北京：中华书局 2008 年版，第 197 页。
② （元）顾瑛：《玉山名胜集》卷二，《景印文渊阁四库全书》第 1369 册，台北：台湾商务印书馆 1986 年版，第 17—18 页。

主宾九人极尽欢饮,一时间传为美谈。另外,三月初,常客释良琦和郯韶来玉山佳处,顾瑛为他们举办晚宴,饮酒赋诗,清歌雅论。此次雅集倪瓒亦未能到现场,但是他凭借吕尊师去其萧闲馆描绘的玉山盛况,加之自己的想象,也作了一首诗,"解道玉山佳绝处,山中惟有吕尊师。已招一鹤来庭树,更养群鹅戏墨池。松风自奏无弦曲,桐叶新题寄远诗。若许王猷性狂癖,径来看竹到阶墀。"①之后为玉山佳处题咏的人更多,比如山阴王濡之、河东李元珪、娄江姚文奂等,可见杨维桢以名人身份参加至正八年初的玉山雅集之后,为玉山佳处作了有力度的宣传。

杨维桢与顾瑛的相识,有多种说法,其中一种是顾瑛是由倪瓒引荐给杨维桢的。顾嗣立《元诗选》载:"玉山主人欲延杨铁崖于家塾,铁崖报曰:'必得当世清雅高洁之士如倪云林者,以一札至,即如约耳。'玉山因托云林素相习者,操舟出。邀至玉山家。玉山已构别业,悉如萧闲清閟之制。云林惊喜,请见玉山,玉山告以铁崖之意,欣然致书焉。自是三人相与结欢,往来无间。"②此段记载是否可信尚未能定,但是从侧面反映了顾瑛的好客精神。

如果说杨维桢与顾瑛的交往是通过倪瓒引荐,那么杨维桢与倪瓒的相识应更早。"王维《雪蕉》曾在清閟阁,杨廉夫题以短歌。"③这是杨、倪二人较早的一次互动。倪瓒比杨维桢小十岁,应属其晚辈,根据《岳雪楼书画录》④记载,倪瓒认识杨维桢应是至正二年(1342),此年春三月他们在杭州相识。倪瓒赴杭,偶过杨维桢的书斋,得以欣赏曹知白《溪山无尽图卷》,夏文彦曾说曹知白的山水画"笔墨差弱"⑤,但是倪瓒并不

---

① (元)顾瑛:《玉山名胜集》卷二,《景印文渊阁四库全书》第 1369 册,台北:台湾商务印书馆 1986 年版,第 19 页。

② (清)顾嗣立:《元诗选初集》卷五十八,《景印文渊阁四库全书》第 1469 册,台北:台湾商务印书馆 1986 年版,第 537 页。

③ (明)陈继儒:《妮古录》卷一,《四库全书存目丛书·子部》第 118 册,济南:齐鲁书社 1995 年版,第 650 页。

④ "至正二年(1342)春三月,偶过廉夫杨君斋头,得观曹贞素卷,别有会心,爱题三绝于左方。时扁舟欲西,因草草也。瓒。"见(清)孔广陶撰,柳向春点校:《岳雪楼书画录》卷三,上海:上海古籍出版社 2011 年版,第 414 页。

⑤ "曹知白,字贞素,号云阙,华亭人。画山水师冯觐,笔墨差弱而清气可爱,有仆夏汲清亦能画。"见(元)夏文彦:《图绘宝鉴》卷五,《景印文渊阁四库全书》第 814 册,台北:台湾商务印书馆 1986 年版,第 620 页。

赞同其意见,倪瓒认为曹知白此图"别有会心",故而"爰题三绝于左",其内容如下:"吴松江水碧于蓝,怪石乔柯在渚南。鼓枻长吟采蘋去,新晴风日更清酣。""松瀑飞来到枕边,道人清坐不须弦。曹君笔力能扛鼎,用意何曾让郑虔。""脉脉远山螺翠横,盈盈秋水眼波明。西北风帆江路永,片云不度若为情。"①当时两人都未享盛名,倪瓒是通过何人认识前辈杨维桢呢?倪瓒兄长倪璨与张雨同出王寿衍门下,而张雨此时主持杭州开元宫,顾工推测倪瓒此时是去开元宫拜访张雨,才得以结识杨维桢,随后再应邀赴其家中观画。②除此之外,至正七年(1347)以后,杨维桢乔寓吴门,倪瓒此时经常往来吴门,二人交往较多。他们曾与张雨、顾瑛、郯韶等人同游灵岩山、虎丘,《游虎丘,与句曲张贞居、遂昌郑明德、昆陵倪云镇,各追和东坡〈留题石壁〉诗韵》云:"漾舟海涌西,坡陁缘素岭。陟彼阊闾丘,俯瞰千尺井。至今井中龙,上应星耿耿。居然辟历飞,残腥洗蛙黾。……何哉幽独魂,白日歌夜永。我从陶朱来,青山异风景。岂无西家儿,池头弄风影?五湖尚浮桴,烟波不须请。"③三五好友相伴同游,追和先贤之诗,实乃幸事也。或许在踏青的途中,杨维桢为朋友们演奏一曲,既可缓解疲劳,亦可助兴,毕竟杨维桢是位音乐修养极高的人,除了擅长铁笛,还热衷于歌舞,为人潇洒旷达。关于杨氏音乐修养,宋濂所撰《杨铁崖墓铭》云:"戴华阳巾,被羽衣,泛画舫于龙潭凤洲中,横铁笛吹之。笛声穿云而上,望之者疑其为谪仙人。晚年益旷达,筑玄圃、蓬台于松江之上,无日无宾,无宾不沈醉。当酒酣耳热,呼侍儿出歌《白雪》之辞,君自倚凤琶和之,座客或翩跹起舞,顾盼生姿,俨然有晋人高风。"④正是杨氏对音乐的这份热爱打动了倪瓒,倪瓒将家藏古筝赠予杨维桢,杨氏为表达谢意特赋诗《锦筝曲谢倪元镇所惠古制筝》:"神弦泣断三千年,秦声铮铮十三弦。莫凭小姜写哀烈,中有长城窟水呜呜咽。……回风一阵散琼花,玉雁飞来凤凰语。君不见功

---

① (清)孔广陶撰,柳向春点校:《岳雪楼书画录》卷三,上海:上海古籍出版社2011年版,第415页。

② 顾工:《杨维桢与张雨、倪瓒的交游——兼论三人的道教渊源》,载《中国书法》2016年第15期,第156页。

③ (元)杨维桢著,邹志方点校:《杨维桢诗集》,杭州:浙江古籍出版社2009年版,第300—301页。

④ (清)黄宗羲:《明文海》卷四百二十九,《景印文渊阁四库全书》第1458册,台北:台湾商务印书馆1986年版,第163页。

名盛极谢东山，髯伊柱上泪斑斑。"①此诗开头写的是古筝的来历,间接表明杨维桢对音乐史十分熟悉。这首诗还透露出杨维桢15岁就会吹箫的事实,可见其少年时便在音乐方面天赋异禀。《清贤记》卷三也记载了此事,《古筝》篇云:

> 孟姜泣城下,蒙恬悲之。写其怨而掣哀筝,云韶乐中,无筝而有筝,岂即别名耶? 清乐部始见云和筝,其头象云,故名。琵琶八十余调,筝仅宫商角羽四调,弹时移柱应二十八调,甚不易弹,亦甚不易制,唐以后,无巧工矣。故习斯伎者绝少。稽之乐藉,无闻焉。至元和中,有李青青,与其孙从周,相继称弹手,冠绝一时。太和中,有龙佐,大中以来,有常述本,称妙手者,寥寥数人,不知杨铁老,何以癖于此艺,自谓能矣,而不得古筝。云林翁家畜古筝,而不善鼓,遂捐以饷铁老。铁老喜之,赋诗以报。②

倪瓒对于古筝方面的天赋可能不及杨维桢,所以将如此珍品赠送给擅长此物之人,宛如千里马遇伯乐般愉快。杨维桢除了对笛、笙、箫比较精通,对其他乐器也十分内行。他曾写过一篇《七客志》,介绍自己所喜欢的乐器:"抱遗老人尝得断剑于洞庭湖缑氏子,炼为笛;又得古琴于赤城,相传贾师相故物;得胡琴于太陵吕氏;得管于杭老宫人所,云宋道君内府物;又得玉带砚一,古陶瓮一,砚为文文山之手泽,瓮为秦祖龙藏中器也。既而辟一室以居六者,老人时燕居其中,六者皆以客待之,而又命之名铁笛,曰'洞庭铁龙君'。"③杨维桢还曾写过《六客诗》,介绍关于胡琴的技艺:"有客有客来洞庭,驾冈象兮骖奔鲸。千家含景双龙精,玲珑七窍罗天星。莫邪出匣铿有声,一鸣一止三千龄。"④上述记载较为全面地展现了杨维桢对于诗、乐方面的精通。

杨维桢曾专门拜访过倪瓒,可惜没有遇见,未免有些失落,《访倪元

---

① (元)顾瑛撰,杨镰、祁学明、张颐青整理:《草堂雅集》卷后二,北京:中华书局 2008 年版,第 204—205 页。
② (明)尤镗:《清贤记》卷三,《丛书集成续编》第 89 册,上海:上海书店 1994 年版,第 285 页。
③ (清)陈田:《明诗纪事》卷七,《续修四库全书》第 1710 册,上海:上海古籍出版社 2002 年版,第 314 页。
④ (明)蒋一葵:《尧山堂外纪》卷七十七,《续修四库全书》第 1194 册,上海:上海古籍出版社 2002 年版,第 698 页。

镇不遇》云:"霜满船篷月满天,飘零孤客不成眠。居山久慕陶弘景,蹈海深惭鲁仲连。万里乾坤秋似水,一窗灯火夜如年。白头未遂终焉计,犹欠苏门二顷田。"①倪瓒是吴门文坛耆宿郑元祐的学生,在吴门的好友不少,故而兵乱后才会移居吴江汾湖之滨。倪、杨二人之间的诗柬往来频繁,倪瓒曾作《寄杨廉夫》:"吴松江水春,汀洲多绿蘋。弹琴吹铁篴,中有古衣巾。我欲载美酒,长歌东问津。渔舟狎鸥鸟,花下访秦人。"②此诗描绘了杨维桢逍遥山水间的悠闲形象,杨维桢《寄倪云林》云:"迂父于今久绝交,文章出口未全胶。权门喜怒狙三四,何用扬雄赋解嘲。"③此诗将倪云林的性格描绘得淋漓尽致,倪瓒与人"绝交"正是其轻视俗务的一种外在表现,诗中虽然表层含义是对倪瓒性格的概述,但是侧面反映了杨维桢对其性格的珍视,认为他属于那个时期"清雅"的极致象征,身处逆境之时依然能保持初心,以及艺术境界的"高雅",交友原则未曾变过,这种态度或许是元末动荡社会中的"清流",值得敬佩。杨、倪二人虽然早年家境悬殊较大,性格趣好也不尽相同,为人处世方面存在一定的差异,但是总体上他们是彼此惺惺相惜、敬重有加的。比如杨维桢作《铁笛道人自传》云:"与永嘉李孝光、茅山张伯雨、西山倪(元)镇、昆阳顾瑛为诗文友。"④可见在杨维桢心里,能与其匹配的诗友并不多,这是间接对倪瓒诗文的赞赏。另外,倪瓒对杨维桢诗文评价亦甚高。汪砢玉《珊瑚网》著录杨维桢《虞相古剑歌》一诗,诗前有小引:

> 宋相虞忠肃公八世孙堪谒余云间草玄阁。自云先丞相有古遗器四,曰瓦琴、石磬、蜀王砚与此剑也。剑长古尺三。握具五寸弱,握有二棱起。款识可辨者曰千万岁。其镡横寸二,状饕餮,末甚锐。缦文为水银古,中末间黝漆色,芒可吹毛。星月下出之艳发孚尹。凛凛然可寒鬼胆。是诚千载物也,于是酌堪以酒,酒酣为作

---

① (元)杨维桢著,邹志方点校:《杨维桢诗集》,杭州:浙江古籍出版社2010年版,第334页。

② (元)倪瓒著,江兴佑点校:《清閟阁集》卷一,杭州:西泠印社出版社2010年版,第21页。

③ (清)沈世良:《倪高士年谱》卷上,《续修四库全书》第552册,上海:上海古籍出版社2002年版,第668页。

④ (明)徐象梅:《两浙名贤录》卷四十六,《续修四库全书》第543册,上海:上海古籍出版社2002年版,第591页。

《虞相古剑歌》,使与古虞公剑同传为其家宝云。昔闻虞公古剑可以追腾空回落日,千年宗社已丘墟,子姓西来传不失。江淮都督愤国仇,入棱痛骨三十秋。采石江头一提出,寒芒夜走完颜酋。堪兮堪兮传八叶,价金不售山西侠。……至正二十五年青龙集己巳王正上日。抱遗叟杨维桢在云间草玄阁书。①

这首诗气贯长虹,十分具有想象力,以"剑"作为诗眼,勾勒出一幅惊心动魄的历史画卷,尤其杨维桢对一切邪恶的仇恨都借剑得以抒发。此诗在形式上多杂散句,无形中透露出杨氏内心的一股豪气,让人读来荡气回肠,故而引来无数唱和者。倪瓒便是众多唱和者中的一员,其题诗云:"雍公孙子气甚清,示我杨颠古剑行。剑锋诗律两奇绝,秋莲光彩玉庚庚。杨颠健笔老从横,是亦铁中之铮铮。吐词郁崪鸣不平,凤凰来为盛世鸣。一代惟数虞翁生,余也学书学剑,既老何由而成名。"②倪瓒诗中两次称呼"杨颠",对杨氏诗情与书法皆誉不绝口,足以看出对前辈杨维桢的敬佩之情。他看到了杨诗中"郁崪鸣不平"的气势,体会到杨氏追求物外的态度,实乃"铁中之铮铮"。

杨维桢的题诗往往使倪瓒的画面更加生动,如杨氏《题云林竹》云:"瑟瑟清风响翠涛,青鸾飞影下亭皋。何人吹断参差玉,满地月明金错刀。"③题诗极有诗情画意,大大拓展了画面的想象空间,同时写出了画外清逸的诗意世界,正如楚默先生所说的那样,杨维桢此首题画诗"使得诗与画互相映发,增生画外之境"④。

杨维桢还常邀倪瓒一同作赋,云林《竹枝词》序言云:"会稽杨廉夫邀余同赋《西湖竹枝词》。余尝暮春登濒湖诸山而眺览,见其浦溆沿洄,云气出没,慨然有感于中,欲托之音调,以声其悲叹,久未能成章。因睹廉夫之作,为之心动言宣。词凡八首,皆述眼前,不求工也。"⑤《杨维桢

① (明)汪砢玉:《珊瑚网》卷十,《景印文渊阁四库全书》第818册,台北:台湾商务印书馆1986年版,第155—156页。
② (元)倪瓒著,江兴佑点校:《清閟阁集》卷四,杭州:西泠印社出版社2010年版,第118页。
③ (元)倪瓒著,江兴佑点校:《清閟阁集》附录二,杭州:西泠印社出版社2010年版,第413页。
④ 楚默:《楚默文集续集·下·杨维桢研究》,上海:上海三联书店2010年版,第104页。
⑤ (元)倪瓒著,江兴佑点校:《清閟阁集》卷七,杭州:西泠印社出版社2010年版,第209—210页。

诗集》中确实有《西湖竹枝歌九首》，内容如下：

苏小门前花满株，苏公堤上女当垆。南官北使须到此，江南西湖天下无。

鹿头湖船唱赦郎，船头不宿野鸳鸯。为郎歌舞为郎死，不惜真珠成斗量。

家住城西新妇矶，劝君不唱缕金衣。琵琶元是韩朋木，弹得鸳鸯一处飞。

劝郎莫上南高峰，劝我莫上北高峰。南高峰云北高雨，云雨相催愁杀侬。

湖口楼船湖日阴，湖中断桥湖水深。楼船无柁是郎意，断桥有柱是侬心。

病春日日可如何？起向西窗理琵琶。见说枯槽能卜命，柳州街口问来婆。

小小渡船如缺瓜，船中少妇竹枝歌。歌声唱入箜篌调，不遣狂夫横渡河。

石新妇下水连空，飞来峰前山万重。妾死甘为石新妇，望郎忽似飞来峰。

望郎一朝又一朝，信郎信似浙江潮。床脚揰龟有时烂，臂上守宫无日销。①

竹枝是乐府名，其形式为七言绝句，唐人所作多写旅人离思愁绪或寄托爱意，后人所作都是歌咏风土人情等。倪瓒受杨维桢之邀约，需同赋《西湖竹枝词》，便作八首如下：

钱王墓田松柏稀，岳王祠堂在湖西。西泠桥边草春绿，飞来峰头乌夜啼。

湖边儿女十五余，乌纱约发浅妆梳。却怪爹娘作蛮语，能唱新声独当垆。

湖边女儿红粉妆，不学罗敷春采桑。学成飞燕春风舞，嫁与燕

---

① （元）杨维桢著，邹志方点校：《杨维桢诗集》，杭州：浙江古籍出版社 2010 年版，第 119—120 页。

山游冶郎。

心许嫁郎郎不归,不及江潮不失期。踏尽白莲根无藕,打破蜘蛛网费丝。

阿翁闻说国兴亡,记得钱王与岳王。日暮狂风吹柳折,满湖烟雨绿茫茫。

春愁如雪不能消,又见清明插柳条。伤心玉照堂前月,空照钱唐夜夜潮。

嘹嘹归雁度春江,明月清波雁影双。化作斜行筝上字,长弹幽恨隔纱窗。

辫发女儿住湖边,能唱羌歌舞踏筳。罗绮熏香回纥语,白氎蒙头如白烟。[1]

杨维桢的《西湖竹枝词》重在抒写西湖儿女的缠绵情仇,带有强烈的情感气息,外在的形式美与内容深度契合,既增强了竹枝词的表现力,又提高了审美价值。倪瓒所作诗文基本是对特定事物或者友人的叙述,在其《清閟阁集》中未见歌颂爱情的诗句,此首竹枝词算是倪瓒较为新意的选题,既有对美好爱情的歌颂,也有对晚年自身遭遇的感叹,似乎形成了一种对比,暗示着内心的矛盾,或许创作竹枝词便是他缓解复杂情绪的一剂良药,让其暂时忘记一些时代的伤痛。

上述事迹都体现了杨、倪二人非常友好的诗友关系,然而,两人也有不愉快的时候,那就是传闻他们因为鞋杯行酒之争而产生了隔阂。"杨廉夫耽好声色,一日与元镇会饮友人家。廉夫脱妓鞋,置酒杯其中,使坐客传饮,名曰'鞋杯'。元镇素有洁疾,见之大怒,翻案而起,连呼'龌龊'而出。"[2]杨维桢这一举动对于其他文士而言,或许可以理解为助兴的一种方式,但是对于素有洁癖的倪瓒来说,简直就是一种羞辱,所以才会说出"龌龊"二字。《尧山堂外纪》也记载了此事,"一日,与倪元镇会饮,廉夫脱妓人鞋传饮。元镇怒,翻案而起。廉夫亦色变,饮席遂

① (元)倪瓒著,江兴佑点校:《清閟阁集》卷七,杭州:西泠印社出版社 2010 年版,第 210 页。
② (元)倪瓒著,江兴佑点校:《清閟阁集》附录一,杭州:西泠印社出版社 2010 年版,第 372 页。

散。后二公竟不复面。"①虽然杨维桢耽好声色，倪瓒生性洁癖，两人对于一些事情有争执，但也不会为此事永不复面，故而明人蒋一葵《尧山堂外纪》的记述未必准确。通过现有史料来看，杨、倪二人频繁的交往时间，在至正八年、九年。此后的十多年中，倪瓒开始避兵泖上，杨维桢也从杭州附近迁居到松江居住，二人应是有机会见面的。杨维桢之后题过倪瓒《溪山春霭图》云："十年不见老云林，片云东来闻足香；画图何处看秋色，瑶江草堂深复深。"②倪瓒创作此图的时间是至正十九年（1359）四月，而杨维桢题诗时两人已经分别近十年，此次只是知道倪瓒即将东来，但是并没有见面，故而杨维桢再题倪瓒《三树图》："不见倪迂三十载，陆庄春雨带经鉏。祇陀林下三株树，又报桐荪长一株。"③根据顾工的考证④，此处"不见倪迂三十载"应是"不见倪迂已十载"，这样确实更符合之前二人交往的时间。杨、倪二人晚年确切会面的重要证据就是倪瓒在《墨君图》上的自题："酒侠诗狂一世豪，澹然如见古陶匏。珍羞直欲奴呼酪，险语真能仆命骚。……至正甲辰（1364）十一月十七日，在吴淞学宫南池之宾兴堂将与仁伯、广文谢别，复为乡友何君置酒留宿。因写竹枝，并走笔赋此留别广文云。是日同集，则杨太史同陈、包三助教也。"⑤其中"杨太史"就是杨维桢，说明他们二人在1364年相见于宴集之上，所谓的"二公竟不复面"之说便不攻自破。倪瓒《墨君图》后还有杨维桢次韵："何郎汤饼亦人豪，况有廪郎吹凤匏。但觉高歌惊野老，不须痛饮读离骚。铁枝钩锁无双价，画鹤遨游定几遭。为问故人髯博士，能分廪稍养吾饕。"⑥次韵诗中体现了对故人的挂念之情，此时二人都已经步入人生晚年，对许多过往之事逐渐释怀，心态亦更加

186

① （明）蒋一葵：《尧山堂外纪》卷七十七，《续修四库全书》第 1194 册，上海：上海古籍出版社 2002 年版，第 701 页。
② （明）汪砢玉：《珊瑚网》卷三十四，《景印文渊阁四库全书》第 818 册，台北：台湾商务印书馆 1986 年版，第 635 页。
③ （元）杨维桢：《铁崖先生诗集》不分卷，南京图书馆古籍部藏。
④ 顾工：《杨维桢与张雨、倪瓒的交游——兼论三人的道教渊源》，载《中国书法》2016 年第 15 期，第 157 页。
⑤ （清）吴升：《大观录》卷十七，《续修四库全书》第 1066 册，上海：上海古籍出版社 2002 年版，第 752 页。
⑥ （清）吴升：《大观录》卷十七，《续修四库全书》第 1066 册，上海：上海古籍出版社 2002 年版，第 752 页。

平和。

上文基本交代了杨维桢与顾瑛、倪瓒的相识过程，那么，倪瓒与顾瑛在至正八年（1348）二月十九日的雅集未曾会面，之后他们有过确切时间的见面吗？至正十一年（1351）八月，顾瑛又有往锡山访倪瓒之举，可惜倪瓒此时身在毗陵，又一次不遇而归。直到至正十八年（1358）八月，顾瑛放舟至松溪，退馆于同川法喜寺，其时倪瓒亦在寺内，二人才有了一次时间确切的会面记载。《玉山名胜集》载："至正十有八年秋八月，玉山顾隐君放舟来松溪，相见握手如十年旧。退馆于同川法喜寺，余以公务不能日相往还，水西龙门琦上人乃陪从焉。"①《金粟道人小像》后有"倪瓒造。戊戌八月法喜精舍北楼"②。根据这两条线索，可以确定他们二人第一次有记载的会面时间。还有一次年代不明的会面，是在"灵岩虎阜间"的一次听笙雅集。根据杨维桢《铁崖古乐府》中所记《周郎玉笙谣》的引言曰："丝竹之器贯古今，而声不可以变者惟笙也。……予尝于灵岩虎阜间闻其奇弄，令人飘飘然有伊落间意，时坐客句曲张贞居、东海倪元镇、昆山顾仲瑛、云丘张仲简、吴兴郯九成，咸名能诗者也。"③以上便是他们二人谋面的相关记载，虽然相见次数较少，但是没有妨碍他们的和诗相赠以及互相慰问。顾瑛《草堂雅集》中收录倪瓒诗文多首，关于倪瓒诗文部分的前引，顾瑛这样写道："倪瓒，字元镇，毗陵人。酷好读书，尊师重友，操履修洁。诗趣淡雅如韦苏州，作小山水如高房山。自号经锄隐者，家有云林隐居。与予有葭莩之亲，累辱见招，规往而每不果。然多得其所作，故并刻云。"④简单的几句话，便可看出倪瓒是顾瑛神交良久的友人，更可见顾瑛对这位友人倾心的欣赏。同时通过倪瓒所写《金粟道人小赞》，亦可发现倪瓒对顾瑛有着相当透辟的认识，正是这篇小赞留给后人一个完整且丰满的顾瑛形象。

① （元）顾瑛辑，杨镰、叶爱欣整理：《玉山名胜集》玉山遗什卷下，北京：中华书局 2008 年版，第 711 页。

② （元）顾瑛辑，杨镰、叶爱欣整理：《玉山名胜集》玉山遗什卷上，北京：中华书局 2008 年版，第 654 页。

③ （元）杨维桢：《铁崖古乐府》卷二，《景印文渊阁四库全书》第 1222 册，台北：台湾商务印书馆 1986 年版，第 19 页。

④ （元）顾瑛撰，杨镰、祈学明、张颐青整理：《草堂雅集》卷九，北京：中华书局 2008 年版，第 719 页。

在交游方面,倪瓒除了参与元末时期的各种雅集活动,与各位文士之间有诗文唱和,可能由于善书画的原因,所结交的友人中还有部分是制笔制墨的工匠,倪瓒虽为人清高简傲,但对这些工匠礼遇相加,常有诗文相赠①,比如《赠墨生沈学翁》《赠陶得和制墨》《赠墨生吴善》等。他甚至还为墨生吴善写过一首诗作为"推荐信",助其出售墨品。《义兴吴国良用桐烟制墨,黑而有光焰,胶法又得其传。将游吴中售诸隐君,辄赋诗速其行》云:"生住荆溪上,桐花收夕烟。墨成群玉秘,囊售百金传。孰谓奚珪胜,徒称潘谷仙。老松端愧汝,桐法更清妍。"②吴国良即吴善,明初沈继孙《墨法集要》中提起吴善的牛胶墨云:"予旧时荆溪吴国良所造牛胶墨,至今五六十年,俨如古墨。何言牛胶之墨不善耶"③,可见吴善用桐油烧烟所作牛胶墨的质量确实不错。倪瓒天性孤高,其清閟阁是"多宝商胡估客所遥望而不敢入者"④,却对吴善网开一面。同时,吴善不是一般的工匠,他的文字功夫和悠扬的洞箫乐令倪瓒与顾瑛激赏,他也多次到玉山佳处游玩,其中至正十年十二月携倪瓒诗文前来的这一次,徜徉数日。倪瓒的交游,大部分是以文士为主,除了部分善于技艺的工匠与商贾外,还有一些僧道。倪瓒出生在道教世家,晚年心境又趋向佛家,故而在其一生中,道、释的影响力极为重大。比如琼野上人、无学上人、天启和尚、天平熙载和尚、方崖禅师等。道家和佛家思想对其画风的影响也十分重大,其中年入道,晚年入禅,皆与这些道释友人开谕劝导影响关系极大,正如《清閟阁集》卷三有诗并序云:"初书记以诗来别,且谆谆开谕,深见方外之情,因次韵奉谢并期面别。从知四大皆假合,顺境逆途非乐忧。梦中妄想惊得鹿,海上忘机思狎鸥。举世何人到彼岸,独君知我是虚舟。诗来说法能开谕,顽矿无情也点头。"⑤该诗反映了倪瓒顿悟之后的一丝无奈与伤悲,即使已经被道释友人所开导,但是现实中的俗事无法完全抛弃,生活在文人交友圈中的倪瓒反而

---

① 刘季:《玉山雅集与元末诗坛》,南开大学 2012 年博士学位论文,第 138 页。

② (元)倪瓒著,江兴佑点校:《清閟阁集》卷三,杭州:西泠印社出版社 2010 年版,第 70 页。

③ (明)沈继孙:《墨法集要》不分卷,《景印文渊阁四库全书》第 843 册,台北:台湾商务印书馆 1986 年版,第 688 页。

④ (明)徐达左辑录、杨镰、张颐青整理:《金兰集》,北京:中华书局 2013 年版,第 14 页。

⑤ (元)倪瓒著,江兴佑点校:《清閟阁集》卷五,杭州:西泠印社出版社 2010 年版,第 151 页。

更多了一些烟火气,才会独自体会这份"虚无",更会为现实世界的糟粕发出感慨之叹。精神世界的"空灵"与日常参与众多雅集,此二事看似相悖,却在倪瓒的生活轨迹中融合在一起,说明倪瓒内心已经对外在的客观世界有了很深的体悟,加之儒释道的教义影响,其精神层次达到了超脱的境界。现实行为中依然过着凡人的生活,或许只是因为不愿意过度特立独行,以日常交际更好地掩饰内心真实的世界,排解苦闷,更是一种自娱的表现。自娱仿佛一面镜子,既能清晰地洞察不同人物的立场与思想,亦能反射出自己的微弱光芒对于他人的影响,承载这面镜子的场所正是众多的雅集聚会。

# 第四章　避居三泖,隐迹五湖
## (1353—1368)

## 第一节　举家出离

　　倪瓒自从中年开始,便断断续续地离家,先后去过甫里、松江、蓊门、笠泽等地,直至晚年才开始重返故里。《锡山志隐逸》载:"(倪瓒)弃田宅去,往来五湖三泖间二十余年,其多居琳宫梵宇"[1],又或"寓同里镇及华严寺,筑笠泽端居于吴江九里村"[2],漂泊在烟雾弥漫的太湖之上,此种居无定所的状态逐渐成为倪瓒中晚年生活的常态。

　　至正十三年(1353),不仅是倪瓒一生的转折点,也是元朝末年风雨飘摇的起点。此年五月,徐寿辉失饶、信等地。[3] 泰州民张士诚兵起,下高邮,称诚王。[4]

　　张士诚表面上是被弓兵屡次羞辱而起义,实质上也是元末军民之间日益积累矛盾的大爆发,更是对元代阶级划分的愤懑反应。张士诚率兵起义,最终突起高邮,占据要冲,阻绝南北,成为元朝政府的心腹之患。"至正十四年(1354)底,脱脱曾亲自率领大部队进攻扬州北面大运河附近的高邮,高邮此时被张士诚所占领。这次讨伐成了脱脱最后一

---

① (元)倪瓒:《清閟阁遗稿》卷十四,《北京图书馆古籍珍本丛刊》第 95 册,北京:书目文献出版社 1987 年版,第 709—710 页。

② (清)沈世良:《倪高士年谱》卷上,《续修四库全书》第 552 册,上海:上海古籍出版社 2002 年版,第 662 页。

③ 冯君实主编:《中国历史大事年表》,沈阳:辽宁人民出版社 1985 年版,第 469 页。

④ 冯君实主编:《中国历史大事年表》,沈阳:辽宁人民出版社 1985 年版,第 469 页。

次的官方行动。如果这次围攻高邮实际上能迫使张士诚投降（它几乎成为现实），那么全国起义的支柱毫无疑问将会遭到破坏。果若如此，那些仍在活动着的起义者，就会因被追捕而东躲西藏，他们几乎不可能幸存下来。然而，就在围攻进行之时，妥欢帖陆尔出人意料地在一个错误的时机做出一个错误的判断，他下令将脱脱解职，并将其流放。很不幸，脱脱出于对朝廷的忠诚而服从，高邮之围因此而解。元朝丧失了军事与政治的主动权，几乎马上就要平息的起义又采取新的形式复苏了。"①元朝政府面对张士诚部落的轻视，尤其是撤走了军事功臣脱脱，使得张氏政权复燃，元末江南地区的长期兵乱也就日益四起。

倪瓒在其兄长倪璱未去世之前，仍然过着富足无忧的生活。倪璱是当时全真教的上层人物，享有世俗官员的待遇，倪家正是因为有着道教身份的庇护，才能享受许多税收方面的优待。关于元代税收政策，在法律上有一定限度免税权的是军户、站户以及匠户，因为他们负担着特定任务，故而此种免税权实际只是政府给他们的一部分抵偿，或者可以看作其工资的一部分，从表面看好像是一种特权，实际只是朝廷打着避税的旗号，给予这三种户籍的心理安慰。② 其实真正有免税特权的是僧、道、也里可温、答失蛮等宗教人士。在法律上，他们原来是没有免税权的，但事实上他们经常不纳税，比如中统五年中书省的奏文中说："已（以）前成吉思皇帝时，不以是何诸色人等，但种田者依例出纳地税外，据僧、道、也里可温、答失蛮，种田出纳地税，买卖出纳商税，其余差役蠲免有来。在后合罕皇帝圣旨里，也教这般行来。自贵由皇帝至今，僧、道、也里可温、答失蛮，地税、商税不曾出纳，合无依旧征纳事。"③这也是倪瓒家族当时虽然经营着与药业相关的生意，但是不用缴纳商税的原因。

元代江南地区的赋役主要是两税和科差，其中江南两税主要是秋

---

① [美] 窦德士：《顺帝与元朝统治在中国的结束》，[德] 傅海波、[英] 崔瑞德编，史卫民等译：《剑桥中国辽西夏金元史》，北京：中国社会科学出版社 1998 年版，第 661 页。

② 华山：《元代赋役制度考略——兼评李剑农宋元明经济史稿"元代赋役之变态"一节》，载《文史哲》1958 年第 2 期，第 45 页。

③ （元）佚名：《大元圣政国朝典章》户部卷十，《续修四库全书》第 787 册，上海：上海古籍出版社 2002 年版，第 286 页。

税和夏税,秋税只输纳粟米,夏税则以各户秋粮多少为标准而定出输纳额。① 总体来说,元代田赋正额并不太高,但政府则以地亩加派的方式增加税收,就人民的负担而言,北方以户税为重,南方以亩税为重。② 元朝许多江南籍官员学者都提出了江南赋重的问题③,认为江南赋税为天下之最,吴师道《礼部集》载:"问江浙财赋之渊,经费所仰,曰盐课,曰官田,曰酒税,其数不轻也。以三者而论,盐课,两浙均之;官田,浙西为甚;酒税,止于杭州而已。"④可知,江浙财赋中除了上述官田部分的两税外,还有许多杂税所占的比例。杨维桢《东维子集》载:"江浙粮赋居天下十九,而苏一都又居浙十五"⑤,贡师泰至正十九至二十二年(1359—1362)在福建以闽盐易粮给京师,其《玩斋集》载:"闽粤诸郡,阻山岸海,租入之数不当东吴一县。其民终岁勤动,仅足给食,而公私所资,悉倚盐赋,比年横兵蜂起,夺攘成风。大者据州县,小者雄乡里,其入乎官者,盖益鲜矣。"⑥从江浙闽粤租税比较中说明了江浙赋重,后至元年间,郑元祐《侨吴集》载:"(长洲)秋输粮夏输丝也,粮以石计至三十有万,丝以两计至八万四千有奇,余盖皆略之也。……其困罢之极若此"⑦,上述对江南赋税在天下赋税中的比例的认识不尽相同,但都反映了一个重要事实,便是江南赋税之重。倪瓒兄长倪璨于致和元年(1328)逝世,此后倪瓒逐渐开始承担起家庭重担,并面对元末江南地区如此高额的赋税。至正十三年(1353)距离倪璨去世 26 年,倪家已经被税收等经济问题折磨得精疲力竭,正如前文所述,此时他们"输租膏血尽,役官忧病

① 彭雨新主编:《中国封建社会经济史》,武汉:武汉大学出版社 1994 年版,第 517 页。

② 彭雨新主编:《中国封建社会经济史》,武汉:武汉大学出版社 1994 年版,第 518 页。

③ 华山:《元代赋役制度考略——兼评李剑农宋元明经济史稿"元代赋役之变态"一节》,载《文史哲》1958 年第 2 期,第 41—43 页。

④ (元)吴师道:《礼部集》卷十九,《景印文渊阁四库全书》第 1212 册,台北:台湾商务印书馆 1986 年版,第 285 页。

⑤ (元)杨维桢:《东维子文集》卷二十九,《景印文渊阁四库全书》第 1221 册,台北:台湾商务印书馆 1986 年版,第 696 页。

⑥ (元)贡师泰:《玩斋集》卷六,《景印文渊阁四库全书》第 1215 册,台北:台湾商务印书馆 1986 年版,第606 页。

⑦ (元)郑元祐:《侨吴集》卷十一,《景印文渊阁四库全书》第 1216 册,台北:台湾商务印书馆 1986 年版,第 578 页。

婴。抑郁事污俗,纷攘心独惊。磬折拜胥吏,戴星候公庭"①,促使了倪瓒中年作出"鬻田产得钱千百缗,念伯雨老不再至,推与不留一缗"②的决定,税收的压迫以及兵乱的惊扰或许是倪瓒离家出走的原因之一。另外,倪瓒这些年独自为俗务奔走,也经历了亲人的相继离世,尤其是中年的丧子之痛,此时(1353)的他已经 48 岁,开始步入中晚年,逃避对于他而言或许不是最好的选择,但是至少可以让他暂时告别这个伤心之地,不必看着熟悉的场景去日夜思念自己的孩子,同时可以去探寻或追随内心向往的文人隐逸世界。一叶扁舟,半世漂泊的人生由此拉开帷幕,生活的困顿也接踵而至,正如王逢作诗赠倪瓒云:"不食姜妇鱼,宁饮廉让水。善学柳下惠,鲁有一男子。兹辰属新正,高枕辞贺礼。忽得隐沦书,矍然揽衣起。隐沦尽散金,贱迹痛扫轨。薪吹竹根叶,盘具园中茞。贫病无一钱,老幼逾百指。寒云下微雨,聊阅晋唐史。陶颜何如人,所慊饥乞米。寄言物外交,仙山叫琼蕊。"③透过好友王逢的安慰,亦可窥见倪瓒当时生活的窘迫。

关于倪瓒离家的时间,目前学界持三种看法:温肇桐④、朱仲岳⑤、方闻⑥、石守谦⑦认为是至正十二年(1352);黄苗子、郝家林⑧,楚默⑨,李润恒⑩认为在至正十三年(1353);张洲⑪则认为倪瓒离家是从至正元年(1341)后陆陆续续开始的,在至正元年(1341)他就已有流寓的经历,

① (元)倪瓒著,江兴佑点校:《清閟阁集》卷一,杭州:西泠印社出版社 2010 年版,第 16 页。
② (元)倪瓒著,江兴佑点校:《清閟阁集》附录一,杭州:西泠印社出版社 2010 年版,第 375 页。
③ (元)王逢:《梧溪集》卷四,《景印文渊阁四库全书》第 1218 册,台北:台湾商务印书馆 1986 年版,第 691 页。
④ 温肇桐《元季四大画家·倪云林》一书中,最先提出对倪瓒离家原因及时间的讨论,且引至正十五年(1355)《素衣诗》说明倪瓒散家源于"官租督输"。见温肇桐《元季四大画家》,上海:世界书局 1947 年版,第 10—13 页。
⑤ 朱仲岳编著:《倪瓒作品编年》,上海:上海人民美术出版社 1991 年版,第 2 页。
⑥ 方闻:《心印:中国书画风格与结构研究》第三章《倪瓒传奇》中认为倪瓒离家的时间是 1352 年初,此观点可能来源于温肇桐,但方闻对倪瓒避地行踪的论述错误较多。见[美] 方闻著,李维琨译:《心印:中国书画风格与结构分析研究》,上海:上海书画出版社 2016 年版,第 145 页。
⑦ 石守谦:《从风格到画意:反思中国美术史》,上海:生活·读书·新知三联书店 2015 年版,第 209 页。
⑧ 黄苗子、郝家林编著:《倪瓒年谱》,北京:人民美术出版社 2009 年版,第 58 页。
⑨ 楚默:《倪云林研究》,上海:百家出版社 2002 年版,第 5 页。
⑩ 李润恒:《倪瓒生平研究》,香港大学 1971 年硕士学位论文,第 172 页。
⑪ 张洲:《倪瓒诗画汇通研究》,广州:广东高等教育出版社 2014 年版,第 63 页。

而至正十三年(1353)是其全家迁离无锡的时间。根据倪瓒在至正二十三年(1363)的自述"不归吾土,亦已十年"①,以及倪瓒题其夫人蒋氏遗像时称"岁癸巳(1353)奉姑挈家避地江渚"②,可以判断倪瓒自己认为离家时间确为至正十三年(1353)无疑,张洲考证的是倪瓒从独自一人流寓到举家出离的整个时间脉络,此考证更为详细,结论亦相对中肯。多年之后,倪瓒曾对当时离家之际生活情况展开回忆,作《故吾》云:"缥缈青山日欲晡,弥漫秋水兴何孤。鹤归城郭生新梦,尘掩图书尚故吾。南亩艺苗伤硕鼠,北窗临涧听啼乌。醉归倘乞封侯地,便复移家傍酒垆。"③可见当时离家之时,倪瓒心中惆怅悲凉,伴随着一丝不舍与期盼,始终希望能够早日回到昔日宁静的故乡。

　　至正十三年(1353)是倪瓒全家出离的年份,此年正月七日,倪瓒就开始寓居陆玄素家中,并跋米芾《拜中岳命作》帖。米芾《拜中岳命作》是其重要的一件行书传世作品,卷首署"拜中岳命作"五字。此帖行笔有向外延展之意,字形宽绰,结体圆转,取众家之长而自出新意。章法疏落,行笔放纵,精密之中夹杂一丝飘举之势,此时已经是米芾书法的成熟期,较之其晚年书风的纵逸丰肥,稍显刻意。米芾所书《拜中岳命作》的内容为:"云水心常结,风尘面久卢。重寻钓鳌客,初入选仙图。鼠雀真官耗,龙蛇与众俱。却怀闲禄厚,不敢著潜夫。常贫须漫仕,闲禄是身荣。不托先生第,终成俗吏名。重缄议法口,静洗看山晴。夷惠中何有,图书老此生。"④可见此帖是由两首讽喻意味十分浓厚的诗构成,可分为"云水"篇和"常贫"篇。当时的米芾身处官场之中,一心体恤百姓,为国分忧,但是之后因为催租事件,与上级监司产生冲突,最后愤而辞官,自我流放到河南嵩山,曾作《催租诗》云:"一司日日下赈济,一司旦旦催租税。单状请出且抄纳,百姓眼中聊一视。白头县令受薄禄,不敢鞭笞怒上帝。救民无术告朝廷,监庙东归早相乞。"⑤米芾正是无法

---

① (元)倪瓒著,江兴佑点校:《清閟阁集》卷三,杭州:西泠印社出版社2010年版,第81页。
② (元)倪瓒著,江兴佑点校:《清閟阁集》卷七,杭州:西泠印社出版社2010年版,第235页。
③ (元)倪瓒著,江兴佑点校:《清閟阁集》卷六,杭州:西泠印社出版社2010年版,第170页。
④ 见北京故宫博物院藏米芾《拜中岳命作》卷。
⑤ (宋)岳珂:《宝真斋法书赞》卷二十,《景印文渊阁四库全书》第813册,台北:台湾商务印书馆1986年版,第797页。

忍受朝廷对百姓增加赋税，才产生了消极反抗之情绪，从而未能按时上交钱粮，其作品《拜中岳命作》便是在此社会背景下而作。

**图 20** （宋）米芾《拜中岳命作》长卷，行书，纸本，纵 29.3 厘米，横 101.8 厘米，北京故宫博物院藏

倪瓒在陆玄素斋中曾为此帖作跋云："大苏公谓米南宫清雄绝俗之文、超妙入神之字，当时已为识者所赏如此，况后世诵其诗、观其书迹者哉。至正十三年癸巳岁正月七日，陆养正出此见示于玄素斋中，观已谨识。倪瓒。"①"超妙入神"四字是倪瓒对米芾此篇书法至高的评价，虽然倪瓒的书法独钟小楷，偶作行笔，且多出于题款、跋语和诗抄、信札，鲜见有意为书而书之作，但是其行笔中多少透露出米芾书风之意。另外，在陆斋中给倪瓒观看米芾此帖的是陆养正，名陆颐，陆德原之子，倪瓒之婿。倪瓒晚年经常寄宿陆家。或许是因为陆家能够延续倪瓒品第书画的雅趣，故而倪瓒在漂泊生涯中多次前往。正月十八日，倪瓒又作《溪山春霁图》，题云："至正十三年一月十八日，画《溪山春霁图》并赋诗。水影山光翠荡磨，春风波上听渔歌。垂垂烟柳笼南岸，好着轻舟一钓蓑。沧浪漫士倪瓒。"②据清末民初收藏家裴景福记载，此图纸本着色，高三尺七寸三，广一尺三寸三。虽然此图佚失，但根据倪瓒赋诗内容来看，画面应洋溢着浓郁的江南春色，设色亦明快清雅，绿树青山、重叠翠影，倒映溪水，清丽动人，远方似有人吟歌，此时的景、色、声、情俱佳，画面含有不尽意趣，归隐山林的志趣便自然而然地流露出来。裴景福按语云："天际三峰突起，如古衣冠丈夫离立对语。左山脚小山低簇，右拖两沙脚，复作平滩孤屿，湖水渺然。南岸小山长堤，林木高下六株，一松伸枝远拿，中一株着叶纤密，施以淡赭。左下角新柳半株。峰头点

① 见北京故宫博物院藏米芾《拜中岳命作》卷。此段跋文著录于（清）张照：《石渠宝笈》卷十三，《景印文渊阁四库全书》第 824 册，台北：台湾商务印书馆 1986 年版，第 360 页。

② 裴景福编撰：《壮陶阁书画录》卷七，北京：中华书局 1937 年版，第 44 页。

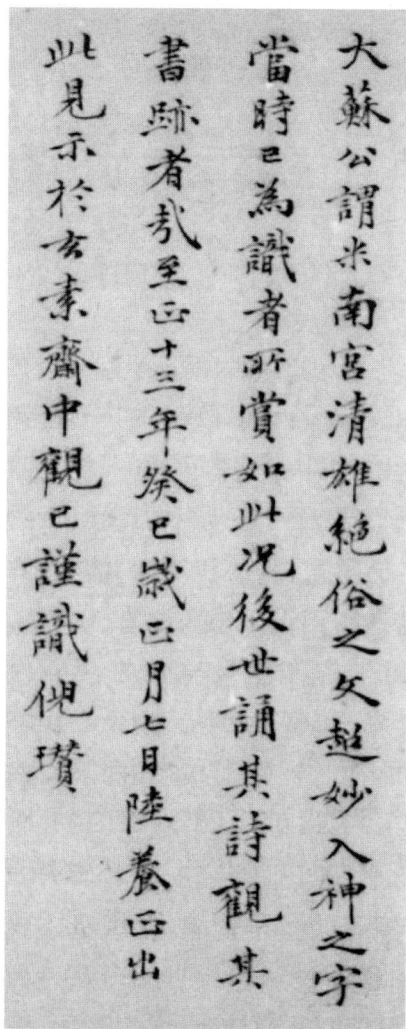

**图21 倪瓒跋米芾《拜中岳命作》卷**

缀小树,均加花青。满纸春光浮动,全追北苑神理。题字工秀,仿《黄庭内景》。清河氏谓,云林设色最罕。余仅见两轴,一浓一淡。此秦岐丞世藏,颇著声誉。"①裴氏描绘的此图春光无限,与倪瓒所赋之诗结合来看,画面中的具体物象则更为清晰,近景六株绿树为主要题材,中景湖水渺然,远景山峦延绵,其中三峰突起,湖水周边还有一些平滩孤屿,实乃"满纸春光浮动"。另外,倪瓒从此时开始署名沧浪漫士,所谓沧浪,《孟子·离娄上》云:"有孺子歌曰:'沧浪之水清兮,可以濯我缨;沧浪之水浊兮,可以濯我足。'"②所谓漫士,即指不受世俗约束的文人,他想要放逐自己于宽阔的山水之间,又要自立于狭小的轻舟钓蓑之中,此种潇洒之心或许正是"逸"的体现。

至正十三年二月晦日,倪瓒为公远茂才写《岸南双树图》并赋诗云:"甫里宅边曾系舟,沧江白鸟思悠悠。忆得岸南双树子,雨余青竹上牵牛。"③此图现藏美国普林斯顿大学艺术博物馆,复读倪瓒题诗,知为怀旧之作,所画乃江岸小景,双树或即为"曾系舟"之树,而树枝运笔横向波曲,似乎具有动感,故而竹叶亦随之起伏。画面左右两侧有"式古堂书画""卞令之鉴定印""第一希有""金匮神品""南北东西只有相随无别离"等鉴藏印十六枚。诗堂有文徵明题诗云:

---

① 裴景福编撰:《壮陶阁书画录》卷七,北京:中华书局1937年版,第44页。

② (清)焦循撰,沈文倬点校:《孟子正义》卷七,北京:中华书局1987年版,第535页。

③ (元)倪瓒著,江兴佑点校:《清閟阁集》卷八,杭州:西泠印社出版社2010年版,第265页。

"祇陀村上草萧萧,清秘风雨更寂寥。片纸流传残墨少,居然梧竹见高标。"①后还有近人张爰辛卯年(1951)的题记。另外,根据"甫里宅边曾系舟"可推,倪瓒所画的古木竹石位置应在甫里宅边,说明至正十三年冬春之季都寓居甫里。因为之后的三月,倪瓒与章心远观柯九思墨竹时,作题云:"至正十三年三月四日,同章炼师过张先生山斋,壁间见柯敬仲墨竹,因怀其人。其诗文、书画、鉴赏古迹,皆自许为当代所少,狂逸有高海岳之风,但目力稍恕耳,今日乃可得耶。柯公鉴书奎章阁,吟诗作画亦不恶。图书宝玉尊鼎觯,文彩珊瑚光错落。自许才名今独步,身后遗名将谁托。萧萧烟雨一枝寒,呼尔同游如可作。"②此处"张先生"便是指张监,张监在荆溪,倪瓒此时应该是从甫里至荆溪,之后可能按计划前往吴淞。因为此年三月二十日,倪瓒为瞿仲贤作《南渚春晚图》,题云:"至正十二年暮冬,将游吴松,舟过甫里,为元素翁

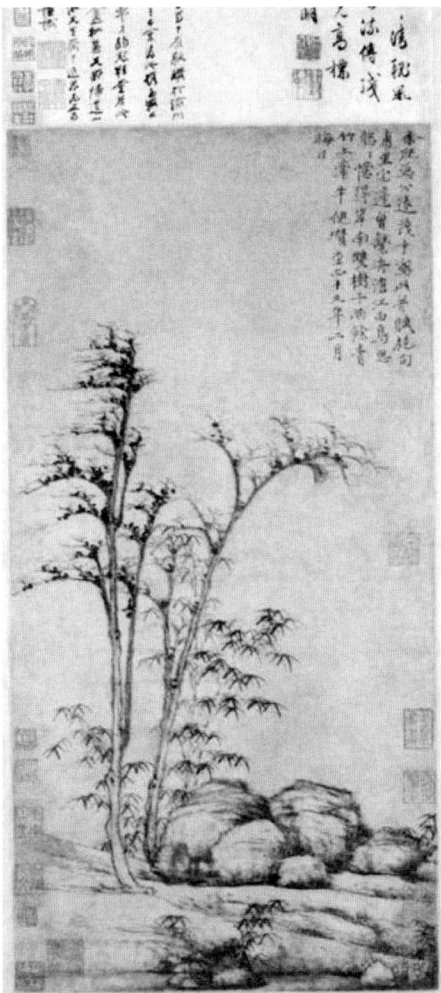

**图22** (元)倪瓒《岸南双树图》,纸本,水墨,纵 75 厘米,横 27 厘米,美国普林斯顿大学艺术博物馆藏

留寓其处,泊舟南渚,忽然四改月。元素翁之季子叔阳,隐迹为黄冠师,颇以诗酒自放。三月廿日,赋诗见赠,余辄次第其韵云:谁道南湖来往少,白云明月自相过。莺啼寂寂看将晚,花落纷纷稍觉多……是日适仲

---

① 见美国普林斯顿大学艺术博物馆藏倪瓒《岸南双树图》上文徵明跋文。
② (元)倪瓒著,江兴佑点校:《清閟阁集》卷四,杭州:西泠印社出版社 2010 年版,第 115 页。

贤瞿君来访亲戚,且征余画,戏为写此,并题诗画上以赠。吾叔明见之,当共一笑也。沧浪漫士倪瓒记。"①十三年后,杨维桢题云:"雨晴春水绿生波,八柱楼船海上过。隔屋白云飞絮乱,满帘红雨落花多。……抱遗老人奉和沧浪漫士韵在水心云景楼醉笔。"②此时已经战乱不止,杨维桢仍以文坛霸主的崇高声望,随处留下诗文墨迹,不忘尽情享受短暂的欢乐,为倪瓒《南渚春晚图》题和诗便是一例。根据倪瓒此图自题可知,至正十二年冬季时,原本打算前往吴淞,舟过甫里时被陆玄素留住四月,恰巧此时瞿仲贤来求画,倪瓒便戏为写此。倪瓒与叔阳的见面和赠答,可看出倪瓒出行的意图。关于甫里的位置,《中吴纪闻》载:"甫里在长洲县东南五十里"③,即今天江苏苏州吴中区的甪直镇。后至五月廿六日,倪瓒接待黄公望来访,在清閟阁内画《溪山深远图》,二人篝灯夜话。④ 倪瓒此次短暂回归故里或是安排举家出离之事。

此年秋天,元顺帝派专使至江南,寻江南名士为其新建设的"飞楼"赋《飞楼行乐辞》,并在此"飞楼"里观赏"十六天魔"舞。有元一代的舞蹈,尤以"十六天魔"最为闻名,缘其乃"失国"皇帝元顺帝所喜好,从而被归入"荒政"一类。它产生于元朝初年,当为太祖初年征服西夏时征用的西夏旧乐舞,在世祖时即已风行,其与元朝统治者崇信密教有很大的关系,以其宝相庄严而又香艳飘逸受到观赏者的喜爱。⑤《元史类编》载:"帝起采芳馆于琼华岛内,癸巳(至正十三年)秋,乘龙船泛月池上,池起浮桥三处,每处分三洞,洞上结彩为飞楼,楼上置女乐。桥以木为质,饰以锦绣,九洞不相达。"⑥《元书》卷二十六亦载:

---

① (清)张照:《石渠宝笈》卷八,《景印文渊阁四库全书》第824册,台北:台湾商务印书馆1986年版,第227页。

② (清)张照:《石渠宝笈》卷八,《景印文渊阁四库全书》第824册,台北:台湾商务印书馆1986年版,第227页。

③ (宋)龚明之:《中吴纪闻》卷三,《景印文渊阁四库全书》第589册,台北:台湾商务印书馆1986年版,第324页。

④ (清)邵松年:《澄兰室古缘萃录》卷二,《续修四库全书》第1088册,台北:上海古籍出版社2002年版,第46页。

⑤ 王颋:《"天魔"舞的传播及渊源》,载《蒙古史研究·第八辑》2005年,第133页。

⑥ (清)邵远平:《续弘简录元史类编》卷十,《续修四库全书》第313册,上海:上海古籍出版社2002年版,第149页。

每上巳日,令诸妃嫔祓于内苑漾碧池。池用纹石为质,以宝石镂成,上覆紫云九龙华盖,四面施锦帏,跨池三石,桥上结锦为三亭。又设一横桥,接三亭之上,以通往来。祓毕,则宴饮于中,池旁有香泉潭,是日,积香水注池中。……笙、胡琴、响板、拍板。以宦者长安迭不花管领,遇宫中赞佛,则按舞奏乐,宦官受秘密戒者得入,余不得与。恒舞酣歌,夜以继日,遂至亡国。[1]

"飞楼"此时已经建成,当时江南诸多士人争先邀宠,想效忠于元顺帝,为其"飞楼"作赋,云林则以"性不嗜酒,安能奉元诏"[2]为由,不肯"缀艳词以媚七贵"[3],倪瓒的拒绝不是出于对朝廷的不满,也不是出于对时代的痛恨,毕竟他出生时已是元朝中叶,没有所谓的"遗民"情怀;他此番坚定地拒绝,实则是对朝政有几分担忧,此时起义军不断,元顺帝仍有雅致去"飞楼"享乐艳舞。倪瓒在内心深处是希望元顺帝能有所作为的,不想在有生之年看到国破家亡,只能将最后一丝期待寄托于当时的统治者。另外,倪瓒作为一介文士,平日里接受的是"儒释道"传统文化的教育与熏陶,面对统治者的需要为淫乐场所作赋的需要,他若是答应前往,便失去了文人气节,这或许是他此时所坚持的最后一道底线,也是对"飞楼"的无声反抗。元顺帝派专使来江南寻找名士的这一行为,或许更加促使倪瓒出离故土。至正十四年(1354)二月二十日,倪瓒于葑门客楼为王宗晋作《云林春霁图》,自题云:"余与宗晋道兄别十有六年矣,忽邂逅吴下,杯酒陈情,不能相舍。老杜所谓夜阑更秉烛,相对如梦寐者,讽咏斯语,相对怆然。人生良会不易,而况艰虞契阔若此者乎。以十余载而仅一面,则人生果能几会耶。悲慨亦未有若此言也。明日道兄将归钱唐,余亦鼓枻烟波之外,因写图赋诗,以寓别后恋恋不尽之情云。至正十四年二月十二日,倪瓒葑门客楼书。是日昔刺正卿、陆季

① (清)曾廉:《元书》卷二十六,《四库未收书集刊》第4辑第15册,北京:北京出版社2000年版,第253页。

② 倪城辑:《梁溪倪氏宗谱》卷四,《无锡文库·第3辑》,南京:凤凰出版社2011年版,第196页。

③ 倪城辑:《梁溪倪氏宗谱》卷四,《无锡文库·第3辑》,南京:凤凰出版社2011年版,第196页。

和、顾思恭同集。"①后赋诗云："开元道士来相访,索写云林春霁图。别我云林已二载,去濯沧浪泛五湖。满目波容蘸山黛,撩人柳眼乱花须。避喧政欲寻耕钓,源上桃花无处无。"②两年后,王蒙为此图作题云："五株烟树空陂上,便是云林春霁图。……仆与云林别已及二年。云林弃田宅、携妻子系舟汾湖之滨,日与游者,皆烟波钓艇,江湖不羁之士也。回视乡里,昔之纷扰,如脱敝屣,真有见之士也。"③通过王蒙所题内容来看,至正十四年时倪瓒已经弃田宅,携妻子系舟汾湖之滨,从侧面反映了倪瓒举家出离的时间下限。二月二十五日,春雨绵绵,郯韶携四首绝句访倪瓒。郯韶,字九成,顾瑛《草堂雅集》载:"郯韶,……吴兴人,好读书,慷慨有气节。辟试漕府掾。不事奔竞,淡然以诗酒自乐。其作诗作赋不习近世,必欲追唐人之盛。杨铁崖先生以为与北州李才相上下。骏马新銮蹄,骎骎未可知也。"④他是倪瓒往来最多的诗友之一,《清閟阁全集》中有倪瓒给他的唱和诗十余首。他自号云台散史,又号苕溪渔者,《元诗选》载:"韶,……日往来于玉山,与诸君相唱和。素不善画,偶捉笔为山水图,辄烂漫奇诡,坐客咸啧啧称叹。作诗务追开元、大历之盛,杨铁崖称其格力与北州李才辈相上下,序其诗曰:'我元之诗,虞为宗,赵、范、杨、马、陈、揭副之,继者叠出而未止,吾求之于东南,永嘉李孝光,钱唐张雨,天台丁复、项炯,毗陵吴恭、倪瓒,盖亦有本者也。近复得永嘉张天英,郑东,姑苏陈谦、郭翼,而吴兴得郯韶也。'"⑤通过杨维桢序言可见,郯韶当时的诗名地位之高。倪瓒留宿高斋时曾为其作《春林远岫图》,并次其韵:

> 我别故人无十日,冲烟艇子又重来。门前积雨生幽草,墙上春云覆绿苔。

①（明）汪砢玉:《珊瑚网》卷三十四,《景印文渊阁四库全书》第818册,台北:台湾商务印书馆1986年版,第634页。

②（明）汪砢玉:《珊瑚网》卷三十四,《景印文渊阁四库全书》第818册,台北:台湾商务印书馆1986年版,第634页。

③（明）汪砢玉:《珊瑚网》卷三十四,《景印文渊阁四库全书》第818册,台北:台湾商务印书馆1986年版,第634—635页。

④（元）顾瑛撰,杨镰、祈学明、张颐青整理:《草堂雅集》卷十二,北京:中华书局2008年版,第909页。

⑤（清）顾嗣立:《元诗选二集》卷二十一,《景印文渊阁四库全书》第1471册,台北:台湾商务印书馆1986年版,第55页。

断送一生棋局里，破除万事酒杯中。清虚事业无人解，听雨移时又听风。

没径春泥不出门，山烟江雾昼长昏。糟床声杂茅檐雨，破却阴寒酒自温。

郯子论诗冀北空，晤言千里意常同。待晴紫陌堪萦手，行咏山光水影中。①

《郯九成原韵四首》如下：

杏花帘幕看春雨，深巷无人骑马来。独有倪宽能忆我，黄昏蹑屐到苍苔。

春色三分都有几，二分已在雨声中。墙东两个桃花树，恨杀朝来一阵风。

十日春寒早闭门，风风雨雨怕黄昏。小斋坐对黄金鸭，寂寞沉香火自温。

春寒时节病头风，惆怅年华逝水同。世事总如春梦里，雨声浑在杏花中。②

仔细品读，二人作诗时的心情都很惆怅，尤其倪瓒所作次韵诗更是透露出一种无奈与孤寂。郯韶也多次为倪瓒的画题诗，有些倪画已不可复见，仅可以据诗想象画面的境界。比如郯韶《题元镇画二首》云："断霭生春树，微茫隔远汀。梁溪新月上，照见惠山青。""高江新水生，微月流云度。美人胡不知，相思隔春树。"③郯韶的诗中还提供了一些倪瓒少有人知的画作信息，譬如《湖山清晓图》，顾瑛《草堂雅集》载："梁溪倪元镇为余写《湖山清晓图》，河东张仲举题诗于上。友人郑君杰竟持去不还，虽往欲观亦不出示，郑真忍人也。今观斯图触景会意，宁不为之慨叹，漫赋长句云。"④通过记载可见倪瓒当时的画作已经有着极高的声誉，友人们竟持去不还，甚至有私心地藏匿起来，恐怕别人借走，如此

① （元）倪瓒著，江兴佑点校：《清閟阁集》卷七，杭州：西泠印社出版社 2010 年版，第 214 页。
② （元）倪瓒著，江兴佑点校：《清閟阁集》卷七，杭州：西泠印社出版社 2010 年版，第 214—215 页。
③ （元）顾瑛撰，杨镰、祈学明、张颐青整理：《草堂雅集》卷十二，北京：中华书局 2008 年版，第 952 页。
④ （元）顾瑛：《草堂雅集》卷十，《景印文渊阁四库全书》第 1369 册，台北：台湾商务印书馆 1986 年版，第 376 页。

佳话便是透过《湖山清晓图》作为载体而为后世所知,《草堂雅集》中记载了郊韶的此首诗文:"韶也性颇癖,为爱名山游,及兹见图画,远近须购求。梁溪倪君与我好,看山作图非草草。春山烂漫走云涛,海树微茫隔烟岛。硕人之居在涧阿,天青石壁搴女萝。弹琴暝落松上雪,濯足影动窗前波。而我忆在西湖住,对画看山日忘暮。……只今看画即欲死,永言思之嗟已矣。出门笑问沙上鸥,东流渌渌春江水。"①此诗对倪瓒所作《湖山清晓图》的意境进行了十分唯美的描写,令读者对画中所描绘的境界产生了向往之情。

此年(1354)十一月十九日,倪瓒重题《秋林野兴图》云:"今年岁在甲午冬十一月,余旅泊甫里南渚,陆益德自吴淞归,携以相示,盖藏于其友人黄君允中家。余一时戏写此图,距今十有六年矣。对之怅然,如隔世事也。瓒重题其左而还。十九日。"②陆益德即陆继善,他曾在至元五年(1339)题此图云:"晻霭生清晖,空冥照秋影。遐眺修亭虚,一览心已领。"③由此可知,至正十四年的仲冬,也就是大约举家出离后的一年,倪瓒泊甫里南渚。十年之后的至正二十四年(1364),他又身居笠泽,可仍然回忆起当年漂泊在南渚的岁月,画下了《南渚图》。此幅作品出现在2010年北京海士德拍卖会上,先抛开此幅作品真伪问题,观其画面跋文,画幅中部倪瓒自题:"南渚无来辙,穷冬更阒寥,水宽山隐隐,野旷月迢迢。想像写南渚冬尽诗意(图)。至正廿四年十月六日。倪瓒记。"④此跋文亦著录于《味水轩日记》《珊瑚网》《书画题跋记》等文献中,画面跋文与著录文献基本一致。僧道衍称倪瓒:"至正甲午,避乱寓于笠泽。扁舟往来,时入城府,多托宿于仙佛之庐。"⑤此年二月时,倪瓒对避居之

---

① (元)顾瑛:《草堂雅集》卷十,《景印文渊阁四库全书》第 1369 册,台北:台湾商务印书馆 1986 年版,第 376 页。

② (明)张丑:《清河书画舫》卷十一下,《景印文渊阁四库全书》第 817 册,台北:台湾商务印书馆 1986 年版,第 451 页。

③ (明)张丑:《清河书画舫》卷十一下,《景印文渊阁四库全书》第 817 册,台北:台湾商务印书馆 1986 年版,第 451 页。

④ (明)李日华:《味水轩日记》卷二,《续修四库全书》第 558 册,上海:上海古籍出版社 2002 年版,第 339 页。

⑤ (元)僧道衍:《竹枝跋》,倪城辑:《梁溪倪氏宗谱》卷四,《无锡文库·第 3 辑》,南京:凤凰出版社 2011 年版,第 200 页。

地稍显不满,此时的南渚或可称为禅房中的仙境。倪瓒有诗云:"无家何处归,南渚有禅扉。湘簟间秋水,风莲堕粉衣。砚池滋黯黯,竹露净微微。社燕情如客,搀君去桨飞。"①此诗应写于此年或翌年。倪瓒对南渚的寓居环境显然较为满意,故而才有雅兴为此处作图,结合拍卖行所拍作品与后人跋文,亦可窥探南渚当年水润天高的幽远景色。但细观拍卖行此幅作品,似乎少了些倪瓒"逸"的境界与格调。

《玉山璞稿》载,是年倪瓒作《梧竹图》并诗寄顾瑛。"倪元镇画《梧竹图》,附章心远元士见寄,琦龙门为题长诗于上,瑛次韵以识。"②顾瑛诗云:"山人自爱山中宅,绕屋长溪深百尺。桐花委地晓风清,竹笋过墙新雨碧。东海倪迂真绝俗,牛角汉书锄且读。茅斋时有已公吟,松窗每待陈蕃宿。……龙门一别垂十年,客中又见秋风颠。满怀契阔欲陶写。好寄锡山龙缝泉。"③之后二人又相互赠诗,上文写玉山雅集时已经提及顾瑛《和倪云林所寄》④与倪瓒《寄顾仲瑛》⑤二诗,这两首诗都作于至正十四年(1354)秋,传递出一种相思之意。然而是年冬天,倪瓒旅泊昆山甫里,距玉山距离较近,却未见有二人相见之记载。

倪瓒举家出离后的日子并不是一帆风顺的,当时的社会大环境是农民被严重剥削,《玉山璞稿》记载了至正十四年(1354)吴下地区的一些时事,譬如"估贩年来不受沾,徒劳踪迹走通衢。只缘尽要新交钞,除却天都到处无"⑥,"带号新军识未真,栏街作队动生嗔。官支烂钞难行使,强买盐粮更打人"⑦,"白昼惊风海上号,水军三万尽乘涛。书生不解参军事,也向船头著战袍"⑧,"官鼓冬冬报二更,船头风浪尽军声。不知海若缘何事,一夜颠狂直到明"⑨,这些诗是顾瑛对友人张翥(字仲举)来诗的奉答,张翥曾以京口海上的见闻为题寄诗于顾瑛,顾瑛便以苏州一

---

① (元)倪瓒著,江兴佑点校:《清閟阁集》卷三,杭州:西泠印社出版社2010年版,第58页。
② (元)顾瑛著,杨镰整理:《玉山璞稿》卷上,北京:中华书局2008年版,第8页。
③ (元)顾瑛著,杨镰整理:《玉山璞稿》卷上,北京:中华书局2008年版,第8页。
④ (元)顾瑛著,杨镰整理:《玉山璞稿》卷上,北京:中华书局2008年版,第22页。
⑤ (元)倪瓒著,江兴佑点校:《清閟阁集》卷五,杭州:西泠印社出版社2010年版,第163—164页。
⑥ (元)顾瑛著,杨镰整理:《玉山璞稿》卷上,北京:中华书局2008年版,第4页。
⑦ (元)顾瑛著,杨镰整理:《玉山璞稿》卷上,北京:中华书局2008年版,第4页。
⑧ (元)顾瑛著,杨镰整理:《玉山璞稿》卷上,北京:中华书局2008年版,第4页。
⑨ (元)顾瑛著,杨镰整理:《玉山璞稿》卷上,北京:中华书局2008年版,第4页。

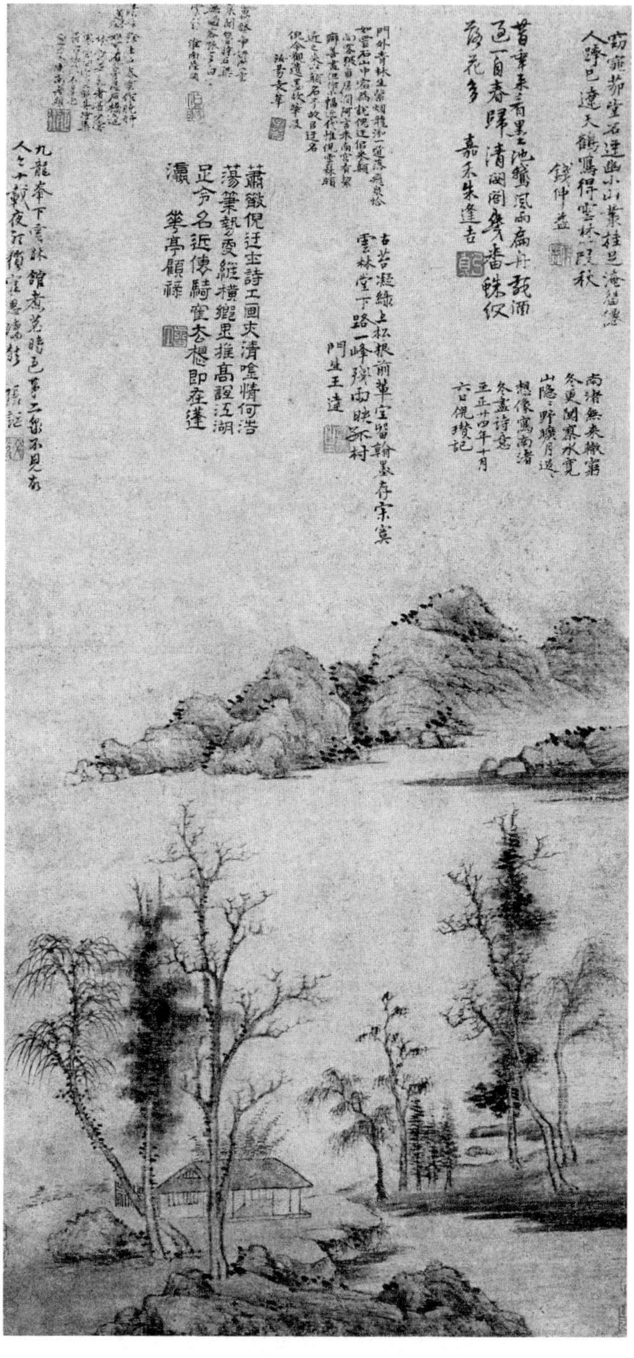

图 23　(元)倪瓒《南渚图》,立轴,纸本设色,1364 年,纵 96 厘米,横 44 厘米,2010 年北京瀚士德拍卖会

带的见闻寄诗还。顾瑛所作之诗,讲述官府在苏州一带以"和籴"①方式向农民强行收购粮食,进行残酷的剥夺,导致农民一贫如洗,衣不蔽体,生活在水深火热之中。顾瑛的诗文虽然写的是"吴下"的时事,在元末吏治普遍腐败的情况下,其他地区的情况自然也是可想而知的,倪瓒所避居之地也难以幸免。

既然现实的残酷无法逃避,只能寻找三五好友,共同排解内心的压抑,但是此时文士们饮酒赋诗的心情已然没有昔日的乐以忘忧,更谈不上怡情悦性,其所谓"文酒之乐",未必幸哉!倪瓒好友范致大(字德原),"崇德人,修行博学,会淮,张氏入吴,辟为教授,不赴。既陪臣扵张者礼置焉,致大曰'道固在耳'"②,曾在此年为倪瓒的画作题,概述了倪瓒携母妻入五湖去,以避人群的心酸。《清閟阁集》载:"高台积雨霁,望见溪南山。离离翠玉堆,楚楚青螺鬟。美人移家去,轻舟何时还。空林忽见画,辗然一怡颜。东海生家故居梅李之平墟,一夕携母妻入五湖去,以避人群。其笔墨流传人间,虽寸楮片缣,皆不易得。是图余往年在云林中尝见落笔,伯钧其宝之哉。至今年又五六岁矣。范致大记。至正甲午(1354)六月三日。"③至正十五年(1355),倪瓒为了继续逃官租,敛裳宵遁于江湖。倪瓒《至正乙未素衣诗》序云:"素衣,内自省也。督输官租,羁絷忧愤,思弃田庐,敛裳宵遁焉。"④后赋诗云:"素衣涅兮,在彼公庭。载伤迫隘,中心怔营。彼苛者虎,胡恤尔氓。视氓如貒,宁辟尤诟。礼以自持,省焉内疚。虽曰先业,念毋荡失。守而不迁,致此幽郁。身辱亲殁,孝违义屈……吁嗟民生,实罹百患。先师遗训,岂或敢忘。箪瓢称贤,乐道无斁。予独何为,凄其悲伤。空谷有芝,窈窕且廓。爰宅希静,菽水和乐。载弋载钓,我心不怍。安以致养,癏寐忘忧。

① "和籴",原为封建政府和农民在平等自愿的基础上,由政府按时价收购农民的剩余粮食。开始行于北魏,以后历代王朝多效之。由于吏治腐败,后来发展为按户分配,限期按官定价格交纳。名义上由官府作价出钱,实际上作价极低,甚至不到实价的一半,而且往往拖延三五年还不付款。参阅黄天华著:《中国财政制度史·第2卷》,上海:上海人民出版社2017年版,第887页;潘同生编著:《中国经济诗今释》,北京:中国财政经济出版社2000年版,第292页。

② (明)张昶:《吴中人物志》卷十,《续修四库全书》第541册,上海:上海古籍出版社2002年版,第305页。

③ (元)倪瓒著,江兴佑点校:《清閟阁集》附录二,杭州:西泠印社出版社2010年版,第431页。

④ (元)倪瓒著,江兴佑点校:《清閟阁集》卷一,杭州:西泠印社出版社2010年版,第2页。

修我初服,息焉优游。"①倪瓒之所以此年还被"督输官租",主要因为其恩师王文友去世,不得不回故里厚葬恩师。郑元祐《遂昌杂录》云:"会文友卒,元镇买油杉棺,葬之芙蓉峰傍。葬之日,梁溪士友皆至。葬文友后,元镇窘于诛求,顾未有能振之者。"②此时的倪瓒对社会的黑暗和丑恶看得十分清楚,为了逃避官家索租,他最终决定弃田逃遁,比之前的举家出离更为彻底。在弃田之前,他的思想有过激烈斗争,逃走之后,先人遗业不能保守,或许终生不得归乡,有愧于倪氏祖先,若是"守而不迁",各种俗事俗吏找上门来,"身辱亲殆"。而现在却前途茫茫,环境恶劣,不知何时才能重见天日。后来他想到春秋时期颜渊虽然贫困却能够安贫乐道,倪瓒认为自己应该也可以如此。诗文的最后,倪瓒幻想着空谷里的芝兰,尽显芬芳,云林也可以隐遁江湖,钓鱼打猎,过着安静无忧的生活,若是以优游卒岁,又何必悲伤不已!最终,他还是决计出游。他的决定并不是一时的冲动或无奈,从不同时间段的三首诗就可以看出他的思想变化过程,三首诗分别是:至正七年(1347)《述怀》、至正十一年(1351)《异梦》与至正十五年(1355)《素衣》,此数年间,元朝社会发生激烈的变动,也是倪瓒的个人生活出现重大转折的时期。倪瓒写《述怀》时,还是"遗业忍即弃,吞声还立耕",并未完全舍得丢弃祖产,至写《素衣》一诗时,则开始后悔当初"守而不迁,致此幽郁。身辱亲殆,孝违义屈"。这三首诗清楚地描述了倪瓒这几年思想和生活的发展趋势,也从侧面反映了至正年间的社会现实。

关于这段时间的社会动乱,顾瑛《玉山璞稿》中曾记载《至正乙未五月口号》云:"'农家祈社种良田,尽卜今年胜去年。抱布贸秧都插遍,开门一夜水连天。''雨中卖鱼无买冰,沿村打鼓傍鲜秤。二斤十贯新交钞,只直仓黄米四升。'"③顾瑛的诗文作品从不同方面反映了元末群雄并起、战乱频仍的社会现实,比如这篇《口号》中他关心政府发行的新钞之弊,害怕对百姓米价造成严重波动。果然,官府敛粮征役的苛政使民

---

① (元)倪瓒著,江兴佑点校:《清閟阁集》卷一,杭州:西泠印社出版社 2010 年版,第 2 页。
② (元)郑元祐:《遂昌杂录》不分卷,《景印文渊阁四库全书》第 1040 册,台北:台湾商务印书馆 1986 年版,第 388 页。
③ (元)顾瑛著,杨镰整理:《玉山璞稿》卷下,北京:中华书局 2008 年版,第 43 页。

生疾苦雪上加霜，同时人祸之外更逢天灾交迫，最终百姓生计更是难以为继，这为倪瓒撰写《素衣诗》的背景作了更详细的交代。

倪瓒的"至正初，兵未动，鬻其家田产，不事富家事，事作诗"①，或许在此时看来更容易理解些，倪瓒已经亲身感受到社会的动荡，他通过一些外部客观现象判断，决定自保，故有兵未动卖田产的举动。

就在这一二十年间，江南鼎沸，国家一直处在风雨飘摇之中。顾瑛以及那些常常流连草堂雅集的文士们，对于诗文，或许已经到了执迷癫狂、不知轻重的状态，美酒佳人与诗词唱和等于一切。对于倪瓒，诗词美酒亦成为避居路上的必需品，也是他精神世界的一处港湾，创伤心灵的一剂良方。他们皆以一种身处末世，被排除在轮回之外的轻松超脱，面对着此时的身家性命。

同样是雅集场所的清閟阁，此年的命运或许不如玉山草堂幸运。《通鉴辑览》记："以达什特穆尔为江浙行省左丞相。时江淮绛骚，南北阻隔，诏许达什特穆尔便宜行事。乃任用非人肆通贿赂，卖官鬻爵，惟视货之重轻为高下，由是谤议纷然。"②官吏若此，民当苦矣。此年春天开始，苏州、无锡、常州等地民众开始起事，劫掠富家。比如《至正乙未君臣同庆乐送脱因万户》云："至正乙未春，贼起新丰，踰枫桥抵阊关，将入城肆杀掠。公不以有司之事为彼任，首决大议，率众杀贼，以全吴城。岂非奉大猷，为圣天子佐昌历者也。以公之才、之忠，设圣天子命之诛群恶，则大平之秋可待。"③《海道都漕运万户府达鲁花赤脱因公纪绩颂》云："今年春，阳山愚民窃发，纵火剽掠，鼓行趋郡（平江）西门。"④无锡富家被抢掠的较为严重，倪瓒作为"江南三大名士之一"，在江南地区的资产排行前列，此番动乱必定会涉及其家产，收藏颇丰的清閟阁或许正是从此年开始走向衰亡之路。

至正十五年也是倪瓒年逾半百之年，《乙未岁，余年适五十。幼志

① （元）倪瓒著，江兴佑点校：《清閟阁集》附录一，杭州：西泠印社出版社 2010 年版，第 375 页。
② （清）傅恒等：《御批历代通鉴辑览》卷九十九，《景印文渊阁四库全书》第 339 册，台北：台湾商务印书馆 1986 年版，第 153 页。
③ （元）顾瑛著，杨镰整理：《玉山璞稿》卷下，北京：中华书局 2008 年版，第 52—53 页。
④ （元）陈基：《夷白斋稿》卷十二，《四部丛刊三编》，北京：商务印书馆 1936 年版，不分页数。

于学,皓首无成,因诵昔人知非之言,慨然永叹,赋此》云:"阴风二月柳依依,隐映湖南白板扉。旅泊无成还自笑,吾生如寄欲何归。美人竟与春鸿远,短发忽如霜草稀。五十知非良有以,重嗟学与寸心违。"①从至正十年至十五年(1350—1355),倪瓒从 45 岁至 50 岁,社会外部环境与倪瓒家族内部生活的骤变,使得他结束了前半生富庶清雅的生活,尤其是从 1353 年举家出离之后,倪瓒的生活变得越加凄苦。另外,关于倪瓒弃家出走的具体情形,许多史料记载较为奇异,甚至有些文献将此事称为美谈,比如《明史》载:"至正初,海内无事,忽散其赀分给亲故,时人咸怪之。未几,兵兴,富家悉被祸。而瓒扁舟箬笠,往来震泽、三泖间,独不罹其患。"②张端《云林墓表》亦载:"一日弃田宅,曰:'天下多事矣,吾将遨游以玩世。'自是往来五湖三泖间二十余年,多居琳宫梵宇。人望之,若古仙异人。"③《大明一统志》载:"一旦舍去,曰:'天下多事矣。'乃往来五湖三泖间。人望之,若仙去。"④《晋陵崇祀先贤传》载:"一日弃田宅去,孤舟蓑笠,载竹床、茶灶,飘遥五湖三泖间,多居琳宫梵宇。人望之,若古仙异人。"⑤正是因为后世的此番描述,将倪瓒成功地推向了"高士"地位,误以为他不食人间烟火,将财富看为俗物,置身事外,此乃谬误矣!实际上,真实情况并非史书上说的那么潇洒。倪瓒是不堪忍受兵匪骚扰和差科催逼而被迫外逃的,弃家行为确实存在,散财也是不争的事实,但这是一个犹豫的、痛苦的、挣扎的过程,这个过程竟长达八年!通过《述怀》《异梦》《素衣》这三首诗,我们可以清楚地勾勒出从 1347 年至 1355 年,倪瓒的整个思想变化过程,得知他面对社会环境的糟粕,一步步降低内心防线,与心中那个所谓的理想世界相抗衡,最终选择向现实妥协,退居五湖,确为无可奈何,换而言之,倪瓒弃家乃是元末社会动乱的结果。倪瓒弃家的漫长过程,正如近人郑拙庐所言:"至正十五年以前,倪瓒不过是离家避兵灾,有时还

① (元)倪瓒著,江兴佑点校:《清閟阁集》卷五,杭州:西泠印社出版社 2010 年版,第 135—136 页。
② (清)万斯同:《明史》卷三百九十六,《续修四库全书》第 331 册,上海:上海古籍出版社 2002 年版,第 280 页。
③ (元)倪瓒著,江兴佑点校:《清閟阁集》附录一,杭州:西泠印社出版社 2010 年版,第 379 页。
④ (元)倪瓒著,江兴佑点校:《清閟阁集》附录一,杭州:西泠印社出版社 2010 年版,第 380 页。
⑤ (元)倪瓒著,江兴佑点校:《清閟阁集》附录一,杭州:西泠印社出版社 2010 年版,第 381 页。

回到家中，自从至正十五年倪瓒遭到官吏催租拘禁的羞辱后，为了逃避官租，才下决心弃家隐迹江湖，这实在是不得已，并不是有什么先见之明。"①最终作出弃家决定的倪瓒，难免会经历丢失"先业"的自责与现实中身心疲惫的困扰。

# 第二节　寓居陆庄

## 一、寓居于陆庄期间的诗画酬酢

至正十七年（1357）丁酉，倪瓒继续寓居陆庄陆玄素家。离家近四年后，倪瓒的生活稍微安定，心境也似乎明朗起来。二月廿三日，倪瓒画《春宵听雨图》（又名《竹石乔柯图》）赠舫斋文学，后复赠倪仲权，画面右上角自题七绝云："春宵听雨第三番，起坐篝灯酒自温。清晓开门看桃李，苍柯翠筱喜无言。"②《过云楼书画记》载："此帧为烟客太常旧藏，淡墨作树，石丛筱间之真，拙逸老人所谓苍劲妍润，尤得清致者，……署款丁酉二月写赠舫斋文学，夏四月复赠仲权征君，考丁酉为至正十七年，先生年五十六矣。仲权者姓倪，《金台集》所谓四明倪仲权是也。"③根据倪瓒自题可见，春天夜里，听雨已是第三番，春雨淅淅，辗转难眠。清早时，推门望去，发现春意已经悄悄地萌生，内心喜不胜言。春天是一年之始，总会令人有所期盼，对于漂泊人士而言，春意也能抚平一些伤痕的印记。

至十月，倪瓒在陆玄素家送虞堪前往云间，并作《送虞胜伯之云间求先世遗书》，其序云："虞胜伯征君隐居行义，家甫里垂二十年，不以姓名求知于时之闻人。道园先生（虞集），其从叔祖也。先世雍公遗文，道园先生欲求而不可得。胜伯必欲以意购取之，可谓有志而不忘其所自

---

① 郑拙庐：《倪瓒》，上海：上海人民美术出版社1982年版，第6页。
② 见上海博物馆藏倪瓒《竹石乔柯图》题跋。
③ （清）顾文彬：《过云楼书画记》卷二，《续修四库全书》第1085册，上海：上海古籍出版社2002年版，第208页。

矣。闻此书藏松江俞子中推官宅，推官没已久，而子俊州尹其弟，能假以归胜伯，非仁人义士之存心乎？州尹，吾故人也，因书以为之请。陶蓬大尹见之，当有以教我也。"①后赋诗："州谷沄沄逝水波，雍公勋业未消磨。况当异代求文字，尚有闻孙校舛讹。京国不闻收汗马，草莱终见没铜驼。谁陈圣主贤臣颂，奈尔阴山敕勒歌。"②"虞胜伯征君"即虞堪，"字克用，一字胜伯，宋丞相允文诸孙也，后家长洲。隐居行义，不乐仕进。家藏书甚富，多手自编辑，其为诗清顺则丽，间写山水亦有思致雅重，先世手泽闻有雍公遗文，虽千里外必购得之乃已。其从祖伯生（虞集）遗稿，亦堪所编今刻吴中"③，虞堪乃北宋丞相虞允文后裔，奎章阁四学士之一的虞集（字伯生，号道园）是其从叔祖。倪瓒对虞堪的诗画评价颇高，从倪氏所作《留别胜伯征君》一诗中便可窥探一二："清修卓行虞征士，食粥三年致母丧。诗法道园能入室，画传洪谷早升堂。独高落落松筠节，不逐悠悠鹡鸰行。此日别君江海去，波光鸥影思微茫。"④倪瓒称赞虞堪诗文跟随虞集一脉，画法流传着五代北方山水画大师荆浩的精髓。⑤ 至正癸卯（1363）九月，倪瓒曾作《江渚风林图》赠虞堪，画幅中间位置题："江渚暮潮初落，风林霜叶浑稀。倚仗柴门阒寂，怀人山色依微。至正癸卯九月望日，戏为胜伯征君写此，并赋小诗。倪瓒。"⑥除此之外，倪瓒还题过虞胜伯所画《仙台高士图》："仙台有高士，闻在最高峰。濯足五湖水，结巢千岁松。霞扉云扃閟丹壑，落花如雪吹微濛。醉颜高卧日曈曈，飞凫蹴踏金芙蓉……运笔直与天同功，倪生作诗以咏叹，凌跨倒景他日期相从。"⑦可惜作品未能传世，不过仅从倪瓒诗题就可知虞堪的道家风骨。《夷白斋稿》补遗有《虞克用山居图》诗，可视为

① （元）倪瓒著，江兴佑点校：《清閟阁集》卷六，杭州：西泠印社出版社 2010 年版，第 194 页。

② （元）倪瓒著，江兴佑点校：《清閟阁集》卷六，杭州：西泠印社出版社 2010 年版，第 194 页。

③ （明）王鏊：《（正德）姑苏志》卷五十四，《景印文渊阁四库全书》第 493 册，台北：台湾商务印书馆 1986 年版，第 1031 页。

④ （元）倪瓒著，江兴佑点校：《清閟阁集》卷六，杭州：西泠印社出版社 2010 年版，第 193 页。

⑤ 《云林诗贴》云："二月廿日，笠泽留别胜伯征君先生，倪瓒再拜。"故而倪、虞二人此次离别之地在笠泽。见（明）汪砢玉：《珊瑚网》卷十一，《景印文渊阁四库全书》第 818 册，台北：台湾商务印书馆 1986 年版，第 170 页。

⑥ （清）高士奇：《江村销夏录》卷一，《景印文渊阁四库全书》第 826 册，台北：台湾商务印书馆 1986 年版，第 503 页。

⑦ （元）倪瓒著，江兴佑点校：《清閟阁集》卷四，杭州：西泠印社出版社 2010 年版，第 122 页。

其入道的佐证,其诗曰:"玉堂仙人虞学士,家住青城洞天里。一随云雾起从龙,遂掌丝纶佐天子……空留旧宅青城下,草木犹含雨露香。诸孙久作东吴客,每忆青城归未得。故人焦粲妙丹青,为写山居张素璧。"①或许正是道教的缘分,让虞、倪两家有了更进一步的交往。另外,关于这次离别,与倪瓒一同前往送别虞堪的还有江南文豪陈基,《曝书亭集》载:

> 陈基,字敬初,临海人。从学黄溍,游京师,授经筵检讨。既而归里奉其母,入吴教授诸生,起行枢密府都事,张士信镇淮安,基以江浙左右司员外郎参其军事,改参张士诚军士,诚称王,基谏止不从,士诚欲杀之。既而超授内史,迁学士院学士。洪武二年,召入,预修《元史》,还卒于尝熟县河阳里。基有文誉,最为戴良所称,谓元之能文者虞(集)、揭(傒斯)、黄(溍)、柳(贯),继之则莆田陈旅、新安程文、临川危素,其后则基而已。②

陈基又曾作《送虞胜伯序》云:

> 故宋太师虞雍公以雄姿伟略佐宋中兴,出入将相垂二十年,……与予友者曰堪,字胜伯,于公为八世孙,一介布衣,困穷无聊。自胜伯以上居吴,吴子弟与胜伯侪辈者,往往厌弃笔研,不屑事父兄书,自负以班仲升者,无虑以十六七……胜伯所谓善为人后者,非耶?于其行,吴之能言者咸赋诗以相之,属予序之。至正十七年冬十月乙未临海陈基序。③

倪、陈二人与虞堪皆有往来,也都曾是玉山雅集的座上客。陈基三次北上大都,并经人举荐出任过官职,在他入仕的经历中,他的老师黄溍起到了功不可没的作用。黄溍当时作为江南大儒在大都任职。陈基进入张士诚政权担任"学士院学士",倪瓒并没有因为陈基的政治身份

① (元)陈基著,邱居里、李黎点校:《陈基集》,长春:吉林文史出版社 2009 年版,第 371 页。
② (清)朱彝尊:《曝书亭集》卷六十二,《景印文渊阁四库全书》第 1318 册,台北:台湾商务印书馆 1986 年版,第 342 页。
③ (明)赵琦美:《赵氏铁网珊瑚》卷八,《景印文渊阁四库全书》第 815 册,台北:台湾商务印书馆 1986 年版,第 485 页。

而拒绝与他一同相送虞堪，从倪瓒家族及其自身经历来看，倪瓒对于仕宦本身的态度应该不是敌视或排斥的。

## 二、倪瓒与张吴政权的交织

在元末，面对张士诚的割据，有一部分士人没有表现出明显的政治倾向，既不与起义军正面冲突，也不私下谩骂，而是有的选择归隐山林，有的选择留在闹市中坐观其变。他们对时政的态度就是冷漠或远离，正如左东岭所言："元代士人由于失去仕进机会而被政治边缘化，由异己感而造成与朝廷关系的疏离，而边缘化与疏离感又直接导致了他们典型的旁观者心态……此种心态虽不以激烈的方式作为其外在形态，却能润物无声般地潜藏于意识的深层，从而左右着文人们的人生模式与兴趣爱好。"①这种旁观者的心态始自于元朝诞生，一直持续到张士诚政权统治时期，也代表了有元一代大多数士人的选择。倪瓒就是其中的一个典型代表，没有参与政治的热情，更对所谓的政治责任感十分淡漠。

尽管倪瓒作为逸民远离政治，从他的作品中我们还是可以看出一些思想倾向的。如《上平章班师》一诗中写道："金章紫绶出南荒，戎马旌旗拥道傍。奇计素闻陈曲逆，元勋今见郭汾阳。国风自古周南盛，天运由来汉道昌。妖贼已随征战尽，早归丹阙奉清光。"②可见，相对于对元末吏治腐败的不满，受阶级局限性影响的倪瓒更畏惧颠覆正常社会秩序的农民起义军，这也反映出他对张士诚政权的态度，所以他拒绝张士诚征召的原因也不仅仅是淡泊名利这么单纯。不过，尽管反对农民起义，他并没有像顾瑛那样直接投身军营，后来又让儿子从戎尽忠，所以总体来说，倪瓒更是以一个旁观者的身份看待元末混乱的政局的。

倪瓒面对张士诚的征召时选择了拒绝，其间还曾与张士诚四弟张士信发生过冲突。蒋一葵《尧山堂外纪》载："初，张士诚弟士信闻元镇善画，使人持绢，佑以重币，欲求其笔。元镇怒曰：'倪瓒不能为王门画

---

① 左东岭：《元明之际的种族观念与文人心态及相关的文学问题》，载《文学评论》2008 年第 5 期，第 105 页。

② （元）倪瓒著，江兴佑点校：《清閟阁集》卷六，杭州：西泠印社出版社 2010 年版，第 194 页。

师。'即裂去其绢。士信深衔之。一日,士信与诸文士游太湖,闻小舟中有异香,士信曰:'此必一胜流。'急榜舟近之,乃元镇也。士信大怒,即欲手刃之,诸人力为营救,然犹鞭元镇,元镇竟不吐一语。后有人问之曰:'君被士信窘辱,而一语不发,何也?'元镇曰:'一说便俗。'"①《明史》亦载:"张士诚闻其名,累欲钩致之,逃渔舟以免。其弟士信致币乞画,瓒又斥去。士信恚,他日从宾客游湖上,闻异香出葭苇间,疑为瓒也,物色渔舟中,果得之。抶之几毙,瓒终无一言。"②关于倪瓒的"洁癖",当时的文士们大多已经十分熟悉,"云林性好,每盥头,易水数次,冠服著时,数十次振拂"③,从他与张士信冲突这件事来看,多数人认为他的洁癖不仅仅是生理上的偏执,而是已经延伸到思想上。不过,此种富贵不淫、威武不屈,应该不只是"洁癖"二字可以概括的,面对生死,倪瓒依然能够坦然处之,若不是众人对张士信的劝说,倪瓒的卒年可能要提前十余年,而不至于日后才由张士信残杀了。这次倪瓒被捕于太湖之上的时间,据张洲考证应为至正十七年前后。④ 至于被捕原因,虽然表面上是倪瓒昔日得罪张士信,未曾给他作画,但是没有投靠张士诚政权,或许是令张士信最为愤怒的地方。杨维桢《乐府补》卷六云:"张氏亡国由太弟(士信),太弟致此实由二佞"⑤,陈霆《两山墨谈》载:"张士诚亡国,亡于其弟士信。士信佐其兄伪称丞相,信用匪人群小趋卒之,内乏谋画之臣,外鲜折冲之将,边威不振,国计坐耗,以迄于亡。"⑥张士信的骄奢无知,最终走向了灭顶之灾,"士信在围城中,于城上玉棚下食金桃饮酒,

① (明)蒋一葵:《尧山堂外纪》卷七十七,《续修四库全书》第 1194 册,上海:上海古籍出版社 2002 年版,第 702 页。

② (清)万斯同:《明史》卷三百九十六,《续修四库全书》第 331 册,上海:上海古籍出版社 2002 年版,第 280 页。

③ (明)蒋一葵:《尧山堂外纪》卷七十七,《续修四库全书》第 1194 册,上海:上海古籍出版社 2002 年版,第 701 页。

④ 张洲:《倪瓒诗画汇通研究》,广州:广东高等教育出版社 2014 年版,第 70 页。

⑤ (元)杨维桢:《铁崖古乐府补》卷六,《景印文渊阁四库全书》第 1222 册,台北:台湾商务印书馆 1986 年版,第 116 页。

⑥ (明)陈霆:《两山墨谈》卷十八,《续修四库全书》第 1143 册,上海:上海古籍出版社 2002 年版,第 347 页。

飞袍射入窍中击死"①,张士信的所作所为很大程度上来源于长兄张士诚的放纵,而张士诚本人"迟重寡言,似有器量,而实无远图"②,恐怕也很难给其四弟士信良好的规谏。这或许也是倪瓒对张士诚没有太多好感,以及面对张士信的羞辱却一言不发的原因。倪瓒骨子里不仅视他们为"俗物",更对他们"有勇无智"的政权表示质疑。倪瓒看清了元朝政府的苛政,对于当下的任何政权,都会保持格外的警惕,亦在情理之中。

此时的倪瓒已经步入晚年,他对于入仕的态度比早年更加中正平和。倪瓒虽然不喜欢张士诚般的农民起义军,又不能表现过分明显,他的好友中不乏在张氏政权中谋得高位的,比如饶介、陈汝言、谢节、张经等人。饶介是临川(今江西抚州)人。张士诚入吴后,任命饶介为淮南行省参知政事,关于饶介出仕张氏政权一节,历来记载均无异词。如《姑苏志》载:"士诚累使咨访以事,强起之,介往。士诚委以兵政,然操纵不由介。介固辞,士诚命仍送回理省事。"③饶介的职务实为虚职,并没有掌握实质性的政权,从一些金石碑刻中或许可以窥探出一些信息,《吴兴金石记》卷十六记载一篇《吴兴郡城迎僖门记》,其内容如下:"大周受命于天,左丞潘公既克吴兴而分镇之……四年丁酉(1357)三月初三日记,摄守饶介为文并书丹。"④记文中饶介自称"摄守",指向性较为模糊,可能暗含镇守后方统摄事物之意,微妙之处颇耐人寻味,正如刘君若所言:"(饶介)不愿以虚衔自欺的心态不难揣测,这或许也是对张氏政权委婉的反抗。"⑤前文论述倪瓒与听雨楼雅集时,阐明饶介之所以成为文人雅集的组织者与庇护人,是因为他内心有股与张士诚政权进行对抗的愿望,故而想成为书画家们的保护者。饶介的内心深处其实

① (明)长谷真逸:《农田余话》,《四库全书存目丛书·子部》第 239 册,济南:齐鲁书社 1995 年版,第 317 页。
② (清)夏燮:《明通鉴前编》卷四,《续修四库全书》第 364 册,上海:上海古籍出版社 2002 年版,第 363 页。
③ (明)王鏊:《(正德)姑苏志》卷五十七,《景印文渊阁四库全书》第 493 册,台北:台湾商务印书馆 1986 年版,第 1076 页。
④ (清)陆心源:《吴兴金石记》卷十六,《续修四库全书》第 911 册,上海:上海古籍出版社 2002 年版,第 632 页。
⑤ 刘君若:《饶介与元末吴中文坛》,载《兰州学刊》2008 年第 12 期,第 184 页。

一直向往归隐,多以魏晋名士风流自居,在至正二十五年(1365)所作的一张诗帖上,他写道:"病中雅量岂堪论,澄水能清挠即浑。除却妙香无长物,只应静坐洗烦言。几丛晚菊今著旧,一树寒梅老弟昆。曾住钟山安石里,旁人犹恐我争墩。"①安石里是东晋谢安隐居的地方,谢安少以清谈知名,屡辞辟命,饶介借此表白心迹,希望像谢安一样隐居,无意于现世名利的追逐,故而倪瓒晚年与他交游颇多。甚至倪瓒弃家之后避居苏州期间,就是受到饶介的庇护而得以生存。众多朋友中,只有饶介是入张氏政权后,倪瓒还与之往来密切,并且主动寻求他帮助的。另外,饶介博学,"倜傥豪放,书似怀素,诗似李白,气焰光芒,亦亦逼人"②,收藏法书甚富,其中《兰亭》刻本就有数十本,北京故宫博物院藏饶介《兰亭帖》,为饶介所书信札,释文曰:"《兰亭序》并圆玉印借来,幸付之。琴轸万勿惮烦,必致之耳。然欲剑合延平也。不觉喋喋。介白事。唯允乡姻。余遣。"③信札内容是关于饶介向唯允借《兰亭序》等物件,此处"唯允"即陈汝言,与饶介是同乡,又同为张氏政权所用,二人关系较为密切。

关于陈汝言其人,《画史会要》载:"陈汝言,字惟允,号秋水,吴中人。洪武时,官济南府经历,能诗文,山水宗赵魏公,清润可爱。兄惟寅,高士有雅宜山居,亦善山水,寅号大髯,允号小髯。"④可见陈汝言能诗善画,"山水宗赵魏公",令倪瓒十分认同。倪瓒曾题陈汝言《仙山图》:"《仙山图》,陈君惟允所画,秀润清远,深得赵荣禄笔意。其人已矣,今不可复得。辛亥十二月二日瓒。"⑤陈惟寅是其兄长,倪瓒与陈氏兄弟私交甚好,有多首往来的诗文。倪瓒曾作《来鸿轩诗》云:

讽咏空斋夜,飞鸿坠我前。啄我青田芝,浴我绿池泉。孤鸣既

---

① (明)赵琦美:《赵氏铁网珊瑚》卷七,《景印文渊阁四库全书》第 815 册,台北:台湾商务印书馆 1986 年版,第 452 页。

② (清)储大文:《存砚楼二集》卷十七,《四库未收书集刊》第 9 辑第 19 册,北京:北京出版社 2000 年版,第 678 页。

③ 见北京故宫博物院藏饶介《兰亭帖》,此帖纸本,册页,纵 21.7 厘米,横 21.9 厘米,《石渠宝笈》初编卷十《元名家尺牍册》著录。

④ (明)朱谋垔:《画史会要》卷四,《景印文渊阁四库全书》第 816 册,台北:台湾商务印书馆 1986 年版,第 519 页。

⑤ (元)倪瓒著,江兴佑点校:《清閟阁集》卷九,杭州:西泠印社出版社 2010 年版,第 307 页。

念侣,独宿亦可怜。雝雝弟兄义,肃肃羽毛鲜。有弟重兴感,清吟写朱弦。惟寅高士有小轩名来鸿。为余言尝夜读书,闻群雁飞鸣,有一雁落中庭不能去,饮啄于兹几四年矣,体质加大,倍于昔年,未尝铩其翮而亦竟不飞去,驯熟近人,同于鸡鹜也。余因言:雁,阳鸟也。行列不乱,饮啄有伦,皆有兄弟朋友之义焉。非以君之孝于亲而友于兄弟,有以相感而来此乎。其弟惟允能鼓琴,盖学琴于宋君文璧而得其妙者。琴曲有《秋鸿操》,诗中因并及之云。①

此诗既可见倪瓒对陈惟寅的敬重,以"高士"呼之,又反映了陈汝言工诗善琴,十分符合倪瓒"雅"的气质。陈汝言曾作《过元镇林居》云:"高斋阒寂傍湖渚,地僻林幽来者稀。绿阴当户子规叫,草色满帘蝴蝶飞。主人久得栖遁趣,过客暂息风尘机。春来水深可把钓,况有苔石临柴扉。"②对于陈汝言过访倪瓒的住所一事,倪瓒在《清閟阁集》中也曾记述,"至正丁酉十一月五日,余友陈兄惟允过余旅寓,鼓楚词一再行,因写墨君并走笔赋长句以赠,时漏下二刻矣。笔砚荒落,自愧草草,惟允当有以教我耶,"③后赋诗云:"陈郎鼓琴初月明,能对楚人作楚声。江风动地波撼席,芦雪扑帐云栖莺。每惊远道意惨怆,忽此聚首心忪营。赋诗写图以为赠,比竹贞德琴亮清。"④兵乱之后,陈家居无定所,作为同乡的饶介帮他们租赁房屋,倪瓒作《陈惟寅僦屋疏》云:

> 陈惟寅甫与弟惟允闲居养亲,栖隐吴市,不耻贫贱,不乐仕进,熙怡恬淡,与物无忤,虽过朱门,如游蓬户也。世本蜀人。其大父居五老峰下。父天倪先生因游吴,爱锡麓洞有好流水,家于惠山之阳。久之,有少日同舍生赵从事招往馆于其家,遂复留吴市焉。兵后,栖无定居,江右同邑人饶介之为之僦屋,使得以安菽水之奉。而僦屋之资,则非一人所办。饶君素清苦,又不欲以外事累人也,仆遂为之一言。世岂无急人之急,忧人之忧,解衣推食,指廪借宅,豪杰偶觉,

① (元)倪瓒著,江兴佑点校:《清閟阁集》补遗,杭州:西泠印社出版社2010年版,第335—336页。
② (元)倪瓒著,江兴佑点校:《清閟阁集》附录一,杭州:西泠印社出版社2010年版,第388页。
③ (元)倪瓒著,江兴佑点校:《清閟阁集》卷四,杭州:西泠印社出版社2010年版,第121页。
④ (元)倪瓒著,江兴佑点校:《清閟阁集》卷四,杭州:西泠印社出版社2010年版,第121页。

如古之人者哉！老杜所谓"安得广厦千万间，大庇天下寒士俱欢颜"者，请为诸君诵之。至正壬寅（1362）十二月九日倪瓒。①

由此可见，陈氏兄弟1362年时尚没有入仕的想法，饶介虽是张士诚政权的重臣，但是一向生活清苦，应该并不富裕，故而帮陈家租赁房屋的资金是由多人承担。陈氏兄弟二人，尤其兄长陈惟寅最为安贫志道，倪瓒《书次韵惟寅高士姑苏钱塘怀古六诗跋》云：

> 惟寅征君，古所谓独行士也。安贫志道，居吴市二十年盖若一日，真外混光尘，中分泾渭，而确乎不为外物移其守。余独深知其人，他人有不得而知之者也。赋诗翰墨，特其余事耳。去年秋，偕叔明友兄访余江渚，出此六诗示。讽咏之余，因同叔明用韵各和成章。今年，余病瘰下疾几半载，惟寅凡两来问余。十一月一日觉体中稍佳，惟寅命余写出，遂复书此。至正廿二年壬寅（1362）岁倪瓒记。②

陈惟寅与王蒙共同来拜访倪瓒，赋诗翰墨乃是其次，主要是关心倪瓒的身体状况。倪瓒自从在太湖被捕之后，身体便每况愈下，但是与好友间的和诗互动并未减少。陈汝言与王蒙亦十分交好，他们之间最有名的互动便是王蒙画《岱宗密雪图》的创作过程，此图已于嘉兴年间遭焚毁，何良俊《四友斋丛说》载：

> 王叔明洪武初为泰安知州泰安厅事，后有楼三间正对泰山。叔明张绢素于壁，每兴至，即着笔，凡三年而画成，傅色都了时。陈惟允为济南经历，与叔明皆妙于画，且相契厚。一日宴会，值大雪，山景愈妙，叔明谓惟允曰："改此画为雪景何如？"惟允曰："如傅色何？"叔明曰："我姑试之。"即以笔涂粉，然色殊，不活。惟允沉思良久，曰："我得之矣。"为小弓夹粉笔，张满弹之，粉落绢上俨如飞舞之势。皆相顾以为神奇，叔明就题其上，曰《岱宗密雪图》。自夸以为无一俗笔。惟允固欲得之，叔明因缀以赠。③

① （元）倪瓒著，江兴佑点校：《清閟阁集》卷十，杭州：西泠印社出版社2010年版，第315页。
② （元）倪瓒著，江兴佑点校：《清閟阁集》卷九，杭州：西泠印社出版社2010年版，第309—310页。
③ （明）何良俊：《四友斋丛说》卷二十九，《续修四库全书》第1125册，上海：上海古籍出版社2002年版，第722—723页。

由上可知,陈汝言献上妙计,将王蒙此图改为白雪纷飞之景,而王蒙将此图题名《岱宗密雪图》,送给陈汝言。此外,陈汝言与倪瓒也经常有诗文图画互赠,陈汝言存世的四五件作品中,《仙山图》《荆溪图》皆有倪瓒的跋文,陈汝言的传世诗作也有感怀、赠送给倪瓒的作品,比如《登楼有怀元镇》:"清晨独倚楼,秋色净如洗。山青云弄姿,江白风初起。心随沙鸟闲,目送征帆驶。对景每怀人,相看隔千里。"①至正壬寅(1362年)十二月,倪瓒赠予陈汝言《竹枝图》并赋诗《惟云契友工为诗歌,而围棋、鼓琴无不造其妙,虽游名公卿间,无意于仕进。故写竹枝奉赠,又赋此诗》:"岷江陈秀士,栖隐阓闾城。觅句仍工画,看山不爱名。棋枰消永日,琴调寄闲情。摩挲须鬒美,春苗紫过缨。"②不仅赞叹了陈汝言赋诗作画的精妙,闲暇时间抚琴的爱好,更指出陈汝言至少在当时看来并无出仕之行为。陈汝言出仕时间是此诗创作四年之后的 1366 年③。那么这四年间是怎样的经历使得陈汝言选择了出仕?毫无疑问,倪瓒无心于出仕,还曾规劝王蒙不必出仕,倪瓒与陈氏兄弟交好显然是因为相似的品行。但是面对生活的重负,陈汝言必须担起家庭的责任,这四年间陈家的经济状况并不理想,前文已经说明兵乱后的陈家居无定所,依靠众人的救济才能租赁房屋。同时他与其兄长陈惟寅的性格相差较大,《佩文斋书画谱》载:"陈汝秩,字惟寅,安贫力学,工诗文,性嗜古,每购书画,倾赀弗惜。洪武初,以人才征至京师,以母老辞归。"④可见,陈惟寅淡泊名利,不慕荣禄,明初虽曾被征召至京师,但以母亲年老为由,辞归返乡。倪瓒自己也曾作诗介绍陈惟寅的生平,《赠陈惟寅》云:"隐几方熟睡,故人来叩扉。一笑无言说,清坐澹忘机。衣上松萝雨,袖中南涧薇。知尔山中来,山中无是非。三十不娶妻,四十不出仕。逍遥岩岫间,翳名以自肆。何曾问理乱,岂复陈美刺。高怀如汉阴,终老无机事。"⑤陈汝言与其兄长的选择恰恰相反,对于出仕,汝言或许考虑更多的是改变窘迫的局面,让家

---

① (元)倪瓒著,江兴佑点校:《清閟阁集》附录一,杭州:西泠印社出版社 2010 年版,第 388 页。

② (元)倪瓒著,江兴佑点校:《清閟阁集》卷三,杭州:西泠印社出版社 2010 年版,第 82 页。

③ 季丹青:《陈汝言〈百丈泉图〉研究》,南京师范大学 2017 届硕士学位论文,第 10 页。

④ (清)孙岳颁:《佩文斋书画谱》卷五十五,《景印文渊阁四库全书》第 821 册,台北:台湾商务印书馆 1986 年版,第 347 页。

⑤ (元)倪瓒著,江兴佑点校:《清閟阁集》卷一,杭州:西泠印社出版社 2010 年版,第 19 页。

人的生活更加优越些,张氏政权给予的酬劳还是相当丰厚的。而陈汝言在 1362 年时,内心的出仕想法可能正在酝酿当中,正如陈汝言在诗词中所写"黄鹄四海志,良马千里心。丈夫誓努力,奚可终陆沈"①,"下马沧海头,磨洗刀上血。翻思杀敌时,奋勇肝胆热。丈夫身许国,此心久已决。生当树功勋,死当立忠节"②,"我非将门子,生本良家儿。少年事驰骋,射猎南山陲。邦家有急难,诏书下丹墀。跨马出门去,立身当及时"③,他在政治上是有抱负、有理想的,有志于为国效力。钱谦益在《列朝诗集》中记为:"惟允为淮张所辟,亲信用事,声劳甚重。"④这句话说明陈汝言在政治上颇有能力,并在当时已声名远扬。

　　文徵明题陈汝言《溪山秋霁图》(现已佚失)的跋语,叙述了陈汝言出仕的稍详细节:"汝秩、汝言并有文学,汝言尤倜傥知兵。至正末,张士诚既受招安,辟为太尉参谋,贵宠用事。国初为济南幕官,坐事卒。妻金氏守节教其子,继以文学名于时。仁庙召为五经博士,终翰林检讨,所谓嗣初先生也。"⑤张士诚据吴,"颇收召知名士,东南士避兵于吴者依焉"⑥,陈汝言出仕或许是因为在古代传统文化中,儒学世家的"学而优则仕"观念一直影响着他,他服务于张士诚政权,方可一展身手,亦能体现他在政治以及军事方面的领导才能,对此他也不曾后悔,正如他所言:"从军二十年,岁月忽已久。百战幸不死,朱颜成老丑。王事尚纷纭,故乡空转首。千人万人中,谁人无父母。"⑦现藏于美国克利夫兰美术馆的青绿山水作品《仙山图》就是陈汝言为张士诚女婿所画,《佩文斋书画谱》卷九十八载:

① (清)钱谦益编:《列朝诗集·甲集前编》卷十,《续修四库全书》第 1622 册,上海:上海古籍出版社 2002 年版,第 452 页。
② (清)钱谦益编:《列朝诗集·甲集前编》卷十,《续修四库全书》第 1622 册,上海:上海古籍出版社 2002 年版,第 452 页。
③ (清)钱谦益编:《列朝诗集·甲集前编》卷十,《续修四库全书》第 1622 册,上海:上海古籍出版社 2002 年版,第 452 页。
④ (清)钱谦益编:《列朝诗集·甲集前编》卷八,《续修四库全书》第 1622 册,上海:上海古籍出版社 2002 年版,第 409 页。
⑤ (明)文徵明:《甫田集》卷二十三,《景印文渊阁四库全书》第 1273 册,台北:台湾商务印书馆 1986 年版,第 169 页。
⑥ (清)张廷玉等:《明史》,北京:中华书局 1974 年版,第 4196 页。
⑦ (清)钱谦益编:《列朝诗集·甲集前编》卷十,《续修四库全书》第 1622 册,上海:上海古籍出版社 2002 年版,第 452 页。

"陈唯允《仙山图》,青绿。有倪云林跋。相传唯允画以寿潘左丞者。左丞,张士诚姊婿,唯允时为张氏参谋且左丞客也。"①此图为绢本,青绿设色,画上有倪瓒题词,前文已经叙述,除此之外,还有三十七枚印章。根据倪瓒题词落款,可知其题词时间为辛亥十二月二日,应为洪武四年(1371),并非克利夫兰美术馆所称的西元1371年。画上虽无名款,但根据倪瓒所言,即为陈汝言所作,且"斯人已矣",说明倪瓒题款时,陈汝言已经去世。由此亦可推知,陈汝言于1372年之前过世。

关于谢节,《元季伏莽志》载:"谢节,字从义,初为士信参军,既为杭州府郡守。士信重修岳鄂王庙,俾节经理其墓田(其在杭也,铁崖投诗亦及修墓事,所云谢总管也),后升行省参政,明师围姑苏,节与士信会食阊门城楼上,遇春率兵薄城下,士诚命节与周仁立栅以捕外城。未几,城破,俘至建康。从义出守杭州,同僚送之分题赋诗,陈汝言分得岳王坟,为一时擅场,后出典方牧,寮案赋诗饯别,疑亦艺林中人,非赳桓辈也。"②谢节初为张士诚四弟士信的部下,陈基在诗文中多次称谢节为"吴陵谢侯"③,吴陵即江苏泰州在唐时的称谓,由此可见谢节是张士诚的同乡,那么他极有可能最初就追随张氏在泰州起兵,故而被赋予张氏集团的军政大权。谢节大约有三年时间都在杭州任职,协助张士诚弟、江浙行省平章政事张士信筑城、抵御朱元璋军队等,功绩斐然。倪瓒曾作《送杭州谢总管》云:"南省迢遥阻北京,张公开府任豪英。守臣视爵等侯伯,仆射亲民如父兄。钱庙有碑刊夜雨,岳坟无树着秋声。好将饮食濡饥渴,何待三年报政成。"④诗中"开府"的"张公"和"亲民如父兄"的"仆射",都是指投降元廷后被授予太尉的张士诚。从倪瓒此首赠予谢节之诗来看,似乎劝告谢节在仕途的路上继续努力,三年时间只是一个铺垫,未来的光明大道终会降临,只是需要继续等待,千万不用气馁。倪瓒对于好友们的从政选择,从来不会过多阻拦,只要不用拉拢他入仕

① (清)孙岳颁:《佩文斋书画谱》卷九十八,《景印文渊阁四库全书》第823册,台北:台湾商务印书馆1986年版,第360页。
② (清)周昂:《元季伏莽志》卷六,《续修四库全书》第520册,上海:上海古籍出版社2002年版,第102页。
③ (元)陈基:《夷白斋稿》卷十二,《四部丛刊三编》,北京:商务印书馆1936年版,不分页数。
④ (元)倪瓒著,江兴佑点校:《清閟阁集》卷六,杭州:西泠印社出版社2010年版,第182页。

即可,对于好友们的担心他只是放在心里,并未流露在纸端。

另外一位张氏政权的高官张经,是良常草堂的主人。张士诚据苏州后,他被举荐为官,步入仕途后政绩显赫。倪瓒与他的交往大致可以分为三个阶段:第一阶段是他闲居良常草堂时;第二阶段是他入仕张氏政权后;第三阶段是明朝洪武年间。第一与第三阶段,倪瓒与张经的关系十分亲密,唯独第二阶段有别。张经于至正丙申春(1356年)初入宦海担任吴县丞,倪瓒曾作《寄德常别驾二首》:"长洲东去有僧居,狂士来游密雪初。欲觅故人张别驾,清贫犹苦出无车。"①"爱尔作官清海滨,海涛岭雪白如银。已占麦陇双岐秀,渐有衣襦富昔民。"②从所作诗词可见,倪瓒并没有对于张经为官一事表示恭贺,更多是以朋友的角度出发,对其未来表示忧虑,也夹杂着一丝关心。之后张经受张士诚政权重用,于至正二十二年(1362)迁至松江府判官,倪瓒在《寄松江府判官张德常诗》后题云:"阴阳冥骘,宜少留意。闲居尚可为之,况身有职任,而值饥者易为食乎? 仙官分置洞宫,亦如世间局任者矣。吾德常兄固知之也。"③面对张经的节节升迁,苏州文士们也找到了举办雅集的说辞,那便是祝贺张经的高升,"大夫士咸歌以送之"。对于善于组织与参与文会的倪瓒来说,这本该是不容错过的重要场合,更何况前往的人中还有许多倪瓒的忘年交,比如王逢、周砥、高启等,况且他曾是良常草堂的常客,但是当单纯的文人聚会变成张士诚文人集团的庆功宴时,倪瓒就再也没有参加过他们的活动。面对好友的升迁之喜,倪瓒只是遥祝而已,最多捎去贺词,比如《送德常同知》云:"闻道之官嘉定去,载书连舸泊江渍。城楼近瞰吴松月,堠馆微沾沧海云。宓子风流常宰邑,张翰识达更能文。亦欲东观钓鲸手,棹歌秋赵白鸥群。"④此诗的风气情感已与《寄德常别驾二首》大不相同,诗中所言张翰为西晋文学家,性格放纵不拘,时人比之为阮籍,由于齐王冏败,他才幸免于难。倪瓒曾作《题元朴上人壁》云:"萧条江上寺,迢递白云横。坐待高僧久,时闻落叶声。鸥

① (元)倪瓒著,江兴佑点校:《清閟阁集》卷七,杭州:西泠印社出版社2010年版,第194页。
② (元)倪瓒著,江兴佑点校:《清閟阁集》卷七,杭州:西泠印社出版社2010年版,第194页。
③ (元)倪瓒著,江兴佑点校:《清閟阁集》附录二,杭州:西泠印社出版社2010年版,第436—437页。
④ (元)倪瓒著,江兴佑点校:《清閟阁集》卷五,杭州:西泠印社出版社2010年版,第137页。

夷怀往躅,张翰有余情。独棹扁舟去,门前潮未生。"①张翰的人物形象在倪瓒诗中被归为"隐士",倪瓒所作《送德常同知》一诗中,不管是有意与无意,还伴随着劝其归隐之意。之后,张经并没领会倪瓒之意,还试图拉拢倪瓒加入张士诚文人集团。他知道倪瓒亦善书法,故竭力邀请倪瓒去书写由郑元祐起草的吴县学石门序文,以便刻碑。郑元祐也进入了张士诚幕府,而且"最为一时耆宿",也是当时书坛上的名家,倪瓒按理应会前往作序,但由于对方是张士诚集团的幕僚,倪瓒最终还是拒绝了此事,其楷书《呈履道先生诗札》云:

> 德常(张经)县宰书教,俾写学门石记。记文特古澹可爱,郑翁(郑元祐)杰思也。谬书不由讲学,点画不能遒媚,结体还更俗恶,又颇便于小,不工于大。县宰欲流传久远,宜属之工于书、人品异俗者,乃与文称耳,谬书那能副高意耶?要是县宰君自书一通,甚佳也。瓒非饰辞,切告相体,幸甚幸甚。文及乌丝纸素同此纳上,冀□入。近承执事示问,政卧病,不能奉报,此数日少差,体中犹惙惙耳。县宰君贤郎以中(按:张以中,张德常之子),六月初尝一过允同处,一饷顷即去,仆亦不得。②

张经本人没有直接邀请倪瓒为碑文作书上石,而是让其父张监代为询问,或许此时的张经已经发现倪瓒对他的态度有些变化,故而没有直接登门相邀。此时倪瓒身体欠佳,同时在答复中称自己的书法"颇便于小,不工于大",或许这是实情,但从行文内容来看,更多的是种委婉拒绝。倪瓒面对老友的邀请,不好直接拒绝,故给出了一番看似合理的解释,并在最后用"□□二公,或可一来江渚否,匆匆不具"③的寒暄来掩盖此时抱歉之情。倪瓒的婉言相拒,更深层的原因,想必是他对张氏政权的忧虑与不安。倪瓒在乱世中的敏感与远见,使他对于张士诚集团从观望走向了疏离。

---

① (元)倪瓒著,江兴佑点校:《清閟阁集》卷三,杭州:西泠印社出版社2010年版,第60页。

② (清)陆心源:《穰梨馆过眼续录》卷三,《续修四库全书》第1087册,上海:上海古籍出版社2002年版,第462—463页。

③ (清)陆心源:《穰梨馆过眼续录》卷三,《续修四库全书》第1087册,上海:上海古籍出版社2002年版,第462—463页。

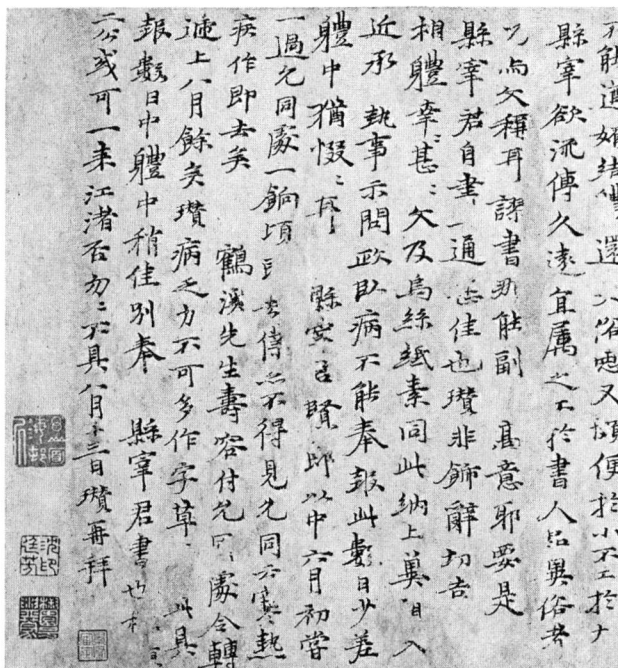

图 24　倪瓒《呈履道先生诗札》局部（一），纸本，楷书，
香港中文大学藏

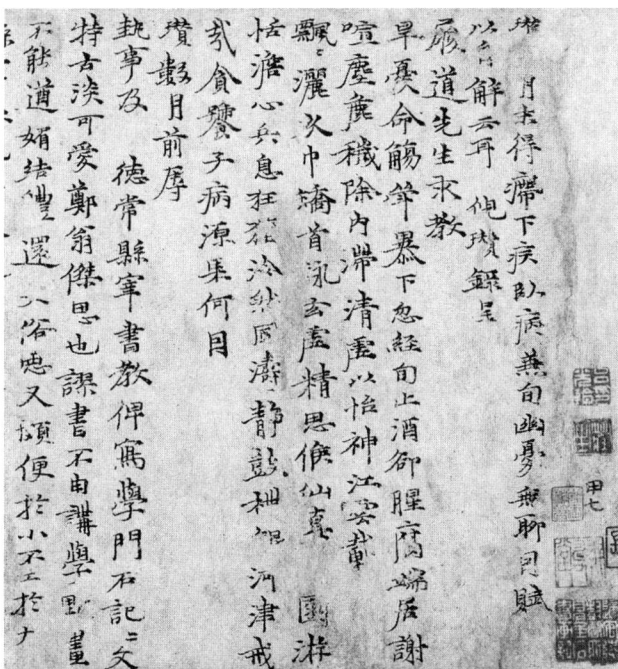

图 25　倪瓒《呈履道先生诗札》局部（二），纸本，楷书，
香港中文大学藏

倪瓒从至正二十年（1360）离开陆玄素家，开始在外流寓的生活，其间，前往过笠泽，至正二十二年（1362）搭建自己的"蜗牛庐"，位置在陆庄附近，离陆玄素家不远。① 三国时期的隐士焦光（字孝然）曾修造了一个很小的圆形住室，外形仿佛一个蜗牛壳，他将里外打扫干净，以木板为床，上面铺上草，便长期居住于此。此后以"蜗牛庐"的典故来代指隐士的简陋住处，倪瓒住所取其名，或暗含此意。

倪瓒之所以至正二十二年开始建造"蜗牛庐"，原因有二：其一，倪瓒从至正十五年（1355）到至正十九年（1359）都在甫里陆庄的陆玄素家居住，或许在陆家时日过长，总不能一直如此，故而开始建设自己的独立居所；其二便是当时兵乱逐渐转至浙江区域，甫里周边暂时安定，《续资治通鉴》载：

> （至正二十二年）初，张士诚闻蒋英之乱，遣其弟士信率兵万余围诸全州。吴守将谢再兴昼夜鏖战，未决，乃遣将设伏城外，自引兵出战，战既合，伏起，大败之，擒其将士千余人。士信愤，益兵功城，再兴虑不能支，告急于浙东行省右丞朱文忠。时金华叛寇初定，而严州逼近敌境，处州又为叛苗所据，文忠自度兵少，不能应援。……士信兵见之，果惊，谋夜遁。同金胡德济觇知之，密与再兴谋，癸丑，发壮士夜半开门出击，鼓噪从之，寇兵乱走，自相蹂践及溺死者甚众。②

此时张士诚政权正在攻打浙江金华沿线，甫里附近相对安全，故而倪瓒可以开始独自生活。倪瓒将自己的"蜗牛庐"设置在陆庄，并且离陆玄素家不远，或许与倪瓒的次女嫁给陆颐有关，这样他们可以互相照应。事实上，倪瓒与次女夫家的关系一直较为密切，曾为亲家陆德原撰写祭文。陆德原去世时间是至元六年（1340），倪瓒时35岁，陆氏之孙才刚满8岁，大概由于孙子年纪尚幼，次年本该由孙子所作的祭文不得不由外公倪瓒来代作，黄溍为陆氏所作墓志铭记载了此事："君讳德原，

---

① 张洲：《倪瓒诗画汇通研究》，广州：广东高等教育出版社2014年版，第70—71页。
② （清）毕沅：《续资治通鉴》卷二百一十六，《续修四库全书》第346册，上海：上海古籍出版社2002年版，第629页。

字静远,姓陆氏,平江长洲之甫里人。甫里实唐处士天随子故居。居盖其后也。……君方形而遂属疾,遂卒于家里,至元之六年九月三日也,享年五十有九,其年十一月二日葬吴县东横山先茔之次。一子颐。孙始八岁。长女仲专赘徐元震;幼女用保生甫至月。……既葬之明年。元镇代颐孙奉先友陈方之状来谒。"①另外,至正二十二年(1362)时倪瓒还专门致信陈植(字叔方),邀请他为自己的外孙(陆颐之子)做私塾教师,《九月二日致慎独(陈植之号)有道先生尺牍》载:"瓒顿首再拜慎独有道先生执事:瓒久不上问,惟是怀仰之私,无日不勤。秋气凉冷,不审何似。伏惟隐居求志,教授乡里,有下帷谈道之乐。神相德人,百福萃止,钦叹何限。瓒七月末忽感痎下疾,兼旬乃瘳,近犹惙惙耳。恃以道义之契,辄有浼渎。养正一子八岁矣,使知趋向,以为礼义之归,不可不慎其始也。养正贤母子熟闻其先公诵叹德美之盛,愿辟私塾,以俟杖履之临寓所。谓河润九里者,非但小子蒙福也,未敢冒昧以请,俾贱者敬致一言于左右,能俯从其私情,幸甚。详曲当别奉书以闻,亦只就此月到馆中为便也。僭越上渎高明,惟有悚恐,仰冀恕亮。不备。《海岳图》旦晚临摹毕,即全璧以归也。酒二大尊,谩上。九月二日瓒又空。"②后因倪瓒女婿冒昧选取时日开辟私塾,倪瓒再次致信陈植,并打算于十三日送上礼品以表谢意。"瓒再拜奉书慎独有道先生执事:霜寒,伏想尊履清谧。养正冒昧选取八月十八日辟私塾,招延先生讲授其中。谨预于十三日敬致少币礼于执事者,至乞领意,幸甚。不及作启陈情,惟委恕焉。不备。纻丝一端、果一筐、养一牵、准铜钱一锭、酒一鬃。"③想必陈植愿意担任陆家私塾老师,主要是因为倪瓒的情面,他们之间的友谊见于多首诗文中,倪瓒曾作《次韵答陈叔方早春见怀二首》:

> 隔江山翠晚依微,隐映江边白板扉。事往依依惊岁改,老来念念觉前非。已看庭草侵行径,渐有汀花拂钓矶。惭愧诗篇慰幽独,

① (明)朱存理:《珊瑚木难》卷五,《景印文渊阁四库全书》第815册,台北:台湾商务印书馆1986年版,第169—170页。
② (元)倪瓒著,江兴佑点校:《清閟阁集》卷十,杭州:西泠印社出版社2010年版,第332—333页。
③ (元)倪瓒著,江兴佑点校:《清閟阁集》卷十,杭州:西泠印社出版社2010年版,第333页。

白头从此莫乖违。①

清夜哦诗手自书，也应把烛倩官奴。瘦牛荦确荒田陇，肥马蹒跚笑瓠壶。且酿松花江水碧，更分煎术岭云腴。人间谁觅玄真子，春雨扁舟钓绿蒲。②

同时通过倪瓒的尺牍可以发现陈植收藏过米芾《海岳图》，并借给倪瓒临摹。陈植对米芾《海岳图》夸赞不已，《珊瑚网》载："米南宫《海岳图》，陈叔方常寄云林简云：'此图拙古，俗眼罕识。'前辈尝评其画云：'大米造妙入无言。'云林胸次清旷，笔意萧远，当咄咄逼真矣。暇日能寄小幅否耶？倪迂画在胜国时，可称逸品。昔人以逸品置神品之上，历代惟张志和、卢鸿可无愧色。宋人中米襄阳在蹊径之外，余皆从陶铸而来。元之能者虽多，然承率宋法，稍加萧散耳。吴仲圭大有神气，黄子久特妙风格，王叔明奄有前规。而三家未洗纵横习气，独云林古淡天然，米痴后一人而已。"③由此可见陈植对古拙质朴风格的推崇，元人绘画多有古拙的情趣，某种意义上可以称为"复古"，那时士大夫多不愿入仕元朝廷，因而走上了隐逸之路，所以画中充满隐逸气氛和生拙的趣味。倪瓒便是此种风格的典型代表，在当时可称为"逸品"，胸次清旷，笔意萧远更是对其画风的捕捉，故而陈植才愿意将珍爱之藏品拿给倪瓒观赏临摹，这也间接体现了陈、倪二人的观画品味或者收藏态度较为相似。同时，这也是倪瓒邀请陈植来担任私塾老师的缘故。此时的倪瓒在陆庄建屋，又能与好友陈植常常见面，短时间内应不会离开，因而弃家之后，于陆庄寄宿的时日最多。倪瓒曾有诗云："我来陆庄如故乡，故乡风景日凄凉。解忧幸有盈尊酒，慰眼新栽百亩秧。蒲叶清波闲濯足，荷花斜日起鸣榔。当年李白成何事，白发缘愁万丈长。"④此诗亦可见陆庄生活的平淡和忧愁。然而，与平日孤身泛舟于湖上相比，陆庄则是相对安稳的。倪瓒此时几乎没有任何财力，或许需要姻亲陆家的接

---

① (元)倪瓒著，江兴佑点校：《清閟阁集》卷六，杭州：西泠印社出版社2010年版，第194页。

② (元)倪瓒著，江兴佑点校：《清閟阁集》卷六，杭州：西泠印社出版社2010年版，第195页。

③ (明)汪砢玉：《珊瑚网》卷四十八，《景印文渊阁四库全书》第818册，台北：台湾商务印书馆1986年版，第943页。

④ (元)倪瓒著，江兴佑点校：《清閟阁集》卷五，杭州：西泠印社出版社2010年版，第163页。

济,才能养活自己,幸而陆德原在元代赀甲吴中,富而好古,前文已经有所交代,其晚年隐居陈湖之上,据传将家中巨资转赠给沈万三等人,可见经济实力之雄厚。

## 三、蒋氏离世与倪瓒精神信仰的变化

倪瓒至正二十三年(1363)继续留在陆庄的蜗牛庐,是年五月二十三日,与张纬(字德机)同集于伯常斋中,复题《素树幽篁图》云:

> 余留南湖时,墨庵高士扁舟相遇,不一月而来数番。酒肴殷勤,情意堪美。醉后偶写此图以赠,而邱止善适至,复以遗止善,虽片纸亦可观也。至正癸卯五月廿三日,偶过伯帛(常)征士斋中,忽以相示,转瞬十有二年矣。世殊事异,慨然。时同集者德机,隐君也。素树幽篁涧石隈,当年赠此好怀开。如今寂寞空山里,谁复缄情折野梅。我少陈公十五霜,未应白发视茫茫。句哦夜雨怀无已,冠著方山似季常。夏沼已浮莲蕊碧,春衣尤怯树阴凉。久知服食清虚甚,更试山翁煮石方。《海岳庵图》旦晚临摹,即全璧以归也。①

倪瓒曾在至正十一年(1351)流寓太湖之南,时间不少于一个月,此段时间与墨庵高士往来密切,亦说明倪瓒在1353年离家前,就有短暂出游的经历,从而佐证了上文关于倪瓒离家时间的论述。另外,题跋中的七言诗著录于《清閟阁集》卷六②,名为《寄惟允》,但是陈惟允少云林二十余,与倪瓒自述“我少陈公十五霜”不符。此处“陈公”或为倪瓒好友陈植(字叔方),他生年大致时间为1292年或1293年③,恰长云林十五岁,但是陈植的卒年是至正二十二年(1362)④,倪瓒为何在陈植卒后一年复有诗赠?殊不可解。除此之外,上文所述《海岳庵图》,乃是米友仁所作,《容台集》载:“米元晖又作《海岳庵图》,谓于潇湘得画境,其次

---

① (明)汪砢玉:《珊瑚网》卷三十四,《景印文渊阁四库全书》第818册,台北:台湾商务印书馆1986年版,第647—648页。

② (元)倪瓒著,江兴佑点校:《清閟阁集》卷六,杭州:西泠印社出版社2010年版,第193页。

③ 黄苗子、郝家林编著:《倪瓒年谱》,北京:人民美术出版社2009年版,第94页。

④ (清)陆心源:《三续疑年录》卷五,《续修四库全书》第517册,上海:上海古籍出版社2002年版,第309页。

则京口诸山，与湘山差类。今《海岳图》亦在行笈中。元晖未尝以洞庭、北固之江山为胜，而以其云物为胜，所谓'天闲万马皆吾师也'。但不知云物何以独于两地可以入画？或以江上诸名山所凭空阔，四天无遮，得穷其朝朝暮暮之变态耳。此非静者何繇深解？故论书者曰：'一须人品高。'岂非品高则闲静，无他好萦故耶？"①可见，倪瓒不仅临摹过米芾《海岳图》，而且对米芾之子的《海岳庵图》也颇为欣赏，"旦晚临摹"足可显现倪瓒临摹的速度。是年九月十五日，倪瓒妻蒋圆明"微示疾"②，倪瓒在家为虞胜伯画《江渚风林图轴》，并题云："江渚暮潮初落，风林霜叶浑稀。倚杖柴门阒寂，怀人山色依微。至正癸卯九月望日，戏为胜伯征君写此，并赋小诗，倪瓒。"③其中《珊瑚网》等著录此图题跋与清閟阁有差异，《珊瑚网》在倪瓒原诗基础上加入了四句六言："一望洞庭秋水，相逢南浦孤篷。江干有兴骚客，闲居久约渔翁。"④新增四句实为倪瓒《东吴十咏》中的第一首，名为《望洞庭》，可见倪瓒在《江渚风林图》上的跋文应以《清閟阁集》为准。关于此图，容庚案语云："画江渚上杂树大小四株，近作沙石一抹，上作远山两重，殊乏神采"⑤，最后"殊乏神采"四字，或许与倪瓒当日作画的心情有关。三天之后的九月十八日，倪瓒的妻子卒于笠泽旅邸。次年（1364）正月十四日，由倪瓒《题寂照蒋君遗像》中的引文可知："君讳圆明，字寂照，暨阳人也。年二十一归于我，勤俭睦雍，里称孝敬。岁癸巳奉姑挈家避地江渚，不事膏沐，游心恬淡。时年四十有七矣，如是者十一年。癸卯（1363）九月十五日微示疾，十八日翛然而逝。题像甲辰正月廿四日也。"⑥关于蒋圆明的卒年，周南老为倪瓒撰写的《墓志铭》中载"娶蒋氏，先云林七年卒"⑦，倪瓒的卒年时间为洪武七年甲寅（1374），距离其夫人卒11年，而非7年，此处正如倪瓒自

---

① （明）董其昌：《容台集》别集卷四，《四库全书存目丛书·集部》第171册，济南：齐鲁书社1997年版，第737页。

② （元）倪瓒著，江兴佑点校：《清閟阁集》卷七，杭州：西泠印社出版社2010年版，第235页。

③ （元）倪瓒著，江兴佑点校：《清閟阁集》卷三，杭州：西泠印社出版社2010年版，第95页。

④ （明）汪砢玉：《珊瑚网》卷三十四，《景印文渊阁四库全书》第818册，台北：台湾商务印书馆1986年版，第637—638页。

⑤ 容庚：《倪瓒画之著录及其伪作》，载《岭南学报》1948年第8卷第2期，第94页。

⑥ （元）倪瓒著，江兴佑点校：《清閟阁集》卷七，杭州：西泠印社出版社2010年版，第235页。

⑦ （元）倪瓒著，江兴佑点校：《清閟阁集》附录一，杭州：西泠印社出版社2010年版，第378页。

己生年的疑问一般,应以倪瓒自述为准。

倪瓒之妻蒋圆明勤俭持家,十分孝顺,21岁时嫁入倪家,陪伴倪瓒走过了7个春秋,经历了倪家由兴而衰的过程,也陪伴着倪瓒弃家避地江渚,为其养育着二儿三女,实属不易。倪瓒亦深知其妻的不易与艰辛,在其妻逝世后,并未再娶,且终生都没有添妾,对妻子可谓矢志不渝。元朝婚律条文是鼓励以次妻、侧室等名目出现一夫多妻妾制度的①,而且元朝纳妾相当流行,大多是备礼迎娶或出钱购买。多妾制是元代婚姻结构的重要特征,这与蒙古统治集团"盛栋姬妾,以娱声色"②的生活习尚是密切相关的。

倪瓒终生未曾纳妾的原因,有以下几点可以参考:第一,倪瓒本人就是妾室所生,或许遭遇了当时社会环境的鄙夷,不想让他的子女有着相同的身份,故而只娶妻不纳妾。妻是正室,妾是侧室,妻是聘娶,妾多为买置,元人常用正妻、次妻来指称,这也间接说明二者关系的不平等。③ 一般情况下,妾入夫家之前,身份或社会地位较为低微,有些为婢仆女使、歌舞艺伎,进入夫家以后,主要是"侍巾栉"于夫主,又要讨得正妻欢心,甚至看主家脸色行事,无法改变家庭关系中常常被鄙视的位置。同时元代社会舆论与士人观念中,对妾所生养的孩子似乎有所偏见,比如儒士陆伯麟的侧室育子,他的朋友陆象翁送了一则具有戏谑性的贺启,陶宗仪《南村辍耕录》卷十五载:"犯帘前禁,寻灶下盟。玉虽种于蓝田,珠将还于合浦;移夜半鸳鸯之步,几度惊惶;得天上麒麟之儿,这回喝采。既可续诗书礼乐之脉,深嗅得油盐酱醋之香。"④虽然对友人香火得以延续表示赞赏,但言语中也是充斥着鄙夷与戏谑。倪瓒与这个孩子一样为侧室所育,或许因此心底埋下了阴影。第二,正如上文所述,元代的婚姻大环境为妻妾共存,甚至出现多妻制。倪瓒家境早年相当富裕,完全有经济实力购买妾室,但是他对妻子蒋氏能够做到终生初

① 王晓清:《元代社会婚姻形态》,武汉:武汉出版社2005年版,第161页。
② (元)徐元瑞:《吏学指南》卷八,《续修四库全书》第973册,上海:上海古籍出版社2002年版,第309页。
③ 王晓清:《元代社会婚姻形态》,武汉:武汉出版社2005年版,第167页。
④ (元)陶宗仪:《南村辍耕录》卷十五,《四部丛刊三编》,北京:商务印书馆1936年版,不分页数。

心不改，一辈子只娶她一人，实属不易。也间接说明蒋氏在倪瓒心目中的地位十分重要，另外前文曾提及他与蒋氏所生的长子倪洤过继给倪瓒长兄倪璨，后来却因吃河豚中毒去世，倪瓒内心对此事相当自责，或许怀着对妻子的亏欠之情，故而未曾纳妾。第三，众所周知，倪瓒的洁癖程度相当严重，能够让他接受的人也是少数，想必蒋氏秀外慧中，能够使得倪瓒心生爱慕。倪瓒与蒋氏一同经历了倪家日后的家变，以及被迫弃家远游的日子，共患难的妻子是倪瓒中年以后的精神支柱，晚年的倪瓒一方面没有经济实力去纳妾，另一方面也是在坚守对于妻子的隐形诺言或默契，此时的亲情或许成了爱情的替代品，更成为元末战乱四起时的心灵避风港。

诚然，不论是何种原因导致倪瓒终其一生只娶蒋氏一人，可以肯定的是，倪瓒对于蒋氏的爱意始终相当浓厚。蒋氏离世后，倪瓒曾作悼文云："幻形梦境是耶非，缥缈风鬟云雾衣。一片松间秋月色，夜深惟有鹤来归。梅花夜月耿冰魂，江竹秋风洒泪痕。天外飞鸾惟见影，忍教埋玉在荒村。"[1]最后一句非常动人，亦可令人体会到倪瓒面对妻子逝世时的悲痛之情。此份凄凉在倪瓒赠好友张元度的诗中也有体现，其诗名为《赠张玄度时方丧内》："吴松江水似荆溪，九点烟岚落日西。寂寂郊园寒食过，萧萧风雨竹鸡啼。蕙花委砌心应折，芳草归途意转迷。曾得鲁连消息否，春潮随雨到长堤。"[2]妻子去世后，倪瓒的思想状况也在一步步改变，究其一生的思想，大致是"据于儒，依于老，逃于禅"，所处时期及生存状况不同，则思想侧重有异。儒家思想对倪瓒的影响是较为持久且深远的，几乎直至终身。早年受其长兄的影响，中年前后结识张雨为友，道家的思想便伴随左右。到元亡前后，倪瓒随着弃家漂泊的时日变长，对故乡的思念和孤寂生活的体悟逐渐增强，其思想中"佛家"的成分越来越多。倪瓒之前对于佛国净界有过犹豫，曾有个初书记想说法开谕倪瓒，倪有诗作答："从知四大皆假合，顺境逆途非乐忧。梦中妄想惊得鹿，海上忘机思狎鸥。举世何人到彼岸，独君知我是虚舟。诗来说

---

① （元）倪瓒著，江兴佑点校：《清閟阁集》卷七，杭州：西泠印社出版社2010年版，第235页。

② （元）倪瓒著，江兴佑点校：《清閟阁集》卷五，杭州：西泠印社出版社2010年版，第136页。

法能开谕,顽矿无情也点头。"①从诗文来看,倪瓒当时对于初书记的开谕没有太多的"悟",首联只是重复了他的说教,颔联旨在表达自己喜欢隐逸的事实,未曾正面作答,颈联内容似乎对佛法有些迟疑。但是当妻子去世后,倪瓒的思想逐渐产生了变化,更趋于佛家的"空"和"寂"。倪瓒在道家思想的左右下,并没有找到排解内心苦痛的方法,其思想在一次次家庭变故中渐渐倾向佛家。早年丧父、中年丧子、晚年丧妻,这样的打击对任何一个和平社会下的士人来说都是难以承受的,更何况倪瓒此时处在元末动荡的兵乱中,面对内外双重压力,其思想延伸至佛、道并重,而以佛为主的境地。倪瓒在《送盛高霞》诗中说:"霜发飘飘鹤上仙,相逢辽海几何年。种桃遂有刘郎赋,鼓瑟宁知曾点贤。华表不归尘泪泪,吹箫何处月娟娟。嗟余百岁强过半,欲借玄关静学禅。"②诗文后二句似乎交代了倪瓒学佛的时间,但仍需结合倪瓒弃家漂泊后的"家变"与外部的社会环境,才能用更加立体的视角去审视他信仰的微妙变化。直至明初,也就是去世前的三五年,倪瓒才几乎以一个"禅僧"自居。

倪瓒在至正十八年(1358)作《顾玉山三教小像轴》,这是倪瓒作品中少见的人物画题材,此图被画史多次著录,容庚先生在较早的倪瓒研究著作《倪瓒画之著录及其伪作》③一文中就对其流传进行了详尽的梳理。此画上分别有顾瑛与倪瓒两人题跋,其中顾瑛自己所作的《自题像》更是被广泛引用:"儒衣僧帽道人鞋,天下青山骨可埋。遥想少年豪侠处,五陵鞍马洛阳街。"④诗文前两句表现了他乐观随和的人生态度,后两句将诗意更进一层,旨在体现顾瑛自己人生中最得意风光的一段经历。《金粟道人顾君墓志铭》中记载了此段往事:"予喜幼读书,年十六而干父之蛊,遂废学焉。性结客,常乘肥衣轻驰逐于少年之场,故达官时贵,靡不交识,然不坠于家声。三十而弃所习,复读旧书,日与文人儒士为诗酒友。又颇鉴古玩好。"⑤其实就是指他经商的那段经历。倪

---

① (元)倪瓒著,江兴佑点校:《清閟阁集》卷五,杭州:西泠印社出版社2010年版,第151页。
② (元)倪瓒著,江兴佑点校:《清閟阁集》卷六,杭州:西泠印社出版社2010年版,第173页。
③ 容庚:《倪瓒画之著录及其伪作》,载《岭南学报》1948年第8卷第2期,第63页。
④ (元)顾瑛著,杨镰整理:《玉山璞稿》,北京:中华书局2008年版,第192页。
⑤ (元)顾瑛著,杨镰整理:《玉山璞稿》,北京:中华书局2008年版,第190页。

瓒为其所作《像赞》云:"谓其人有意于荣进与？咏歌、弹琴、诵古人之书。谓其阔略于世故与？能扩先世之业、昌大其门闾,逍遥户庭,名闻京都,忽自逸于尘氛之外,驾扁舟于五湖,性印朗月,身同太虚,非欲会玄觉于一致,而贯通于儒者耶。倪瓒造戊戌八月法喜精舍楼。"①此番像赞清晰地描绘了顾瑛所追求的精神世界,亦儒、亦佛、亦道的行为方式和生活态度。同时强调顾瑛所处的社会环境相当复杂,折射出他在此情境下的处世态度,入世获取功名,但心中不乏遁世之意,或许只能部分寄托在诗文之中。倪瓒将顾瑛的多重信仰形象描绘得较为准确。倪瓒晚年的信仰与顾瑛有许多类似之处,比如他们常流连于僧舍,或是独自诵经,偶尔也抄录一些经卷,有所体悟之时,便邀三五好友举办宴会,交流一些习经的想法。他曾在至正十八年(1358)、二十年(1360)、二十三年(1363)多次前往法喜寺。《顾玉山三教小像》正是在法喜寺的法喜精舍所画。关于法喜寺的位置,陆广微《吴地记》载:"法喜寺,在县东十八里。后唐长兴元年置,晋开运三年重修。"②宋代范成大《吴郡志》记载更为详细,"法喜寺,在吴江县东九里。后唐长兴元年,统军赵君之倡也,始曰崇福,本朝更赐今名。"③法喜寺对于倪瓒而言,是其晚年经常品题书画的地方,至正二十三年(1363)十月,倪瓒前往法喜精舍,或因其妻病逝事。之前的至正二十年(1360)八月五日前往法喜寺,主要是题赵孟頫书《药师经》书画卷,所题内容如下:

> 赵荣禄,故宋宗室。居吴兴,自称松雪道人。赋性慈祥,与夫人管氏同归三宝师事中峰和尚,慧业益隆,凡所书经典,不一而足。所见有《修多罗经》四十二章、《经法华》等经,咸精劲神妙,学者遵为楷模。此本愿经,乃吾佛真诠度世宝筏,故荣禄亦竭诚运心。书画兼美,拜瞻之余,令人肃然起敬,发无上心,不徒以翰墨重也。至

① (明)汪砢玉:《珊瑚网》卷三十四,《景印文渊阁四库全书》第818册,台北:台湾商务印书馆1986年版,第653页。

② (唐)陆广微:《吴地记》不分卷,《景印文渊阁四库全书》第587册,台北:台湾商务印书馆1986年版,第72页。

③ (宋)范成大:《吴郡志》卷三十六,《景印文渊阁四库全书》第485册,台北:台湾商务印书馆1986年版,第266页。

正庚子(1360)八月五日,书于法喜精舍,倪瓒。①

从跋文中可见,在佛门净土面前,倪瓒确实保持着虔诚之心。药师如来在东方世界中似乎有着庇佑百姓身体健康的功用性,正如僧人宗泐在赵孟頫书《药师经》后跋文所言:"药师如来在东方净琉璃世界中,明行圆满,誓愿弘深,利益有情,所求如意乃至菩提等,与西方无量寿佛,其本愿力无有穷尽,是故吾等皆当勤修供养,获殊胜因。此经为赵魏国所书,笔法庄严谨密,可与右军《遗教经》并观。愿我受持读诵者,保护勿替焉。洪武四年九月朔宗泐拜识。"②

通过至正二十二年(1362)的相关文献记载可知,是年七月,倪瓒患下疾,兼旬方愈,养病家中。③ 十月初,因事入城,拜见袁泰后返回蜗牛庐,方浚颐《梦园书画录》载:"到家心情未定,愦愦大不堪……十二日早同张景昭过宅上饭间,于市口陈鼎庵药肆,赎藏用丸二服"④,可见此年倪瓒的身体虚弱,病根或许在两年前就已经有所显现,故而前往法喜寺观阅赵孟頫所书《药师经》。

《盛京故宫书画录》中著录的《李公麟番王礼佛图卷》上的倪瓒题跋,也是在法喜寺完成的,完成的时间也是至正二十三年(1363)。倪瓒题云:"佛身充满大千界,莲座玄谈海水翻。融摄群修证无觉,灵通虚彻卓然存。至正廿三年冬十月东海倪瓒合十谨□于法喜精舍。"⑤由落款时间可知,倪瓒在其妻去世约一个月后前往法喜精舍,作了这段跋文,或许是寻求精神上的解脱,借画纾解悲痛。弃家漂泊后的倪瓒,身体各种疾病此起彼伏,逃租的惊恐日夜相伴,小儿子的不孝与物质生活的艰

① (清)张照等:《秘殿珠林》卷六,《景印文渊阁四库全书》第823册,台北:台湾商务印书馆1986年版,第558页。
② (清)张照等:《秘殿珠林》卷六,《景印文渊阁四库全书》第823册,台北:台湾商务印书馆1986年版,第558页。
③ "今年,余病下疾几半载,惟寅凡两来问余。……至正廿二年壬寅(1362)岁倪瓒记。"见(元)倪瓒著,江兴佑点校:《清閟阁集》卷九,西泠印社出版社2010年版,第309至310页。"瓒七月末忽感□下疾,兼旬方瘳,近犹惙惙耳。"见(元)倪瓒著,江兴佑点校:《清閟阁集》卷十,杭州:西泠印社出版社2010年版,第332—333页。
④ (清)方浚颐:《梦园书画录》卷七,《续修四库全书》第1086册,上海:上海古籍出版社2002年版,第417页。
⑤ (清)金梁:《盛京故宫书画录》,杭州:浙江人民美术出版社2014年版,第67页。

苦,都促成了他长期的心理焦虑、不安,甚至伴随一丝抑郁。妻子始终是他的枕边人,亦是其身后的强大支撑。此时妻子的离世,令倪瓒的愤懑或者无奈的尖酸感到达了顶峰,若没有信念支撑,内心恐怕是更加煎熬。此时的佛地成了倪瓒精神世界的避难所,倪瓒曾作《次钱思复见贻韵》云:"文章传法似传灯,治病宜求三折肱。退食君休大槐国,安居我学小乘僧。业勤已有朋来乐,步阔能无祖武绳。欲挈一壶相慰藉,春船月色待君乘。"①倪瓒在小乘佛教中找到了一剂良方。

倪瓒在修行中逐渐淡忘尘世间的忧愁,体会"无我"境界。倪瓒《释迦牟尼像赞》云:"稽首无上具足尊,无人我众生寿者,千偈澜翻了无说,拈花传灯长不夜。无净居士宝云庵懒瓒述。"②倪瓒并不是完全按照小乘佛教的教义去修行,只是取其禅定的修行方法。他曾作《江上遇杨德朋》云:"吴淞江上米家船,邂逅龟蒙旧宅前。政似燕鸿交泛泛,聊凭楮颖度年年。糟床滴雨谁沾酒,破衲蒙头独坐禅。莫学山僧空载月,主人情重更留连。"③诗文后二句似乎是间接否定了山僧的坐禅生活,或许看来倪瓒是欲念未除,其实只是不想落入俗套,对于教义的外在形式,并不想拘束,只求心中有所寄托。倪瓒晚年在寺院中的生活也印证了他心中的禅宗世界,"山僧院里无尘事,夜雨灯前兴不孤。寥寥说竟无生话,更览王孙骏马图。"④"湖水东边碛沙寺,翻经室里看争棋。食驯沙鸟巢当户,坐爱汀云影入帷。惠远向修为律缚,康成终老只书痴。寄语山灵莫疑怪,松阴好护中兴碑。"⑤"风雨入城府,禅扉三日留。清斋聊弄翰,晓浴更梳头。石钵香烟细,经幢树影稠。移舟未褰霁,少泊听鸣鸠。"⑥寺庙生活不仅可以闲谈赏画,也可以看棋消日、作画寄兴,这便是倪瓒认为佛教徒外在行为不必落俗套,只须内心虔诚的最好体现。在小乘佛教中,有关于"六尘"的思想,倪瓒对于"六尘"之悟较为偏爱,曾作《听秋轩》云:"听秋轩里听秋雨,定起山僧坐翠微。隐隐烟涛摇夜席,

---

① (元)倪瓒著,江兴佑点校:《清閟阁集》卷五,杭州:西泠印社出版社2010年版,第129页。

② (元)倪瓒著,江兴佑点校:《清閟阁集》卷九,杭州:西泠印社出版社2010年版,第292页。

③ (元)倪瓒著,江兴佑点校:《清閟阁集》卷六,杭州:西泠印社出版社2010年版,第178页。

④ (元)倪瓒著,江兴佑点校:《清閟阁集》卷七,杭州:西泠印社出版社2010年版,第240页。

⑤ (元)倪瓒著,江兴佑点校:《清閟阁集》卷六,杭州:西泠印社出版社2010年版,第174页。

⑥ (元)倪瓒著,江兴佑点校:《清閟阁集》卷三,杭州:西泠印社出版社2010年版,第78—79页。

蒙蒙花雨著人衣。骤如崖瀑冲云落，婉似湘灵鼓瑟希。六用根尘今已净，松篁阴下共香霏。"①倪瓒学佛，并不是专宗小乘一家，乃是杂学旁收，博采诸家，根据《清閟阁全集》的记载，他对天台宗、中观学派、禅宗的合理部分均有吸取。比如倪瓒曾为名叫芝年的僧人作画写诗，诗前引文云："壬子正月廿三日，邂逅芝年讲主于娄江朱氏之芥舟轩中。芝年熟天台三教旨，严菩萨之戒仪。七遮既净，一乘斯悟。与语久之，敛衽敬叹，因写图赋诗以赠"②，后作诗："优钵昙花不世开，道人定起北岩隈。远山迢递窗中绿，垂柳低昂水次栽。丈室净名禅不二，三生圆泽梦应回。闲云野鹤时相遇，草草新诗为尔裁。"③可见倪瓒对天台宗的敬叹与吸收。天台宗以《法华经》为教义的根据，《清閟阁集》虽然没有倪瓒如何具体学习《法华经》的事实，但是他的一些诗文则明显有该教的痕迹，譬如《戏赠大云》："不问羊车与鹿车，无三无二一乘耶？何劳赞叹并言说，心悟方能转法华。"④论述《法华经》的思想，要而言之，不外乎八个字，即为"开权显实，会三归一"。⑤ 所谓"开权显实"即通过权宜的说法，显示真实的奥义；所谓"会三归一"即会"三乘"归于"一乘"。"三乘"者声闻乘、缘觉乘和佛乘，"一乘"者佛乘也。倪瓒诗文《戏赠大云》的前两句说的便是"会三归一"。倪瓒诗文最后一句"心悟方能转法华"，可见他已经深深地体会到该教义需要靠心中之"悟"才能穿透的道理了。

倪瓒除了自身家庭变故的烦扰之外，还有一丝忧国悲民的情怀，这或许是受儒道思想的影响。他在《陆德中祈雨有感》中说："辟谷清虚久，晨窗餐绛霞。濯神咸池水，宴景丹元家。忧国悲民瘼，旱郊起雷车。枯鱼出涸辙，槁苗生稻花。我住清江渚，种芹绕江沙。忽乘莲叶舟，赠我仙掌茶。拟访安期生，为觅枣如瓜。"⑥首两联言其辟谷餐霞，修炼内丹。第三联言祈雨之事，这是忧国悲民的典型代表，第四联则用"枯

① （元）倪瓒著，江兴佑点校：《清閟阁集》卷五，杭州：西泠印社出版社 2010 年版，第 128 页。
② （元）倪瓒著，江兴佑点校：《清閟阁集》卷六，杭州：西泠印社出版社 2010 年版，第 192 页。
③ （元）倪瓒著，江兴佑点校：《清閟阁集》卷六，杭州：西泠印社出版社 2010 年版，第 192 页。
④ （元）倪瓒著，江兴佑点校：《清閟阁集》卷八，杭州：西泠印社出版社 2010 年版，第 245 页。
⑤ 骆海飞：《天台宗史略》，上海：上海社会科学院出版社 2014 年版，第 7 页。
⑥ （元）倪瓒著，江兴佑点校：《清閟阁集》卷一，杭州：西泠印社出版社 2010 年版，第 27 页。

鱼涸辙"的典故,形象化地表现人民饱受旱灾之苦,并暗讽官吏无道,不肯伸以援手,百姓只能向上天祈求,幸好祈雨得应,枯鱼离开涸辙,槁苗生出稻花。最后三联表达自己虽然隐居,却有道友陆德中乘着真人的莲叶舟来访,听闻旱灾之事,也愿意尽自己一份力量,解决饥荒之象。

# 第五章　遗民生涯，遨游苕霅
## （1368—1374）

## 第一节　潜心创作

1368 年正月，朱元璋在应天府即皇帝位，国号明，建元洪武，为太祖高皇帝。明兵破延平，陈友定自杀，元朝已经时日无多。从至正十一年（1351）红巾起义爆发到至正二十八年（1368）元朝灭亡，总共耗时十七年，各地均可见豪杰起义，浙东的朱元璋、吴中的张士诚、江汉的陈友谅、温庆台地区的方国珍、蜀中的明玉珍等，各自拥兵自重，割据一方土地作为起义资本。① "乱世"的格局也由此拉开了帷幕，血腥气扑面而来，甚至出现了人吃人的惨象。倪瓒有诗云："姑苏城郭草茫茫，城外腥风旧战场。花落空垣车马绝，独余梁燕说兴亡"②，历史的车轮滚滚而过，城外的腥风血雨令人痛心，居住的房屋也惨遭破坏，"燕雀生成喜近人，家残屋破去踆踆。可人惟有闲庭草，蓬户朱门一样春。"③和许多仓皇奔走的逃难者相比，倪瓒相对还算幸运，毕竟是弃家散财，安排妥当之后才开始避居三泖，但是纷飞战火所留下的心灵创伤是无法避免的。

朱元璋攻下苏州数月之后，新朝下令让苏州富民迁徙濠州。他们不得不舍弃世代耕耘的安逸环境、苦心经营的家业，奔赴荒凉的异乡度过余生。大量文人也在迁徙之列，至正二十七年九月，饶介、杨基、徐

---

① 周海涛：《元明之际吴中文人文学思想研究》，北京：社会科学文献出版社 2016 年版，第 6 页。
② （元）倪瓒著，江兴佑点校：《清閟阁集》卷八，杭州：西泠印社出版社 2010 年版，第 261 页。
③ （元）倪瓒著，江兴佑点校：《清閟阁集》卷八，杭州：西泠印社出版社 2010 年版，第 261 页。

贲、余尧臣等先被迁移至金陵,后被押送至临濠。①

临濠是"吴中四杰"②人生之旅的重要一站。四杰之一的徐贲,曾因"张士诚辟为属"③受到"吴平,谪徙临濠"④的惩罚。此次遣送,高启的家人也在其中,高启曾作《送伯兄西行》云:"落日万人哭,征行出闾阎。道路亦悲哀,而况骨肉亲。我生鲜兄弟,提挈惟二人。何辞一室欢,去作万里身。"⑤这是高启送行自己唯一的兄长高咨,此诗生动地描绘了送别"征行"者的场景。

徐贲与杨基都被流放至临濠,且二人还同居一室,"余与徐君幼文,同谪钟离,结屋四楹,幼文居东楹,余居西楹。文尝赋诗曰:'梦里绿阴幽草,画中春水人家,何处江南风景?莺啼小雨飞花。'盖深有意于故园也。因题其室曰'梦绿'。"⑥这是杨基流放之时所作《梦绿轩》的引文。

另一位被朱元璋苛政治死的吴中文人是张羽,《明史》载:"太祖重其文,洪武十六年自述滁阳王事,命羽撰庙碑。寻坐事窜岭南,未半道,召还。羽自知不免,投龙江以死。羽文章精洁有法,尤长于诗,作画师小米。"⑦

洪武十八年(1385),张羽53年的人生戛然而止,这段生命也告知了后世一个真正"畏祸"者的内心及选择。

除了"吴中四杰"之外,玉山草堂主人顾瑛也因其子元臣曾仕元而徙居临濠,他前往之前,作"虎丘诗帖",为行楷书,其内容为《登虎丘有感》诗文二首:"柳条折尽尚东风,杼轴人家户户空。只有虎丘山色好,

① 周海涛:《元明之际吴中文人文学思想研究》,北京:社会科学文献出版社2016年版,第181页。
② 元末明初的"吴中四杰"是指当时吴中地区的四个文人,即高启、杨基、张羽和徐贲。《明史》载:"明初,吴下多诗人,启(高启)与杨基、张羽、徐贲称四杰,以配唐王、杨、卢、骆云。"见(清)张廷玉等撰:《明史》卷二百八十五,北京:中华书局1974年版,第7328页。
③ (清)陈田:《明诗纪事》卷八,《续修四库全书》第1710册,上海:上海古籍出版社2002年版,第317页。
④ (清)陈田:《明诗纪事》卷八,《续修四库全书》第1710册,上海:上海古籍出版社2002年版,第317页。
⑤ (明)高启:《高青丘集》下册,上海:上海古籍出版社1985年版,第819页。
⑥ (明)杨基撰,杨世明、杨隽校点:《眉庵集》卷三,成都:巴蜀书社2005年版,第92页。
⑦ (清)张廷玉等:《明史》卷二百八十五,北京:中华书局1974年版,第7329页。

不堪又在客愁中。"①"虎丘城外骷髅台,无数红花带血开。静听剑池池内水,声声引上辘轳来。"②顾瑛最终死于临濠。类似顾瑛的富民,必须严格执行新朝的政策,若是抵抗或者逃逸,便会受到严苛的法令制裁,甚至亲友也会被牵累,最后变成了合家遭殃。③

由于朱元璋新朝对于江南文人的镇压,那些曾经出仕伪吴政权的文人鲜有善终。比如元四家中的王蒙,在洪武年间入狱而惨死。《明史》载:元末官理问,遇乱,隐居黄鹤山,自称黄鹤山樵。"④王蒙"元末官理问"者,实际是担任张士诚的属官。张士诚降元后被封为太尉,开府自置僚属,他的属官在名义上也算是元官。入明之后,王蒙知泰安州事。太祖以逆谋罪诛杀了胡惟庸,王蒙也因此事而受牵连。《明史》载:"洪武初,知泰安州事。蒙尝谒胡惟庸于私第,与会稽郭传、僧知聪观画。惟庸伏法,蒙坐事被逮,瘐死狱中。"⑤王蒙的境遇只是江南地区文人曾经出仕伪吴政权的一个代表,实际牵连人数众多。因此,吴中地区也由繁华变为萧条。所谓"洪武之世,乡人多被谪徙,或死于刑,邻里殆空。"⑥此时的吴地饱受朝代更替、战乱之苦。倪瓒作为时代的亲历者,面对古今废兴与国难民瘼,感触极深,曾作《人月圆》二首:

> 伤心莫忘前朝事,重上越王台。鹧鸪帝处,东风草绿,残照花开。怅然孤啸,青山故国,乔木苍苔。当时明月,依依素影,何处飞来。⑦

> 惊回一枕当年梦,渔唱起南津。画屏云嶂,池塘春草,无限消魂。旧家应在,梧桐覆井,杨柳藏门。闲身空老,孤篷听雨,灯火江村。⑧

① (清)卞永誉:《式古堂书画汇考》卷十九,《景印文渊阁四库全书》第 827 册,台北:台湾商务印书馆 1986 年版,第 844 页。
② (清)卞永誉:《式古堂书画汇考》卷十九,《景印文渊阁四库全书》第 827 册,台北:台湾商务印书馆 1986 年版,第 844 页。
③ 陈建华:《明初政治与吴中诗歌的感伤情调》,载《复旦学报(社会科学版)》1989 年第 1 期,第 11 页。
④ (清)张廷玉等:《明史》卷二百八十五,北京:中华书局 1974 年版,第 7333 页。
⑤ (清)张廷玉等:《明史》卷二百八十五,北京:中华书局 1974 年版,第 7333 页。
⑥ (明)吴宽:《家藏集》卷五十七,《景印文渊阁四库全书》第 1255 册,台北:台湾商务印书馆 1986 年版,第 533 页。
⑦ (元)倪瓒著,江兴佑点校:《清閟阁集》卷九,杭州:西泠印社出版社 2010 年版,第 287 页。
⑧ (元)倪瓒著,江兴佑点校:《清閟阁集》卷九,杭州:西泠印社出版社 2010 年版,第 287 页。

此词哀婉中夹杂着一丝悲壮,清人陈廷焯评道:"风流悲壮,南宋诸巨手为之,亦无以过,词岂以时代限耶?"①倪瓒面对国破的痛切,赋词多首,比如《小桃红》三首云:

> 陆庄风景又萧条,堪叹还堪笑。世事茫茫更谁料。访渔樵,后庭玉树当时调。可怜商女,不知亡国,吹向紫鸾箫。②

> 一江秋水淡寒烟,水影明如练。眼底离愁数行雁。写晴天,白(一作绿)蘋红蓼参差见。吴歌荡桨,一声哀怨,惊起鹭鸥眠。③

> 五湖烟水未归身,天地双蓬鬓。白酒新刍会邻近。主酬宾,百年世事兴亡运。青山数家,渔舟一叶,聊且避风尘。④

三曲抒发了亡国之痛与离别之苦,用了动静和视听相结合的写作手法,比如静景中的"水影明如练",动景中的"吴歌荡桨"与"惊起鹭鸥眠","寒烟""如练""数行雁""雪天"等视觉的渲染,还有"一声哀怨"的听觉烘托,使得曲子有乐景衬哀情,亦有哀景衬哀情,整曲笼罩在凄苦的氛围中,悲意无限。

洪武元年(1368)之时,元朝离全部破灭只有一步之遥,大局已定,遗民们也被迫作出选择,或入仕,或顺从,或抗拒,亦有远离故土归隐者。倪瓒选择了隐忍偷生。虽然对元朝政权也不满意,但总难免有几分伤感,这种复杂的心境使他陷于种种怀旧,以及对遗民身份的认同和自我人格的寻找,成为洪武初年遗民中的一位典型人物。⑤

此年,倪瓒与好友张元度偶遇于姚城,旧友相逢想必总是开心的事情。倪瓒绝句序云:"后二十三年为戊申岁,元度张君得此,持以示仆,披卷如梦寐间也。因援笔次外史韵,诗已,为之泣然。外史已仙去,张荣禄、鉴禅师不见数十年,存亡不能知,尤令人凄断也。"⑥由于作诗是次张雨之韵,想到昔日故人,倪瓒的伤感之情油然而生。因为

---

① (清)陈廷焯:《白雨斋词话》卷三,《续修四库全书》第1735册,上海:上海古籍出版社2002年版,第240页。

② (元)倪瓒著,江兴佑点校:《清閟阁集》卷九,杭州:西泠印社出版社2010年版,第285页。

③ (元)倪瓒著,江兴佑点校:《清閟阁集》卷九,杭州:西泠印社出版社2010年版,第285页。

④ (元)倪瓒著,江兴佑点校:《清閟阁集》卷九,杭州:西泠印社出版社2010年版,第285页。

⑤ 展龙:《元明之际士大夫政治生态研究》,北京:人民出版社2013年版,第453页。

⑥ (元)倪瓒著,江兴佑点校:《清閟阁集》卷七,杭州:西泠印社出版社2010年版,第243页。

元末的战乱纷纷,张荣禄与鉴禅师生死未卜,想起这些离别数十年的旧友,倪瓒心境更加凄凉,后赋诗云:"偶寓姚城江上村,木如蛟舞石如鬼。清风明月许元度,为余倾倒绿波轩。"①成廷珪《居竹轩诗集》卷二有《笠泽同倪云林、王伯纯饭散过大姚江舟中赋》一篇:"大姚江头风乍稀,小陆宅前人独归。霜枫红于大药染,沙鸟白似孤云飞。持螯把酒一生足,食蛤踞龟千劫非。雪滩水落独无恙,肯借老夫为钓矶。"②此赋或为同时事,因为姚城在吴江县东南三十里,与大姚江咫尺相望。③

倪瓒一生避俗喜静,明洪武四年(1371)时,他已经踏入了晚年的时光。是年,倪瓒在娄江张绅的寓所居住了几日,认识了一位贫居而不丧志的人才,此人与倪瓒一样,都是甘愿寂寞,耐得住静默的君子,他便是元代书法家朱珪。陈继儒《妮古录》载:"朱珪,字伯盛,昆山人,师濮阳吴睿大小篆,尤善摹刻。凡吴下碑板多出珪手,然非其人,珪不屑也,又喜为刻印章。"④可见朱珪工篆籀,精于六书,曾从吴睿学习书法。朱珪曾多次参加玉山雅集的诗文唱和,根据《玉山名胜集》的记载,至正十八年(1358)秋,谢应芳欲迁居泗川里,前来道别,顾瑛"遂置酒于书画舫,邀恢公复初、袁君子英、陆君元祥、朱君伯盛,以'江东日暮云'分韵⑤;至正二十年四月十一日,岳榆与翟份过昆山,春晖楼前芍药盛开,《元诗选》记载此时的顾瑛:"(仲瑛)重置酒楼上,是日雷雨新霁,风日淡荡,赵善长折金带围一朵插瓶中,及以红白花擎绕攒簇,朱伯盛督行酒。"⑥此次同集者有翟份、岳榆、袁华、于立、赵元和朱珪;至正二十年八月十六日,顾瑛、于立、朱珪、秦约等十二人在金粟冢宴集,赋诗的共有八人,秦

① (元)倪瓒著,江兴佑点校:《清閟阁集》卷七,杭州:西泠印社出版社 2010 年版,第 243 页。
② (元)成廷珪:《居竹轩诗集》卷二,《景印文渊阁四库全书》第 1216 册,台北:台湾商务印书馆 1986 年版,第 309 页。
③ (清)赵宏恩等监修:《(乾隆)江南通志》卷十二,《景印文渊阁四库全书》第 507 册,台北:台湾商务印书馆 1986 年版,第 420 页。
④ (明)陈继儒:《妮古录》卷一,《四库全书存目丛书·子部》第 118 册,济南:齐鲁书社 1995 年版,第 655 页。
⑤ (清)顾嗣立:《元诗选初集》卷六十四,《景印文渊阁四库全书》第 1469 册,台北:台湾商务印书馆 1986 年版,第 679—680 页。
⑥ (清)顾嗣立:《元诗选初集》卷六十四,《景印文渊阁四库全书》第 1469 册,台北:台湾商务印书馆 1986 年版,第 681 页。

约作前序,于立作后序,朱珪作小篆以代诗作,可见朱珪在当时文人圈中的活跃程度。倪瓒对朱珪颇为欣赏,不仅为他撰写像赞,作"刻古印诗四韵",并且为其斋居赋咏长诗。《静寄轩诗文》轴包括三个部分:第一,《朱伯盛氏小像赞》:"游乎古六艺之书林,业刻符而工摹印,类夫鲁独居之男子,身不娶而能忍贫,饮沉瀣而为浆,友寂寥而与邻。瘦骨昂藏,老鹤精神,盖将追踪西塞山之渔,踵武桃花源之民者非耶"①;第二,《刻古印文诗四韵》五律一首:"炜煌金石刻,郁崛蛟螭文。犹遗姓名在,萧然秦汉分。宝玉道几息,瑰奇散如云。朱翁业古艺,千载挹清芬"②;第三,《静寄轩诗》七绝三首:"静寄轩中无垢氛,研苔滋墨气如云。匣藏数钮秦朝印,白玉蟠螭小印文","独行应如鲁独居,心同柳下孰云迁。从教邻女衣沾湿,试问高人安稳无","身似梅花树下僧,茶烟轻飔鬓髯鬙。神清又似孤山鹤,瘦骨伶仃绝爱憎"③。末行款署:"辛亥十二月云林子因过云门先生之娄江寓馆,遇伯盛,相从累日,作此并书,云门题篆额,廿二日。"④云门(张绅)题篆于幅上云"静寄轩",也题首行云《静寄轩诗文》。此件倪瓒晚年三合为一的书法非常精致,笔墨情古瘦劲而自如,如行云流水一般,结字、笔画多含隶意,内紧外舒,收笔时顿笔庄重,圭角突出,格调淡远静穆,殊有魏晋人风致而别具特色,堪作其小楷书的代表作。

在朱元璋新朝"重典治吏"的打压下,倪瓒将隐逸作为自己的一种生活方式,是对现实生存状态的超越和升华,同时也代表着传统士大夫对自由独立意识的追求。此时的倪瓒不得不继续流浪,过着避居三泖的日子。由于元明朝代更替的冲击,以及书画造诣的修炼逐步渐入佳境,他在新朝时期的书画创作数量比率最大。仅在洪武五年(1372)这

---

① (清)端方:《壬寅销夏录》不分卷,《续修四库全书》第 1089 册,上海:上海古籍出版社 2002 年版,第491 页。

② (清)端方:《壬寅销夏录》不分卷,《续修四库全书》第 1089 册,上海:上海古籍出版社 2002 年版,第491 页。

③ (清)端方:《壬寅销夏录》不分卷,《续修四库全书》第 1089 册,上海:上海古籍出版社 2002 年版,第491 页。

④ (清)端方:《壬寅销夏录》不分卷,《续修四库全书》第 1089 册,上海:上海古籍出版社 2002 年版,第491 页。

一年内，倪瓒就创作书画以及作题三十余种。① 是年春在娄江，夏返笠泽蜗牛庐，冬游吴门。正月七日作跋《定武兰亭古本》云："辨说兰亭犹聚讼，精良此刻更何疑。辨才付嘱昭陵后，玉匣为尘世祚移。倪瓒。壬子人日。"②倪瓒晚年时，时常想起好友张雨，此时距张雨逝世二十余年，这份思念多体现在作品题跋上，正月八日题《张外史杂诗卷》云："贞居真人诗文字画，皆为本朝道品第一。虽获片纸只字，犹为世人宝藏，况彦廉所得若是之富且妙耶。舒展累日，欣慨交心。噫！师友沦没，古道寂寥，今之才士，方高自标致。余方忧古之君子，终陆沉耳。吾知前人好修，不以为贤于流俗而遂已，不患人之不知，栗里翁志不得遂。饮酒赋诗，但自陶写而已，岂求传哉。壬子初月八日，倪瓒题。"③正月十日时又题《外史自赞画像》："壬子正月五日过娄东。十日耕学先生出以示仆，乃知贞居之与耕学交好之情若此也。倪瓒览。"④陈彦廉（耕学）之母庄氏，因贞节而名，彦廉为报答母恩，取唐孟郊诗语，将庄园取名春草堂，此外"春草堂"又因收藏唐代草书大家张旭《春草帖》而更加实至名归。⑤ 倪瓒正月九日题《陈氏春草堂卷》云：

> 春草轩中隐几坐，中有袁髯闲似我。欲浮青海狎群鸥，拟向鸥夷借轻舸。二月水暖河豚肥，子苦留我我怀归。半铛雪浪薰香茗，扫榻萧条共掩扉。麝煤茧纸齐梁笔，宝绘珍题品神逸。洗涤古玉龙眠池，临榻奇踪净名室。红蠡卷碧春将酣，槟榔荖叶嚼香甘，夜阑更鼓湘妃瑟，笙磬同音咏雅南。别君此去何草草，山为回旋海为倒。令威白鹤会重来，世人胡为易衰老。倪瓒。是日袁君子英同集轩中。壬子正月九日也。⑥

① 参见朱仲岳：《倪瓒作品编年》，上海：上海人民美术出版社1991年版。

② （明）李日华：《味水轩日记》卷六，《续修四库全书》第558册，上海：上海古籍出版社2002年版，第453页。

③ （明）汪砢玉：《珊瑚网》卷十一，《景印文渊阁四库全书》第818册，台北：台湾商务印书馆1986年版，第180页。

④ （明）赵美：《赵氏铁网珊瑚》卷六，《景印文渊阁四库全书》第815册，台北：台湾商务印书馆1986年版，第444页。

⑤ 黄朋：《吴门具眼：明代苏州书画鉴藏》，上海：上海书画出版社2015年版，第21页。

⑥ （明）赵琦美：《赵氏铁网珊瑚》卷十，《景印文渊阁四库全书》第815册，台北：台湾商务印书馆1986年版，第570页。

除了一些作题外，倪瓒此年第一幅画创作于正月二十三日，名为《优钵昙花图》，又一名为《芥舟轩图》，其自题："芝年熟天台之教旨，严菩萨之戒仪。七遮既净，一乘斯悟。与语久之，敛衽敬叹。因写图赋诗以赠。优钵昙花不世开，道人定起北岩隈。远山迢递窗中绿，垂柳低昂水次栽。丈室净名禅不二，三生圆泽梦应回。闲云野鹤时相遇，草草新诗为尔裁。瓒。"①此年创作的最后一幅作品是《简村图》，作于十一月，"简村兰若太湖东，一舸夷犹辨去踪。望里孤烟香积饭，声来远岸竹林钟。避炎野鹤曾留夏，息景汀鸥与住冬。慧海上人多道气，玄言漠密澹相从。"②以下是倪瓒在洪武五年的全部作品列表：

| 时间：洪武五年（1372） | 著录 |
| --- | --- |
| 正月七日，题《定武兰亭古本》七绝一首 | 《铁网珊瑚》卷一<br>《味水轩日记》卷六 |
| 正月七日，又题《张长史春草帖》 | 《清河书画舫》卷四上<br>《赵氏铁网珊瑚》卷一 |
| 正月八日，题《张外史杂诗卷》 | 《珊瑚网·法书》题跋卷十一 |
| 正月九日，题《陈氏春草堂卷》 | 《铁珊瑚网·书品》卷十 |
| 正月十日，题《外史自赞画像》 | 《项氏书画跋》卷三 |
| 正月廿三日，写《优钵昙花图》 | 《大观录》卷十七 |
| 二月五日，写《筠石乔柯图》 | 《味水轩日记》卷六 |
| 二月廿五日，写《江亭山色图》 | 《石渠宝笈初编》卷十七 |
| 是年春，写《春山图小横幅》 | 《珊瑚网》卷二十 |
| 是年春，题《赵伯骕万松金阙图》 | 《大观录》卷十四 |
| 三月廿四日，写《九龙山居图卷》 | 《九龙山居图卷》 |
| 四月八日，写《竹树小山》 | 《清閟阁集》卷八 |
| 四月十七日，写《清閟阁图》 | 《石渠宝笈初编》卷三八 |
| 五月廿七日，题《彦贞屋壁》 | 《清閟阁集》卷八 |

---

① (明)汪砢玉：《珊瑚网》卷三十四，《景印文渊阁四库全书》第818册，台北：台湾商务印书馆1986年版，第644页。

② (清)卞永誉：《式古堂书画汇考》卷五十，《景印文渊阁四库全书》第829册，台北：台湾商务印书馆1986年版，第192页。

| 时间：洪武五年（1372） | 著录 |
| --- | --- |
| 六月廿九日，题《张渥九歌图》 | 《石渠宝笈三编》 |
| 七月一日，写《孤亭秋色图》 | 《书画题跋记》卷八 |
| 七月五日，写《容膝斋图》 | 《石渠宝笈初编》卷十七 |
| 七月五日，又写《山水图》 | 《十百斋书画录》戊卷 |
| 七月六日，写《秋林嘉树图》 | 《清閟阁集》卷六 |
| 七月十六日，写《枫林亭子图册》 | 《珊瑚网》卷二十 |
| 八月，题《曹知白溪山泛艇图》 | 《上海博物馆藏画》 |
| 八月，又题龚子敬《宣城诗卷》 | 《辛丑销夏记》卷四 |
| 八月，又写《陈氏斋壁图卷》 | 《壮陶阁书画录》卷七 |
| 八月十四日，写《夕阳山色图》 | 《式古堂书画汇考》卷二十 |
| 八月十九日，赋《中秋夜欢饮》诗 | 《大观录》卷九 |
| 八月廿四日，写《空斋风雨图》 | 《寓意录》卷二 |
| 九月二日，跋《周文英诗志传》 | 《清閟阁集》卷九 |
| 九月十三日，题《周逊学府君遗翰》 | 《清閟阁集》卷九 |
| 九月十九日，写《林亭远岫图》 | 《式古堂书画汇考》卷二十 |
| 九月十九日，又写《秋树筼石轴》 | 《石渠宝笈初编》卷二十 |
| 九月廿五日，作词调寄《蝶恋花》 | 《倪云林先生诗集》附录 |
| 十月五日，写《安素斋图》 | 《式古堂书画汇考》卷二十 |
| 十一月，写《简村图》 | 《式古堂书画汇考》卷二十 |
| 此年，无月份作《古木竹石图》 | 《书画记》卷三 |

纵观此年倪瓒的艺术活动，不难发现，他几乎每个月都有作题或者书画创作，有的是一天创作多幅，比如七月五日；也有的是隔天就继续辛勤耕耘，诗、词、书、画几乎全部涉及。倪瓒在洪武年间总共生活七年，此阶段是他艺术创作的巅峰时期，或许他是想通过潜心创作来忘记一些时代创伤，亦或许是想留下点精神遗产，让后世看清这样一个易代之际的真实士人生活是多么艰辛。

倪瓒与众多士大夫一样，既经历了生命的危机和道德的困境，又进行了生存方式的探寻和政治前途的选择。面对着洪武"治世"，他们表面上迎来了新的历史机遇,但又束缚于专制政治的弊端而备受折磨。在这样的窘境与摧折下,倪瓒很早便作出了远离朝政以及都市的决定,故而才能静心于书画创作。大致来说,倪瓒在新朝年间的作品大多达到了平淡自然的逸格,因此可以说这是他最为成功的时期。当然这不是说他之前画作中没有此类风格,不过人画俱老是倪瓒最后几年才达到的境界,或许此时的他内心最恬淡,烟火气也随之泯灭,技巧逐渐炉火纯青。

## 第二节　谩认他乡是故乡

倪瓒虽然失望于元朝执政者的无能以及暴吏,却也没有加入类似张士诚般的起义军队伍,由元入明后,他对明朝亦持一种不合作态度,入明所作的画,仅以干支纪年,一改在元代以年号纪年的方式,同时创作的诗文中依然表露出故国之思,比如《折桂令》:"草茫茫秦汉陵阙。世代兴亡,却便似月影圆缺。山人家堆案图书,当窗松桂,满地薇蕨。侯门深,何须刺谒。白云闲,自可怡悦。到如今,世事难说,天地间不见一个英雄,不见一个豪杰。"①这首乐府抒发了倪瓒对历史和现状的感慨。

朱元璋建国后就通过荐举等手段广泛搜罗人才,可是对人才的使用却每每是无情的践踏甚至羞辱。关于倪瓒"为太祖投之厕中"之事,或许是捏造之事,但多少也反映了明初暴政之下的状况,都穆《都公谈纂》载:

> 倪元镇既散其田,而税未及推。入国朝,催科者坌集,元镇逃去,潜于芦中爇龙涎香,被执,囚于郡狱。每馈食,狱子传以入,元镇必戒以举案过颡。狱子不省,以问知者,曰:"彼好洁,恐汝唾沫及饭耳。"狱卒怒,锁之溺器上,众为祈解而免。今人云:"为太祖投

---

① (元)倪瓒著,江兴佑点校:《清閟阁集》卷九,杭州:西泠印社出版社2010年版,第289页。

之厕中。"非也。①

针对此事,郎瑛《七修类稿》卷四十中也有相似的记载:

> ……入国朝,尽散其产,奈何不过其税而催科者集其室,逃入芦洲,爇龙涎以自适,因香被执,囚于有司,每传食,命狱卒举案齐眉,卒问其故,不答,旁曰:"恐汝唾沫及饭耳。"卒怒,锁之溺器之侧,众虽为祈而免,愤哽成疾。今人以渔舟之香为祥止庵,太祖因得而诛,以元镇为太祖投之厕中,皆非也。②

关于此事,尽管都穆与郎瑛皆论为"非也",但传闻并不是空穴来风,正所谓上行下效,狱卒才会将倪瓒"锁之溺器上"以示侮辱,使得他愤哽成疾。同样,倪瓒正是在朱元璋的各种暴政下,无法回到自己的故乡。元末时期的重税,使得倪瓒一直处在颠沛流离的生活中,原以为张士诚与元军的欺凌结束了,可以回到梦寐以求的家园,可惜朱元璋的新朝政策使得他只能再度远望家乡,思乡之情与遗民的悲愤交织,两种情感始终伴随着倪瓒晚年客居他乡的生活。

洪武元年(1368)时,倪瓒从分湖前往云间(今上海市松江县)。"元林子当元末……避地云间以全其身"③,应指此事。倪瓒避地云间的时间应为三月,还去过一次笠泽,《珊瑚网》卷三十四载:"戊申岁三月,余避地云间,始还笠泽。"④六月一日,倪瓒养疴于静轩中,自从太湖被捕一事之后,他一直处在慢性病的折磨中,《虚斋名画录》卷七载:"戊申六月一日,养疴静轩,题:……是日阴寒袭人。"⑤这是倪瓒再题《赠周伯昂溪山图》中的跋文,至正二十四年(1364)时曾题:"荆溪周隐士,邀我画溪山。流水初无竞,归云意自闲。风花春烂熳,雨藓石斓斑。书画终为

① (明)都穆:《都公谈纂》卷上,《四库全书存目丛书·子部》第 246 册,济南:齐鲁书社 1995 年版,第 361 页。
② (明)郎瑛:《七修类稿》卷四十,上海:上海书店出版社 2009 年版,第 423 页。
③ (明)吴宽:《家藏集》卷五十三,《景印文渊阁四库全书》第 1255 册,台北:台湾商务印书馆 1986 年版,第 484 页。
④ (明)汪砢玉:《珊瑚网》卷三十四,《景印文渊阁四库全书》第 818 册,台北:台湾商务印书馆 1986 年版,第 650 页。
⑤ (清)庞元济:《虚斋名画录》卷七,《续修四库全书》第 1090 册,上海:上海古籍出版社 2002 年版,第 504 页。

友,轻舟数往还。至正甲辰四月一日为伯昂写此图,赋诗以赠。东海倪瓒。"①从跋文中也可看出倪瓒的心态与艺术观,伟大的艺术始终是从体会自己生命之伟大的意义而来,艺术家往往把人引向大地人间,而恬然愉悦地栖居,倪瓒便是如此。至十月十八日,倪瓒又离开静轩,夜宿好友张德常的环绿轩,并写竹赋诗赠张德常:"戊申十月十八夜,环绿轩中借榻眠。舞影霜筠风细细,萦窗素练月娟娟。此生寄迹雁遵渚,何处穷源渔刺船。染笔题诗更秉烛,语深香冷一凄然。夜漏午刻,写竹赠元度,瓒。"②可见本年倪瓒返蜗牛庐停留了半年,九月后继续流寓。

　　洪武二年(1369),倪瓒离开笠泽,在甫里田舍小住一年。正月初一,倪瓒游徐氏南园,并题《徐氏南园壁》云:"九日尘污一日清,南园池水濯冠缨。卑卑燕雀难喻大,自拟搏风九万程。"③二月廿一日清明,倪瓒离开笠泽,泛舟东林西浒,拜访沈伯璇,并在沈伯璇宅中题燕文贵《秋山萧寺图》云:"野棠花落过清明,春事匆匆梦里惊……己酉二月廿一日为清明日,风雨凄然,舟泊东林西浒,步过伯璇征君高斋,焚香瀹茗,出示燕文贵《秋山萧寺图》,展玩既久,因写是日所赋绝句于上。"④漂泊的生活如此艰辛,幸运的是能够在苦旅中欣赏北宋山水画家燕文贵的作品。燕文贵的山水绘画内容极为丰富,不仅皴法技巧,四季气候变化与平远高远的处理都颇为细致。他的山水画主要载体是江南风光,已经达到心中有江南,落笔处处见江南的境界。倪瓒在他乡见到燕文贵的江南之景画面,思乡之心或许无意间被戳中,那份凄苦只有他自己能够体会。四月至七月的行程,汪砢玉《珊瑚网》卷八的法书题跋有所记载。倪瓒曾跋赵孟頫小楷《麻姑坛记》、赵仲穆书《城南读书诗》,以及书司马温公《劝学三帖卷》,云:

　　　　今年四月十九日,余自华亭过松陵之甫里田舍,天气骤热,因

① (清)庞元济:《虚斋名画录》卷七,《续修四库全书》第1090册,上海:上海古籍出版社2002年版,第504页。

② (明)汪砢玉:《珊瑚网》卷三十四,《景印文渊阁四库全书》第818册,台北:台湾商务印书馆1986年版,第651页。

③ (元)倪瓒著,江兴佑点校:《清閟阁集》卷八,杭州:西泠印社出版社2010年版,第25页。

④ (清)卞永誉:《式古堂书画汇考》卷四十一,《景印文渊阁四库全书》第828册,台北:台湾商务印书馆1986年版,第696页。

留度夏。邻有张君德常、德机贤伯仲。伯子多蓄名迹，而希会面。名迹亦罕以示人，幽居默默如潜逃而已。乃子元度，亦不肯相过，招邀数次，不过黾勉一来。六月十六日，旱久而雨，一雨浃旬，茅屋上漏下湿，独坐惟有悲叹。……余六月末，病臂疮足痛，呻吟几及旬，故云。七月四日，雨止风静，云翳开朗，泥潦尚没足。忽叔子来访，元度踵武亦至，携荣禄此卷，及其子赵雍遗墨，以怡悦老眼。濯瓮牖之凉飔，临碧江之激湍，相与玩咏不已。因自念老景侵寻，亲朋沦落殆尽，虽近在跬步，如张君伯仲父子，尚不得数数晨夕。况二赵星宿光芒，昭回霄汉，梦寐亦所不睹。安得不见其遗迹而为喜忭哉！遂记其后，以写余之愦愦者焉。岁次己酉，倪瓒。①

可见四月时，倪瓒留在甫里度夏。甫里田舍也是倪瓒的别业，只是较为简陋而已。五月十二日，与玄晖都司、王元举、明仲在张经、张纬家雅集，并为刘元晖题旧日所作画："云林生为玄晖都司写……己酉五月十二日，玄晖君在良常高士家雅集。午过矣，坐客饥甚。玄晖为沽红酒一罂，面筋二个。良常为具水饭，酱蒜苦荬，徜徉遂以永日，如享天厨醍醐也。复以余旧画竹树索诗，因赋。"②六月，干旱数日之后终于下起了雨，月末倪瓒手臂生疮且足痛，此时的身体已经每况愈下。或许茅屋漏雨与地面湿滑的状况，加速了病情的恶化，晚年生活的煎熬自难言表。直至七月四日，雨止风静，倪瓒才有空闲作跋。八月十四日，寓甫里野人居，后应刘元晖的邀请去快雪斋赏月，三五好友借着月圆之景饮酒赋诗，云："岁乙酉八月十四日，寓甫里之野人居。刘君元晖邀余酌酒快雪斋中，对月理咏，因赋长句。凉月纷纷疑积雪，凝晖散彩白于银。此时独酌开轩坐，便欲剡溪寻隐沦。尔营茅斋名快雪，我醉行吟踏秋月。河汉无声风露寒，心境泠然一高洁。"③又一首云："卷帘见月形神清，疑是

① （明）汪砢玉：《珊瑚网》卷八，《景印文渊阁四库全书》第818册，台北：台湾商务印书馆1986年版，第117页。
② （清）吴升：《大观录》卷十七，《续修四库全书》第1066册，上海：上海古籍出版社2002年版，第750页。
③ （清）陈焯：《宋元诗会》卷九十，《景印文渊阁四库全书》第1464册，台北：台湾商务印书馆1986年版，第612页。

山阴夜雪明。长歌欲觅剡溪戴，怅然停杯远恨生……古人与我不并世，鹤思鸥情迥愁绝。"①至八月廿六日时，倪瓒仍在松陵甫里田舍，并作五言诗赠予邻居张德常："乙酉八月廿三日雨，至廿六日乃开霁。赋五言呈德常。积雨琴丝缓，沿阶藓碧滋。泥途方汩没，茅屋且栖迟。酒向邻家贳，杯从野老持。便应从此去，海上候安期。"②时隔八个月后，十月八日，倪瓒再次拜访沈伯璇，且赠诗云："江水清空霜叶稀，竹深依约有窗扉。留连竟日忘羁思，闲与休文咏落晖。"③十二月十四日，张玄度访倪瓒于江渚，倪瓒写图赋诗相赠，引文曰："玄度好文学，工词翰，蔼然如虹之气，真江南泽中千里驹也。十二月十四日，侍乃翁访仆江渚，相与话旧，踟蹰深动故园之感。因想象乔木佳石翳没于荒筠草蔓之中，遂写此意，并赋诗以赠焉。"④后赋诗云："萧条江渚上，舟楫晚相过。卷幔吟青嶂，临流写白鹅。壮心千里马，归梦五湖波。园石荒筠翳，风前恍浩歌。"⑤此时倪瓒已经丢弃甫里田舍，重新回归漂泊湖上的日子。

洪武三年（1370），倪瓒此年继续漂泊，年初在浙东附近，年末返回泖西。正月七日，恰逢倪瓒65岁生辰，此时的他寓居亲戚思明家中，王彦辅来访道贺，他们便在思明家的停云轩把酒言欢。王彦辅在停云轩中拿出倪瓒至正四年十二月望日所作《山水小轴》，倪瓒见好友展示出昔日旧图，仿佛梦中事也，便重题此图云："余作此图时，年四十岁矣。庚戌正月七日，为余初度之辰，孙渚王君彦辅访余于其亲戚思明家之停云轩中，具酒馔肴核之饷以为寿。且出此图相示，展图恍然，如梦中事也。因诗以识其慨叹云：'仙翁已去白云乡，踏雪飞鸿迹渺茫。留得王乔为我寿，白鹅珍果九霞觞。'是岁余年六十五矣，瓒。"⑥二月廿九日，倪瓒与章心远在浙东馀不溪开元馆。上文曾提起倪瓒在至顺元年（1330）仲春，曾因市药过浙东，路过馀不溪开元馆，一晃四十年的光阴转瞬即

① （元）倪瓒著，江兴佑点校：《清閟阁集》卷四，杭州：西泠印社出版社2010年版，第99页。
② （清）顾嗣立：《元诗选初集》卷五十八，《景印文渊阁四库全书》第1469册，台北：台湾商务印书馆1986年版，第526页。
③ （元）倪瓒著，江兴佑点校：《清閟阁集》卷八，杭州：西泠印社出版社2010年版，第260页。
④ （元）倪瓒著，江兴佑点校：《清閟阁集》卷三，杭州：西泠印社出版社2010年版，第75页。
⑤ （元）倪瓒著，江兴佑点校：《清閟阁集》卷三，杭州：西泠印社出版社2010年版，第75页。
⑥ （明）张丑：《真迹日录》卷二，《景印文渊阁四库全书》第817册，台北：台湾商务印书馆1986年版，第535页。

逝,倪瓒再次来到这里,心中难免伤感。此月,倪瓒又阅得北宋画家燕文贵的杰作,作题云:"燕文贵画,余平生不得阅。昔在松陵乐长甫处,观《九峰雨霁图》,有摩诘诗意。客岁,余过西衢伯璇斋头,见《秋山萧寺图》,余盖罕见矣。此图廉夫先生尝珍之。有燕翁《钓翁图》清寂之妙,殊得摩诘正传,固宜。观其六法精备,是可为终身师范,赵荣禄往往宗之。庚戌二月识,倪瓒。"①是冬,倪瓒泛舟过泖西,为好友强仲端画一幅竹石,自题云:"庚戌冬舟过泖西,写竹石小幅赠仲端友契。野处翁居泖水西,风梢霜叶思凄迷。它时再鼓春波绿,花落轩窗野鸟啼。"②此年冬天还夜宿蓬庐,并作《蓬庐诗》,其序云:

> 有逸人居长洲东荒寒寂寞之滨,结茅以偃息其中,名之曰蓬庐。且曰:"人世等过客,天地一蓬庐耳。吾观昔之富贵利达者,其绮衣玉食,朱户翠箔,转瞬化为荒烟,荡为冷风,其骨未寒,其子若孙已号寒啼饥于途矣。生死穷达之境,利害毁誉之场,自其拘者观之,盖有不胜悲者,自其达者观之,殆不直一笑也。何则?此身亦非吾之所有,况身外事哉!庄周氏之达生死、齐物我,是游乎物之外者,岂以一芥蒂于胸中?庄周,我所师也。宁为喜昼悲夜,贪荣无衰哉!"予尝友其人,而今闻其言如此,盖可嘉也。庚戌岁冬,予凡一宿蓬庐,赋赠。③

后赋诗曰:"天地一蓬庐,生死犹旦暮。奈何世中人,逐逐不返顾。此身非我有,易晞等朝露。世短谋则长,嗟哉劳调度。彼云财斯聚,我以道为富。坐知天下旷,视我不出户。荣公且行歌,带索何必恶。"④倪瓒认同庄周达生死、齐物我的人生态度。对生死问题看得如此通透之时,自然不会有什么长生不死的要求了,人生的哀乐情感也会随之改变,内心的痛苦或许会随之减少。倪瓒此诗境界高超,对于物质以及荣誉层面无所需求,但是对于精神层面的需求却极高。

---

① (清)吴升:《大观录》卷十三,《续修四库全书》第 1066 册,上海:上海古籍出版社 2002 年版,第617 页。

② (元)倪瓒著,江兴佑点校:《清閟阁集》卷八,杭州:西泠印社出版社 2010 年版,第 255 页。

③ (元)倪瓒著,江兴佑点校:《清閟阁集》卷二,杭州:西泠印社出版社 2010 年版,第 48 页。

④ (元)倪瓒著,江兴佑点校:《清閟阁集》卷二,杭州:西泠印社出版社 2010 年版,第 48—49 页。

　　洪武四年(1371),倪瓒继续过着漂泊的日子,春天在华亭潘家,夏天与秋天住在桐里,后曾短暂回过陆庄,冬天又前往吴江。二月廿九日,倪瓒路过华亭南里便留在潘以仁宅里,并作《溪山仙馆图》,其自题云:"留华亭南里潘君以仁宅,因怀去年此日与心远同在余不溪开玄仙馆。萧萧风竹和幽吟,二月江村春雨深。东去山中此时节,隔溪桃李正阴阴。"①由此可知,这幅画是倪瓒因回忆前一年游余不溪上的开玄馆而画的。六月三日,寓居性源禅房,倪瓒"往来五湖三泖间二十余年,多居琳宫梵宇"②,禅房寺庙也是他漂泊寄宿的常住之处。此次住禅房之余,写竹梢并赋三首,诗云:

　　禅关分榻留人宿,不夜长燃礼佛灯。君已风流如惠远,我聊吟啸答孙登。来依结夏安居者,莫厌无家有髪僧。清夜哦诗江月白,琅玕节下影鬔鬇。

　　此身已悟幻泡影,净性元如日月灯。衣里系珠非外得,波间有筏引人登。狂驰尚觅安心法,玄解宁为缚律僧。曲几蒲团无病恼,松萝垂户绿鬔鬇。

　　残生已薄崦嵫景,犹护余光似晓灯。玄圃雨云元不隔,华严楼阁也须登。梦归金菌山前路,饭仰白云窗里僧。独鹤步庭闲顾影,西风吹鬓雪鬔鬇。③

　　三首诗似乎没有关于竹枝的任何字眼,都是在写禅师性源以及自己的体悟。倪瓒在逐渐衰老的生命里,已经领悟到人生如梦幻泡影的缥缈,只有保持自己清净的本性,令其像日月灯一样长存。即使残生将了,对于佛法的修持,仍然精进不退转。此诗亦是倪瓒晚年思想趋近于佛的旁证。七月份,倪瓒自苕溪过松陵桐里,寓居双井院数日。七月廿一日,倪瓒与禅师性源、秋水、益以道同集于桐里,首先为七年左右未见面的好友益以道作《竹树小山图》,并题云:"益公以道不见忽忽七改年矣,辛亥七月,余来自苕溪,偶遇松陵之桐里双井院。数日矣,以道因过

① (元)倪瓒著,江兴佑点校:《清閟阁集》卷八,杭州:西泠印社出版社2010年版,第266页。
② (元)倪瓒著,江兴佑点校:《清閟阁集》附录一,杭州:西泠印社出版社2010年版,第379页。
③ (元)倪瓒著,江兴佑点校:《清閟阁集》卷五,杭州:西泠印社出版社2010年版,第165—166页。

慧日忏堂，邂逅一见，因写竹树小山，并赋诗寄意云。"①后赋诗曰："一笑相逢岂有期，因怀西崦话移时。李公堂里频曾宿，陆子泉头旧有诗。旅思凄凄非中酒，人情落落似残棋。云涛眼底三生梦，鸥影秋汀又语离。"②又题："以道因咏余旧诗春日，试笔一首，今三十年矣，并书画上。是日秋水、性源二上人同集。"③后赋诗云："喜看新酒似鹅黄，已有春风拂草堂。二月江南初破柳，扁舟晚下独鸣榔。苔生不碍山人屐，花发应连野老墙。世外宁辞千日醉，未容人事恼年光。"④八月十五日，访云浦道人于笠泽姚城江之北，并追和米芾三诗，诗跋云：

> 喟然叹也宜吾与，不利虞兮奈若何。鸿雁不来风袅袅，庭前树子落桫椤。

> 吴松江只蒲萄绿，金井峰仍缥缈青。说与弋人何慕我，高飞鸿鹄杳冥冥。

> 大姚湖水白生烟，长物都除绝世缘。笙鹤不为归鹤怨，玉仙真是胜丁仙。⑤

> 云浦老人乱后复得此卷，感慨今昔，观其题可见。辛亥八月，来谒云浦，出以见示，戏走笔追和米公三诗，以写怀云。⑥

倪瓒素来对米芾颇为崇拜，正如董其昌评价倪瓒所言："古淡天真，米痴（即米芾）后一人而已"，倪瓒之所以作此次韵诗，是因为米芾曾在绍兴戊午季春作《大姚村图》，图上所画内容为墨树三攒，屋四五间，云气与冈阜相抱。画中四面空阔皆水，右角微作远峦，以大姚在太湖中也，且米芾在画上自题诗文三首：

> 广文当日官虽冷，可奈才名振世何。他日君家须炙手，而今聊复雀堪罗。

① （元）倪瓒著，江兴佑点校：《清閟阁集》卷六，杭州：西泠印社出版社 2010 年版，第 205 页。
② （元）倪瓒著，江兴佑点校：《清閟阁集》卷六，杭州：西泠印社出版社 2010 年版，第 205 页。
③ （元）倪瓒著，江兴佑点校：《清閟阁集》卷六，杭州：西泠印社出版社 2010 年版，第 206 页。
④ （元）倪瓒著，江兴佑点校：《清閟阁集》卷六，杭州：西泠印社出版社 2010 年版，第 206 页。
⑤ （元）倪瓒著，江兴佑点校：《清閟阁集》卷八，杭州：西泠印社出版社 2010 年版，第 278—279 页。
⑥ （明）李日华：《六研斋笔记》卷三，《景印文渊阁四库全书》第 867 册，台北：台湾商务印书馆 1986 年版，第 537 页。

老来尚喜管城子,更爱好山江上青。武林秋高晓欲雨,正若此画青冥冥。

三茅别有洞中天,我欲居山屏世缘。累行积功多悦气,玉宸欣有地行仙。①

王云浦与米芾此图或许有着不解的缘分,曾经丢失此图后又复得,云浦跋文云:"至正甲申,余在燕京忽得此卷,因拾以归吴。丙申之变,余避地入闽。丁酉归,家业一空,而此卷仅存。戊申中,吴复兵燹,余流离濠梁。己酉复归田里。故居浮荡荒榛,瓦砾不堪举目,又复得此卷于野人家。事物之遇,岂偶然哉。"②八月廿三日,倪瓒又访子贤宅,并留寓数月。秋季落叶飘零之时,倪瓒曾短暂地重回陆庄,面对昔日居住的故地,倪瓒难免会见景生情,毕竟此地是他弃家避居后较为重要的栖息地,无论是就时间长度还是家人情感的维系而言,此地都十分珍贵。倪瓒之妻在此离世,倪瓒又与次子关系不洽,晚年几乎都是在长女和次女家徘徊,次女家便是生活在陆庄,此地也成了倪瓒与家人之间互动的场所,故而更加难忘。此次归来见陆庄,已与倪瓒家乡一样物是人非,其间的落寞难以言表。倪瓒曾作《别陆氏女》云:"去住情惊两可哀,天公与我已安排。前途恐有宽闲地,未信狂夫事事乖。"③此诗应是倪瓒离开陆庄时所作。吴江九里村笠泽斋居与甫里田舍,是倪瓒离开故土后的两处较为固定的居所,但是都非常简陋,倪瓒在此处停留的时间大约是两年。而余下的时间,倪瓒则流寓寺庙、道观,或只是以一叶扁舟,孤独地漂泊在太湖流域。十一月九日,倪瓒在简村,《味水轩日记》载:"二十五日,客持示倪云林层峦阔幅,上题云:春渚芹蒲,秋郊梨枣,沃野收红稻。檐前炙背映晴阳,天涯转瞬迷芳草。鲁望渔村,陶朱烟岛,高风峻节今如扫。黄鸡啄黍浊醪香,开门迎笑东邻老。至正甲午(1354)八月

① (明)李日华:《六研斋笔记》卷三,《景印文渊阁四库全书》第 867 册,台北:台湾商务印书馆 1986 年版,第 537 页。

② (明)李日华:《六研斋笔记》卷三,《景印文渊阁四库全书》第 867 册,台北:台湾商务印书馆 1986 年版,第 538 页。

③ (元)倪瓒著,江兴佑点校:《清閟阁集》卷八,杭州:西泠印社出版社 2010 年版,第 246 页。

十八日，曲全叟倪瓒写于耕云山居。"①十八年之后，又题云："戏墨重看十七年，阊阖楼阁荡飞烟。简村兰若风波外，坐对湖山一惘然。辛亥十一月九日，复览因题。云林子。"②简村的位置在吴江县，且离太湖较近，方便倪瓒泛舟往返。十二月十三日，倪瓒拜访伯琬高士；十二月廿二日，倪瓒又前往娄江访云门先生，遇朱伯胜，留宿数日。此年倪瓒拜访了不少好友，但是访友后所作诗句皆为陆沉之叹，饱含沧桑无力之情。拜访好友谢伯理时，上门不遇，思乡的伤感涌上心头，后赋诗一首云："谢伯理东还，访之不遇。走笔奉寄。谢朓宅前山黛浓，山云飞堕墨池中。携家又作他乡梦，归棹还随落叶风。鹤入暝烟愁浩渺，鸥浮远水思清空。寻君不遇成惆怅，江草青青岸蓼红。"③洪武五年(1372)正月与二月间，倪瓒在娄江，四月返回陆庄的蜗牛庐，六月继续漂流于桐里、汾湖等地，年末时又泛舟回简村。根据倪瓒正月十日题《外史自赞画像》云："壬子正月五日过娄东，十日耕学先生出以示仆，乃知贞居之与耕学交好之情若此也。倪瓒览。"④可见正月五日，倪瓒曾过娄东(位于今江苏太仓)，之后便客居于陈彦廉春草堂，时昆山袁华也客于此。"陈彦廉，名宝生，泉州富商。元末居太仓，家有春草堂，所蓄书画极富。袁(华)、张(雨)二人尝主其家。"⑤这是文徵明为陈氏旧藏《林藻深慰帖》所作题跋中的记载，可见袁华与张雨都曾以门客身份住在陈家。倪瓒之所以题张雨的自赞画像，是因为他一直十分敬重张雨，两人友情深切，根据尤镗的《清贤记》载："倪先生习禅而多鸡林鹿苑之英，习玄而多赤松羡门之侣，与贞居、方崖三人为一龙矣，外史更有造膝之交。"⑥顾元庆《云林遗事》云："元镇交惟张伯雨、陆静远、虞伯胜及觉轩王氏父子、金坛张

① (明)李日华：《味水轩日记》卷二，《续修四库全书》第 558 册，上海：上海古籍出版社 2002 年版，第 321 页。
② (明)李日华：《味水轩日记》卷二，《续修四库全书》第 558 册，上海：上海古籍出版社 2002 年版，第 321 页。
③ (元)倪瓒著，江兴佑点校：《清閟阁集》卷五，杭州：西泠印社出版社 2010 年版，第 152 页。
④ (明)赵琦美：《赵氏铁网珊瑚》卷六，《景印文渊阁四库全书》第 815 册，台北：台湾商务印书馆 1986 年版，第 444 页。
⑤ (明)文徵明：《甫田集》卷二十一，《景印文渊阁四库全书》第 1273 册，台北：台湾商务印书馆 1986 年版，第 153 页。
⑥ (明)尤镗：《清贤记》卷六，《丛书集成续编》第 89 册，上海：上海书店 1994 年版，第 303 页。

氏兄弟，吴城陈惟宣、惟允，周正道、陈叔方、周南老，其他非所知也。"①
李日华《六研斋笔记》载："倪元镇书学杨义和、黄素黄庭，诗清远真率，
画宗营丘，萧条简澹，则所自出生平极敬张句曲、杨铁崖、黄子
久……"②，《四库全书总目》中有关《句曲外史集》的介绍中说道："（张）
雨诗文豪迈洒落，体格遒上。早年及识赵孟頫，晚年犹及见倪瓒、顾阿
瑛、杨维桢，中间如虞集、范梈、袁桷、黄溍诸人皆以方外之交深为投契，
故耳濡目染，具有典型。"③另外，倪瓒在正月八日对张雨自画像与杂诗
册作题时云："贞居真人诗文字画，皆为本朝道品第一……况彦廉所得
若是之富且妙耶。舒展累日，欣慨交心。噫！师友沦没，古道寂寥。"④
可见倪瓒心目中，张雨的诗文字画在元朝文人圈是排在前列的。同样，
张雨也认为倪瓒诗文冲淡消散，颇有气节⑤，"处士之诗不求工，而自理
致冲淡萧散，尤负气节，见于国朝风雅，而与虞、范诸先辈埒，今板行于
世"⑥。倪瓒在陈彦廉家中见到前辈张雨的这幅画像上，张雨自题云：

> 志逸心疲，身清命浊。逃同类而亲猿狙，毒厚味而美藜藿。学
> 取益而不胜其损，事知危而姑与之安。一龙一蛇不厌己之深眇，恶
> 衣恶食先忧人之饥寒。忽然为人而反常，若此若何，以祛有身之
> 患。乙酉岁自春徂夏，淫雨之时多，五月来董一日见天处。涧阿幽
> 篁中未有裹饭过子桑者。闲弄笔砚，写缪诗盈册。以自料理耳。
> 诗凡五十五首，子英遇之持去，勿示不知我者。雨告。⑦

这件作品是张雨至正五年（1345）时所创作，完成后被袁华（子英）

---

① （元）倪瓒著，江兴佑点校：《清閟阁集》附录一，杭州：西泠印社出版社2010年版，第369页。
② （明）李日华《六研斋笔记》卷三，《景印文渊阁四库全书》第867册，台北：台湾商务印书馆1986年
版，第542页。
③ （清）纪昀等《四库全书总目》卷一百六十八，《景印文渊阁四库全书》第4册，台北：台湾商务印书馆
1986年版，第427页。
④ （明）汪砢玉《珊瑚网》卷十一，《景印文渊阁四库全书》第818册，台北：台湾商务印书馆1986年版，
第180页。
⑤ （美）方闻著，李维琨译：《心印：中国书画风格与结构分析研究》，上海：上海书画出版社2017年版，
第143页。
⑥ （元）倪瓒著，江兴佑点校：《清閟阁集》附录一，杭州：西泠印社出版社2010年版，第376页。
⑦ （明）赵琦美《赵氏铁网珊瑚》卷六，《景印文渊阁四库全书》第815册，台北：台湾商务印书馆1986
年版，第443页。

持去,后来由于与陈彦廉交谊之笃,袁华又割爱给他,此后又多次转手,被陈从道、袁戒卿、文徵明、项元汴、梁清标等人收藏。[①] 正月廿三日时,倪瓒又前往娄江朱氏芥舟轩中,邂逅芝年。二月廿五日,与焕伯在娄江赠别,临别之时为焕伯作《江亭山色图》,自题云:

> 余过娄江逾月,与仆甚相好,戏写《江亭山色》,并作长歌以留别。二月廿五日,瓒。娄江之东天宇宽,左瞰青海阴漫漫。樱桃花落杂飞霰,桃李欲动春风寒。我去松陵自子月,忽惊归雁鸣江干。风吹归心如乱丝,不能奋飞身羽翰。身羽翰,度春水,蝴蝶忽然梦千里。剥啄剥啄闻叩门,推枕倒裳为君起。持杯劝我径饮之,有酒如渑胡不喜。看朱成碧纷醉眼,碧草春波映疏绮。醉吐胸中之磊块,一笑濡毫烂盈纸。白鸥明处白云生,历历青山镜光里,翡翠鸂鶒满兰芷。壬子。[②]

看来倪瓒在娄江的日子较为舒心,通过诗中的字里行间也可发现其暗含的思乡惆怅之情,其中故园明月、江岸归雁都牵引着归思之心,故而不禁发出“风吹归心如乱丝”的感叹。同时面对现实社会的惨境,倪瓒只能苦中作乐,与友人诗酒交欢,“推枕倒裳为君起,持杯劝我径饮之。有酒如渑胡不喜,看朱成碧纷醉眼”[③],用这种酣畅淋漓的愉悦情形来反衬内心的苦楚。焕伯高士医术精湛,倪瓒之前手臂脓疮且足痛,或许也可向他寻求一些治疗之法。四月八日,倪瓒返回笠泽陆庄的蜗牛庐。五月廿七日,又前往沧浪轩,拜访好友吕彦贞,并题吕彦贞屋壁云:“壬子五月廿七日,吕君隐所余又来。轻舟短棹向何处,只傍清波不染埃。”[④]六月廿九日,倪瓒在思齐斋中,跋张渥临李龙眠《九歌图》云:“张叔厚画法,吴孟思八分,俱有古人风流,今又何可得哉。壬子六月廿九

---

① 毛建波等:《张雨在杭活动及其书法创作》,李治安、宋涛主编:《马可波罗游历过的城市·元代杭州研究文集》,杭州:杭州出版社2012年版,第305页。

② (清)张照:《石渠宝笈》卷十七,《景印文渊阁四库全书》第824册,台北:台湾商务印书馆1986年版,第504页。

③ (清)张照:《石渠宝笈》卷十七,《景印文渊阁四库全书》第824册,台北:台湾商务印书馆1986年版,第504页。

④ (元)倪瓒著,江兴佑点校:《清閟阁集》卷八,杭州:西泠印社出版社2010年版,第257页。

日，观于思齐西斋，倪瓒。"①吴孟思即吴叡，思齐即言思齐，《大观录》载："至正六年岁次丙戌冬十月，淮南张渥叔厚临李龙眠《九歌图》为言思齐作，吴叡孟思以隶古书其辞于左。"②七月一日，在桐里昌言高尚书堂，并作《桐里湖堂图》。八月，倪瓒由于病情加重，前往汾湖之滨修养，《题龚子开宣城诗卷》载："壬子秋八月，予同叔明友兄养疴于汾湖之滨，承京口郭天锡、广陵王伯容两来慰讯。携龚子开所写诗一卷见示。嗟嗟，子开逝矣，书法绝矣。外史张君与予有三十年之交，近闻隐避真修，会晤未卜何时，抚卷三叹。"③中秋夜，倪瓒病情稍佳，与徐达左、景和等在耕云轩雅集，集会一直持续到八月十九日。九月十五日，在孤云大士宝净精舍留宿至十九日后。九月廿五日时，倪瓒访照庵高士，并作词《蝶恋花》云："夜永愁人偏起早，客鬓萧萧，镜里看枯槁。雨叶铺庭风为扫，闲门寂寞生秋草。行路难行悲远道，说着客行，真个令人恼。久客还家贫亦好，无家谩自伤怀抱。"④可见倪瓒晚年思乡浓烈，漂泊半世，老来不知归程何处，"无家谩自伤怀抱"或许是对这个时期倪瓒情感的最佳概述。十一月五日，倪瓒至吴城客邸流寓，《清閟阁集》卷三载："余遇牧轩于吴门客邸，求写赠安素高士并赋"⑤，由此可见，倪瓒此年冬天前往过吴城。是月，倪瓒再次过简村，或许简村的风土能够使人心情愉悦，躲避风雨。

洪武六年（1373），倪瓒基本漂泊于吴淞江上，与舟共眠。风雨侵蚀的夜晚，不仅扁舟摇荡，主人的内心也在凄冷中煎熬。此年的外出活动明显减少。正月间，倪瓒前往东园游玩，日夜饮酒赋诗，他半醒半醉于东园住一个月，并添补了昔日张绅与顾安合作的《古木竹石图》，此图原本是洪武三年（1370）时，顾安与张绅二人应隐士通玄的请托而作，张绅题并识云："通元以此纸求定之翁墨君，余以木丈为友，诗曰：白沙翠竹天新

---

① （清）吴升：《大观录》卷十八，《续修四库全书》第 1066 册，上海：上海古籍出版社 2002 年版，第 794 页。
② （清）吴升：《大观录》卷十八，《续修四库全书》第 1066 册，上海：上海古籍出版社 2002 年版，第 794 页。
③ （元）倪瓒：《题龚子开宣城诗卷》，李修生主编：《全元文》第 46 册，南京：凤凰出版社 2004 年版，第 609 页。
④ （元）倪瓒著，江兴佑点校：《清閟阁集》卷九，杭州：西泠印社出版社 2010 年版，第 286 页。
⑤ （元）倪瓒著，江兴佑点校：《清閟阁集》卷三，杭州：西泠印社出版社 2010 年版，第 94 页。

雨,古屋疏林道少人。季主不来徐庶□,与谁同卜岁寒邻。云门山樵绅。"①他们的共同好友杨维桢也曾题此画云:"迂讷老渔久不见,醉中画竹如写神。金刀剪得苍龙尾,寄与成都卖卜人。铁戏笔。"②倪瓒此次见到这幅画,便另用一纸,补画了一块奇石。《清河书画舫》曾记载"张云门古木,顾定之疏篁,小幅,而杨铁崖题之,足称三绝,向后倪元镇骈纸右方,为添秀石,连络树头竹叶兼题识,淋漓大奇"③。倪瓒题识云:"云门古木龙蛇走,迂讷琅玕朔风吼。铁崖健笔老纵横,万卷缺胸随所取。张公僵卧玉山岑,杨顾骑箕上南斗。我来东园梅未花,冻木戟立森槎枒。半醒半醉住一月,柳眼渐碧草欲芽。云门屡约来看竹,未闻柱杖拖冰玉。开门一笑如梦中,便应襆被从兹宿。癸丑初月廿一日,雪斋示此幅。并为添作一石,又赋此诗,以赠通元隐士。"④倪瓒补画石之际,顾安与杨维桢二人皆已辞世,张绅又困于病痛,不良于行。故而倪瓒题诗中,才有"云门屡约来看竹,未闻柱杖拖冰玉"的感慨。其中顾安乃是顾瑛的祖父辈,更是倪瓒的前辈,字定之,号迂讷老人,"授兰溪巡检,以写竹驰名,尝任泉州路判官"⑤,可见也是画竹能手。二月,倪瓒前往怡云,观《关全山水直幅》,可惜此图未能传世,方浚颐《梦园书画录》载:"(此图)纸本立轴,汉尺高四尺五寸,阔五寸。画云峦松嶂,气势雄健,浑厚天成。纸本稍损,欹缺一字,名章已剥蚀,右有倪高士跋两行,缺三字。"⑥倪瓒跋文内容如下:"癸丑二月,访怡云高士得观是图,始悟古人□□□神也。"⑦八月五日,倪瓒访王季耕,在其耕云轩赋诗三首:

---

① (清)张照:《石渠宝笈》卷三十八,《景印文渊阁四库全书》第825册,台北:台湾商务印书馆1986年版,第471页。

② (清)张照:《石渠宝笈》卷三十八,《景印文渊阁四库全书》第825册,台北:台湾商务印书馆1986年版,第471页。

③ (明)张丑:《清河书画舫》卷十一下,《景印文渊阁四库全书》第817册,台北:台湾商务印书馆1986年版,第452页。

④ (清)张照:《石渠宝笈》卷三十八,《景印文渊阁四库全书》第825册,台北:台湾商务印书馆1986年版,第471—472页。

⑤ (明)张昶:《吴中人物志》卷十三,《续修四库全书》第541册,上海:上海古籍出版社2002年版,第342页。

⑥ (清)方浚颐:《梦园书画录》卷一,《续修四库全书》第1086册,上海:上海古籍出版社2002年版,第316页。

⑦ (清)方浚颐:《梦园书画录》卷一,《续修四库全书》第1086册,上海:上海古籍出版社2002年版,第316页。

上人有幽居,只在鹿眠处。野客期不来,倚□岩前树。

云松巢已久,白鹤夜深归。明月流萤冷,栖鸟绕树飞。

定起独长吟,还念荒涂客。伫望有归程,庭树闻干鹊。①

王季耕素知倪瓒珍爱书画,便邀请倪瓒观赏自己所藏,《清閟阁集》中有《王耕云所藏墨迹》云:"癸丑八月六日,来访耕云于凤冈山室,出此相示以娱乐,俾予评之。余谓子山之书风流沓拖,如王、谢家子弟,无一点寒陋气,可与鲜于奉常相照映也。仲举书绝去险陋,似褚河南,其为乐章,亚于遗山先生。季野书骨肉丰美,有虞永兴意度,诗词亦伉爽不凡。余之所见若此,不知耕云然余言耶?"②可见王季耕所藏书法都是元代重要书家之作,此三公分别是康里巎巎(字子山)、张翥(字仲举)、王季野(王季耕兄)。倪瓒对其分别评述一番,皆是赞叹之意,认为元代著名少数民族书家康里巎巎的书法有六朝时期的风流,可与鲜于枢相媲美;张翥的书法有着褚遂良的遗韵,但诗歌方面或许不如元好问;王季野的书法更有虞世南内涵刚柔的气度,骨肉丰美,萧散洒落。八月七日,倪瓒离开凤冈山室,携王季耕一起拜访徐达左的耕渔轩,留至中秋后。离开耕渔轩之后,倪瓒在十一月时,又为旧友周南老作《拙逸斋诗稿序》云:

诗必有谓,而不徒作吟咏,得乎性情之正,斯为善矣。然忌矜持不勉而自中,不为沿袭剽盗之言,尤恶夫辞艰深而意浅近也。三百五篇之《诗》,删治出乎圣人之手。后人虽不闻金石丝竹咏歌之音,焕乎六义、四始之有成说,后人得以因辞以求志。至其《风》《雅》之变,发乎情,亦未尝不止乎礼义也。《诗》亡既久,变而为《骚》,为五言,为七言杂体,去古益以远矣。其于六义之旨,固在也。屈子之于《骚》,观其过于忠君、爱国之诚,其辞缱绻恻怛,有不能自已者,岂偶然哉!五言若陶靖节、韦苏州之冲淡和平,得性情之正,杜少陵之因事兴怀、忠义激烈,是皆得三百五篇之遗意者也。……今之为诗虽异乎古之诗,言苟合义,闻者有以感发而兴

① 黄苗子、郝家林:《倪瓒年谱》,北京:人民美术出版社 2009 年版,第 140 页。

② (元)倪瓒著,江兴佑点校:《清閟阁集》卷九,杭州:西泠印社出版社 2010 年版,第 308 页。

起,与古人何间焉!岁癸丑十一月廿五日撰。①

众所周知,周南老曾为倪瓒撰写墓志铭,倪瓒为周南老诗文稿作序一事却鲜为人知。事实上,他们二人是多年的挚友,且相识较早,周南老的著述成果颇丰,《姑苏志》载:"南老端毅好学,其学本于义理而详于制度,所著有《易传集说》《丧祭礼举要》《姑苏杂咏》《拙逸斋稿》。"②另外,周南老之子周敏(字逊学)与倪瓒关系也较为亲密,倪瓒曾作《〈浦城春色图〉写赠逊学》:"七闽岚翠合,山色浦城高。春霭浮青壁,晴曛醉碧桃。吟猿倚木客,飞瀑乱松涛。梦入千峰里,云霄一羽毛。"③此诗可谓情景交融,令人陶醉其中。倪瓒在周南老诗稿中所作序言,流露出了他对诗歌的一些想法与态度,他提出诗歌的主旨,间接表明了他乃是以儒家的诗教为宗的。在此主旨下,他进一步分列了三种诗歌风格,本质中都体现着"六义之旨"。第一种风格是诗歌中具有"缱绻恻怛"之言辞,以屈原为代表;第二种风格是诗歌中具有"冲淡和平"之气,以韦应物为代表;第三种风格是诗歌中具有"因事兴怀,忠义激烈"之风,以"诗圣"杜甫为代表。由此可见,倪瓒对于诗歌风格持开放态度,正是这份宽容心,使他能够认同"多样性"的世界观,从而影响着自己的艺术创作之路。④ 就倪瓒自己而言,他的艺术风格也是多种掺杂的,其词兼具"缱绻恻怛""因事兴怀,忠义激烈"两种风格,然而他的书画多些静穆之气,或许用"冲淡和平"来形容更为贴切。倪瓒在坎坷的一生中创作了大量的诗文,主要是用来自娱与调节情绪,排解内心的苦闷。他的《清閟阁集》中既有古体也有律诗,甚至好几首长篇自传体诗也得以传世,其余多为短诗,主要还是以五、七言律诗为创作格式。其中有很多诗被题于画幅上,与他的绘图反映出同样的情感和思维。⑤ 相比前面所述的三种诗歌风格,倪瓒所创作的诗文,更加接触底层人民的生活,少有空谈理想或

① (元)倪瓒著,江兴佑点校:《清閟阁集》卷十,杭州:西泠印社出版社2010年版,第311—312页。
② (明)王鏊:《(正德)姑苏志》卷五十四,《景印文渊阁四库全书》第493册,台北:台湾商务印书馆1986年版,第1025页。
③ (元)倪瓒著,江兴佑点校:《清閟阁集》卷三,杭州:西泠印社出版社2010年版,第79页。
④ 张洲:《倪瓒诗画汇通研究》,广州:广东高等教育出版社2014年版,第255页。
⑤ [美]方闻著,李维琨译:《心印:中国书画风格与结构分析研究》,上海:上海书画出版社2017年版,第144页。

者歌颂记述政治之事,大都有具体所指对象。正如倪瓒在《樵海诗集小引》中所言:

> 古人有言:"诗贵眼前句。"又曰:"诗忌矜持。"若夫"莫赤匪狐,莫黑非乌",眼前句耳。"昔我往矣,杨柳依依。今我来思,雨雪霏霏",岂有矜持者乎?至于《离骚》《九辨》,建安以逮乎陶、鲍、李、杜、韩、韦,未有一言之不由乎实而事乎虚文者也。国朝赵、虞,既歌咏其太平之盛,兵兴几四十年,鲜有不为悲忧困顿之辞者。秦君文仲则不然,处穷而能乐,颠沛而能正,其一言一字皆任真而不乖其守。闻之者足以惧而劝,非其中所守全而有以乐,不能也。富贵而骄淫,贫贱而馁乏,吾见累矣。与夫无病而呻吟,矫饰而无节,又诗人之大病,其人亦不足道也。秦君不汲汲于富贵,不戚戚于贫贱,孝友而忠信,外柔而中刚,非强以自全,又乌知其言之旨哉!诗以吟咏性情,渊明千载人也。当晋宋之间,讽咏其诗,宁见其困苦无聊耶?四月一日倪瓒小引。①

此篇小引与前面为周南老诗稿所撰序文的观点是一致的,可见倪瓒反对缺乏真挚感情的无病呻吟之作,追求性情之真,反对一味地沿袭前人之观点、自己没有任何独创的做法,视之为枯燥乏味之表现。倪瓒尤其厌恶语言晦涩、用辞艰深的作品,推广的是直抒胸臆的表达,艺术形式可以平易近人,朴实无华,但内容可以做到精深有度,笔笔见功力。

洪武七年(1374),是倪瓒生命中的最后一年。年初之时,似乎没有什么预兆,只是他在洪武年间的身体一直不佳。此年二月,倪瓒流寓佛寺,主要寄宿在阊门山幻住精舍,并为无学上人作《竹枝图》,自题云:"二月六日夜宿幻住精舍,明日写竹枝遗无学上人,并赋长句。春水蒲芽匝岸生,阊门山色上衣青。出郊已觉清心目,适俗宁堪养性灵。花落鸟啼风袅袅,日沉云碧思冥冥。禅扉一宿听渔鼓,唤得愁中醉梦醒。无住庵主宝云居士懒瓒,甲寅。"②春日之时,倪瓒作《题大痴画》,再次翻阅

---

① (元)倪瓒著,江兴佑点校:《清閟阁集》卷十,杭州:西泠印社出版社 2010 年版,第 314—315 页。
② (明)汪砢玉:《珊瑚网》卷三十四,《景印文渊阁四库全书》第 818 册,台北:台湾商务印书馆 1986 年版,第 649 页。

其心目中大师之作,其题识内容为:"山木苍苍飞瀑流,白云深处卧青牛。大痴胸次多邱壑,貌得松亭一片秋。黄翁子久虽不能梦见房山鸥波,要亦非近世画手可及,此卷尤为得意者。甲寅春倪瓒题。"①三月,倪瓒重题《容膝斋图》云:

> 屋角春风多杏花,小斋容膝度年华。金梭跃水池鱼戏,彩凤栖林涧竹斜。亹亹清谈霏玉屑,萧萧白发岸乌纱。而今不二韩康价,市上悬壶未足夸。甲寅三月四日,檗轩翁复携此图来索谬诗,赠寄仁仲医师。且锡山予之故乡也。容膝斋则仁仲燕居之所。他日将归故乡,登斯斋,持卮酒,展斯图,为仁仲寿,当遂吾志也。云林子识。②

原来的受画人檗轩翁携带此图来求诗,转赠给仁仲医师,倪瓒的隐疾已经有些显露,他还是想去向医师求助,或许这是提前隐晦地通知医师的方式,亦可理解为对仁仲医师昔日为他治疗疾病的酬赠。另外,锡山是倪瓒的家乡,此时重题《容膝斋图》,意在表达浓厚的思乡之情。人生已到迟暮之年,愁绪中夹杂着乡愁,令他总是祈盼着能早日重回故土。六月五日至六月十六日前后,倪瓒前往城郭张适家小住,《姑苏志》载:

> 张适,字子宜,长洲人。父泽,元海道万户府总管。适幼颖悟,十岁能赋诗、弹琴,时称奇童。尝以《诗经》应江浙乡试。元季,天下乱,遂隐居不仕。洪武初,以秀才召擢水部郎中,病免。后复以明经荐授广西布政司理问所提控案牍,调滇池鱼课司大使。考满,改宣课司大使,卒。适博学攻诗文,与高启、杨基齐名。所著有《乐圃》《江馆》《南湖》《滇南》及《甘白》诸集。③

张适的乐圃林命名是沿袭北宋进士朱长文乐圃坊而来,《吴都文粹

---

① (元)倪瓒著,江兴佑点校:《清閟阁集》卷八,杭州:西泠印社出版社 2010 年版,第 247 页。
② (清)张照:《石渠宝笈》卷十七,《景印文渊阁四库全书》第 824 册,台北:台湾商务印书馆 1986 年版,第 505 页。
③ (明)王鏊:《(正德)姑苏志》卷五十四,《景印文渊阁四库全书》第 493 册,台北:台湾商务印书馆 1986 年版,第 1030 页。

续集》卷十七有张适七律二首,题为"余旧业在城西隅,乐圃朱先生之故基也。树石颇秀丽,池水迂回,俨有林泉幽趣。余乱后多郊居,至辛亥春复返旧业二首"[①]。此处朱先生即朱长文,《江苏通志稿·金石志》中记载《朱乐圃墓表》:

> 乐圃先生,吴郡朱氏,名长文,字伯原,光禄公之子。十九岁登乙科,病足不肯从吏趋。筑室居郡乐圃坊,有山林趣。著书阅古,乐尧舜道。久之,名称蔼然,一邦向服。郡守监司,莫不造请谋政,士大夫过者,必奔走乐圃,以后为耻,名动京师。[②]

后有缪荃孙按语云:

> 朱乐圃先生生平高洁,苏文忠公同邓温伯、胡宗愈、孙觉、范百禄等荐充苏州府教授。著书存者《朱氏易解》《吴郡续记》三卷、《琴史》十卷、《墨池编》二十卷、《乐圃本编》百卷,今为侄孙思搜辑于兵火之后,止得十卷,刊于绍熙壬辰,可见者仅此而已。[③]

北宋年间的进士朱长文生平高洁,好读书,著作涉及较多方面,有山林之趣,为官亦是刚正不阿,深受百姓爱戴。张适或许正是钦佩朱长文的才德,才选择他的园林故地建设乐圃林。庭园不仅为文士们提供了可居可游之所,寄寓着他们人格的独立和品节的坚守,同时用诗词歌咏着文化的脉络,使得"庭园"变成一种精神的符号,此种符号或许可以超越狭隘的物质世界,而逐渐成为历久弥新的记忆载体,它记录并延续了文人士大夫在仕与隐的矛盾中对于理想人格的执着追求。由于元末的兵乱,张适也躲避郊区居住,直至辛亥(1371)春才重新回到乐圃林,在此种环境下,他作了七律二首:

> 园池春至冻全融,玄馆穿林路亦通。窗响槛前含竹雨,座香帘外落花风。一餐几驻绿诗癖,万感都忘是酒功。逸思不因贫索莫,长时邀月弄梧桐。

---

① (明)钱谷:《吴都文粹续集》卷十七,《景印文渊阁四库全书》第 1385 册,台北:台湾商务印书馆 1986 年版,第 432 页。
② 缪荃孙等:《江苏省通志稿 8:金石志》第十一卷,南京:江苏古籍出版社 2002 年版,第 302 页。
③ 缪荃孙等:《江苏省通志稿 8:金石志》第十一卷,南京:江苏古籍出版社 2002 年版,第 302 页。

轩居巷陌是通衢，流水林斋景自殊。寄纸每因人索画，打门岂有吏催租。风篁苔石皆诗料，吟子琴僧尽酒徒。几度绿窗临帖后，醉眠花外听啼鸪。①

倪瓒受张适邀请来乐圃林坐客后，便作《和甘白（张适）先生乐圃林居二首》，此诗为七律，步张适原韵：

关关幽鸟绿阴浓，林坞陂池曲曲通。荷雨逗凉侵北牖，汀云度水迅南风。清琴咏雅宁谐俗，浊酒攻愁似有功。闻道秋来偏起早，一帘晨露引高桐。

竹里斋厨柳下渠，幽林风景自应殊。家无甔石惟忧道，邻断炊烟急索租。山水巍汤聊足乐，雨云翻覆岂吾徒。蘧蘧栩栩天涯梦，楚水湘云叫鹧鸪。②

二人所作诗文既反映了战乱之后生活的窘迫，也有对乐圃林环境的赞美。"催租"与"索租"的场景在兵乱之际时常发生，即使有这些艰辛与愁绪，也要积极面对生活，美酒配着优美的自然风光，或许可以助他们暂时忘却一些不美好的事情。

是年七月，倪瓒终于有了还乡的机会，便匆匆前往梦寐已久的祇陀村，可惜此时故里"残茅无一椽矣"③，白发老人已无家可归，只能"托迹邹惟高氏"④，邹惟高即倪瓒长子的岳父，即其姻亲。关于倪瓒洁癖的例子，亦可说明其晚年常住姻亲邹家。《清閟阁集》载："元镇尝寓其姻邹氏。塾师陈子章有婿曰金宣伯，一日来访邹翁。元镇闻宣伯儒者，倒屣迎之，见其容貌粗率，大怒，掌其颊。宣伯不胜愧愤，不见主人而去。邹翁出，颇怪之。元镇曰：'宣伯面目可憎，语言无味，不足以当吾之雅，是以斥之也。'"⑤另外，倪瓒一生"踪迹多在松陵、笠泽间。陆庄有蜗牛庐，则其尝栖止处。荆溪善权、离墨、铜官，其游甚数。尝避兵泖上，有《出

① （明）钱谷：《吴都文粹续集》卷十七，《景印文渊阁四库全书》第 1385 册，台北：台湾商务印书馆 1986 年版，第 432 页。
② （元）倪瓒著，江兴佑点校：《清閟阁集》卷六，杭州：西泠印社出版社 2010 年版，第 187 页。
③ （明）尤侗：《清贤记》卷五，《丛书集成续编》第 89 册，上海：上海书店 1994 年版，第 295 页。
④ （明）尤侗：《清贤记》卷五，《丛书集成续编》第 89 册，上海：上海书店 1994 年版，第 295 页。
⑤ （元）倪瓒著，江兴佑点校：《清閟阁集》附录一，杭州：西泠印社出版社 2010 年版，第 372 页。

泖》诗。老年游历江湖,多寓琳宫梵刹,有《怀归》诗,云:'他乡未若还家乐,绿树年年叫杜鹃。'洪武甲寅还乡,时已无家,寓姻亲邹惟高家。是岁中秋,邹氏开宴赏月,元镇以脾疾戒饮,凄然不乐。"①可见倪瓒晚年家乡被毁的场景是何等凄凉。至八月间,倪瓒继续在姻亲家过中秋。中秋是举家团圆的日子,独自一人的倪瓒确实无人陪伴,与邹家一起团圆,或许是他生命中最后一次感知家的温暖。邹家也因有客前来而开宴赏月,可惜倪瓒此时的脾胃疾病已经十分严重,只能戒饮,后赋诗云:"经旬卧病掩山扉,岩穴潜神似伏龟。身世浮云度流水,生涯煮豆燃枯萁。红蠡卷碧应无分,白发悲秋不自支。莫负尊前今夜月,长吟桂影一伸眉。"②中秋之后,倪瓒因为病情逐步加重,迁居契友夏颧家。夏颧是元末明初时期著名的儒医,《江阴县志》中的《隐逸传》记录了夏颧的相关资料,"夏颧,字叔度,元主簿渊子。品高行端,名利不关于心。与倪瓒为烟霞契友,逍遥终老。人谓云林风格,惟叔度足与颉颃。"③所谓"云林风格",在夏颧的墓志上是有所反映的:"处士讳颧,叔度字也,姓夏氏,世居江阴之习礼墅。……父渊,元上海县主簿。……晚更号雪洲。……日与儒医方外诸友,焚香鼓琴、弈棋赋诗、觞咏倡酬,以自娱乐。不复以世累婴心。"④他们二人都是喜欢"自娱"之人,众多爱好一致,"烟霞契友"称号也实至名归。虽然有名医为其诊治,但是倪瓒病情实为严重,十一月十一日甲子,倪瓒以脾疾卒于夏颧家。夏颧将好友倪瓒先就近安葬。关于安葬的确切位置,据谈福兴考证认为,由于江阴四房桥是夏氏祖茔的所在地,夏颧不能将亡友安葬于自家祖茔,因而特意选择在离自己住处一里,且与夏氏祖茔为邻的陈店桥北择地安葬倪瓒⑤,以便随时祭祀亡友。倪瓒归葬之时,夏颧作《挽云林先生》云:"几年旅槎暨阳东,今日迁归古陇中。秘阁云林成姓字,画图诗卷播高风。

---

① (元)倪瓒著,江兴佑点校:《清閟阁集》附录一,杭州:西泠印社出版社 2010 年版,第 373 页。

② (元)倪瓒著,江兴佑点校:《清閟阁集》卷六,杭州:西泠印社出版社 2010 年版,第 207 页。

③ (清)卢思诚等修:《江阴县志》卷十八,《中国方志丛书·华中地方》第 457 号,台北:台湾成文出版公司 1970 年版,第 2078 页。

④ 葛治功:《关于倪瓒、王绂、沈度的新材料——对夏颧墓志的一点考证》,顾廷龙署,苏州地区文化局、苏州市文物管理委员会、苏州博物馆编:《苏州文物资料选编》,1980 年版,内部资料,第 137 页。

⑤ 谈福兴:《倪云林卒地及旅葬地考述》,载《南京艺术学院学报(美术与设计版)》1991 年第 3 期,第 46 页。

举杯欲酹情何切，挂剑长吁墓已空。回首芙蓉山下路，禁烟时节雨濛濛。"①旅葬客乡终归不妥，数年后，倪氏后人便将倪瓒的灵柩归葬无锡芙蓉山西麓的倪氏祖茔。② 明末清初无锡人王永积《锡山景物略》中载："云林子终年不仕，洪武甲寅葬江阴，后迁邑之芙蓉山。有水南北分流，名绣球敦者，则公衣冠之丘也。"③今芙蓉湖履为平地，冢已不可考。

综上所述，倪瓒从洪武元年（1368）开始，重返蜗牛庐，因为家乡已经破败，只停留半年不到，便再度漂泊笠泽，次年于甫里暂住一年。从洪武三年（1370）至洪武六年（1373）的三年时间里，他辗转多次，先后在浙东、吴中、桐里、吴淞等地流寓，多以寄居好友家中为主要谋生手段，同时相应给予酬赠之作，或许可以将此种方式理解为双方之间的一种交换，也让倪瓒居住得更加心安，不会产生过度的"人情"歉意。除了寄宿友朋家，亦常常会出现行无定踪、驻无安所的时候，此时只能托迹琳宫梵宇或者泛舟五湖。洪武七年（1374）中，倪瓒才停止了漂泊，归无锡故里，中秋后又移居江阴习礼村，冬天时因病逝世，结束了其颠沛流离的一生，客死他乡。倪瓒悲惨的流离生活，正如《清贤记》中《旅寄》一篇所云：

> 先生倜傥疏达，晚岁采真四方。屐齿之迹，多在松陵笠泽。善权离墨之间，视琳宫梵宇，为方壶员峤，随到而家焉。四方顾望颜色，若龙见而利见之。尝避兵泖上，夜半，偷儿入邸舍，先生未交睫也。微有月光，睹盗两臂纵横四壁，空无一物可将，先生曰：笨乎，笨乎。采珠高岩，捞玉深渊，计太左矣。先生大笑，偷儿亦笑而去。先生在泖岁余，四境稍晏，枹鼓不闻，脱身去之。有出泖诗："泖渚淹留几岁寒，移居何处卜林峦。可怜产不能恒业，聊复心随所遇安。船底流澌微淅淅，苇间初日已团团。故人存没应难问，愁里题诗强自宽。"④

① （元）倪瓒著，江兴佑点校：《清閟阁集》附录一，杭州：西泠印社出版社2010年版，第394页。
② 谈福兴：《倪云林卒地及旅葬地考述》，载《南京艺术学院学报（美术与设计版）》1991年第3期，第46页。
③ （清）王永积：《锡山景物略》卷七，扬州：广陵书社2003年版，第615页。
④ （明）尤镗：《清贤记》卷五，《丛书集成续编》第89册，上海：上海书店1994年版，第295页。

　　另外，倪瓒虽然晚年流落他乡，经济拮据，但也不用书画谋生，对于那些怜悯或者捐赠之物，亦一概退回。尤其对于富人索要书画之事，倪瓒十分愤怒。《清閟阁集》载："元镇晚年流落，泊然居贫有。富人厚币贽谒，乃笑曰：'若亦知有我乎？'遂受其币。富人出扇索书，元镇不悦，裂其币，散坐客，且谢富人曰：'吾画不可以货取也。'其人惭退。"①可见在流落之时的倪瓒也坚守着文人傲气，坚守着"为艺术而艺术"的精神。从倪瓒拒绝"富人出扇索书"的行为，亦可看出他心中的书画创作是较为纯粹的。真正的善画者，享受的是创作过程所带来的愉悦感。艺术家长期不断积累，加上天赋的权衡，才能形成一种具有标识性的独特用笔或独特的绘画样式。其中的难能可贵，只有真正懂得倪瓒书画价值的人方可理解。倪瓒所谓讨厌俗物，或许就是讨厌那些不能理解自己精神世界的人。倪瓒的世界是具有浪漫主义情怀的文人雅界，就算晚年客居异乡，也始终保持高洁、厌俗之心，比如"元镇素好饮茶，在惠山中，用核桃、松子肉和真粉成小块如石状，置茶中，名曰：'清泉白石茶。'有赵行恕者，宋宗室也，慕元镇清致，访之。坐定，童子供茶，行恕连啖如常。元镇艴然曰：'吾以子为王孙，故出此品。乃略不知风味，真俗物也。'自是绝交。"②倪瓒的一生在不断的绝交中恪守着自己的交友原则，也确实获得了众多有识之士的欣赏与帮助，其晚年虽然旅葬异乡，但依然有挚友给予悉心照顾，在寒冷的冬季也算感受到了几分家的温暖。

① （元）倪瓒著，江兴佑点校：《清閟阁集》附录一，杭州：西泠印社出版社 2010 年版，第 368 页。

② （元）倪瓒著，江兴佑点校：《清閟阁集》附录一，杭州：西泠印社出版社 2010 年版，第 368 页。

# 第六章　元末明初社会变迁下的倪瓒绘画

"断送一生棋局里，破除万事酒杯中。清虚事业无人解，听雨移时又听风。"①这是倪瓒于至正十四年所作的一首诗，这位生不逢时的文人，经历了元末残酷的动乱、朝代更替的腥风血雨，一生实在不算如意。身为富门公子，志趣高雅，孤傲自恃，本想有番作为，孰料未及而立之年，处处受羁，浪迹江湖，又被时运所弄，祖上家业尽堕，可谓心高命蹇。② 在这场文化、社会的动荡中，他历经了怎样的风雨？他所经历的人、事对其产生了怎样的影响？在历史的长河中，他是如何选择的？为何这样选择？又如何将之付诸实践？

## 第一节　"清润详整"风格中的自由之意

元代是中国历史上的一个特殊时代，中国文化在这一时期经历了特殊的考验，在外来文化冲击下，呈现出与其他各朝不同的风貌，而在元朝灭亡后，更能浴火重生，大体上沿着原有的轨迹前进，展现出无比坚强的生命力。③ 同时元代也见证了自唐代安史之乱以后五百年来所未曾有过的大统一，为经济、文化等方面的发展创造了有利的条件。

---

① （元）倪瓒著，江兴佑点校：《清閟阁集》卷七，杭州：西泠印社出版社 2010 年版，第 214 页。
② 杜哲森：《元代绘画史》，北京：人民美术出版社 2000 年版，第 178 页。
③ 萧启庆：《蒙元统治与中国文化发展》，石守谦、葛婉章主编：《大汗的世纪：蒙元时代的多元文化与艺术》，台北：台北"故宫博物院"出版社 2001 年版，第 186 页。

倪瓒出生于江南地区的一个村落,此时正值元成宗朝铁穆耳统治时期,按照《元史》的记载,忽必烈朝和铁穆耳朝是元代的巅峰期。[①] 此时期江南地区的经济仍处于相对平稳的状态。倪瓒年少时生活可谓无忧无虑,一方面是因为他的父亲和伯父皆善于治家,继承了前代雄厚的产业(或为田庄与医药生意),另一方面是因为倪瓒长兄持道官,在元廷享受着许多优待,帮助家庭处理日常事情,倪瓒便得以讨了清闲,过着"闭门读书史,出门求友生"的安逸生活。

元廷对各种宗教并予尊崇,对各种族群的殊风异俗采取"各从本俗"的至上原则。各民族文化相互接触与交流,使得元初呈现出多种文化交相辉映的时代特色。元代士人在"三教合流"的影响下,兼通儒释道,比如倪瓒在一些人物画像的跋文中就对此作了简明而深刻的概括。他曾题《立庵像赞》云:"貌寝而骨立,色敷而内腴,斯遁世之士,列仙之癯。随时以守其分,纵独以乐其迁。寓乎外,或颓然净名方丈之室,或悠然庄周冥漠之区。及其探于中,则身处仁,行蹈义,又师慕乎圣哲而弗殊。玄冠野服,萧散迂徐。是殆所谓逃于禅,游于老,而据于儒者乎?"[②]又题《良常张先生像赞》云:"诵诗读书,佩先师之格言;登山临水,得旷士之乐全。非仕非隐,其几其天。云不雨而常润,玉虽工而匪镌。其据于儒,依于老,逃于禅者欤?"[③]还有前文所述倪瓒为顾瑛所作《金粟道人小像赞》[④],皆可见兼习儒、道、禅三家是元代文人的一个共性。

对于倪瓒本人而言,他在元代大范围的"三教合流"影响下,首先接触的应是道教的启蒙。上文已经交代倪瓒长兄倪璨在杭州浙西廉访使府任职,参加全真教,担任开元宫提举,常常往来于东门内弓河畔的玄文道观,并在道观中结识了另一位全真教道士王仁辅。王仁辅本来是巩昌人(今陕西甘肃),后流寓东南,长期客居无锡,由于才识广博,被倪璨聘为

---

① 《元史》载:"世祖尝语中书省臣曰:'凡赐与虽有朕命,中书其斟酌之。'成宗亦尝谓丞相完泽等曰:'每岁天下金银钞币所入几何? 诸王驸马赐与及一切营建所出几何? 其会计以闻。'完泽对曰:'岁入之数,金一万九千两,银六万两,钞三百六十万锭,然犹不足于用,又于至元钞本中借二十万锭矣。自今敢以节用为请。'帝嘉纳焉。世称元之治以至元、大德为首者,盖此。"见(明)宋濂等撰:《元史》卷九十三,北京:中华书局 1976 年版,第 2351—2352 页。
② (元)倪瓒著,江兴佑点校:《清閟阁集》卷九,杭州:西泠印社出版社 2010 年版,第 293 页。
③ (元)倪瓒著,江兴佑点校:《清閟阁集》卷九,杭州:西泠印社出版社 2010 年版,第 295 页。
④ (元)倪瓒著,江兴佑点校:《清閟阁集》卷九,杭州:西泠印社出版社 2010 年版,第 293 页。

塾师,为倪瓒开启了人生的启蒙教育。倪瓒早期的绘画是追求"自然"的过程。全真教在元代中后期分为北宗和南宗,南宗为内丹派。[①] 王仁辅与倪璨皆为全真教南宗系列,故而内丹派对年少的倪瓒影响较大,所谓的道教内丹学说,就是试图在自我本体中追求自然精神的过程。[②] 如果说人天然是自由的,人的本性是要自由的,那么可以说人的自由是天然的。[③] 此种"自由"的气息贯穿在倪瓒早期生活中。除了道家思想的影响之外,元代前中期的经济较为稳定,国家尚处于常速发展中,亦无较大动乱产生,倪瓒家族在当时也是富甲一方,社会环境与家庭氛围也赋予了倪瓒早年无拘无束的生活方式,倪瓒的"自由"性格与此也不无关联。

倪瓒追求"自由"的精神品质,使得早年他在绘画方面的学习方式是博学诸家。首先是对董源绘画的深入学习,江南地区的自然地貌为倪瓒学习董源绘画提供了得天独厚的优势。同时他也受到元代山水画的大环境影响。《画学心印》载:"元季诸君子画唯两派:一为董源,一为李成。成画有郭河阳为之佐,亦犹源画有僧巨然副之也。然黄、倪、吴、王四大家,皆以董、巨起家,成名至今,只行海内。至如学李郭者朱泽民、唐子华、姚彦卿俱为前人蹊径所压,不能自立堂户。"[④]继承李成、郭熙风格的画家主要是活跃在元初及中期,除了朱德润、唐棣,还有曹知白、柯九思、王渊等代表画家,他们在很大程度上还原了宋代山水绘画的一些技法。[⑤] 正如石守谦所言,这种画法在元初的盛行是由其承载的内容意义所决定的,李、郭风格山水画中强烈的秩序感隐喻了理想化的政治制度,可以"作为国家山水的认同象征"。[⑥] 这种风格受到当时统治阶层(主要是北籍权宦)的青睐,也兼受这些人的政治地位的影响,从而某种程度上赋予了这种画风更大的影响力。后期由于政局的动荡不安,权贵无心过问此种画风的兴衰,追随李、郭风格的派系开始凋零。相反,此时以元四家为主的

---

① 李珊:《元代绘画美学思想研究》,武汉:武汉大学出版社 2014 年版,第 44 页。
② 李大华:《道教思想》,广州:广东人民出版社 1996 年版,第 231 页。
③ 李大华:《道教思想》,广州:广东人民出版社 1996 年版,第 230 页。
④ (清)秦祖永:《画学心印》卷三,《续修四库全书》第 1085 册,上海:上海古籍出版社 2002 年版,第 471 页。
⑤ 安祥祥:《吴镇艺术的审美品格研究》,中国艺术研究院 2015 届博士学位论文,第 8 页。
⑥ 石守谦:《风格与世变——中国绘画十论》,北京:北京大学出版社 2008 年版,第 176 页。

继承董源、巨然风格的派系开始崭露头角，他们的绘画风格主要为大批闲隐状态的文人士大夫所接受，并得到文人彼此间的相互标举、后世的极力推崇。这种画风的影响力渐渐超越了李、郭画风。倪瓒等同时期画家虽然是从董源筑基，但是皆能加以发展，自成一家，所以可贵。同时，倪瓒与其余诸家学画有所区别。倪瓒早期对于李、郭画风与董、巨画风皆有尝试，正如黄公望《写山水诀》中所言："近代作画，多宗董源、李成。二家笔法，树石各不相似，学者当尽心焉"①，倪瓒成了黄公望笔下的一个典型代表。另外，倪瓒之所以早期学画师法董、李二家，也受到赵孟頫的影响，赵孟頫在元初时就提出"师古"的口号，同时赵孟頫自身山水画风比较多样，既有学习唐代青绿工笔的画风，也有借鉴董源传统的技法，还有融合与创新李、郭风格的作品实践。倪瓒本人并未见过赵孟頫，但当时的道家名流张雨与赵孟頫是故交，而青年时期就有幸认识张雨的倪瓒奉其为恩师。从恩师张公那里，倪瓒应是间接受到了赵孟頫的影响。倪瓒在洪武六年（1373）三月，题《赵孟頫行书洛神赋卷》云："赵荣禄书，为本朝法书第一。此卷行书《洛神赋》，圆活遒媚，有褚河南笔意，盖中年书也。颜鲁公尝作擘窠大字，书《东方先生画像赞》，形摹皆右军小楷，但展大令耳。今荣禄《洛神赋》，乃变大令体，以真行书之，其必有说乎。"②可见倪瓒对赵氏艺术才华的钦佩之情，认为他是元代法书第一，能让高傲中略带自负的倪瓒如此排序，想必倪瓒是发自内心地敬重赵氏的书画。至于赵氏提出的"师古"，是因为元代没有画院的设置，故而许多有名的画家都为士人，他们偏好南宋院体的作风，多学马远、夏圭一派，马、夏二人水墨固然苍劲有力，但大部分末流学习者却将他们的作品流为形式主义，习气较重，赵氏针对此种颓废之风，提出了"师法古人"的理念。元大德五年（1301），赵孟頫为高克恭作《秋林平远图》，自题画跋云："作画贵有古意，若无古意，虽工无益。今人但知用笔纤细，傅色浓艳，便自谓能手；殊不知古意既亏，百病横生，岂可观也？吾所作画似乎简率，然识者知其近古，故以为佳。此可为知者道，不为不知者

---

① （元）黄公望撰，马采标点注译：《写山水诀》，北京：人民美术出版社 2016 年版，第 3 页。
② （清）吴升：《大观录》卷八，《续修四库全书》第 1066 册，上海：上海古籍出版社 2002 年版，第 341 页。

说也。"①所谓师古,就是说画人物、鞍马类的题材要继承唐人的优秀技法,画山水要继承董源、巨然、李成、郭熙的精神风貌,但更重要的学习目的在于推陈出新。除了对董源的师法以外,倪瓒善于画的寒林疏树,则是取法于李成,清閟阁中曾藏有李成《茂林远岫图》,董其昌曾在《画禅室随笔》中评价倪瓒的画:"枯树则李成,此千古不易,虽复变之,不离本源,倪云林亦出自郭熙、李成,稍加柔隽耳。"②《容台文集》亦载:"云林画法,大都树木似营丘(李成),寒林山石宗关仝,皴似北苑(董源),而各有变局。学古人不能变,便是篱堵间物去之转远,乃繇绝似耳。"③可见倪瓒绘画在早期确实受到李成的影响,作品中也有郭熙、关仝的遗韵。汪砢玉《珊瑚网》载:"古人林木窠石本与山水别行。大抵山水意高深回环,备有一时气象;而林石则草草逸笔中,见偃仰亏蔽与聚散历落之致而已。李营邱特妙山水,而林石更造微。倪迂源本营故丘,所作萧散简逸,盖林木窠石之派也。"④可见后世对倪瓒林木窠石画法的肯定,此种画法多受李成影响较大。董其昌认为他的作品中还有荆浩、关仝的影子,或许是因为倪瓒清閟阁中也藏有荆浩《秋山图》(此图已佚失),关仝则是荆浩的学生,倪瓒所作《狮子林图》自题云:"余与赵君善长,以意商确作狮子林图,真得荆、关遗意。非王蒙辈所梦见也,其高自标置如此。"⑤从倪瓒的话语中可见,荆、关的画法确为他所取资。

虽然博学诸家可以接触更广泛的先贤作品,但初学者还是要以某家或某派为主要学习对象,其余兼修的方式,方可更全面地发展。倪瓒早期绘画作品基本上处于摹习阶段,以学习传统为主,并且从倪瓒现存画迹来看,他在四十岁前后的画风几乎是全学董源与巨然。此时期倪

① (明)张丑:《清河书画舫》卷十下,《景印文渊阁四库全书》第 817 册,台北:台湾商务印书馆 1986 年版,第 412 页。
② (明)董其昌:《画禅室随笔》卷二,《丛书集成三编》第 31 册,台北:台北新文丰出版公司 1997 年版,第 396 页。
③ (明)董其昌:《容台文集·别集》卷四,《四库全书存目丛书·集部》第 171 册,济南:齐鲁书社 1997 年版,第 729 页。
④ (明)汪砢玉:《珊瑚网》卷三十四,《景印文渊阁四库全书》第 818 册,台北:台湾商务印书馆 1986 年版,第 649 页。
⑤ (明)董其昌:《容台文集·别集》卷四,《四库全书存目丛书·集部》第 171 册,济南:齐鲁书社 1997 年版,第 724 页。

瓒画风较为清润、详整,非常重视形似与写生,此处的"形似"并不只是物象外体轮廓的相似,更是要求笔法上体验古人的精髓,倪瓒在《为方崖画山就题》诗中叙述了他早年学画的情景:"摩诘画山时,见山不见画。松雪自缠络,飞鸟亦闲暇。我初学挥染,见物皆画似。郊游及城游,物物归画笥。为问方崖师,孰假孰为真。墨池挹涓滴,寓我无边春。"①此情此景或许是大多数初学绘画者都有的经历,为了表现物体外形的准确性,往往会外出写生,仔细审视自然界中的物象特征,从而逐步提高画面的造型水平。倪瓒在此诗文的最后四句中,又提出了山水画中的形似是否为"真"的问题,他自己在诗句中作出了诠释,认为笔墨所画的形象中,寄寓他体验的无边春意,由此可见倪瓒是把神似当作绘画追求的目标。"形似"与"真"的话题一直以来备受关注,"真"其实是唐代艺术理论中的重要概念,诗人白居易在《记画》中就提出了"学无常师,以真为师"②,"形真而圆,神和而全"③的观点,包括张璪的"外师造化、中得心源"④论,也饱含着对艺术的"真"的理解。但是,白居易没有专门区分"形似"与"真"的区别,张璪亦未运用"真"的概念,只是间接暗示其意。真正从理论架构上去阐明"真"与"似"的区别,当属荆浩在其《笔法记》中的论点。荆浩《笔法记》中关于"图真"的理解,是引用一位热爱水墨山水创作的艺术青年与山中智叟的对话,内容如下:

> 叟曰:"子知笔法乎?"曰:"叟,仪形野人也,岂知笔法耶?"叟曰:"子岂知吾所怀耶?"闻而惭骇。叟曰:"少年好学,终可成也。夫画有六要:一曰气;二曰韵;三曰思;四曰景;五曰笔;六曰墨。"曰:"画者,华也,但贵似得真,岂可挠矣!"叟曰:"不然,画者,画也。度物象而取其真。物之华,取其华。物之实,取其实,不可执华为实。若不知术,苟似可也,图真不可及也。"曰:"何以为似,何以为

---

① (元)倪瓒著,江兴佑点校:《清閟阁集》卷二,杭州:西泠印社出版社 2010 年版,第 33 页。

② (清)董诰:《全唐文》卷六百七十六,《续修四库全书》第 1645 册,上海:上海古籍出版社 2002 年版,第237 页。

③ (清)董诰:《全唐文》卷六百七十六,《续修四库全书》第 1645 册,上海:上海古籍出版社 2002 年版,第238 页。

④ (唐)张彦远著,秦仲文、黄苗子点校:《历代名画记》卷十,北京:人民美术出版社 2016 年版,第 198 页。

真?"叟曰:"似者得其形遗其气,真者,气质俱盛。凡气传于华,遗于象,象之死也。"谢曰:"故知书画者,名贤之所学也。耕生知其非本,玩笔取与,终知所成,惭惠受要,定画不能。"①

荆浩为了突出"真"的确切含义,将热爱艺术的青年未见山叟之前自以为"方如其真"之"真",与山叟教其笔法之"真者,气质俱盛"之"真"进行了比对。学者宗像青彦(Kiyohiko Munakata)认为荆浩所列举的山叟之"真"应理解为实际存在之事物所蕴含的方方面面,其中既包括"实"之一面,亦涵盖"华"之一面,且还应包括"气""形""质"之涵义。②"真"应为一种包罗万象的意义世界,也就是一种价值判断。首先,荆浩所谓的"真"是代表着当时绘画作品审美及品评的最高标准,荆浩对自古学人的品评就是以"真"为标准,以此来衡量是否能入其法眼,达到合乎"真"者的境界,如《笔法记》中所载"故张璪员外树石,气韵俱盛,笔墨积微,真思卓然,不贵五彩,旷古绝今,未之有也"③及"王右丞笔墨宛丽,气韵高清,巧写象成,亦动真思"④等;其次,荆浩所推崇的"真"应是当时众多画家倾向于写实风格的自然主义画风的代名词;最后,在《笔法记》中,荆浩通过理论和创作实践两个方面提出了"图真"的理论构建:其一是画面中需要有生动的"气韵",同时包含着事物的"形质",也就是荆浩所理解的"华"与"实",换而言之就是笔用来取形,墨用来取质,这便是形而上的指导层面;其二便是从画家创作的角度来看,凡是能得"六要"者,或者按照"六要"法则的指导完成的作品,某种意义上就是认可了"真"的存在。⑤ 倪瓒的求"真"境界或是源于对先贤荆浩"图真"的思考。倪瓒早期绘画实践是博学诸家,所谓形似可以理解成偏爱写实主义的自然画风。

倪瓒早期绘画风格的时间下线是至正五年(1345)前后,换而言之,他在1345年前的创作基本属于摹仿与借鉴前人的阶段,图式结构多为重叠

① (五代)荆浩撰,王伯敏点校:《笔法记》,北京:人民美术出版社1963年版,第3—4页。
② [日]宗像青彦:《荆浩之〈笔法记〉研究——关于用笔之艺术》,范景中、曹意强:《美术史与观念史Ⅷ》,南京:南京师范大学出版社2009年版,第78—117页。
③ (五代)荆浩撰,王伯敏点校:《笔法记》,北京:人民美术出版社1963年版,第5页。
④ (五代)荆浩撰,王伯敏点校:《笔法记》,北京:人民美术出版社1963年版,第5页。
⑤ 牛孝杰:《荆浩〈笔法记〉研究——水墨山水画走向成熟之里程碑》,上海大学2015年博士学位论文,第96页。

式。根据容庚先生考证,倪瓒目前有纪年的最早作品是作于至顺三年(1332)的《西神山图》,惜已无传世。① 之后,倪瓒在至元四年(1338)、至元五年(1339)分别创作《东冈草堂图》与《秋林野兴图》。《东冈草堂图》虽然原图不存,但借助明代董其昌的临本可观其大概形貌,该图现藏于台北"故宫博物院",属于"重叠式"构图,即画面的重心安排在近景处,并使得近景的坡石树木与中远景的阔水远山相重叠,形成一种前后遮挡的互补关系,画面中由近及远望去,有连绵不绝之意境,同时纵观画面整体来看,整个景物的位置都偏"向下"的趋势,最终导致画面的交错纵横,可能正是近景与远景未能充分拉开的缘故,似乎空间感不是非常强烈。董其昌临本中可见画面四周为东冈杂树数株,坡岸杂草丛生,画面中央有一草亭,亭中文士跌坐,伸纸欲书,童子侍奉左右,这应是倪瓒画面中较早出现人物的作品。画作左上方董其昌自题:"己巳(1629)长夏避暑,偶临倪迂此图,并存诗识,以知所自。其昌。"②正是由此跋文,方知此图乃是董其昌根据倪瓒原作所临,除此之外,董其昌临本中还记述了倪瓒自己的跋文,其内容如下:"希贤过林下,为言所居东冈草堂之胜,遂想象图之。戊寅岁七月九日,倪瓒记。"③可见此图是倪瓒作于戊寅(1338)七月九日,当时倪瓒还未曾去过东冈草堂,只是凭借希贤描绘的草堂胜景而想象创作了这幅作品。张丑《清河书画舫》亦载:

> 《东冈草堂图》者倪清閟早年笔也,作于戊寅七月,时年三十有八耳。其题语凡三十字,绝不类盛年之笔,故楷法尚未成就,乃是写赠希贤高士者,草亭中人物有二,面部衣纹极细,自非《秋林野兴》之比,本身上有张天雨题咏,参笺上有杜琼、吴宽、杨循吉三诗,系周原已故物,转入刘廷美斋中,树石高古,人物秀雅,真剧迹也。近归溪南吴氏。闻其家尚有汀树遐岑小幅、吴淞山色大轴,并是元镇极品,未及见之,至今尚在梦想。④

---

① 容庚:《倪瓒画之著录及其伪作》,载《岭南学报》1948 年第 8 卷第 8 期,第 42 页。
② 见台北"故宫博物院"藏董其昌临倪瓒《东冈草堂图》跋文。
③ 见台北"故宫博物院"藏董其昌临倪瓒《东冈草堂图》跋文。
④ (明)张丑:《清河书画舫》卷十一下,《景印文渊阁四库全书》第 817 册,台北:台湾商务印书馆 1986 年版,第 450—451 页。

图26　（明）董其昌《东冈草堂图》，纸本，纵 88 厘米，横 65.4 厘米，台北"故宫博物院"藏

张氏所记载的内容与董其昌临本是吻合的,也为董其昌的临本增添了一份可信度,但张丑将倪瓒创作此图的年龄记为 38 岁,想必参考的是周南老所记倪瓒墓志铭中的生年,实则此时倪瓒 33 岁,受画人希贤高士为华亭(今上海松江)全思诚①,倪瓒挚友之一,倪瓒曾作《与全希贤》云:"卧疴久不怿,微瘳起行吟。径苔无来迹,出门江水深。怀我平生友,金兰契同心。欲共一尊酒,道远力不任。有客阃我户,晤言乐中林。飘萧绿发仙,亦见雪满簪。取琴与子弹,悠悠山水音。能成伐木诗,歌以慰所钦。"②

倪瓒的人物画,还有部分人物画见于著录中,比如《倪高士年谱》中记载倪瓒 1329 年作《龙门独步图》③,同时还记载一幅不知创作年份的

《荆蛮民图》④,之后,《真迹日录》中记载倪瓒于 1344 年又作《写赠袁子方郎官夜景》⑤,这些作品几乎都是倪瓒早年所作,且都已经佚失。目前唯一存世的倪瓒人物画作品是其至元五年(1339)画的《秋林野兴图》,其价值便更显珍贵,正如张大千所题:"云林画迹人物者,世传只此《秋林野兴》与《荆蛮民》《龙门僧》三幅,用印者尤少,画笔全师北苑尤少,真

---

① 《本朝分省人物考》载:"全思诚,字希贤,上海人。博雅宏粹,少负文名,洪武十六年以耆儒征,授文华殿大学士,上曰:朕观古人有志之士,虽发白气衰心犹不怠,故能善其始终。卿怀才抱德,志肩古人。朕甚嘉焉。惜乎年迫衰,暮志虽存,而力不能任,朕不忍复劳,特授此职以辅导太子,免卿早朝,日宴而入,不久当从其志,庶不负卿平生所学,而乡里亦有光矣。思诚固辞,翌日放still。"见(明)过庭训:《本朝分省人物考》卷二十五,《续修四库全书》第 533 册,上海:上海古籍出版社 2002 年版,第501 页。

② (元)倪瓒著,江兴佑点校:《清閟阁集》卷二,杭州:西泠印社出版社 2010 年版,第 28 页。

③ 《倪高士年谱》载:"又有乙巳(1329)十一月十日答王彝斋诗及跋《龙门独步图》云:'云林逸人为复庵长老写龙门独步,恩公昔住太平,日林下相逢,坏色袍行到龙门,无脚力,右肩偏袒,吃樱桃,诗乃张伯雨外史访断江恩公所作者也。余尝与外史有师友之义,乙巳岁,余访复庵留山中数日,复庵诵此诗不辍口,余既写图,遂书其上。'案,《六研斋三笔》载:《龙门独步图》为复庵和尚写山廓颇巨,用笔极细,墨法亦澹,一松轩仲,一栋旁立,而当路隅,一僧昂然行其下。余与集侗董文敏谓:高士画从不着人物,惟龙门僧一幅有之。盖即此是。"见(清)沈世良:《倪高士年谱》卷下,《续修四库全书》第 552册,上海:上海古籍出版社 2002 年版,第 678—679 页。

④ 《倪高士年谱》载:"倪迂生平不画人,仅《龙门僧》《荆蛮民》二幅有之,恐未必然。"见(清)沈世良:《倪高士年谱》卷下,《续修四库全书》第 552 册,上海:上海古籍出版社 2002 年版,第 664 页。

⑤ 《真迹日录》载:"倪元镇《写赠袁子方郎官夜景》,小幅绢本,师董源。按年作于至正四载,时年四十有四。至洪武庚戌重题时,年七十有一,而云六十五岁,窃所未解董宰至以四载为元镇四十时画,亦非也。诗题全似《水竹居》体,为真无疑。其画本屋宇作界画,兼有人物舟船,又一奇也。某疑上方重题并王朝臣诗笺,恐属后人蛇足耳。"见(明)张丑:《真迹日录》卷一,《景印文渊阁四库全书》第 817册,台北:台湾商务印书馆 1986 年版,第 514 页。

第一奇迹也。甲子嘉平月，门人李乔峰为予从香港得之，乐极因题。蜀人张大千爱。"①此幅作画时间稍晚于前文所述的《东冈草堂图》，故而画中的构图与画风较为接近，重叠式构图的手法十分明显，近景与中景之间依然处于交错纵横的状态，远景与中间又有部分遮挡，左下方的景色显得过于沉重，整体的空间布局仍在探索之中。

此种重叠式构图的手法，在至正三年（1343）八月望日所作的《水竹居图》中依然存在，而且画面所承载的物象与《秋林野兴图》极其类似，只是亭中的人物开始消失，"空亭"的物象开始诞生在倪瓒画面中，但是此时早期的"空亭"形象没有萧瑟荒凉之意，而是几座空亭相互遮掩在画面的左后方，略显活泼之趣。画面中竹子与山石的画法也是相对繁密，圆润无角的山石与董源、巨然的画风相近，此时倪瓒笔下的用笔湿润有度，以中锋披麻皴为主，严谨浑厚且有一步步累加的痕迹，画面中树或竹的叶子较为茂盛，生机盎然之景便呈现眼前，颇显倪瓒此时的生活之惬意。这份惬意之情，或许源于此图是赠送给挚友高进道②，通过倪瓒的自题便可知，"至正三年癸未岁八月望日，□（高）进道过余林下，为言傀居苏州城东，有水竹之胜。因想象图此。"③并赋诗其上："傀得城东二亩居，水光竹色照琴书。晨起开轩惊宿鸟，诗成洗砚没游鱼。"④倪瓒《清閟阁集》中收录诗文《高进道水竹居》一首，诗云："我爱高隐士，移家水竹边。白云行镜里，翠雨落阶前。独坐敷书席，相过趁钓船。何当重来此，为醉酒如川。"⑤诗文中的那份悠闲自得也体现在画面之上，此图同时是倪瓒鲜见的设色作品，描写江南初秋景色的心情能够如此愉悦，也只在倪瓒早期作品中可见。明代张丑在《清河书画舫》中将《水竹

---

① 见美国纽约大都会艺术博物馆藏倪瓒《秋林野兴图》跋文。

② 关于高进道，元代陈基《夷白斋稿外集》卷下有《送高进道序》，序云："聊城高君进道，侍其先大夫员外公寓吴最久。公中朝凤望，风裁峻整，居家尤严肃。进道兄弟侍立终日，非有故，不辄去左右……而进道又特以博古好学，雅为诸公所知……进道方傀居水竹间，环堵萧然，贫箧日甚。人以为难，而进道读书，时为鼓琴，宴如也。"见（元）陈基：《夷白斋稿外集》，《四部丛刊三编》，北京：商务印书馆1936年版，不分页数。

③ 见中国国家博物馆藏倪瓒《水竹居图》跋文，同时此处空格补录的"高"字在《珊瑚网》卷三十四、《书画题跋记》卷六、《清河书画舫》卷十一，皆有著录。

④ 见中国国家博物馆藏倪瓒《水竹居图》跋文。

⑤ （元）倪瓒著，江兴佑点校：《清閟阁集》卷三，杭州：西泠印社出版社2010年版，第69页。

居图》定为"天下倪画第一"①，并云倪瓒"画品原初详整，渐趋简淡。世人但尚老笔纷披，而不知其早岁之精细，陋矣哉"②。倪瓒绘画早期较为详整繁密，此幅《水竹居图》可以作为早期画风的代表。高进道的水竹居在玉山，与顾瑛的玉山草堂相邻。元代文士对于文竹傍水的优美环境尤为独钟，譬如吴江的曹勉之③也有一方属于自己的水竹居，只不过其位置在平江城内，元末时迁至吴江平望西汇④，倪瓒也曾为他画《水竹居图》，并作题："吴下人家水竹居，俞公染翰笑谈余。记文固已澜翻甚，啸咏还当雨霁初。篇什谩劳陈组绣，园池无复有禽鱼。只今萧散南湖上，种玉疏清孰侔予。"⑤李日华《六研斋三笔》记载倪瓒之后又继续作题此卷："仲和兄吴城宅中有水竹居，闻甚清邃，兵后以其地处军伍，因迁居松陵南湖之上，亦种竹疏

图 27　(元)倪瓒《秋林野兴图》，纸本，水墨，纵 97 厘米，横 68.5 厘米，美国纽约大都会艺术博物馆藏

流，婆娑其间，比之城中尤清旷也。俞君作记，澜翻浩汗，虽白首暮年，犹不除少年举子习气耳，题燕适之所曰水竹居。吴人多用之类，皆凿池

① (清)沈世良：《倪高士年谱》卷上，《续修四库全书》第 552 册，上海：上海古籍出版社 2002 年版，第655 页。

② (明)张丑：《清河书画舫》卷十一下，《景印文渊阁四库全书》第 817 册，台北：台湾商务印书馆 1986年版，第 447 页。

③ 《吴都文粹续集》载："曹谨，字勉之，隐居在吴江。国初本学训导，所居有水竹，遂名其居。"见(明)钱谷：《吴都文粹续集》卷十八，《景印文渊阁四库全书》第 1385 册，台北：台湾商务印书馆 1986 年版，第462 页。

④ 张蕾：《宋元时期江南的水竹居与生态文明》，载《社会科学》2013 年第 7 期，第 169 页。

⑤ (明)钱谷：《吴都文粹续集》卷十八，《景印文渊阁四库全书》第 1385 册，台北：台湾商务印书馆 1986年版，第 462 页。

种竹,以夸深静也。余至吴中士人家每见如此,故篇中悉及之。"①由此可见当时的江南文人凿池种竹,居住在有水有竹的自然环境下,已经成了流行的风尚。水竹之居对于年少的倪瓒而言也是充满生态美与情境美的理想家园,故而才会后期持续建造属于自己的清閟阁,令带有水竹景观的书斋从自然环境变成富有深厚人文性的景观。

图28 (元)倪瓒《水竹居图》,纸本,设色,纵53.6厘米,横27.7厘米,中国国家博物馆藏

关于书斋山水,何惠鉴先生在《元代文人画序说》中说道:"(元画的书斋山水)只是一个方便的词。为了书斋不但是通常作画的场所,更重要的是作为文人画家的生活中心及其内心世界的反映,书斋在元代往往成为绘画的主要对象和主要题材……宋、金两代,诗、书、画的三位一体是士大夫

---

① (明)李日华:《六研斋三笔》卷二,《景印文渊阁四库全书》第867册,台北:台湾商务印书馆1986年版,第692页。

画的理想,而元代文人画在这基础上更进一步,加进了'人'和'地'的成分。"①"水竹居"便成了元代江南文士将"人"和"地"有机结合的完美案例,更是交游雅集必备的人文景观之一,倪瓒早年的《水竹居图》则成了后世怀想元代书斋山水的一个窗口。

## 第二节 "一河两岸"构图中的幽深之境

至正五年乙酉(1345)一年,倪瓒多次出游。春天,访苕溪郯九成。三月六日,与李徵士游禅悦僧舍,礼上人出示柯九思所赋诗句,并邀倪瓒一同赏析,此年已是柯博士去世两年之后,倪瓒不禁有丝伤感,故而次其韵于后②;三月八日在家中接待陆玄素;四月八日又独自泊舟前往无锡城内弓河。③ 倪瓒从至正元年(1341)开始便陆续游寓在外,譬如苏、杭之游等,有时是主动访友而出门,有时是躲避官税等杂事而被迫游玩,不论如何,倪瓒在游玩的经历中,开始对自然山水有了更多的体悟,同时对于各地区百姓的苦楚生活有了更加直观的感受,倪瓒的绘画风格也在悄然变化着,逐渐出现了较为稳定的构图形式。

一位昔日的富家少爷主动变成一名对苍生皆有情意的画家,可见倪瓒在经历了一些家庭变故之后,确实变化很大。过去只知道读书与游乐的倪瓒逐步成为一家之主后,开始面对复杂的人事关系。刚开始应对琐事时,倪瓒只知挥霍应酬。比如前文所述,长兄与母亲相继去世后,他便将家产用于继续建造清閟阁,并在四周添补云林堂、雪鹤洞、洗马池等富丽堂皇的建筑,可见当时的奢侈程度。"吴中四士"之一的张羽曾题《云林竹枝图》云:

---

① (美)何惠鉴:《元代元人画序说》,洪再辛选编:《海外中国画研究文选(1950—1987)》,上海:上海人民美术出版社1992年版,第249页。

② 《清閟阁集》卷二载:"三月六日同李徵士游禅悦僧舍,礼上人出柯博士所赋诗以示仆。而博士君殁已二年,展诵,为之凄断,因次其韵于后。佛生七佛后,乃知青出蓝。寒月留孤光,世人徒指谈。嗟余堕狙网,朝暮逐四三。悲叹明镜尘,何由息禅龛。"见(元)倪瓒著,江兴佑点校:《清閟阁集》卷二,杭州:西泠印社出版社2010年版,第35页。

③ 黄苗子、郝家林编著:《倪瓒年谱》,北京:人民美术出版社2009年版,第34页。

南州有高士,乃在延陵东。清时不肯仕,灭迹云林中。拂石坐萝月,弦琴写秋风。焚香诵黄老,望云送归鸿。门车常自满,尊酒无时空。乘兴写沧洲,古人未为工。干戈困末路,白首随飞蓬。名山乖如愿,羁游无所终。赖有车马子,能哀阮籍穷。倾壶醉陶令,避堂延盖公。流俗轻高贤,贫贱困豪雄。孤凤混鸡群,野鹤摧樊笼。岂无梁鸿徒,不闻皋伯通。吾将传遗逸,清芬千载同。①

"门车常自满,尊酒无时空"形象地描绘了倪瓒当时以为家饶于资,不以富为事的心态。但是,很快,家道中落。民间疾苦使得元廷不得不拨款赈灾,之后征税也随之提高,倪瓒便开始输租,将家中积蓄逐渐用完,违心地处理各种债务。由于赈灾,国家粮库进一步亏空,元廷迫使富户"纳粟补官"来暂时应急,各级官员开始对地主们实施监禁、肉刑,旨在胁迫他们交出自家财物。此外,众多宗教之友总是鼓动或间接传扬抛却尘俗事物、修养性灵之道,最终使得倪瓒"至正初(1340 年代初),兵未动,鬻其家田产……人窃笑以其为戆"②。

至正五年(1345),倪瓒已近 40 岁。不惑之年的他是否想过入仕以施展心中的政治抱负?正如前面章节所言,倪瓒等一批江南之士心中或许泛起过改变百姓疾苦的波澜,但是元廷对众多儒士的态度并不友好,且江南地区的汉人可谓"入仕无门"。元代统治者尽管在后期修复孔庙、豁免儒家学者的税收,并且对儒家采取了柔性方针,但是依然没有招揽到更多的治国人才,本质原因是缺少传统的科举考试制度。等待江南地区文士的工作机会,便只是艺术家、教师、文吏、风水占卜,或者单纯的文人等职业。因此,元代江南文士在遭遇政治上不幸的同时,却取得了艺术创作层面上的大面积复兴。

元代文人画虽然是延续宋代士大夫艺术,或者是受其萌发而有所感悟,但始终秉持的是强调自身所固有的文化遗产,更加突出自己与历史的一致性,在"和"中求"异",敢于打破国家理想的政教性院体画艺

① (元)倪瓒著,江兴佑点校:《清閟阁集》附录二,杭州:西泠印社出版社 2010 年版,第 426—427 页。
② (元)倪瓒著,江兴佑点校:《清閟阁集》附录一,杭州:西泠印社出版社 2010 年版,第 375 页。

术,逐渐以强调自身修养为主,努力找到那种既不是装饰性也不是纯写实的新尝试,最终要在山水画上发展出一套书法性的方法,即同时运用文字和图像的"写意"方法。

倪瓒的艺术风格的形成,除去个人阅历、性格的原因,更重要的是他长期以来按照自己的艺术素质,进行艺术实践的结果。抒写主观的意兴心绪并不是倪瓒天生就有的思想,他早年也是颇重"形似"的,换而言之,即在"求真"的实践路上摸索,但是只关注物体外形的相似会导致画家被动地画画,见物不见人。经过一段艺术实践,他似乎也体察到如此作画缺少一层内在精神的真谛,绘画要在吟咏性情,不在形似,"爱此风林意,更起邱壑情。写图以闲咏,不在象与声。"①触景生情,景中寓情,物我浑一,这样的作品才能感人。但是作为山水画家,不能只是触景生情,还要透过人世间的世态炎凉,师友交往,人与人之间的悲欢离合,想到自然界,并能运用自己积累起来的创作经验,构思成山水画。②倪瓒在家变之后的几年中,确实对自然与人生有所悟,至正五年(1345)倪瓒的画风取得了里程碑式的突破。他在此年创作了《六君子图》,这是倪瓒游玩在外时在寄居之处为好友卢恒所画,前文在叙述听雨楼雅集时曾提及卢恒举办的书画盛宴,此处不再赘述。《六君子图》的构图属于"一河两岸"三段式,目前倪瓒传世作品中,这是第一幅三段式的山水构图,画面近景是一坡岸,坡岸上便是六株乔树,矗立在河畔中央,构成了画面的主体部分,中景是一大片河水,河面上仿佛散发着一缕缕薄雾,在皑皑升起,远景是数重山,高低起伏,但是起伏的层次感不是很强烈,并且整幅画面全用墨笔,不着一色,物象之外的画面氛围流露出枯寂荒凉的意境,此种荒凉感或许与倪瓒当时的处境有着极大的关联。倪瓒在卢家创作《六君子图》时也有其他宾客在场,其中便有倪瓒十分尊敬的前辈黄公望,黄公望对这位后生的作品持欣赏态度,便在倪瓒作

---

① 《清閟阁集》卷二载:"《惟寅友兄雅志林壑,远寄佳纸,命仆写图赋诗。因作此以寄,岁己亥五月八日》,斋居谁为友,毛颖与陶泓。有客附书至,云是楮先生。洁白中舍素,柔滑表至精。爱此风林意,更起丘壑情。写图以闲咏,不在象与声。"见(元)倪瓒著,江兴佑点校:《清閟阁集》卷二,杭州:西泠印社出版社 2010 年版,第 46 页。

② 李福顺:《倪瓒述评》,王朝闻主编:《美术史论丛刊》总第 7 辑,天津:天津人民美术出版社 1983 年版,第 134 页。

画完毕后于右上角题诗一首，诗云："远望云山隔秋水，近看古木拥坡陁。居然相对六君子，正直特立无偏颇。"①黄公望将倪瓒画中的六棵乔树比喻为君子形象。正直的特质赋予了人或物以品格。黄公望在某种程度上是暗示倪瓒与他自己都可称为君子，不仅是指各自品格方面的树立，且暗涵着相互的"君子之交"，这种单纯愉快的交友方式总是令人十分舒适。倪瓒《六君子图》博得黄公望赞赏的另一个方面，或许与此画的构图有关。目前学界都认为此图是倪瓒最早开启的三段式山水构图，其实黄公望在14世纪30年代左右创作的《溪山雨意图》或许已经有了"一河两岸"的雏形，倪瓒是在前人的基础上融入己意，逐步使得此种构图更加具有深远的意义。黄公望《溪山雨意图》的近、中、远三处景观物象正是倪瓒之后常用的坡岸、湖水与远山，只是黄公望的中景湖水面积不够开阔，令观者没有足够的空间想象。黄公望在至正四年（1344）对《溪山雨意图》的题款云："此是仆数年前寓平江光孝寺时，陆明本将纸二幅，用大陀石砚郭忠厚

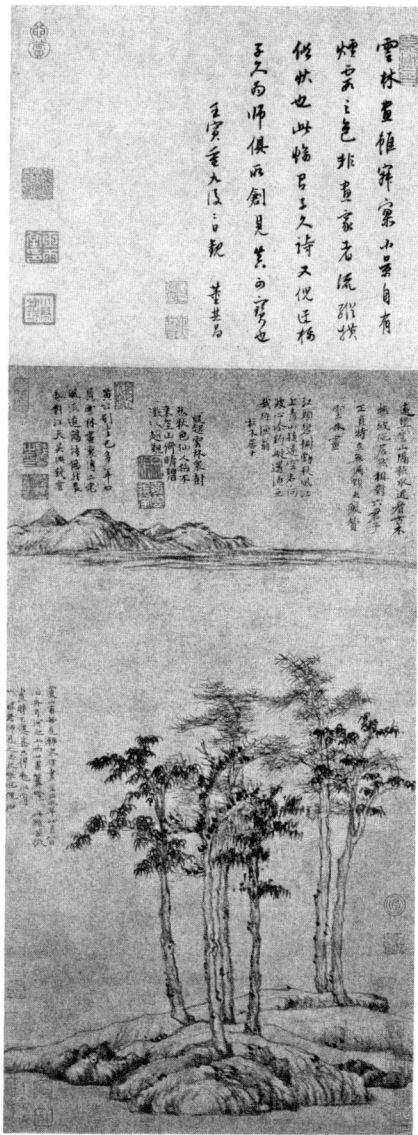

图29　（元）倪瓒《六君子图》，纸本，墨笔，纵61.9厘米，横33.3厘米，上海博物馆藏

① （明）李日华：《味水轩日记》卷一，《续修四库全书》第558册，上海：上海古籍出版社2002年版，第304页。

墨，一时信手作之。此纸未毕，已为好事者取去。今复为世长所得。至正四年十月来溪上。足其意。时年七十有六。是岁十一月哉生明识。"①倪瓒《六君子图》的创作时间比黄公望题《溪山雨意图》的时间晚一年，同时通过黄氏跋文可知，《溪山雨意图》创作于"数年前"，高居翰推测是在 1330 年代②，那么比倪瓒创作《六君子图》的时间可能早十余年之久，故而认为倪瓒借鉴与融合黄氏绘画风格是存在合理性的，正如倪瓒在《六君子图》中跋文所言"大痴老师（黄公望）见之必大笑也"③，此"笑"可以看作晚辈的谦逊，倪瓒称黄氏为"大痴老师"亦可看作倪瓒对黄氏绘画的推崇与尊敬。倪瓒在晚年时曾为黄公望《溪山雨意图》作题，内容如下："黄翁子久，虽不能梦见房山、欧（鸥）波，要亦非近世画手可及，此卷尤其得意者。"④从中也可以看出倪瓒对《溪山雨意图》的真实态度，认为"非近世画手"可以绘出如此佳作，想必《溪山雨意图》对倪瓒确实有着不同寻常的意义。如果将黄公望《溪山雨意图》的绘画风格再向前追溯，必然联系到的是赵孟頫，尤其是赵氏《水村图》可以说开启了元代山水画的新画风，相比赵氏早年《鹊华秋色图》而言，《水村图》的笔法更加干渴，画面传达出的意象有丝萧瑟，更为黄公望、倪瓒等元代晚期画家所汲取，或许这种凄苦悲凉也更符合元代末年的社会背景，从而被当时的文人画家更加推崇。赵氏《水村图》的用笔与构图深受董源画法的影响。藏于大都会艺术博物馆的《双松平远图》，是赵孟頫绘画变革的巅峰时期，他自己在此画上作题云："仆自幼小学书之余，时时戏弄小笔，然于山水独不能工。盖自唐以来，如王右丞、大小李将军、郑广文奇绝之迹，不能一二见。至五代荆、关、董、范辈出，皆与近世笔意辽绝。

① （明）汪砢玉：《珊瑚网》卷三十三，《景印文渊阁四库全书》第 818 册，台北：台湾商务印书馆 1986 年版，第 629 页。

② ［美］高居翰著，宋伟航等译：《隔江山色：元代绘画，1279—1368》，上海：生活·读书·新知三联书店出版社 2009 年版，第 97 页。

③ （明）李日华：《味水轩日记》卷一，《续修四库全书》第 558 册，上海：上海古籍出版社 2002 年版，第 304 页。

④ （明）陈继儒：《妮古录》卷二，《四库全书存目丛书·子部》第 118 册，济南：齐鲁书社 1995 年版，第 664—665 页。

仆所作者,虽未敢与古人比,然视近世画手则自谓少异耳。"①可见在元初敢于尝试类似"一河两岸"构图的画家极少,也可以称赵孟頫开创了元代的构图新法,画法方面已经完全摆脱了南宋绘画的束缚,同时背离了所谓的院画风格。以南宋时期的马远为例,他所代表的一批画院画家,大都以笔法服务于对外物的再现为旨趣,每一处笔墨或者勾勒轮廓,甚至塑造肌理所使用的线条,是为了物象形式准确,比如他所作的《高士观瀑图》,便是当时南宋画风的精髓,画面中每一个物象气息都在散发出南宋宫廷的气质,属于一种既唯美精致又内省不张扬的格调。②相反,在赵孟頫的绘画中,抒发性的笔法逐渐绽放了独特的生命力,他从创作根本上改变了宋代书画家所熟知的山水画的本质。在其《双松平远图》中也出现了长篇跋文,已然将跋文作为构图的一部分,改变了绘画中用眼睛观察自然山水与再现纸张之上的简单观念。赵孟頫不仅是一位杰出的书画家,还是宋室后代,元初被程钜夫举荐,亦在元廷受到元世祖、武宗、仁宗、英宗四朝礼敬,正是这样的双重身份,及其夹杂在新旧王朝与书画风格之变的旋涡中的处境,使他突破程式,架起了宋元山水画之间的一座桥梁。在元代复古山水画的大潮流下,赵孟頫担任了一个承上启下的角色,虽然后期元四家的风格溯源至董、巨画风的影响,但是赵孟頫的画风变革更加推动了元四家达到一个新的高度,尤其是对于倪瓒中晚年的萧瑟画风起到了引领的作用。

图 30　(元)黄公望《溪山雨意图》局部,纵 30 厘米,横 217.5 厘米,中国国家博物馆藏

---

① (清)安岐:《墨缘汇观录》卷三,《续修四库全书》第 1067 册,上海:上海古籍出版社 2002 年版,第306 页。

② [美] 方闻著,谈晟广编:《宋元绘画》,上海:上海书画出版社 2017 年版,第 116 页、132 页。

图 31　(元)赵孟頫《水村图》卷局部,纸本,水墨,纵 24.9 厘米,横 120.5 厘米,北京
故宫博物院藏

图 32　(元)赵孟頫《双松平远图》,纸本,水墨,纵 26.8 厘米,横 107.5 厘米,美国大
都会艺术博物馆藏

图 33　(南宋)马远《高士观瀑图》,绢本,设色,纵 25.1 厘米、横
26 厘米,美国大都会艺术博物馆藏

高居翰认为继赵孟頫之后，黄公望成了接替他的第二位大师，并且黄公望是真正对山水画作了关键性改革之人①，这个论调是颇为中肯的，无论是早年所作的《溪山雨意图》，还是晚年的《富春山居图》，都可看出黄公望深厚的绘画功力。清代王时敏曾说："惟子久神明变化不拘，拘守其师法，每见其布景用笔于浑厚中，仍饶波峭苍莽处，转见娟妍，纤细而气益闳，填塞而气愈廓，意味无穷。故学者罕窥其津涉。"②这种绘画创作实践与其山水画变法的思想密不可分，黄公望曾写过一篇类似画论的文章，取名为《写山水诀》，其中记录了关于他对山水画变法思想的相关阐述："山水之法在乎随机应变，先记皴法不杂，布置远近相映，大概与写字一般，以熟为妙。纸上难画，绢上矾了好着笔，好用颜色，易入眼。先命题目，此为之上品。古人作画胸次宽阔，布景自然，合古人意趣，画法尽矣。"③这些画诀不仅与黄公望的绘画有密切的关联，亦反映了元代一般绘画理论与实践的状况，其中许多总结的绘画要点也适用于倪瓒的画面。比如关于对"三远"、用墨以及画面是否"俗赖"的总结，《写山水诀》载："山论三远：从下相连不断谓之平远，从近隔开相对谓之阔远，从山外远景谓之高远"④，"作画用墨最难，但先用淡墨，积至可观处，然后用焦墨，浓墨，分出畦径远近。故在生纸上有许多滋润处，李成惜墨如金是也"⑤，"作画大要，去邪、甜、俗、赖四个字"⑥，从这几段话中也可看出黄公望很少谈论一些玄虚的理论，多是针对一幅画的具体问题而展开指点。若是提起山水方面的画论，不得不从魏晋时期开始谈起，当时的自然山水刚开始从陪衬功能中逐渐剥离出来，独立的山水画作才有了萌芽阶段的发展，传为顾恺之的《画云台山记》被认为是山水画史上第一部理论作品，主要是对山水画的布局安排作了详细介绍，同时提及景物与用色之间的关照问题，《画云台山记》可谓奠

① [美]高居翰著，宋伟航等译：《隔江山色：元代绘画，1279—1368》，上海：生活·读书·新知三联书店出版社2009年版，第97页。
② (清)王时敏：《王奉常书画题跋》卷下，《续修四库全书》第1065册，上海：上海古籍出版社2002年版，第106页。
③ (元)陶宗仪：《南村辍耕录》卷八，《四部丛刊三编》，北京：商务印书馆1936年版，不分页数。
④ (元)陶宗仪：《南村辍耕录》卷八，《四部丛刊三编》，北京：商务印书馆1936年版，不分页数。
⑤ (元)陶宗仪：《南村辍耕录》卷八，《四部丛刊三编》，北京：商务印书馆1936年版，不分页数。
⑥ (元)陶宗仪：《南村辍耕录》卷八，《四部丛刊三编》，北京：商务印书馆1936年版，不分页数。

定了顾恺之"山水画祖"的地位。可惜顾恺之并没谈及过多的墨色问题，至王维时期，传为他创作的《山水论》《山水诀》①中涉及了青绿山水和水墨山水，其中《山水诀》的开篇就说："夫画道之中，水墨最为上。肇自然之性，成造化之功，或咫尺之图，写千里之景。"②墨色的干湿与层次最能体现一幅山水画的气韵，甚至可以说是基础之功，否则无法谈及所谓的色彩观。北宋时期，郭熙便继承顾恺之与王维对山水画的部分论述，其《林泉高致集》营造了一种"可行""可望""可游""可居"的山水价值观，除此之外，郭熙所提出的"三远法"③与"步步移""面面看"等动态观察事物的方式，不仅告诫画家要用心灵为眼目去观察自然，还要通过身体力行的方式去体悟画面中物体的位置，如此一来，画家的观照活动便打破了单维度的时空限制，更加立体地建构一个山水布局于心灵深处，并且可以在心灵深处自由地遨游。纵观前人的论述，黄公望其实也在吸收他们的部分观点，比如《写山水诀》中"山论三远"部分就是沿袭郭熙的"三远法"，以及大家都强调的观察绘画中季节特征的变化，但是相比之前的山水画论，黄公望更加注重技巧与形式方面的问题，"以及某些山水画传统中特有的性格，特别是他个人师法的大师董源"④，同时他所创造的"阔远法"山水呈现出的是元代山水画特有的"旷远清新""溪山幽寂"的视觉审美效果⑤，后来被众多文人画家所推崇效法。倪瓒极有可能受到前人画论中关于"三远"描述的影响，一直在积极寻找一个新的绘画布局，但是在此时期，倪瓒依然没有摸索出三段式构图的最佳布局，只是在不断尝试，同时部分画作依然具有强烈的董、巨二家的身影，譬如在至正九年(1349)创作的《春山岚霭图》，张雨跋曰："元镇此幅

---

① 《山水诀》乃王维天宝初(约724至475年间)应友人薛岂之请所作《四时山水图》上的关于怎样画水墨山水的题文。"参见韩刚《王维〈山水诀〉证实》，载《美术学报》2013年第2期，第39页。

② (唐)王维：《王右丞集笺注》卷二十八，《景印文渊阁四库全书》第1071册，台北：台湾商务印书馆1986年版，第342页。

③ 《林泉高致集》载："山有三远，自山下而仰山巅谓之高远；自山前而窥山后谓之深远；自近山而至远山谓之平远。高远之色清明，深远之色重晦，平远之色有明有晦。高远之势突兀，深远之意重迭，平远之意冲融而缥缈。"见(宋)郭熙：《林泉高致集》，《景印文渊阁四库全书》第812册，台北：台湾商务印书馆1986年版，第578页。

④ [美]高居翰著，宋伟航等译：《隔江山色：元代绘画，1279—1368》，上海：生活·读书·新知三联书店出版社2009年版，第96页。

⑤ 王浩辉：《溪山幽寂——黄公望绘画艺术及其〈写山水诀〉》，载《东南文化》2011年第2期，第123页。

又入巨然之室，谓二米所不逮也。"①郑元祐作题云："画图看画固妙矣，谓二米所不逮然乎。"②虽然倪瓒借鉴前辈的习气较为明显，但还是被好友誉为"二米所不逮"，可见此时期的画作技巧已经趋于成熟，缺少的或许就是更多层面的生活阅历，而"漂泊"似乎可以成为倪瓒艺术创作的突破口，将他从狭隘的清閟阁中带进纷繁的书画世界。

至正十三年（1353）开始，张士诚集团起义，下高邮，称诚王；此年八月，朱元璋兵下滁州，迎郭子兴入滁，称滁王。十二月，元兵拔蕲水，徐寿辉遁入黄梅山中，③之后大同路疫，泉州发生大面积饥荒，死亡人数众多。④ 倪瓒正是在如此乱世中，开始正式形成自己的绘画风格。在至正十三年以后，倪瓒的干笔皴擦日趋娴熟，画风也由清润向简淡再次过渡，画面中所承载的意境逐步向幽深、萧瑟转变，早年画风中的清和温润之感也渐渐退去。倪瓒之所以在 14 世纪 50 年代有着画艺上的成熟，与其个人和社会矛盾激化到达巅峰、家变情况进一步恶化、挚友逝世等多方面的阅历不无关联，这些阅历使他不仅在画艺上面取得一些成就，对于书画理论也加以更深入的思考。

从至正初开始，倪瓒便陆续变卖家产，远游避难，又再回到家中。大多数避难场所都在太湖周边，过程反反复复。至正十三年（1353）是倪瓒安排全家迁离故乡的时间，弃家远游的前夕，倪瓒和黄公望在清閟阁中合作绘画，倪瓒在画上题："烛发荧荧照酒明，故人相对说平生。……不辞笔砚酬嘉会，去住江湖各有情。"⑤由此可以看出，倪瓒心中已经对弃家远游作了充分准备，可是离家不到一年，至正十四年（1354）二月，倪瓒在苏州城东的葑门客楼遇见多年不见的老友后，便作画自题云"……人生良会不易，而况艰虞契阔若此者乎。以十余载而仅

① （明）张丑：《清河书画舫》卷十一下，《景印文渊阁四库全书》第 817 册，台北：台湾商务印书馆 1986 年版，第 448 页。

② （明）张丑：《清河书画舫》卷十一下，《景印文渊阁四库全书》第 817 册，台北：台湾商务印书馆 1986 年版，第 448 页。

③ 容肇祖：《容肇祖集》，济南：齐鲁书社 1989 年版，第 185 页。

④ 黄苗子、赫家林：《倪瓒年谱》，北京：人民美术出版社 2009 年版，第 56—57 页。

⑤ （清）邵松年：《澄兰室古缘萃录》卷二，《续修四库全书》第 1088 册，上海：上海古籍出版社 2002 年版，第 46 页。

一面,则人生果能几会耶。悲慨亦土未有若此言也"①,弃家后的辛酸悲凉突然涌上心头。

倪瓒之所以能够下定决心弃家远游,除了家道中落后常常被"督输官租"外,更有挚友张雨给其精神层面的鼓舞。张雨在倪瓒忧惧、彷徨和愤懑之时作《赠元镇》云:"庞公有名言,鱼鸟托栖止。而其遗子孙,亦在安而已。子有丘壑趣,文弱与时背。强梁方蛇吞,贪黩亦虎噬。何以犯多难,适为田业累。深泥没老象,自拔须勇志。连环将谁解,旦暮迭兴废。所以明哲徒,置身兴废外。贤哉蘧伯玉,知非复何悔。"②倪瓒收到诗文后,深知"深泥没老象,自拔须勇志",经过几年的心态调整与处理家产,最终开始遨游于五湖三泖之间。张雨之所以能够给予倪瓒启示与类似训诫的诗文,除了与倪家交情至深,或许与其自身早年弃家的坎坷经历有关,毕竟他的弃家经历可供倪瓒参考,从侧面提醒他对当下的局面不要过度愁苦,未来的生活仍然有着美好的可能性。张雨 20 岁时便弃家出游,遍访天台、括苍诸名山,后去茅山拜周大静为师,受《大洞经箓》影响,从此道学日进,之后又师从杭州开元宫师玄教道士王寿衍,在此期间,张雨得以认识赵孟頫,赵孟頫此时回吴兴为先人立碑,在这种机缘巧合之下,张雨踏上了跟随赵孟頫学书的路途。③ 张雨在跋吴静心藏《定武兰亭序赵孟頫十六跋文》中提起"仆曩时侍赵文敏公学书"④,之后"赵见其(张雨)作字劲健,赠以云麾将军碑墨,令师法之,书果超越"⑤,同时张雨"句曲外史"的称号也是赵孟頫所起⑥,赵、张之间的师承关系便可一目了然。倪瓒虽然没有与赵孟頫有过直接接触,但

① (明)汪砢玉:《珊瑚网》卷三十四,《景印文渊阁四库全书》第818册,台北:台湾商务印书馆1986年版,第634页。

② (元)张雨:《句曲外史贞居先生诗集》卷二,《四部丛刊初编》第1484册,北京:商务印书馆1922年版,不分页数。

③ 谈福兴:《倪瓒与张雨关系考(一)》,载《荣宝斋》2013年第2期,第259页。

④ (清)卞永誉:《式古堂书画汇考》卷五,《景印文渊阁四库全书》第827册,台北:台湾商务印书馆1986年版,第216页。

⑤ (明)姚绶:《谷庵集选》卷九,明嘉靖三十七年(1558)刻本,南京图书馆古籍部藏。

⑥ 《珊瑚木难》载:"雨独与翰林学士吴兴赵文敏公善,赵每以陶弘景方雨,谓雨曰:'昔陶弘景得道华阳,是为华阳外史。今子得道于句曲,其必继陶,后乃号雨句曲外史。'雨遂自居曰'句曲外史',四方人称之曰'句曲外史'。"见(明)朱存理:《珊瑚木难》卷五,《景印文渊阁四库全书》第815册,台北:台湾商务印书馆1986年版,第143页。

是在思想、诗文与书画方面确实也深受赵氏影响，若是探讨其中缘由，除了上文所述赵孟頫在元初艺坛的地位以及元代山水画改革领袖的角色外，更主要的是张雨起到了很好的衔接作用，让倪瓒有了与赵孟頫更为亲近的机会。赵孟頫对整个元代书画都有着不同程度的影响，张雨的身份更加坐实了赵、倪之间的隔空对望。张雨在晚年时脱去道袍，埋葬冠剑，还其儒身，隐居杭州，日子过得较为凄苦，倪瓒便将卖田产的钱财全部给了张雨①，可见倪瓒与张雨之间的友情甚笃。倪瓒曾赋诗《奉怀张外史》云："阴壑惨惨绿苔生，碧云亭亭多远情。松杉鹤去转萧瑟，洲渚花落自纵横。从君下榻住十日，看我鼓枻出层城。洞口菌巢无恙不，定应闭合著书成。"②张雨见后又作《次韵倪元镇见寄》云："衣桁常容蛛网县，石床浑让女梦牵。道术何烦孔郎庙，屋庐政用郗超钱。泉崩涧底归樵路，雨压厨头蒸术烟。谁见西林拆书夜，一枝风竹鹎鸠眠。"③倪瓒还曾作《对雨怀张贞居》云："户庭来游绝，园林飞雨滋。芳气初袭蕙，圆文复散池。裁书恐沾湿，听溜谩怀思。清溪已可泛，方舟幸及兹。"④张雨见后便《次韵倪元镇见怀》云："玄句何萧萧，咀味生华滋。换著空顶帻，把卷适临池。怜君柔缓情，起我淹留思。丘园岁将晏，幽期方自兹。"⑤这些诗文中亦可见两人交往之密切。他们有着太多类似的人生经历，对书画创作与鉴藏皆有着极大兴趣，可惜张雨在至正十年（1350）七月去世⑥，对当时的倪瓒打击颇大。

倪瓒经受精神与现实生活的折磨在远方漂泊，书画对于他而言堪称精神食粮。他在至正十三年（1353）作《岸南双树图》，比起十年前所

---

① 《元处士云林倪先生旅葬墓志铭》载："友张伯雨。伯雨至其家，鬻田产得钱千百缗，念伯雨老不再至，推与不留一缗。"见（元）倪瓒著，江兴佑点校：《清閟阁集》附录一，杭州：西泠印社出版社 2010 年版，第 375 页。

② （元）顾瑛撰，杨镰、祈学明、张颐青整理：《草堂雅集》卷九，北京：中华书局 2008 年版，第 800 页。

③ （元）张雨：《句曲外史贞居先生诗集》卷五，《四部丛刊初编》第 1484 册，北京：商务印书馆 1922 年版，不分页数。

④ （元）倪瓒：《清閟阁遗稿》卷三，《北京图书馆古籍珍本丛刊》第 95 册，北京：书目文献出版社 1987 年版，第 599 页。

⑤ （元）张雨：《句曲外史贞居先生诗集》卷一，《四部丛刊初编》第 1484 册，北京：商务印书馆 1922 年版，不分页数。

⑥ 肖燕翼：《张雨生卒年考——兼谈三件元人作品的辨伪》，载《故宫博物院院刊》1998 年第 1 期，第 13 页。

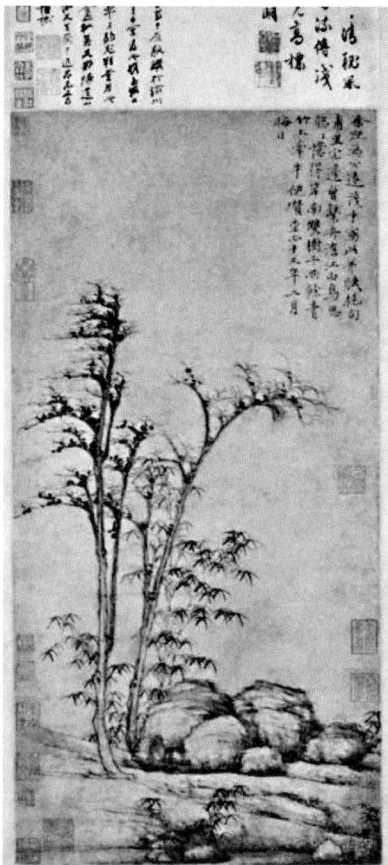

**图34　(元)倪瓒《岸南双树图》，纸本，水墨，纵56.3厘米，横27.8厘米，美国普林斯顿大学艺术博物馆藏**

作《水竹居图》已有很大变化。《岸南双树图》的石头画法已经很少有董、巨的意味，勾勒简洁，凹陷处以墨皴擦，富于质地感。树枝的勾勒掺杂侧笔，树叶不繁重，只用点法，配以竹枝，闲远萧疏之意较浓烈。同时对画面空旷质感的处理也越发细腻，"留白"的表现手法虽然是中国画中常见的表现形式，旨在留出一份意境给观者以想象的空间，但是倪瓒的"疏体"之美，不仅仅是"留白"的技巧问题，更是通过对物象用笔墨的皴擦来达到一种稀疏、萧瑟之意，这种"似留不留"之感是最难把握的，故而《岸南双树图》成了倪瓒对于局部物象描绘中最具有"疏体"之美的作品。

倪瓒的"三段式"构图遵循着旷远幽寂的特性，在一个更加广阔的维度加大对空间层面的设计，使得近景与远景的深度被无限放大，给中景部分创造了遐想的机会，一汪湖水里面暗含了绵绵不尽的愁绪，最终仿佛在给观者叙述一个娓娓道来、略显悲凉的故事。他在至正十五年(1355)创作的《渔庄秋霁图》，可以算是"一河两岸式"构图的定式形式，在倪瓒传世作品中具有极高的个性价值，在中国山水画构图史上具有里程碑的意义。这是倪瓒漂泊生涯中对太湖沿岸山水的独特体悟，与他的心理情感图式是相对应的，亦是其笔墨语言典型化的标志。至正十四年(1354)的《松林亭子图》，画面内容还较为丰富，画面相对工细，画风保留清润之感，但比早期详整的清润有了一丝超越。《松林亭子图》的创作时间夹杂在《岸南双树图》与《渔庄秋霁图》之间，且画面氛围与前后两幅画所营造的萧瑟之景不太一致，从而部分学者认为

《松林亭子图》有伪作之疑①。《岸南双树图》是属于对坡岸一角上的树石进行重点刻画,并没有将此种方法放到三段式构图中去,而《松林亭子图》延续的是倪瓒传统的"一河两岸"的取景模式,画中笔法也有早中期的影子。倪瓒《渔庄秋霁图》中的突变,是阅历与实践达到一定量变之后的质变。《渔庄秋霁图》的画面构成更能让人联想到其十年前创作的《六君子图》,那是倪瓒传世作品中第一幅三段式构图,但是两图在空间布局与笔法运用方面差别显著。首先两图选纸的纵向长度不一样,《六君子图》的纵向距离是 61.9 厘米,而《渔庄秋霁图》的纵向距离是96.1 厘米,纸张纵向距离的加长,是为了使得画面近景与远景的空间能够被最大化地分开,换言之,就是使得中景的湖水面积能够占据画面的最大位置,留给观者更多的遐想维度。其次,通过两图画面本身来看,《六君子图》的近景位置更"低"些,也就是近景的构图位置更加偏下些,同时远景中错落的山峰似乎也在向下流动,也就是说远景的山峰并没有处于画面的最高处,结果便导致《六君子图》整体看起来不是那么"修长",而《渔庄秋霁图》的近景处略微留有余地,给观者感觉近景处在湖水之中,远景的群山几乎顶到了天际,这种类似"顶天立地"的取景法便令观者的视觉产生了偏差,同时由于近景留有余地,又不会使观者产生"过满"的构图感觉,且纸张的纵向长度故意加长之后,中景的开阔与"修长"的画面比例令观

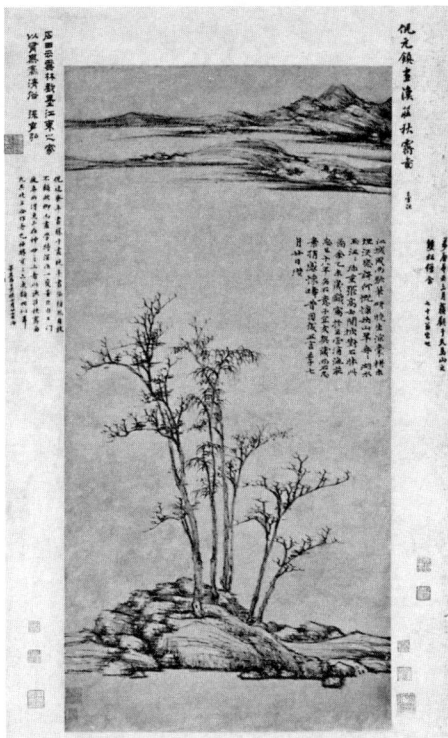

图 35　（元）倪瓒《渔庄秋霁图》轴,纸本,水墨,纵 96.1 厘米,横 46.1厘米,上海博物馆藏

---

① 朱燕楠:《倪瓒〈松林亭子图〉的图像疑点》,载《中国书画》2016 年第 2 期,第 22—25 页。

者较为舒适。最后,两图使用的笔法方面也有所不同,《六君子图》中所描绘的树叶或者近景的坡石都更加湿润,而且树叶密度较为聚集,每棵树之间虽然树身屹立挺拔,但是树叶之间似乎有着千丝万缕般的联系,它们互相遮挡或者错位,坡石处也有点染痕迹,披麻皴有被拉长的视觉效果,整体的画面氛围没有《渔庄秋霁图》那般萧疏空寂。究其原因,或许是因为《渔庄秋霁图》的树叶画法十分类似《岸南双树图》,多用勾点之法,坡石与远山既有披麻皴的纹理,亦有折带皴的刚硬,只要往复多次皴擦,便可构成蓬松之感,笔迹的透气与虚灵就会使得画面的寒气和凄凉之感油然而生,似乎也很符合倪瓒独自一人在扁舟中生活的情感流露。《渔庄秋霁图》中的阔远意境是倪瓒前期作品所不能比拟的,正如庞元济《名笔集胜》云:"此帧虽疏淡简贵,而意境深远,使人百读不厌"[①],构成这般意境的外因是笔墨的变化,而内因则是倪瓒心灵深处的旷远恬淡,二者相结合才促使了"一河两岸式"的简逸幽深境界的诞生。

图 36　(元)倪瓒《松林亭子图》轴,绢本,水墨,纵 83.4 厘米,横 52.9 厘米,台北"故宫博物院"藏

296

倪瓒内心的旷远恬淡与其饱尝艰辛的流寓生活密不可分。他在此段时间常常前往好友王云浦的飞云楼上喝酒消愁。倪瓒在至正十五年(1355)作《双树筱石图》,题诗云:

> 飞云楼上看飞雨,铁骑驱空千里来。此日使君一杯酒,为解羁人万古哀。故园荒芜尚松竹,旅舍萧条惟草莱。相知赖有陈博士,诗卷酒瓢时往回。至正十五年五月十七日,雨中排闷访云浦判官,

① (清)庞元济等编:《名笔集胜》,上海:上海墨缘堂出版社 1940 年版,不分页数。

为设茗谶因写双树筠石并赋诗。发主人翁陈博士袁隐者陈掾郎一笑，倪瓒。①

倪瓒此时心中十分不悦，才来王云浦渔庄排解苦闷，也正是在此处作《渔庄秋霁图》。陈基在《双树筠石图》后和答："使君高卧北窗下，征士远从南渚来。相看此日足可乐，已径古人何必哀。政尔欢虞留笠泽，底须服食慕蓬莱。画成筠石兼双树，日暮方容倒载回。"②诗中"相看此日足可乐，已径古人何必哀"正是劝奉倪瓒放下他的哀愁，享受短暂的欢聚时光，怀着更加愉悦的心情面对未来生活。若是从另一个角度去思考，正是因为漂泊不定的生活才使得倪瓒拥有更多机会去接触底层社会的疾苦，同时拥有更加广阔的视野去体悟山水，思维的维度更加多元，诗风也伴随着昔日单薄的游览诗逐渐过渡到描述现实内容。倪瓒正用双脚丈量着太湖周边的山川，这些繁缛的景象在他的世界里开始变得简易化与符号化，或许与他自己内心深处埋藏着一颗简单纯净的种子有关。现实世界的残酷斗争是倪瓒无力反抗的，小人的奸诈行为令倪瓒束手无策，越发地使倪瓒盼望至简与纯真的世界。

伴随着对至简与纯真的祈盼，倪瓒的审美观念也在悄然变化，简略疏荒的画面是他此段时期最为欣赏的。比如至正十七年（1357），他曾在漂泊的寓居处给陈惟允写墨竹，并在画上题云："……因写墨君并走笔赋长句以赠，时漏下二刻矣。笔砚荒落，自愧草草，惟允当有以教我耶。"③倪瓒在给陈惟允作图中所题的"笔砚荒落，自愧草草"不是谦虚之词。倪瓒作画的态度一向十分端正，这是他逸气写之的表现，正如李日华所评价那样："澹墨修疏，如不经意。"④此种不经意之间的"草草"之笔在至正十九年（1359）作《树石远岫图》时再次得到验证，倪瓒在画上自题云：

---

① （明）汪砢玉：《珊瑚网》卷三十四，《景印文渊阁四库全书》第818册，台北：台湾商务印书馆1986年版，第645页。

② （明）汪砢玉：《珊瑚网》卷三十四，《景印文渊阁四库全书》第818册，台北：台湾商务印书馆1986年版，第645页。

③ （元）倪瓒著，江兴佑点校：《清閟阁集》卷四，杭州：西泠印社出版社2010年版，第121页。

④ （明）李日华：《味水轩日记》卷八，《续修四库全书》第558册，上海：上海古籍出版社2002年版，第526页。

余尝见常粲佛因地图,山林木石,皆草草而成,迥有出尘之格,而意态毕备。及见高仲器郎中家张符水牛图,枯柳岸石,亦率意为之,韵亦殊胜。石室先生、东坡居士所作树石,正得此也。近世唯高尚书能领略之耳。余虽不敏,愿仿像其高胜,不敢盘旋于能妙之闲也。因新斋高士持仲杰周君纸素来,需仆写树石远岫,故云。①

由此段跋文可知倪瓒逸笔草草作画的缘由。率意为之的作品竟然能够"韵亦殊胜",说明倪瓒欣赏这种率意作画的行为,并且认为近世之画唯独高克恭能够领略其中真谛。亦可见在倪瓒此时期画风转型过程中,高克恭的影响是不可小觑的。倪瓒曾在《题黄久子画》中提起对高克恭的评价,内容如下:"本朝画山林水石,高尚书之气韵闲逸,赵荣禄之笔墨峻拔,黄子久之逸迈,王叔明之秀润清新,其品第固自有甲乙之分,然皆予敛衽无间言者。外此,则非予所知矣。此卷虽非黄杰思,要亦自有一种风气也。"②后又题诗《高尚书画竹》云:"石室风流继老苏,黄华父子亦敷腴。吴兴笔法钟山裔,只有高髯不让渠。"③可见在倪瓒心中,有元一代,高克恭的闲逸画风是其最为倾向的。高克恭与赵孟頫是元初画坛上公认的两位领袖级人物,只不过赵孟頫更多的是代表南方画家的绘画风格,而高克恭则属于北方画家风格的代表。其实关于元初画风更为准确的论述,应是当时的南北画家一起切磋交流而完成了元初画风的建设工作,因为早在灭宋之前,元代统治集团中的一些上层贵族就已经开始对汉民族的绘画艺术产生了浓厚的兴趣,这里面就包含高克恭、李衎、商琦等,他们早已从金代绘画中汲取了文人画的创作精神,初步构建了雄浑苍莽的绘画风貌,恰好与南方那种清新流丽的画风形成对比。④ 崖山之战标志着南宋政权彻底被元军击垮,元军全面占领汉族地区后,顺势而为地统一了中国且结束了南宋与金朝南北政权对峙的局面,使得高克恭等北方文士来到江南地区担任地方官

① (明)李日华:《味水轩日记》卷三,《续修四库全书》第558册,上海:上海古籍出版社2002年版,第355页。
② (元)倪瓒著,江兴佑点校:《清閟阁集》卷九,杭州:西泠印社出版社2010年版,第296页。
③ (元)倪瓒著,江兴佑点校:《清閟阁集》卷八,杭州:西泠印社出版社2010年版,第254页。
④ 王朝闻总主编,杜哲森卷主编:《中国美术史·元代卷》,济南:济南书社2000年版,第39页。

员。他们一方面被江南清新秀美的自然环境所吸引，另一方面又大量与南方画家互相交游唱和，充实了原先自己单一的绘画面貌，丰富了审美与技巧方面的元素。南方画家也在其中受益匪浅，比如赵孟頫在创作上的"简率"观点或许部分源于当时南北画风交融的启示。对于倪瓒而言，更多的是继承元初画家在南北交融后所产生的新的绘画样貌，高克恭与赵孟頫都是倪瓒在画风变革过程中所借鉴的两位画家，前文已经对赵孟頫画风有所交代，这里将着重探讨高克恭。首先，关于高克恭在元初的重要地位，张羽《静居集·临房山小幅感而作》载：

> 近代丹青谁最豪，南有赵魏（赵孟頫）北有高（高克恭）。风流雄混各臻妙，下视刘商见女曹。百年零落作者少，丈夫文艺俱草草。山川灵气何代无，我纵有心嗟欲老。君不见房山翁，曾写太平兴国之仙宫。五峰秀出青芙蓉，云气郁郁如游龙。……乾坤浩荡江海阔，使我执笔将安从，使我执笔将安从。①

其次，倪瓒对于高克恭的清节雅尚颇为赞许，在某种程度上他们是具有相同精神层面追求的人，倪瓒曾《写画赠马彦敬》并题："高房山尚书清节雅尚，为本朝名臣，讳克恭，字彦敬。马先生亦其国人，亦字彦敬，盖司马慕蔺之意也。今既为作山居图，又诗以赠之。"②除此之外，倪瓒还曾《题高彦敬山水图》云："房山清影浸湖波，绿玉苍烟冷荡磨。宝墨珍图人世满，山中照见百东坡。"③可见倪瓒对其山水画还是颇为赞许的，故而在倪瓒创作实践中也很容易看见高克恭画风的遗韵。

高克恭作为元初北方画家移居南方的代表人物，晚年时画技精进圆熟，《云横秀岭图》便是他晚年所作，也是其传世画迹中最为可靠的一幅。《云横秀岭图》的构图属于三段式分景的巨碑式全景构图，近景坡石铺满画面两端，树木错落有致，左岸树林前后各约六七株树木，掩映

① （明）张羽：《静居集》卷三，《四部丛刊三编》，北京：商务印书馆1936年版，不分页数。
② （元）倪瓒著，江兴佑点校：《清閟阁集》卷八，杭州：西泠印社出版社2010年版，第273页。
③ （元）倪瓒著，江兴佑点校：《清閟阁集》卷八，杭州：西泠印社出版社2010年版，第271页。

屋宇二角,空亭寂静,全画不见一点人物踪影,只有中景林壑幽深,似乎可听见水声潺潺,画面被静穆与安谧气氛所笼罩,远景是巨山矗立在画面中央,两旁低峰依傍,其中远峰上的山头小树,多用淡墨润之,使得山体富有层次。倪瓒于至正二十三年(1363)创作的《江岸望山图》深受高氏《云横秀岭图》影响,无论是构图取法,还是画面意境的传递,都表现出倪瓒在创造萧疏简淡画风时期对高克恭画面的深度借鉴与创新。《江岸望山图》的远处山峰,先用淡墨点苔之后,再用浓墨点,最后对局部使用焦墨点,这些苔点的用墨层次繁复而分明,用笔变化多端,这些笔法特征皆可从高氏《云横秀岭图》所矗立的巨山画法中找到源头。倪瓒不是一味地继承元初南北绘画交融之后的成果,而是对稍加繁缛的三段式布景进行了改良。高克恭时期的创作取景仍然沿袭北宋郭熙在《林泉高致集》中所说:

> 山有高有下,高者血脉在下,其肩股开张,基脚壮厚,峦岫冈势培拥相勾连,映带不绝,……下者血脉在上,其巅半落,项领相攀,根基庞大,堆阜臃肿,直下深插,莫测其浅深。……山欲高,尽出之则不高,烟霞锁其腰则高矣,水欲远,尽出之则不远,掩映断其派则远矣。……正面溪山林木盘折,委曲铺设,其景而来不厌其详,所以足人目之近寻也。[①]

倪瓒主要是将画面远景的主峰位置稍向左移动,使得画面更具有“S”形的律动美,也就是所谓的空间流动感更加充足,同时将中景与远景的物象大范围地简化,突出前景与远景的纵深感,削弱中景画面的比例,多用“留白式”的湖水作为近景与远景的过渡,使得画面的孤寂感更加明显。在高克恭《云横秀岭图》与倪瓒《江岸望山图》所表现的两种画风中间,似乎还存在一种过渡时期,比如与倪瓒一样,同属于江南地区(嘉兴魏塘)的盛懋曾作《秋林高士图》,此图的构图是在高氏繁密与倪氏简洁之间的一种平衡。仔细观察盛懋的《秋林高士图》,便可发现其画风不仅具有丛岩叠嶂的密,也有表现秋林萧瑟的疏,还有一位红衣莲

---

① (宋)郭思:《林泉高致集》,《景印文渊阁四库全书》第812册,台北:台湾商务印书馆1986年版,第575—576页。

冠之老者依杖坐于河岸山石之上，画法精绝，山石多师法董源，却表现出雄强之势。盛懋与吴镇为同时代人，且比门而居，董其昌《容台集》曾记载了他们一段传为佳话的故事：

> 梅花道人吴仲圭，画师巨然多似，船子和尚以拨棹诗题之。吴门王文恪家藏其《渔乐图》，入妙品。本与盛子昭比门而居，四方以金帛求子昭画者甚众，而仲圭之门阒然，妻子颇笑之，仲圭曰："二十年后不复尔。"果如其言。盛虽工，实有笔墨畦径，非若仲圭之苍苍莽莽、有林下风气，所谓气韵非耶？①

图37 （元）高克恭《云横秀岭图》轴，绢本，淡设色，纵182.3厘米，横106.7厘米，台北"故宫博物院"藏

图38 （元）盛懋《秋林高士图》轴，绢本，设色，纵135.3厘米，横59厘米，台北"故宫博物院"藏

① （明）董其昌：《容台集》别集卷四，《四库全书存目丛书·集部》第171册，济南：齐鲁书社1997年版，第738页。

盛懋与吴镇的比较论，董其昌首开先河，认为盛懋远不及吴镇后期。但结合当时二人的作品来看，只不过是他们各自家庭环境、师法对象与作品意境有所区别罢了。吴镇终身不仕，归隐乡野，为人抗简孤洁，生平好道禅，渔隐是他更为偏爱的绘画与文学题材，其作品多以湿笔为主，积染铺写，具有一种苍茫沉郁的气质，正如清秦祖永评价吴镇绘画所言，"墨汁淋漓，古厚之气，扑人眉宇"①，其绘画意境更多的是传达淡泊名利、逍遥自在的闲适心态。盛懋在绘画生涯中，深受其父盛洪（一作盛洪甫）与其师陈琳二人的影响，此二人皆为临安（今浙江杭州）当地颇有名气的职业画师，擅长花鸟与山水题材，所继承的是当时盛行的南宋院画风格，故而盛懋作品中多见工致精丽的风格。② 盛懋的传世画作中亦多有渔父题材，但是笔墨多在人物身上，即使山水画中，他笔下的人物也描绘得非常细腻，纤毫毕现，用笔多以中锋提笔为主，笔墨较为清丽，擅长淡彩青绿，最为突出的代表作品是台北"故宫博物院"藏《江枫秋艇图》，此图右下角的构图是沿袭马、夏的"边角"图式，但整体布局又呈现"一河两岸"的元代新貌，由此可见盛懋画法的成熟多变。其实某种程度上而言，盛懋在画技上是超越吴镇的，但吴镇的"意在象外"的美学呈现是盛懋无法企及的。③ 吴镇比倪瓒年长 26 岁，可推算盛懋也应是倪瓒的前辈，他们都可算是同一时期的江南地区文人画家，倪瓒《江岸望山图》或许正是借鉴了盛懋对于高克恭《云横秀岭图》的图式转型，只是将盛懋所描绘近景的萧瑟感进一步加强。不过，二人的笔墨差别亦是颇为明显的。

另外，倪瓒《江岸望山图》中的巨峰矗立形象在吴镇《中山图》中也曾出现，只不过吴镇的构图方法更加平整。根据徐小虎对吴镇书画的重鉴可知，徐小虎认为此图是吴镇传世作品中仅存的三件半真迹中的一件，同时认为《中山图》是件残作，左右两边有被裁减的痕迹，且极有

---

① （清）秦祖永：《桐阴画诀》，北京：中国书店出版社 1983 年版，第 8 页。
② ［美］高居翰著，宋伟航等译：《隔江山色：元代绘画，1279—1368》，上海：生活·读书·新知三联书店出版社 2009 年版，第 53—55 页。
③ 李介一：《盛懋研究》，中国美术学院 2017 年博士学位论文，第 83 页。

图39　（元）倪瓒《江岸望山图》轴，纸本，设色，纵 111.3 厘米，横 33.2 厘米，台北"故宫博物院"藏

**图 40** （元）盛懋《江枫秋艇图》卷，纸本，设色，纵 24.7 厘米，横 111 厘米，台北"故宫博物院"藏

**图 41** （元）吴镇《中山图》卷，纸本，水墨，纵 33 厘米，横 120 厘米，台北"故宫博物院"藏

可能是从底部切掉一部分，目前所见的是中间山脉的山脚所在，此山脉位于全图的位置或许类似黄公望《富春山居图》（无用师卷）中山脉的"特写"部分，将最大的山峰以特写的视点呈现出来，而原本的山脚可能四周有溪流环绕。① 吴镇此图中用淡墨皴染群山，浓墨画丛树苔点，勾皴时又见部分干笔绘之，层峦叠嶂的山峰竟然在画面中没有一丝波澜，同时画面中也没有任何特别明显透露出季节或者气候的信息，更没有云雾或者"通山川之气"的常规物象来暗示画面空间的流动，整幅画作给观者呈现的是一片沉寂，此种平淡安详之作成了吴镇绘画的典型面貌，与吴镇同时代的画家中，似乎很难找到一幅作品比《中山图》更显平静。倪瓒在绘画风格的转型期，正是对平淡沉寂画风展开探索，吴镇只是相对倪瓒的探索要稍早一些，可以认为吴镇是元末静谧风格的主力军，他与黄公望的作用类似，都是在为倪瓒的深层变革作着铺垫。

① ［英］徐小虎：《被遗忘的真迹·吴镇书画重鉴》，刘智远译，桂林：广西师范大学出版社 2012 年版，第 183 页。

**图42　（元）黄公望《富春山居图》(无用师卷局部)，纸本，水墨，纵 33 厘米，横 636.9 厘米，台北"故宫博物院"藏**

　　倪瓒在至正二十三年（1363）还创作了《江渚风林图》以及《林亭远岫图》，构图方面仍然与《江岸望山图》保持一致，"一河两岸式"的画面取景自至正十五年（1355）创作的《渔庄秋霁图》开始便越发娴熟，只是前后画面所表现的意境有所区别罢了。至正二十三年（1363）九月，倪瓒妻子病逝，倪瓒更加孤苦伶仃，将要独自一人度过余生，面对这些变化，倪瓒逐步遁入学佛境地。倪瓒学佛并没有遵循佛教所有规矩，而是佛为我用，佛适我性，所以常常以儒融佛，如儒家的孝悌本不合佛法，他却把它们统一起来。倪瓒曾《题本立中上人云山望松图》云：

　　　　西望云山何处亭，鹤归松梠秋冥冥。上人不废蓼莪句，山室长书贝叶经。未应佛法外孝弟，定感仙手镌碑铭。过家上冢世代隔，恸哭亭前萝月青。[1]

　　正如前面章节谈及倪瓒受"三教合流"影响时所说，倪瓒学佛是学其修行的本质，并不过度关注佛法的戒律以及外在形式的束缚。在寂寞的佛禅和世俗生活中，他依然保持着"放逸"的性格，"要识清虚甘寂寞，何如快活地中仙。千岩万壑松窗里，烂醉吟哦石上眠。"[2]此种"烂醉吟哦"的形象是禅宗中夹杂着"道"家的本性，故而倪瓒学佛的境界不是通往"虚无"或者"死寂"，而是依然保持着平日的洒脱之气，正如他诗中所言："鹏抟鲲化未逍遥，大吕黄钟久寂寥。燕处丘园真足乐，贪愚海贾

① （元）倪瓒著，江兴佑点校《清閟阁集》卷六，杭州：西泠印社出版社 2010 年版，第 200 页。
② （元）倪瓒著，江兴佑点校《清閟阁集》卷八，杭州：西泠印社出版社 2010 年版，第 249 页。

第六章　元末明初社会变迁下的倪瓒绘画

定难招。能禅岂复沈空寂,善牧宁当犯稼苗。逢着吾乡闲老子,地炉连榻话连宵。"①所谓"能禅岂复沈空寂",这正是倪瓒学禅的高明之处。倪瓒虽然在精神层面得到了慰藉,但在此段时间创作的画幅中依然充斥了萧瑟与凄冷,《林亭远岫图》与《江渚风林图》中的行笔施墨都较为简逸,皴擦的笔墨较为干渴,荒凉之景贯穿近、中、远三段画面,似乎有无尽的愁苦与悲悯在透过画面向观者诉说。三年之后(1366),倪瓒创作《枫落吴江图》时似乎有所被佛法教化,近景的数株枫树叶多被点染,与1363年所创作的画面相比,远景山头的晕染似乎逐渐显露,不完全是渴笔皴擦,坡石用笔虽然仍以折带皴为主,但是画面整体氛围似乎比之前要有所缓和,清虚空旷中略带暖意。这种暖意是种祥和的宁静,似乎内心已经接受了现实的残酷,愿意与现实和谐共处,从而画面的凄凉意

图43 (元)倪瓒《江渚风林图》轴,纸本,水墨,纵 59.1 厘米,横 31.1 厘米,美国纽约大都会博物馆藏

---

① (元)倪瓒著,江兴佑点校:《清閟阁集》卷六,杭州:西泠印社出版社 2010 年版,第 189 页。

图44 (元)倪瓒《林亭远岫图》轴,纸本,水墨,纵 87.3 厘米,
横 31.4 厘米,北京故宫博物院藏

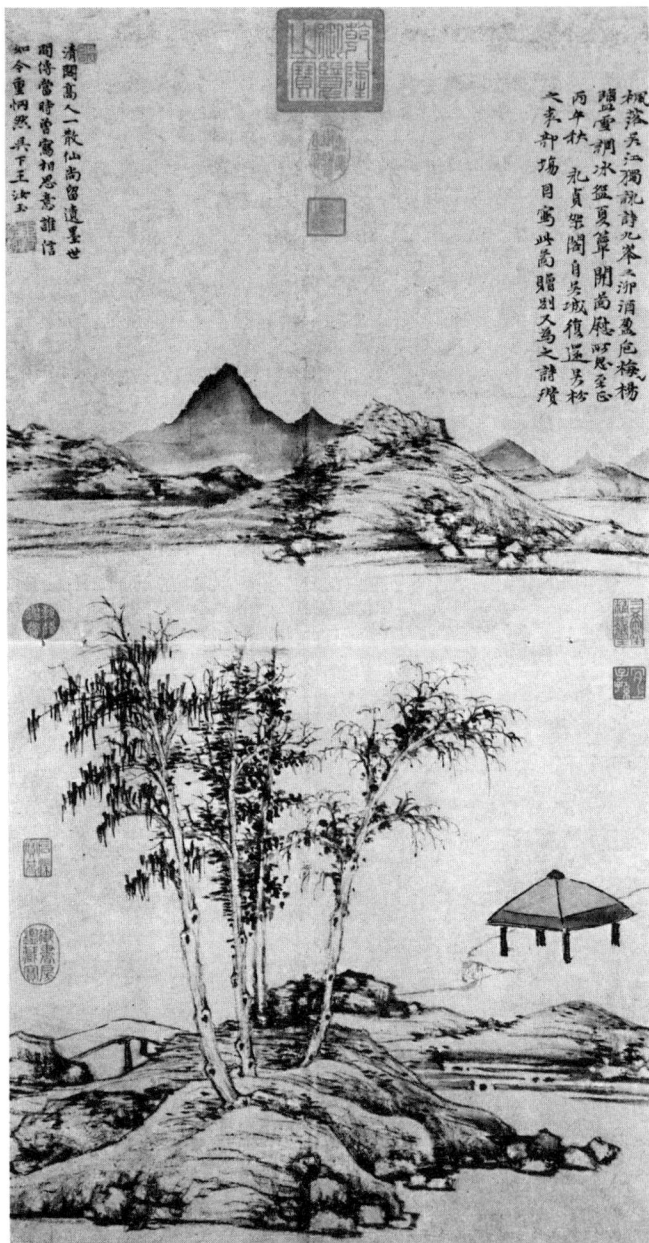

图45 （元）倪瓒《枫落吴江图》轴，纸本，水墨，纵94.3厘米，横69.9厘米，台北"故宫博物院"藏

境下是一份云淡风轻,云淡风轻背后是唯独倪瓒自己才能体会的近几年的苦楚生活。仔细体会倪瓒《枫落吴江图》中的那份安静,不经意间会使观者联想到吴镇创作于 14 世纪 40 年代的《渔父意图》(或称《渔父图》),此图构图也是分为近、中、远三段景色,中间的水面占据整幅画面四分之一,静夜中发光的广阔水面似乎赋予了画面生命力,此番生命力的背后是吴镇生活的艰辛,正如他在画幅上自题云:

> 西风潇潇下木叶,江上青山愁万叠。长年悠优乐竿线,蓑笠几番风雨歇。渔童鼓枻忘西东,放歌荡漾芦花风。玉壶声长曲未终,举头明月磨青铜。夜深船尾鱼泼剌,云散天空烟水阔。①

现实生活中的愁苦逐渐使他退隐为书画中渔人的角色,可以享受渔人一天劳作之后所获得的充实感,不用过问时事,安心体验自然山水的景致与闲情,故而画面中的宁静感乃是吴镇所追求的艺术效果,亦是其内心坦然接受隐逸后的真实感悟,此时的他不会再去幻想仕途或者痛心百姓疾苦,更多的时间留给了自己,去体验更加多元的山水之美。倪瓒与吴镇一样,都踏上了归隐之路,亦皆未放弃对丰富的文化生活的追求,倪瓒"藏书数千卷,皆手自勘定。古鼎法书,名琴奇画,陈列左右"②,"钓船书舫,茶具笔床,日相往还,以咏叹今古为事,枫江柳湾,云汀烟渚"③,这种隐逸生活方式充满了求知气息与艺术氛围,所以即使在漂泊不定的旅途中,倪瓒依然能够将《枫落吴江图》的空灵之寂表现得恰到好处,画面的疏密关系与那份平静感始终和谐共生。

① (清)张照:《石渠宝笈》卷十七,《景印文渊阁四库全书》第 824 册,台北:台湾商务印书馆 1986 年版,第522 页。

② (清)张廷玉等:《明史》卷二百九十八,北京:中华书局 1974 年版,第 7624 页。

③ (清)沈世良:《倪高士年谱》卷上,《续修四库全书》第 552 册,上海:上海古籍出版社 2002 年版,第 666 页。

图 46　（元）吴镇《渔父意图》（或称《渔父图》）轴，绢本，水墨，纵 176.1 厘米，横 95.6 厘米，台北"故宫博物院"藏

图 47　（元）王蒙《青卞隐居图》轴,纸本,水墨,纵 143 厘米,横 42 厘米,上海博物馆藏

图 48　（元）王蒙《东山草堂图》轴,纸本,设色,纵 113 厘米,横 60.9 厘米,台北"故宫博物院"藏

元四家中王蒙①祖籍吴兴（今浙江湖州）,其晚年隐居山林之中,自号香光居士,杨维桢《铁崖诗集》中称王蒙为"王侯前朝驸马孙"②,可知王蒙家境显赫,外祖父是元朝前期托古改制的领袖人物赵孟頫,同时外祖母管道昇、舅舅赵奕、赵雍与表兄弟赵麟、赵凤在书画领域各有造诣,王蒙从小就在这样的家庭氛围中耳濡目染。倪瓒曾作《寄王叔明》云:"能诗何水部,爱石米南宫。允尔英才最,居然外祖风。钓丝烟雾外,船影画图中。他日千金积,陶朱术偶同。"③诗文中的"居然外祖风",一语

---

① 王蒙去世的时间可以确定,根据陶宗仪的《哭王黄鹤,乙丑九月初十日卒于秋官狱》一诗的诗名可以得知,王蒙卒于 1385 年。但是王蒙的生年,却存在四种不同的说法:1308 年（现今美术史著作大多采用此说）、1301 年（王伯敏《中国绘画通史》）、1298 年（杜哲森《元代绘画史》、潘天寿等编著《历代画家评传》）以及不可考证说（陈高华《元代画家史料》、陈野《浙江绘画史》）。若是按照现今美术史大多采用的说法,则认为王蒙生于 1308 年,而倪瓒是生于 1306 年,吴镇与黄公望的生年要早于王、倪二人。

② （元）杨维桢:《题王叔明画渡水僧图》,《铁崖先生诗集》丙集,美国哈佛大学图书馆藏。

③ （元）倪瓒:《清閟阁遗稿》卷三,《北京图书馆古籍珍本丛刊》第 95 册,北京:书目文献出版社 1987 年版,第 601 页。

道破了王蒙早年绘画所受的直接影响源于赵孟頫,但是王蒙并没有完全照搬赵孟頫的"复古""书画同源"以及"简率"的绘画风格,而是更多融入董源、巨然、郭熙等南派画风,最终形成的艺术风格并没有拘泥于某家某派,而是对各派山水风格进行广泛吸收与借鉴,逐渐产生了"密体山水"的创作程式。与倪瓒同样生活在江南地区的王蒙,绘画风格却与倪瓒迥然不同。王蒙的生活境遇总体来说与倪瓒差别不大,都是经历了元末的农民起义、社会动荡,只不过王蒙一生几出几隐,对于仕途的偏爱之情要比倪瓒更加浓厚些,但在元末的乱世中,王蒙还是听从倪瓒等众多好友的规劝,弃官隐逸到杭州北边的黄鹤山避乱,开始了真正的"高卧青山而望白云"的闲淡生活,他的大多数作品也是诞生在此时期。比如奠定王蒙在中国山水画史上影响力的一件作品便是《青卞隐居图》,该图与倪瓒创作《枫落吴江图》的时间一致,都是至正二十六年(1366),王蒙此时已是第二次隐居黄鹤山中,估计此时的王蒙仍然在山中以观后变,不像倪瓒那样坚定与洒脱,散尽家财,终身避世,所以可以想象王蒙的内心始终是激荡不安的,充满生不逢时的苦闷。观者可以将《青卞隐居图》与其早期创作的《东山草堂图》加以风格比对,早期的《东山草堂图》是一种安详与宁静,用笔与构图都较为保守,相对更加工整。画面的整体氛围是检验画家创作心情的利器。从《青卞隐居图》中可以看出王蒙内心的动荡曲折,画面采取高远法构图,山脚峰顶,自下而上,呈"之"字形取势布景,气势撼人。此时的卞山只是画家心里的一丝寄托,幻想着未来大展宏图的一种祈盼,树石飞瀑虽然壮美动人,但这些美妙的景物在王蒙眼里或许是沧桑的意象,失去了治天下的鸿鹄之志,只能将壮志难酬与怀才不遇的苦闷之情通过书画去尽情表达。或许此时王蒙的心境与其外祖父赵孟頫类似,赵孟頫对于卞山曾作诗云:"岂有文章供世用,久判渔钓与云闲。何当便理南归棹,呼酒登楼看卞山。"①卞山赋予这祖孙二人太多的愁苦,但他们也正是因为经历了磨难,人生阅历变得更加丰富,个人的艺术创作也受到间接影响,最终在不断的创作实践中形成独特的画风。董其昌曾在《青卞隐居图》上作跋

---

① (元)赵孟頫:《松雪斋集》卷五,杭州:西泠印社出版社2010年版,第106页。

曰：“此图神气淋漓，纵横潇洒，实山樵（王蒙）第一得意山水，倪元镇退舍宜矣。”[①]后又题：“天下第一王叔明”[②]。倪瓒与王蒙的绘画水平其实不能按照董其昌这样直观的方式作出排序，两人的画风一疏一密，各有优劣，应该更为中肯地评价。对此，秦祖永《画学心印》评曰：“高简非浅也，郁密非深也。以简为浅，则迂，老必见笑于王蒙”[③]，清人戴熙《习苦斋画絮》云：“叔明元镇友也，叔明之密避元镇之疏而成。然元镇疏其畦迳而笔墨密，叔明密其畦迳，而笔墨甚疏。二君仍异而同也。”[④]一幅画作的深浅也不能简单地用疏密两种创作手法来区分，王蒙与倪瓒的绘画风格更多的是互补关系，但是透过画面表现在精神层面的深厚是殊途同归的。王世贞《弇州四部稿》中对倪瓒的“简”作了较为精炼的解释，“元镇极简雅，似嫩而苍”[⑤]，确实如此，倪瓒的画作看似简洁素雅，空亭无人，萧瑟荒芜，但是用笔却苍老纯熟。王蒙的画亦与之类似，观者看其画作表面是繁密厚重，但也能从中体会画面深层的清新灵动之感。其实无论是黄公望、吴镇、王蒙，还是其余一批生活在江南地区的画家，都是元末动乱社会的参与者、见证者，他们用绘画这一独特的艺术载体去表现心中所思、所感，虽然师承对象不同或相同，但都形成了一套独特的绘画语言，无关风格与笔墨，只是他们的作画情绪被融入画面之中，从而细品每幅画作中的画面氛围，都会使不同观者有着不同的心境体会。倪瓒只是众多江南画家中的一员，他没有随波逐流地加入某一个派系或者趋附权贵。在元代这样一个对文化多元性较为包容的时代，我们应该去体会每一个画家的别具匠心，只有感受众多元代江南地区画风之后，才能更加深层次地理解倪瓒在此时期的重要性与独特性。

① （清）安岐：《墨缘汇观录》卷三，《续修四库全书》第 1067 册，上海：上海古籍出版社 2002 年版，第 317 页。

② （清）安岐：《墨缘汇观录》卷三，《续修四库全书》第 1067 册，上海：上海古籍出版社 2002 年版，第 317 页。

③ （清）秦祖永：《画学心印》卷五，《续修四库全书》第 1085 册，上海：上海古籍出版社 2002 年版，第 518 页。

④ （清）戴熙：《习苦斋画絮》卷三，《续修四库全书》第 1084 册，上海：上海古籍出版社 2002 年版，第 729 页。

⑤ （明）王世贞：《弇州四部稿》卷一百五十五，《景印文渊阁四库全书》第 1281 册，台北：台湾商务印书馆 1986 年版，第 494 页。

由上看来,他们之所以如此能够"超脱"于世俗生活之上,做到处处自如,不需要仕途来以官赞艺,与当时南方城市雄厚的财富积累是分不开的,所以才能达到宋人所向往的"不仕则仰事俯育,粗了伏腊,不致丧失气节"的境界。因而在某种程度上,他们可以突破宫廷趣味对个体的影响,可以游艺自然而自由创作,这也正是促生南方个性画风的一个重要因素。而画家越来越融入城市生活的趋势,也开启了明清绘画市场化的先河。文人这种自觉退出桎梏,寻求与世俗生活融合的转变,与道教上升为一股颇有影响的政治力量恰好相映成趣,成为元代社会的两大特色。①

## 第三节 "聊以自娱"观念中的静谧之心

至正二十八年,即明洪武元年(1368),元顺帝弃都北走(后两年薨于应昌),常玉春追至北河擒皇孙买的里八剌而还,由此标志着元代的灭亡,是年朱元璋即位于南京应天府。② 进入明代以后,吴中文人面对的政治空气急剧变化。在张士诚统治期间,众多文人与张氏集团相处较为和谐,而张氏是朱元璋在元末政权争夺中的对手,基于此,朱元璋在明初便对吴地文人采取了较为严酷的打压。那些曾为张士诚集团服务过的文士,或被残忍杀害,或被流放戍边,或含冤入狱,吴宽《先世事略》载:"先祖讳生,元末性醇谨谦厚,口未尝出恶言,里中称为善士,平生畏法,不入府县门……故历洪武之世,乡人多被谪徙,或死于刑,邻里殆空"③,后又在《莫处士传》云:"皇明受命,政令一新。豪门巨族,划削殆尽。"④由此可见当时吴中受迫害人数之众、牵连之广,在前一章节已经简略介绍了部分吴中士人被朱元璋处死的经历,下表继续列举部分

---

① 刘迎胜主编:《元史及民族与边疆研究集刊》,上海:上海古籍出版社2007年版,第50页。
② 陈致平:《中华通史·7·元史》,广州:花城出版社2003年版,第41页。
③ (明)吴宽:《家藏集》卷五十七,《景印文渊阁四库全书》第1255册,台北:台湾商务印书馆1986年版,第533页。
④ (明)吴宽:《家藏集》卷五十八,《景印文渊阁四库全书》第1255册,台北:台湾商务印书馆1986年版,第546页。

明初吴中文士所经历的惨状：

**明初吴中文人被迫害一览表(部分)**

| 吴中文人 | 字号 | 明初生活状况 | 著录 |
|---|---|---|---|
| 饶介 | 字介川 | 吴亡后俘至京师伏诛。 | (清)冯桂芬:《(同治)苏州府志》卷一百十一,清光绪九年刊本。 |
| 高启 | 字季迪 | 因为魏观作《上梁文》被腰斩。 | (明)过庭训:《本朝分省人物考》卷十八,明天启刻本。 |
| 徐贲 | 字幼文 | "会大将率师平陇右,往返中原,以徐歉其犒劳,诉于上,遂下狱死。" | (明)黄暐:《蓬窗类纪》卷三,涵芬楼秘籍本。 |
| 张羽 | 字来仪 | 坐事窜岭南,未半道召还,自知不免,投龙江死。 | (明)钱谷:《吴都文粹续集》卷五十五诗文集序,清文渊阁四库全书补配清文津阁四库全书本。 |
| 王行 | 字止仲,号半轩 | 坐蓝玉党死。 | (明)过庭训:《本朝分省人物考》卷十八,明天启刻本。 |
| 谢肃 | 字原功 | "洪武十九年举明经,历官福建按察金事,与按察使陶垕仲共劾布政使薛大方,置之法。出按漳泉,有虎患,移文境内之神,患遂息坐事被逮,太祖御文华殿亲鞫之,肃大呼曰:文华非拷掠之地,天子非问刑之官,请下法司。乃下之吏,狱吏以土囊压杀之。" | (清)万斯同:《明史》卷三百八十六《文苑传》,清钞本 |
| 金絅 | 字子尚 | "洪武初膺荐入官,累迁知苏州府,时百姓苦,官民田则不齐,里胥易以为奸。絅上疏请量减,本州岛重额,先是张士诚据吴,太祖累征不下,怒其民为之守。故张氏既灭,独加意三吴税额,絅疏,入逢上怒,赐死。" | (清)盛枫:《嘉禾征献录》卷三十五,清钞本。 |
| 王蒙 | 字叔明,号黄鹤山樵 | "洪武初,知泰安州事。蒙尝谒胡惟庸于私第,与会稽郭传、僧知聪观画,惟庸伏法,蒙坐事被逮,瘐死狱中。" | (清)张廷玉:《明史》卷二百八十六《列传》第一百七十四,清乾隆武英殿刻本。 |

| 吴中文人 | 字号 | 明初生活状况 | 著录 |
|---|---|---|---|
| 陈汝言 | 字惟允 | "十一月兵部尚书陈汝言有罪下狱死。" | (明)陈建《皇明通纪集要》卷二十一《英宗睿皇帝》，明崇祯刻本。 |
| 卢熊 | 字公武 | 昆山人，元季吴县教谕，洪武出知兖州府坐累死，籍其家。 | (清)万斯同：《明史》卷一百八十一《列传》三十二，清钞本。 |
| 袁华 | 字子英 | "洪武初为郡学训导，后以其子为吏被罪，坐累卒于京师。" | (明)王鏊：《(正德)姑苏志》卷五十四，清文渊阁四库全书本。 |
| 赵元 | 字善长，号丹林 | "国初召天下画士至京，图历代功臣，原以应对不称旨坐死。" | (明)王鏊：《(正德)姑苏志》卷五十六，清文渊阁四库全书本。 |

这些当年元末江南画坛极其重要的文士，逐渐被朱元璋政权所杀，其中像徐贲、王蒙、陈汝言以及赵元都是正值壮年，完全可以在明代培养更多优秀的学徒，可惜生不逢时，他们的艺术生涯只能在此戛然而止。除此之外，明初的刑法律令也相当严格，在中国历史上也是罕见的，从而使得元末江南轻松欢娱的社会风貌变成了明初的谨言慎行，谈迁《国榷》载："国初严驭，夜无群饮，村无宵行，凡饮会口语细故辄流戍。即吾邑充伍四方，至六千余人，诚使人凛凛，言之至今心悸也。"①由百姓日常的"夜无群饮，村无宵行"便可窥见整个明初的政治管控程度，这也在潜意识中波及整个艺术创作的圈层。总之，吴中地区的政治、经济与军事都受到朱元璋政权的严厉打压，倪瓒便是在这种打压下度过最后的六年时光。

相比吴中地区惨死的文人画家，倪瓒似乎幸运一些，早年拒绝加入任何政权的想法为他保住了性命，面对朱元璋政权的相邀，他亦是直接拒绝，彻底沦为归隐之人。由于明王朝的统一，倪瓒之前"漫认他乡是故乡"的无奈逐渐被"故山日日生归梦"的思乡之情所替代，至少此时的倪瓒不用再到处躲避兵乱，内心的惶恐与紧张也得到了释放。因此，倪瓒晚年进入明王朝之后的画风开始趋向平淡、自然，思想也更加恬淡旷

① (清)谈迁：《国榷》卷五，《续修四库全书》第358册，上海：上海古籍出版社2002年版，第323页。

达,过去画面中萧瑟枯寂的意境也在慢慢流逝,此时画面更多的是想营造怀念亲友、热爱生命的氛围,用笔率意简略,构图样式在清疏淡逸中增添了一丝情趣的笔触,简中有繁,干中带湿,墨色的苍润感也在增强。

或许倪瓒正是因为经历了元末残酷的动乱,加之家庭变故的沉重打击,而在1368年时提出了对后世影响深刻的绘画理论,主要体现在两段文字中:

> 以中每爱余画竹。余之竹,聊以写胸中逸气耳,岂复较其似与非,叶之繁与疏,枝之斜与直哉?或涂抹久之,它人视以为麻、为芦,仆亦不能强辨为竹。真没奈览者何,但不知以中视为何物耳。[①]

> 瓒比承命,俾画《陈子桱剡源图》,敢不承命惟谨。自在城中,泪泪略无少清思。今日出城外闲静处,始得读剡源事迹,图写景物,曲折能尽状其妙趣,盖我则不能之。若草草点染,遗其骊黄牝牡之形色,则又非所以为图之意。仆之所谓画者,不过逸笔草草,不求形似,聊以自娱耳。近迁游偶来城邑,索画者必欲依彼所指授,又欲应时而得,鄙辱怒骂,无所不有,冤矣乎!讵可责寺人以髯也,是亦仆自有以取之耶。[②]

倪瓒的这两段话,可视为他的绘画创作论,强调的是在艺术上追求"逸"之境界,不用过度注重形似,作画的本质是用来自娱,更是"直写胸中之逸气",一种"诗意期盼"的高逸之境跃然纸上。倪瓒所谓的"逸",是指画家将内在的细腻情感与外在的笔墨语言相结合,形成一种洒脱的笔墨形式,这种形式更是精神层次的超逸,似乎有种"无我之境"的美学思想在其中发挥调和作用。他的"逸气"观,亦在诠释着对人生的一种体悟以及对自己所向往的人生境界的追求,也正是他"据于儒,依于老,逃于禅"[③]的生活写照。倪瓒的"逸气"说更是儒、道、禅三家思想的完美结合,"它既有道家、玄学、禅宗对人生的深沉感慨,同时又不走向

---

① (元)倪瓒著,江兴佑点校:《清閟阁集》卷九,杭州:西泠印社出版社2010年版,第302页。
② (元)倪瓒著,江兴佑点校:《清閟阁集》卷十,杭州:西泠印社出版社2010年版,第319页。
③ 《良常张先生像赞》云:"诵诗读书,佩先师之格言;登山临水,得旷士之乐全。非仕非隐,其几其天。云不雨而常润,玉虽工而匪镂。其据于儒,依于老,逃于禅者欤?"见(元)倪瓒著,江兴佑点校:《清閟阁集》卷九,杭州:西泠印社出版社2010年版,第295页。

虚无、狂怪、放诞、颓丧,而仍然保持着儒家的'舒平和畅之气',满怀对家国、乡土、故人的眷恋之情。"①

在倪瓒之前,文人画坛就出现过"寄乐于画""游戏笔墨"的兴起,比如南北朝时期的姚最在《续画品》中曾评价萧贲的绘画:"右雅性精密,后来难尚。含毫命素,动必依真。尝画团扇,上为山川,咫尺之内,而瞻万里之遥;方寸之中,乃辩千寻之峻。学不为人,自娱而已。虽有好事,罕见其迹。"②姚氏提出的"自娱"说,是当时环境下艺术为己的一种时代风气,指士大夫画家们通过绘画(主要是山水画)来自我娱乐,充分享受其中的陶醉之感,忘却时代的纷争,似乎与倪瓒所生活的时期有着某种程度上的相似。姚氏最早提出绘画的"自娱"功能,这亦可看作文人画发展的萌芽时期。至唐代,张彦远在《历代名画记》中又阐明了绘画的"怡悦情性"③之功用,并且提出绘画还具有"成教化、助人伦"④,"穷神变、测幽微"⑤的鉴戒贤愚之智慧。文人画发展到北宋时期,此种"自娱"的精神内涵被逐步拔高,苏轼曾言:"凡物之可喜,足以悦人而不足以移人者,莫若书与画,……于是乎,二物者,常为吾乐而不能为吾病。"⑥可见,苏轼认为作画是为了取乐自娱,修养身心,抒发内心之感怀。米芾紧随其后,其自身便对诸事无系于心,甚至不满于杜甫之"汲汲于功名"⑦,自云"功名皆一戏,未觉负平生"⑧,他认为绘画的最大功用是"自适其志",此种寄乐于画的心态便把书画当作一种游戏,在精神的制高点上去驾驭书画,而外在的表现形式则是轻松、愉悦,正如李日华《六研

① 刘纲纪:《倪瓒的美学思想》,卢辅圣主编:《朵云·第六十二集·倪瓒研究》,上海:上海书画出版社 2005 年版,第 145 页。

② (南北朝)姚最撰,王伯敏标点注译:《续画品》,北京:人民美术出版社 2016 年版,第 12 页。

③ 张彦远《历代名画记》载:"彦远论曰:图画者,所以鉴戒贤愚、怡悦情性。若非穷玄妙于意表,安能合神变乎天机? 宗炳、王微,皆拟迹巢、由,放情林壑,与琴酒而俱适,纵烟霞而独往。各有画序,意远迹高,不知画者难可与论。因者于篇,以俟知者。"见(唐)张彦远撰,秦仲文、黄苗子点校:《历代名画记》卷六,北京:人民美术出版社 2016 年版,第 134 页。

④ (唐)张彦远撰,秦仲文、黄苗子点校:《历代名画记》卷一,北京:人民美术出版社 2016 年版,第 1 页。

⑤ (唐)张彦远撰,秦仲文、黄苗子点校:《历代名画记》卷一,北京:人民美术出版社 2016 年版,第 1 页。

⑥ (宋)苏轼:《经进东坡文集事略》卷五十三,《续修四库全书》第 1314 册,上海:上海古籍出版社 2002 年版,第 255—256 页。

⑦ (宋)米芾:《画史》不分卷,《丛书集成初编》,上海:上海商务印书馆 1936 年版,第 1 页。

⑧ (宋)米芾:《画史》不分卷,《丛书集成初编》,上海:上海商务印书馆 1936 年版,第 2 页。

斋二笔》载:"米南宫(米芾)多游江湖,……不专用笔,或以纸筋子,或以蔗滓,或以莲房梗,皆可为画。"①他们的绘画思想对倪瓒产生了很大的影响,倪瓒所谓的"聊以自娱"之说实则是对苏轼、米芾等人的继承与发展,但是更多的是在理念层面的延续,与画法无关。创作上的自由,并没有导致艺术质量的滑坡,元代绘画依旧遵循着艺术的发展规律在前进与探索。文人画家们在"游于艺"的同时,仍然恪守着技进乎道、惟德是尊的治艺前提,除了倪瓒所提出的"逸气说""自娱说"之外,还有郑思肖的"君子画"②说,钱选的"士气"③说,赵孟頫的"古意"④说,吴镇的"适兴"⑤说,汤垕的"写意"⑥说等,都是在民族传统文化的价值观念之上与时俱进,他们所创作的绘画大多是描绘远离尘世喧嚣的"世外桃源",或者通过绘画载体去抒情言志。⑦ 在这些作品中,文人们精心建构了一个和谐的处所,他们可以悠闲地赏月、观瀑、抚松、听涛……仿佛世道上的纷争永远无法破坏此处的宁静,同时让他们在精神上实现超然和洒脱。倪瓒则是这批文人中的典型代表,他厌倦着世俗的纷扰,躲避着现实的混乱,通过绘画去释放内心的苦闷,"逸笔草草"的笔意正是用来抒发胸

① (明)李日华:《六研斋二笔》卷四,《景印文渊阁四库全书》第867册,台北:台湾商务印书馆1986年版,第649页。

② 《南村辍耕录》载:"郑所南先生(思肖)……纯是君子,绝无小人。空山之中,以天为春。"见(元)陶宗仪:《南村辍耕录》卷二十,《四部丛刊三编》,北京:商务印书馆1936年版,不分页数。

③ 董其昌《容台集》载:"赵文敏问画道于钱舜举,何以称士气? 钱曰:隶体耳。"(明)董其昌:《容台文集》卷三,《四库全书存目丛书·集部》第171册,齐鲁书社1997年版,第342页。另外,明代曹昭《新增格古要论》也有一段记载钱选与赵孟頫对士夫画的讨论:"赵子昂问钱舜举曰:'如何是士大夫画',舜举答曰'隶家画也'。子昂曰:'然余观唐之王维、宋之李成、徐熙、李伯时皆高尚,士夫之所画,盖于物传神,尽其妙也。近世作士夫画者,其谬甚矣'。"(明)曹昭撰,(明)舒敏、王佐增:《新增格古要论》卷五,《续修四库全书》第1185册,上海:上海古籍出版社2002年版,第212页。从这两段文字看,"士气"与"士夫画"相关联,"隶体"也就是指"隶家画"。"隶家"又写作"戾家",是与"行家"相对的。

④ "子昂自跋画卷云:'作画贵有古意,若无古意,虽工无益。'"见(明)张丑:《清河书画舫》卷十下,《景印文渊阁四库全书》第817册,台北:台湾商务印书馆1986年版,第412页。

⑤ 《赵氏铁网珊瑚》引吴镇云:"墨戏之作,盖士大夫词翰之余,适一时之兴趣,与夫评画之流,大有寥廓。……尝观陈简斋墨梅诗云:'意足不求颜色似,前身相马九方皋。此真知画者也。'"见(明)赵琦美:《赵氏铁网珊瑚》卷十一,《景印文渊阁四库全书》第815册,台北:台湾商务印书馆1986年版,第636页。

⑥ 《画鉴》载:"画梅谓之写梅,画竹谓之写竹,画兰谓之写兰。何哉? 盖花卉之至清,画者当以'意''写'之,不在形似耳。"见(元)汤垕:《画鉴》不分卷,《景印文渊阁四库全书》第814册,台北:台湾商务印书馆1986年版,第437页。

⑦ 杜哲森:《中国绘画断代史·元代绘画》,北京:人民美术出版社2004年版,第1—2页。

第六章 元末明初社会变迁下的倪瓒绘画

319

中之逸气，从而实现精神上的自娱。

　　倪瓒"逸笔草草"的画风在其晚年（洪武年间）更趋向平淡与静谧，比如洪武四年（1371）创作的《虞山林壑图》，依然是沿用"一河两岸"式构图，但是不像早年所作的《渔庄秋霁图》那般空旷。《虞山林壑图》的近景部分多了些汀渚，汀渚的形状也在不断变化着，由短小狭窄状变得更加宽厚平缓，中景的湖水面积也在缩小，添置了一些水岸与杂树，远景的群山面积亦在逐渐放大，同时干笔皴擦遍数明显增多，坡石的画法较之前越发精细，树叶的湿润度与坡岸上的浓墨苔点也得到了强化。倪瓒心境之所以能够如此平稳，除了与社会环境有关之外，或许也因此图是访伯琬高士而作，正如倪瓒自题云："陈蕃悬榻处，徐孺过门时。甘洌言游井，荒凉虞仲祠。看云聊弄翰，把酒更题诗。此日交欢意，依依去后思。"①老友间难得相见，故而"看云聊弄翰，把酒更题诗"，可见倪瓒此时兴致正高，过去那些焦灼、愤懑、不平，常常借用坚硬的山石去表现，现在随着情绪的变化，画面的物象描绘也在悄无声息地改变着。一年之后（1372）创作的《容膝斋图》，其风格与《虞山林壑图》类似，但是树石结构画得更具有立体感，尤其是多层的笔墨积染，看得出倪瓒此时耐心十足，同时画上的树枝画得优雅动人，似乎左边的部分快延展至画外，却又回到画面之中，树与

图49　（元）倪瓒《虞山林壑图》轴，纸本，水墨，纵94.6厘米，横34.9厘米，美国大都会艺术博物馆藏

① （清）吴升：《大观录》卷十七，《续修四库全书》第1066册，上海：上海古籍出版社2002年版，第750页。

石的每个部分都十分平稳地穿插在一起,仿佛既有韵律的节奏,又能组织成一个有机的整体。① 此种平淡天真的画风与其中年风格是差别较大的,中年的转型期风格更偏向简淡,虽然简淡与平淡看似只有一字之差,但是画面所营造的境界完全不同。简淡是对繁密的抛弃,以简代繁,此种"淡"是对"绚丽复杂"的否定,而"平淡"更多的是强调作画者内心的平静,②用笔相对随意又不失缜密,境界幽远又不过度繁杂,此种平淡更是苍秀之中见厚实,没有多年的创作经验是不可能达到的,更是明初时期隐逸画家风格的经典。众多元末的遗民画家被杀害,伴随着明朝封建专制统治的黑暗,隐逸画家也越来越多,客观上促进了文人画的兴盛。③《容膝斋图》是倪瓒去世前两年所作,除了平淡自然的特征之外,似乎画面中还多了一份含蓄。此图原来是赠其友檗轩,檗轩收藏两年后再请倪瓒补题,寄赠潘仁仲医师,倪瓒于洪武七年(1374)三月重题《容膝斋图》云:"金梭跃水池鱼戏,彩凤栖林涧竹斜。"④池鱼欢跃,似金梭穿往,涧竹斜

图 50　(元)倪瓒《容膝斋图》轴,纸本,水墨,纵74.7厘米,横35.5厘米,台北"故宫博物院"藏

第六章　元末明初社会变迁下的倪瓒绘画

---

① [美]方闻:《论中国画的研究方法》,洪再辛选编:《海外中国画研究文选:1950—1987》,上海:上海人民美术出版社1992年版,第97—98页。

② 盛东涛:《倪瓒》,石家庄:河北教育出版社2006年版,第68页。

③ 王朝闻主编:《中国美术史·明代卷》,北京:北京师范大学出版社2011年版,第4页。

④ (元)倪瓒:《清閟阁遗稿》卷七,《北京图书馆古籍珍本丛刊》第95册,北京:书目文献出版社1987年版,第640页。

生,如彩凤入林。景物的鲜活、灵动,居所的简朴,从侧面反映出主人公倾心自然、不慕浮华、安于淡泊的心性,这种人格的品质与倪瓒晚年画作中所表现出的含蓄风格是一致的,在追求闲适的境界中找到自然本质中的纯真。倪瓒的生活状况虽然已经在洪武年间得到改善,但其思乡之情日渐浓厚,他在题诗后的跋文中说道,"他日将归故乡,登斯斋,持卮酒,展斯图,为仁仲寿,当遂吾志也"①,异乡漂泊多年,即将进入古稀之年的老人,渴望回到家乡与契友聚首共叙,此时的心情想必十分沉重。

倪瓒逝世后,他的画风也在影响着后世的画家们,尤其对明初以王绂、杜琼、刘珏、姚绶等为代表的文人画家,他们大多上承元四家之脉络,下启吴门画派之变革。至明代中叶,董其昌对倪瓒更为推崇备至,其"南北宗论"确立了南宗的正统地位,明确以董源、巨然、倪瓒等南宗画家为对象临摹学习。换言之,在董其昌时代,倪瓒已然成为画家们学习的典范。世人对倪瓒的接受度也在逐渐提高,他的画作被大众奉为至宝,一幅山水的价格值百廿金。② 倪瓒的画不仅被富贵之人借以炫耀家资,而且已经形成"云林先生戏墨,在江东人家以有无为清浊"③的局面,由此来标榜这些文士的高雅趣味。晚明局势动荡期间,士人对倪瓒人格品性更为看重,因此推重倪瓒的节行,正如明代隆庆时期的李本宁所云"人言摩诘画中有诗、诗中有画。倪先生亦然。生前,诗与人以画掩,身后,诗与画,以人重。"④可见倪瓒从画风到人品皆对明代后期的文士形成了一种榜样的力量,由明入清后,画坛主流的仿古派仍然以倪瓒为正脉。然而这种复古的兴起没有再次创造出元代山水画的辉煌,在产生了几位代表画家之后便成为绘画的"八股文",形式僵化而势渐衰微,最后淹没在历史中。由此可见倪瓒绘画作品的时代性与独特性。不是任何一个环境土壤都可以孕育出像倪瓒这般脱俗的"高士",他的书画语言深深地植入元末明初的社会背景之中,更是与其家世及人生阅历息息相关的。

---

① (清)张照:《石渠宝笈》卷十七,《景印文渊阁四库全书》第824册,台北:台湾商务印书馆1986年版,第505页。

② (清)姜绍书:《韵石斋笔谈》卷上,北京:中华书局1985年版,第10页。

③ (清)孙岳颁:《佩文斋书画谱》卷八十六,《景印文渊阁四库全书》第822册,台北:台湾商务印书馆1986年版,第661页。

④ 张洲:《倪瓒诗画汇通研究》,广州:广东高等教育出版社2014年版,第459页。

# 附录:倪瓒传世书画作品统计表

| 序号 | 作品名称/形式 | 质地/墨色 | 尺寸(厘米) | 创作年代 | 藏馆 | 备注 |
|---|---|---|---|---|---|---|
| 1 | 《水竹居图》轴 | 纸本,设色 | 纵53.6厘米,横27.7厘米 | | 中国国家博物馆 | |
| 2 | 《六君子图》轴 | 纸本,墨笔 | 纵61.9厘米,横33.3厘米 | 至正五年乙酉(1345) | 上海博物馆 | |
| 3 | 《渔庄秋霁图》轴 | 纸本,水墨 | 纵96.1厘米,横46.1厘米 | 至正十五年乙未(1355) | 上海博物馆 | |
| 4 | 《竹石乔柯图》轴 | 纸本,墨笔 | 纵82.5厘米,横39.7厘米 | 至正十七年丁酉(1357) | 上海博物馆 | |
| 5 | 《怪石丛篁图》轴 | 纸本,墨笔 | 纵94.2厘米,横26.8厘米 | 至正二十年庚子(1360) | 上海博物馆 | 徐邦达:伪。启功、傅熹年:疑伪。 |
| 6 | 《行书题跋水竹居》卷 | 纸本 | 纵31.4厘米,横208.9厘米 | 倪瓒题跋时间:至正二十二年壬寅(1362) | 上海博物馆 | 作者:倪瓒、陶宗文、如海、王雨、盛麟、曹铣、碧潭、陆广。[谢稚柳、启功、刘九庵:张爱仿造。] |
| 7 | 《溪山图》轴 | 纸本,墨笔 | 纵116.5厘米,横35.7厘米 | 至正二十四年甲辰(1364) | 上海博物馆 | |
| 8 | 《汀树遥岑图》轴 | 纸本,墨笔 | 纵69.2厘米,横31.3厘米 | 至正二十五年乙巳(1365) | 上海博物馆 | 徐邦达:茅亭、细竹为后人添入。 |

| 序号 | 作品名称/形式 | 质地/墨色 | 尺寸(厘米) | 创作年代 | 藏馆 | 备注 |
|---|---|---|---|---|---|---|
| 9 | 《竹石图》轴 | 纸本,墨笔 | 纵77.1厘米,横32.3厘米 | 至正二十八年戊申(1368) | 上海博物馆 | |
| 10 | 《古树茅亭图》轴 | 纸本,墨笔 | 纵76.6厘米,横30.2厘米 | 洪武五年壬子(1372) | 上海博物馆 | 徐邦达:款不好,伪,画弱。傅熹年:伪。谢稚柳、刘九庵、杨仁恺:画真。 |
| 11 | 《霜柯竹石图》轴 | 纸本,水墨 | 纵86.7厘米,横36.2厘米 | | 保利艺术博物馆 | |
| 12 | 《竹枝图》轴 | 纸本,墨笔 | 纵60.8厘米,横18.9厘米 | | 上海博物馆 | 启功、傅熹年:伪。 |
| 13 | 《秋空落叶图》轴 | 纸本,墨笔 | 纵82.8厘米,横32厘米 | | 上海博物馆 | 徐邦达:存疑。傅熹年:明前期画。启功:此即昧玄子画,题作倪瓒,误。 |
| 14 | 《琪树秋风图》轴 | 纸本,墨笔 | 纵62厘米,横43.4厘米 | | 上海博物馆 | |
| 15 | 《楷书江南春词》卷 | 纸本 | 纵24厘米,横41.8厘米 | | 上海博物馆 | 徐邦达、傅熹年:倪书旧伪,余全真。 |
| 16 | 《吴淞春水图》轴 | 纸本,墨笔 | 纵64.6厘米,横26.6厘米 | | 上海博物馆 | 徐邦达:画为张中作,被挖去款题,倪瓒题。杨仁恺、刘九庵、傅熹年:存疑。谢稚柳:真。 |
| 17 | 《五株烟树图》轴 | 纸本,墨笔 | 纵73.2厘米,横54.6厘米 | 至正十四年甲午(1354) | 北京故宫博物院 | |
| 18 | 《树石幽篁图》轴 | 纸本,墨笔 | 纵61厘米,横29.3厘米 | 至正二十八年戊申(1368) | 北京故宫博物院 | |
| 19 | 《行书静寄轩诗文》轴 | 纸本 | 纵23.3厘米,横62.3厘米 | | 北京故宫博物院 | |
| 20 | 《古木幽篁图》轴 | 纸本,墨笔 | 纵88.5厘米,横30.2厘米 | | 北京故宫博物院 | |

| 序号 | 作品名称/形式 | 质地/墨色 | 尺寸(厘米) | 创作年代 | 藏馆 | 备注 |
|---|---|---|---|---|---|---|
| 21 | 《竹枝图》卷 | 纸本,墨笔 | 纵33.4厘米,横76.2厘米 | | 北京故宫博物院 | |
| 22 | 《行书淡室诗》轴 | 纸本 | 纵64厘米,横26.8厘米 | | 北京故宫博物院 | |
| 23 | 《林亭远岫图》轴 | 纸本,水墨 | 纵87.3厘米,横31.4厘米 | | 北京故宫博物院 | |
| 24 | 《幽涧寒松图》轴 | 纸本,墨笔 | 纵59.7厘米,横50.2厘米 | | 北京故宫博物院 | |
| 25 | 《秋亭嘉树图》轴 | 纸本,墨笔 | 纵134.1厘米,横34.3厘米 | | 北京故宫博物院 | 谢稚柳、杨仁恺、傅熹年:疑伪,徐邦达:待研究。 |
| 26 | 《梧竹秀石图》轴 | 纸本,墨笔 | 纵95.8厘米,横36.5厘米 | | 北京故宫博物院 | |
| 27 | 《鹤林图》卷 | 纸本,墨笔 | 纵30.5厘米,横54厘米 | | 中国美术馆 | |
| 28 | 《苔痕树影图》轴 | 纸本,墨笔 | 纵91.5厘米,横33厘米 | 洪武五年壬子(1372) | 扬州市文物商店 | |
| 29 | 《丛篁古木图》轴 | 纸本,墨笔 | 纵102.9厘米,横43.9厘米 | 洪武二年乙酉(1369) | 南京博物院 | |
| 30 | 《水竹居图》卷 | 纸本,墨笔 | 纵23.3厘米,横141厘米 | 至正二十二年壬寅(1362)九月六日 | 台北"故宫博物院" | |
| 31 | 《壶月轩图》卷 | 纸本,墨笔 | 纵30.6厘米,横101.2厘米 | 洪武四年辛亥(1371)八月四日 | 台北"故宫博物院" | |
| 32 | 《安处斋图》卷 | 纸本,墨笔 | 纵25.4厘米,横71.6厘米 | | 台北"故宫博物院" | |
| 33 | 《画水居图》轴 | | 纵55.5厘米,横28.5厘米 | 后至元三年丁丑(1337) | 台北"故宫博物院" | |
| 34 | 《桐露清琴图》轴 | | 纵90.1厘米,横30厘米 | 至正三年癸未(1343) | 台北"故宫博物院" | |
| 35 | 《画山树》轴 | | 纵116厘米,横83.3厘米 | 至正十一年辛亥(1351) | 台北"故宫博物院" | |

| 序号 | 作品名称/形式 | 质地/墨色 | 尺寸(厘米) | 创作年代 | 藏馆 | 备注 |
|---|---|---|---|---|---|---|
| 36 | 《松林亭子图》轴 | 绢本，水墨 | 纵83.4厘米，横52.9厘米 | 至正十四年甲午(1354) | 台北"故宫博物院" | |
| 37 | 《合作山水》轴 | 纸本，墨笔 | 纵119.9厘米，横56.1厘米 | 至正二十一年辛丑(1361) | 台北"故宫博物院" | |
| 38 | 《竹树野石图》轴 | | | 至正二十三年癸卯(1363)二月一日 | 台北"故宫博物院" | |
| 39 | 《江岸望山图》轴 | 纸本，设色 | 纵111.3厘米，横33.2厘米 | 至正二十三年癸卯(1363)二月十七日 | 台北"故宫博物院" | 题画首句："江上春风积雨晴。" |
| 40 | 《溪亭山色图》轴 | | 纵46.1厘米，横23.1厘米 | 至正二十五年乙巳(1365)闰十月五日 | 台北"故宫博物院" | |
| 41 | 《枫落吴江图》轴 | 纸本，水墨 | 纵94.3厘米，横69.9厘米 | 至正二十六年丙午(1366)秋 | 台北"故宫博物院" | |
| 42 | 《雨后空林图》轴 | 纸本，着色 | 纵63.5厘米，横37.6厘米 | 洪武元年戊申(1368)三月五日 | 台北"故宫博物院" | |
| 43 | 《枯木竹石图》轴 | 纸本，墨笔 | 纵47厘米，横27.4厘米 | 洪武元年戊申(1368)正月十七日 | 台北"故宫博物院" | |
| 44 | 《溪山图》轴 | 纸本 | 纵111厘米，横34.2厘米 | 洪武四年辛亥(1371) | 台北"故宫博物院" | |
| 45 | 《春雨新篁图》轴 | 纸本，墨笔 | 纵70.7厘米，横38.6厘米 | 洪武四年辛亥(1371) | 台北"故宫博物院" | |
| 46 | 《江亭山色图》轴 | 纸本，墨笔 | 纵94.7厘米，横43.7厘米 | 洪武五年壬子(1372) | 台北"故宫博物院" | |
| 47 | 《孤亭秋色图》轴 | 纸本，墨笔 | 纵63.7厘米，横27.3厘米 | 洪武五年壬子(1372) | 台北"故宫博物院" | |
| 48 | 《容膝斋图》轴 | 纸本，水墨 | 纵74.7厘米，横35.5厘米 | 洪武五年壬子(1372) | 台北"故宫博物院" | |

| 序号 | 作品名称/形式 | 质地/墨色 | 尺寸(厘米) | 创作年代 | 藏馆 | 备注 |
|---|---|---|---|---|---|---|
| 49 | 《疏林远山图》轴 | 纸本,墨笔 | 纵72.9厘米,横37.5厘米 | 洪武五年壬子(1372) | 台北"故宫博物院" | 题画首句:"屋角春风多杏花。" |
| 50 | 《秋树筠石图》轴 | | 纵49.1厘米,横23.6厘米 | 洪武五年壬子(1372) | 台北"故宫博物院" | |
| 51 | 《清閟阁》轴 | | 纵108.7厘米,横44.3厘米 | 洪武五年壬子(1372) | 台北"故宫博物院" | |
| 52 | 《合作古木竹石图》轴 | 纸本,墨笔 | 纵93.5厘米,横52.3厘米 | 洪武六年癸丑(1373) | 台北"故宫博物院" | |
| 53 | 《修竹图》轴 | | | 洪武七年甲寅(1374)二月七日 | 台北"故宫博物院" | 题画首句:"二月六日夜宿幻住精舍。" |
| 54 | 《远岫树石图》轴 | 纸本,墨笔 | 纵88.7厘米,横37.4厘米 | 洪武七年甲寅(1374)正月十四日 | 台北"故宫博物院" | 题画首句:"松陵第四桥前水。" |
| 55 | 《紫芝山房图》轴 | 纸本,墨笔 | 纵80.5厘米,横34.8厘米 | 八月二十八日为叔平画 | 台北"故宫博物院" | 题画首句:"山房临碧海。" |
| 56 | 《画竹轴》 | 纸本,墨笔 | 纵67.1厘米,横32.9厘米 | | 台北"故宫博物院" | |
| 57 | 《筠石古槎图》轴 | 纸本,墨笔 | 纵44.5厘米,横32厘米 | | 台北"故宫博物院" | |
| 58 | 《平林远岫图》轴 | | 纵103.3厘米,横81.8厘米 | | 台北"故宫博物院" | |
| 59 | 《江干秋树图》轴 | | 纵94.2厘米,横49.1厘米 | | 台北"故宫博物院" | |
| 60 | 《万壑秋亭》轴 | | 纵95.8厘米,横58.5厘米 | | 台北"故宫博物院" | |
| 61 | 《岩层图》轴 | | 纵54厘米,横30.7厘米 | | 台北"故宫博物院" | |
| 62 | 《灌木流泉图》册 | 纸本 | 纵27.9厘米,横42.2厘米 | 至正九年乙丑(1349)深秋 | 台北"故宫博物院" | |

| 序号 | 作品名称/形式 | 质地/墨色 | 尺寸(厘米) | 创作年代 | 藏馆 | 备注 |
|---|---|---|---|---|---|---|
| 63 | 《山水图册》 | 纸本，墨笔 | 纵 32.4 厘米，横 23.2 厘米 | 至正二十一年辛丑(1361)四月 | 台北"故宫博物院" | 题："余与仲英高士。" |
| 64 | 《秋林远山册》 | 纸本，墨笔 | 纵 42.7 厘米，横 27.3 厘米 | 至正二十年壬寅(1362) | 台北"故宫博物院" | |
| 65 | 《竹石册》 | 纸本，墨笔 | 纵 41.8 厘米，横 26.2 厘米 | 洪武四年辛亥(1371)春 | 台北"故宫博物院" | |
| 66 | 《松溪亭子图》册 | 纸本 | | 洪武六年癸丑(1373)八月二十六日 | 台北"故宫博物院" | |
| 67 | 《山水册》 | 纸本，墨笔 | 纵 32.4 厘米，横 23.2 厘米 | | 台北"故宫博物院" | |
| 68 | 《野竹修篁》册 | 纸本，墨笔 | 纵 25.8 厘米，横 28.7 厘米 | | 台北"故宫博物院" | |
| 69 | 《竹枝册页》 | 纸本，墨笔 | 纵 54.8 厘米，横 31.8 厘米 | | 台北"故宫博物院" | |
| 70 | 《竹三幅》 | | | | 台北"故宫博物院" | |
| 71 | 《五窠树图》轴 | | | 至正二年壬午(1342)八月作 | 台湾王世杰藏 | |
| 72 | 《青藤古木图》 | | | | 张大千藏 | 《大风堂名迹》影印 |
| 73 | 《杜陵诗意图》轴 | | 纵 67.7 厘米，横 32.9 厘米 | 至正二十一年辛丑(1361)四月 | 日本东京国立博物馆 | |
| 74 | 《溪亭秋色图》轴 | 纸本，墨笔 | 纵 29.2 厘米，横 36.6 厘米 | 至正八年戊子(1348)五月四日 | 日本大阪市立美术馆 | |
| 75 | 《疏林图》轴 | 纸本，水墨淡彩 | 纵 69.7 厘米，横 58.3 厘米 | | 日本大阪市立美术馆 | |
| 76 | 《云林六墨图册》(画六页) | 纸本，墨笔 | 纵 28.9 厘米，横 46.4 厘米 | | 日本京都国立博物馆 | |

| 序号 | 作品名称/形式 | 质地/墨色 | 尺寸(厘米) | 创作年代 | 藏馆 | 备注 |
|---|---|---|---|---|---|---|
| 77 | 《山水图》轴 | 纸本，墨笔 | 纵87厘米，横29.8厘米 | | 日本阿形邦三藏 | 《中国绘画总合图录》第四卷"日本篇·寺院·个人"影印，《日本所在中国绘画目录·个人集编》著录 |
| 78 | 《小山疏林图》轴 | 纸本，墨笔 | 纵83.2厘米，横32.5厘米 | 至正二十二年壬寅(1362)十月二日 | 日本东京桥本辰二郎藏 | 《中国名画集》第二册影印 |
| 79 | 《山水轴》 | 纸本，墨笔 | | 至正十二年壬辰（1352）九月 | 日本京都小栗秋堂藏 | 《日本现在支那名画目录》 |
| 80 | 《枯木竹石图》轴 | 纸本，墨笔 | | 洪武二年乙酉(1369) | 东京加藤正治藏 | 《域外所藏中国名画集》之五《元画》中、《日本现在支那名画目录》著录 |
| 81 | 《虞山林壑图》轴 | 纸本，水墨 | 纵94.6厘米，横34.9厘米 | 洪武四年辛亥（1371）十二月十三日 | 美国大都会艺术博物馆 | 《中国绘画总合图录》第一卷"美国加拿大编"影印 |
| 82 | 《岸南双树图》轴 | 纸本，水墨 | 纵56.3厘米，横27.8厘米 | 至正十三年癸巳（1353）二月 | 美国普林斯顿大学艺术博物馆 | 《中国绘画总合图录》第一卷"美国加拿大编"影印 |
| 83 | 《江亭山色图》轴 | 纸本，墨笔 | 纵81.6厘米，横33.9厘米 | 洪武元年戊申（1368）三月十日 | 美国明德堂藏 | 《中国绘画总合图录》第一卷"美国加拿大编"影印 |
| 84 | 《林堂待思图》轴 | 纸本，墨笔 | 纵124厘米，横50.5厘米 | | 美国明德堂藏 | 《中国绘画总合图录》第一卷"美国加拿大编"影印 |

| 序号 | 作品名称/形式 | 质地/墨色 | 尺寸(厘米) | 创作年代 | 藏馆 | 备注 |
|---|---|---|---|---|---|---|
| 85 | 《枯木竹石图》轴 | 纸本，墨笔 | 纵 90.6 厘米，横 34.8 厘米 | | 美国明德堂 | 《中国绘画总合图录》第一卷"美国加拿大编"影印 |
| 86 | 《秋林野兴图》轴 | 纸本，水墨 | 纵 97 厘米，横 68.5 厘米 | 后至元五年己卯（1339）秋九月 | 美国纽约大都会艺术博物馆 | 《中国绘画总合图录》第一卷"美国加拿大编"影印 |
| 87 | 《疏林远岫图》轴 | 纸本，墨笔 | 纵 51.4 厘米，横 28.1 厘米 | | 美国普林斯顿大学美术馆 | |
| 88 | 《墨竹图》册页 | 纸本，墨笔 | 纵 29.2 厘米，横 28.7 厘米 | | 美国弗利尔美术馆 | |
| 89 | 《筠石乔柯图》轴 | 纸本，墨笔 | 纵 67.3 厘米，横 38.6 厘米 | | 美国克利夫兰美术馆 | |

# 参考文献

一、古籍类：

（汉）司马迁：《史记》，北京：中华书局 1959 年版。

（汉）赵晔：《吴越春秋》，北京：中华书局 1985 年版。

（汉）班固：《汉书》，北京：中华书局 1962 年版。

（汉）佚名：《三辅黄图》，《景印文渊阁四库全书》第 468 册，台北：台湾商务印书馆 1986 年版。

（三国魏）何晏集解，（宋）邢昺疏：《论语注疏》，《景印文渊阁四库全书》第 195 册，台北：台湾商务印书馆 1986 年版。

（南朝宋）刘义庆：《世说新语》，杭州：浙江古籍出版社 1998 年版。

（南朝梁）萧统：《六臣注文选》，《景印文渊阁四库全书》第 1330 册，台北：台湾商务印书馆 1986 年版。

（北朝魏）郦道元：《水经注笺》，《景印文渊阁四库全书》第 575 册，台北：台湾商务印书馆 1986 年版。

（唐）杜佑：《通典》，北京：商务印书馆 1935 年版。

（唐）张彦远：《法书要录》，北京：人民美术出版社 1984 年版。

（唐）张彦远：《历代名画记》，北京：人民美术出版社 2016 年版。

（唐）张怀瓘：《书断》，《景印文渊阁四库全书》第 812 册，台北：台湾商务印书馆 1986 年版。

（唐）李延寿：《南史》，北京：中华书局 1975 年版。

（唐）房玄龄：《晋书》，北京：中华书局 1974 年版。

（唐）李白撰，（明）朱谏选注：《李诗选注》，《续修四库全书》第 1305 册，上海：上海古籍出版社 2002 年版。

（唐）白居易：《白氏长庆集》，《景印文渊阁四库全书》第 1080 册，台北：台湾商务印书馆 1986 年版。

（唐）陆广微：《吴地记》，《景印文渊阁四库全书》第 587 册，台北：台湾商务印书馆 1986 年版。

（唐）释宗密：《圆觉经略疏之钞》，《续修四库全书》第 1279 册，上海：上海古籍出版社 2002 年版。

（唐）马总：《意林》，《景印文渊阁四库全书》第 872 册，台北：台湾商务印书馆 1986 年版。

（唐）王维：《王右丞集笺注》，《景印文渊阁四库全书》第 1071 册，台北：台湾商务印书馆 1986 年版。

（宋）董逌：《广川书跋》，《景印文渊阁四库全书》第 813 册，台北：台湾商务印书馆 1986 年版。

（宋）欧阳忞：《舆地广记》，成都：四川大学出版社 2003 年版。

（宋）朱熹：《家礼》，《景印文渊阁四库全书》第 142 册，台北：台湾商务印书馆 1986 年版。

（宋）袁甫：《蒙斋中庸讲义》，《景印文渊阁四库全书》第 199 册，台北：台湾商务印书馆 1986 年版。

（宋）常棠：《澉水志》，北京：中华书局 1985 年版。

（宋）朱象先：《古楼观紫云衍庆集》，《道藏》第 19 册，上海：上海书店出版社 1988 年版。

（宋）苏轼：《施注苏诗》，《景印文渊阁四库全书》第 1110 册，台北：台湾商务印书馆 1986 年版。

（宋）苏轼：《经进东坡文集事略》，《续修四库全书》第 1314 册，上海：上海古籍出版社 2002 年版。

（宋）米芾：《画史》，《丛书集成初编》第 1647 册，上海：上海商务印书馆 1936 年版。

（宋）郭若虚：《图画见闻志》，《景印文渊阁四库全书》第 812 册，台北：台湾商务印书馆 1986 年版。

（宋）沈义父：《乐府指迷》，北京：中华书局1991年版。

（宋）佚名：《宣和书谱》，上海：上海书画出版社1984年版。

（宋）吕祖谦：《宋文鉴》，《景印文渊阁四库全书》第1351册，台北：台湾商务印书馆1986年版。

（宋）吴渭：《月泉吟社》，《景印文渊阁四库全书》第1359册，台北：台湾商务印书馆1986年版。

（宋）李心传：《建炎以来朝野杂记》，《景印文渊阁四库全书》第608册，台北：台湾商务印书馆1986年版。

（宋）潘自牧：《记纂渊海》，《景印文渊阁四库全书》第930册，台北：台湾商务印书馆1986年版。

（宋）岳珂：《宝真斋法书赞》，《景印文渊阁四库全书》第813册，台北：台湾商务印书馆1986年版。

（宋）龚明之：《中吴纪闻》，《景印文渊阁四库全书》第589册，台北：台湾商务印书馆1986年版。

（宋）范成大：《吴郡志》，《景印文渊阁四库全书》第485册，台北：台湾商务印书馆1986年版。

（宋）金履祥：《资治通鉴前编》，《景印文渊阁四库全书》第332册，台北：台湾商务印书馆1986年版。

（宋）章如愚：《群书考索·续集》，《景印文渊阁四库全书》第938册，台北：台湾商务印书馆1986年版。

（宋）郭思：《林泉高致集》，《景印文渊阁四库全书》第812册，台北：台湾商务印书馆1986年版。

（金）元好问，（清）施国祁注：《元遗山诗集笺注》，《续修四库全书》第1322册，上海：上海古籍出版社2002年版。

（金）元好问：《遗山先生文集》，《万有文库·第二集七百种》，北京：商务印书馆1937年版。

（元）赵孟頫：《松雪斋集》，杭州：西泠印社出版社2010年版。

（元）倪瓒：《清閟阁集》，杭州：西泠印社出版社2010年版。

（元）倪瓒：《清閟阁遗稿》，《北京图书馆古籍珍本丛刊》第95册，北京：书目文献出版社1987年版。

（元）袁桷：《清容居士集》，《景印文渊阁四库全书》第 1203 册，台北：台湾商务印书馆 1986 年版。

（元）郑元祐：《遂昌杂录》，《景印文渊阁四库全书》第 1040 册，台北：台湾商务印书馆 1986 年版。

（元）郑元祐：《郑元祐集》，杭州：浙江大学出版社 2010 年版。

（元）郑元祐：《侨吴集》，《景印文渊阁四库全书》第 1216 册，台北：台湾商务印书馆 1986 年版。

（元）王逢：《梧溪集》，《景印文渊阁四库全书》第 1218 册，台北：台湾商务印书馆 1986 年版。

（元）蒲道源：《闲居丛稿》，《景印文渊阁四库全书》第 1210 册，台北：台湾商务印书馆 1986 年版。

（元）吴澄：《吴文正集》，《景印文渊阁四库全书》第 1197 册，台北：台湾商务印书馆 1986 年版。

（元）顾瑛：《玉山璞稿》，北京：中华书局 2008 年版。

（元）顾瑛：《玉山名胜集》，《景印文渊阁四库全书》第 1369 册，台北：台湾商务印书馆 1986 年版。

（元）顾瑛：《草堂雅集》，北京：中华书局 2008 年版。

（元）孔齐：《静斋至正直记》，《四库全书存目丛书·子部》第 239 册，济南：齐鲁书社 1995 年版。

（元）虞集：《道园学古录》，《四部丛刊初编》第 1446 册，北京：商务印书馆 1922 年版。

（元）郑泳：《义门郑氏家仪》，《丛书集成续编》第 60 册，台北：台北新文丰出版公司 1988 年版。

（元）陈基：《夷白斋稿》，《四部丛刊三编》，北京：商务印书馆 1936 年版。

（元）陈基：《陈基集》，长春：吉林文史出版社 2009 年版。

（元）锺嗣成：《录鬼簿》，《续修四库全书》第 1759 册，上海：上海古籍出版社 2002 年版。

（元）王恽：《秋涧集》，《景印文渊阁四库全书》第 1201 册，台北：台湾商务印书馆 1986 年版。

（元）耶律楚材:《湛然居士集》,《景印文渊阁四库全书》第 1191 册,台北:台湾商务印书馆 1986 年版。

（元）苏天爵:《元文类》,《景印文渊阁四库全书》第 1367 册,台北:台湾商务印书馆 1986 年版。

（元）苏天爵辑撰:《元朝名臣事略》,北京:中华书局 1996 年版。

（元）余阙:《青阳先生文集》,《四部丛刊续编》第 449 册,北京:商务印书馆 1934 年版。

（元）顾瑛撰,杨镰、祈学明、张颐青整理:《草堂雅集》,北京:中华书局 2008 年版。

（元）郭翼:《林外野言》,《景印文渊阁四库全书》第 1216 册,台北:台湾商务印书馆 1986 年版。

（元）黄溍:《金华黄先生文集》,《续修四库全书》第 1323 册,上海:上海古籍出版社 2002 年版。

（元）官修,黄时鉴点校:《通制条格》,杭州:浙江古籍出版社 1986 年版。

（元）佚名:《大元圣政国朝典章》,《续修四库全书》第 787 册,上海:上海古籍出版社 2002 年版。

（元）魏初:《青崖集》,《景印文渊阁四库全书》第 1198 册,台北:台湾商务印书馆 1986 年版。

（元）刘将孙:《养吾斋集》,《景印文渊阁四库全书》第 1199 册,台北:台湾商务印书馆 1986 年版。

（元）戴表元:《剡源集》,《丛书集成新编》第 65 册,台北:台北新文丰出版公司 1985 年版。

（元）吴澄:《吴文正集》,《景印文渊阁四库全书》第 1197 册,台北:台湾商务印书馆 1986 年版。

（元）盛如梓:《庶斋老学丛谈》,《景印文渊阁四库全书》第 866 册,台北:台湾商务印书馆 1986 年版。

（元）李祁:《云阳集》,《景印文渊阁四库全书》第 1219 册,台北:台湾商务印书馆 1986 年版。

（元）汤垕:《画鉴》,《景印文渊阁四库全书》第 814 册,台北:台湾商务印书馆 1986 年版。

（元）夏文彦：《图绘宝鉴》，《景印文渊阁四库全书》第 814 册，台北：台湾商务印书馆 1986 年版。

（元）陶宗仪：《书史会要》，《景印文渊阁四库全书》第 814 册，台北：台湾商务印书馆 1986 年版。

（元）陶宗仪：《南村辍耕录》，《四部丛刊三编》，北京：商务印书馆1936 年版。

（元）陶宗仪：《南村诗集》，《丛书集成续编》第 168 册，台北：台北新文丰出版公司 1989 年版。

（元）袁桷：《清容居士集》，《景印文渊阁四库全书》第 1203 册，台北：台湾商务印书馆 1986 年版。

（元）陈泰：《所安遗集》，《景印文渊阁四库全书》第 1210 册，台北：台湾商务印书馆 1986 年版。

（元）朱德润：《存复斋续集》，《续修四库全书》第 1324 册，上海：上海古籍出版社 2002 年版。

（元）王冕：《竹斋集》，《景印文渊阁四库全书》第 1233 册，台北：台湾商务印书馆 1986 年版。

（元）邓文原：《巴西集》，《景印文渊阁四库全书》第 1195 册，台北：台湾商务印书馆 1986 年版。

（元）长谷真逸：《农田余话》，《四库全书存目丛书·子部》第 239册，济南：齐鲁书社 1995 年版。

（元）孔齐：《静斋至正直记》，《四库全书存目丛书·子部》第 239册，济南：齐鲁书社 1995 年版。

（元）程端礼：《畏斋集》，《景印文渊阁四库全书》第 1199 册，台北：台湾商务印书馆 1986 年版。

（元）吴镇：《梅花道人遗墨》，《景印文渊阁四库全书》第 1215 册，台北：台湾商务印书馆 1986 年版。

（元）脱脱等：《宋史》，中华书局 1977 年版。

（元）曹伯启：《曹文贞公诗集》，《景印文渊阁四库全书》第 1202 册，台北：台湾商务印书馆 1986 年版。

（元）黄公望：《黄公望集》，杭州：浙江人民美术出版社 2016 年版。

（元）邵亨贞：《野处集》，《景印文渊阁四库全书》第 1215 册，台北：台湾商务印书馆 1986 年版。

（元）柯九思：《丹丘生集》，《丛书集成续编》第 137 册，台北：台北新文丰出版公司 1989 年版。

（元）贡师泰：《玩斋集》，《景印文渊阁四库全书》第 1215 册，台北：台湾商务印书馆 1986 年版。

（元）杨维桢：《东维子文集》，《四部丛刊初编》第 1497 册，北京：商务印书馆 1922 年版。

（元）杨维桢：《杨维桢诗集》，杭州：浙江古籍出版社 2009 年版。

（元）杨维桢：《铁崖古乐府》，《景印文渊阁四库全书》第 1222 册，台北：台湾商务印书馆 1986 年版。

（元）吴师道：《礼部集》，《景印文渊阁四库全书》第 1212 册，台北：台湾商务印书馆 1986 年版。

（元）刘涓：《青村遗稿》，《景印文渊阁四库全书》第 1217 册，台北：台湾商务印书馆 1986 年版。

（元）谢应芳：《龟巢稿》，《景印文渊阁四库全书》第 1218 册，台北：台湾商务印书馆 1986 年版。

（元）王恽：《秋涧集》，《景印文渊阁四库全书》第 1200 册，台北：台湾商务印书馆 1986 年版。

（元）徐元瑞：《吏学指南》，《续修四库全书》第 973 册，上海：上海古籍出版社 2002 年版。

（元）马玉麟：《东皋先生诗集》，《续修四库全书》第 1324 册，上海：上海古籍出版社 2002 年版。

（元）成廷珪：《居竹轩诗集》，《景印文渊阁四库全书》第 1216 册，台北：台湾商务印书馆 1986 年版。

（元）黄公望：《写山水诀》，北京：人民美术出版社 2016 年版。

（元）张雨：《句曲外史贞居先生诗集》，《四部丛刊初编》第 1484 册，北京：商务印书馆 1922 年版。

（明）钱谷：《吴都文粹续集》，《景印文渊阁四库全书》第 1385 册，台北：台湾商务印书馆 1986 年版。

（明）沈国元：《皇明从信录》，《续修四库全书》第 355 册，上海：上海古籍出版社 2002 年版。

（明）范景文：《昭代武功编》，《续修四库全书》第 389 册，上海：上海古籍出版社 2002 年版。

（明）宋濂：《宋学士文集》，《四部丛刊初编》第 1504 册，北京：商务印书馆 1922 年版。

（明）沈继孙：《墨法集要》，《景印文渊阁四库全书》第 843 册，台湾：台湾商务印书馆 1986 年版。

（明）孙原理：《元音》，《景印文渊阁四库全书》第 1370 册，台湾：台湾商务印书馆 1986 年版。

（明）吴宽：《家藏集》，《景印文渊阁四库全书》第 1255 册，台湾：台湾商务印书馆 1986 年版。

（明）贝琼：《清江诗集》，《景印文渊阁四库全书》第 1228 册，台湾：台湾商务印书馆 1986 年版。

（明）朱谋垔：《续书史会要》，《景印文渊阁四库全书》第 814 册，台湾：台湾商务印书馆 1986 年版。

（明）张丑：《清河书画舫》，《景印文渊阁四库全书》第 817 册，台湾：台湾商务印书馆 1986 年版。

（明）张丑：《真迹日录》，《景印文渊阁四库全书》第 817 册，台湾：台湾商务印书馆 1986 年版。

（明）陈继儒：《妮古录》，《四库全书存目丛书·子部》第 118 册，济南：齐鲁书社 1995 年版。

（明）王祎：《王忠文公集》，《丛书集成新编》第 75 册，台北：台北新文丰出版公司 1985 年版。

（明）朱存理：《楼居杂著》，《景印文渊阁四库全书》第 1251 册，台北：台湾商务印书馆 1986 年版。

（明）朱存理：《珊瑚木难》，《景印文渊阁四库全书》第 815 册，台北：台湾商务印书馆 1986 年版。

（明）田艺蘅：《留青日札》，《四库全书存目丛书·子部》第 105 册，济南:齐鲁书社 1995 年版。

　　(明)张昶:《吴中人物志》,《四库全书存目丛书·史部》第 97 册,济南:齐鲁书社 1996 年版。

　　(明)徐复祚:《花当阁丛谈》,《续修四库全书》第 1175 册,上海:上海古籍出版社 2002 年版。

　　(明)宋濂等:《元史》,北京:中华书局 1976 年版。

　　(明)尤镗:《清贤记》,《丛书集成续编》第 89 册,上海:上海书店 1994 年版。

　　(明)叶子奇:《草木子》,《元明史料笔记丛刊》,北京:中华书局 1959 年版。

　　(明)于慎行:《穀山笔尘》,《元明史料笔记丛刊》,北京:中华书局 1994 年版。

　　(明)王锜:《寓圃杂记》,《元明史料笔记丛刊》,北京:中华书局 1984 年版。

　　(明)黄淮:《历代名臣奏议》,《景印文渊阁四库全书》第 434 册,台北:台湾商务印书馆 1986 年版。

　　(明)汪砢玉:《珊瑚网》,《景印文渊阁四库全书》第 818 册,台北:台湾商务印书馆 1986 年版。

　　(明)王世贞:《弇州四部稿》,《景印文渊阁四库全书》第 1281 册,台北:台湾商务印书馆 1986 年版。

　　(明)王世贞:《新刻增补艺苑卮言》,《续修四库全书》第 1695 册,上海:上海古籍出版社 2002 年版。

　　(明)屠隆:《考盘余事》,《续修四库全书》第 1185 册,上海:上海古籍出版社 2002 年版。

　　(明)佚名:《(洪武)无锡县志》,《景印文渊阁四库全书》第 492 册,台北:台湾商务印书馆 1986 年版。

　　(明)吴㻞、(明)李舜明:《(弘治)重修无锡县志》,明弘治九年(1496)刻本,南京图书馆古籍部藏。

　　(明)何良俊:《四友斋丛说》卷,《续修四库全书》第 1125 册,上海:上海古籍出版社 2002 年版。

（明）侯方域著，何法周主编，王树林注笺：《侯方域集校笺》，郑州：中州古籍出版社 1992 年版。

（明）李日华：《六研斋笔记》，《景印文渊阁四库全书》第 867 册，台北：台湾商务印书馆 1986 年版。

（明）李日华：《六研斋二笔》，《景印文渊阁四库全书》第 867 册，台北：台湾商务印书馆 1986 年版。

（明）李日华：《六研斋三笔》，《景印文渊阁四库全书》第 867 册，台北：台湾商务印书馆 1986 年版。

（明）李日华：《味水轩日记》，《续修四库全书》第 558 册，上海：上海古籍出版社 2002 年版。

（明）郁逢庆：《书画题跋记》，《景印文渊阁四库全书》第 816 册，台北：台湾商务印书馆 1986 年版。

（明）董其昌：《画禅室随笔》，《丛书集成三编》第 31 册，台北：台北新文丰出版公司 1997 年版。

（明）董其昌：《容台集》，《四库全书存目丛书·集部》第 171 册，济南：齐鲁书社 1997 年版。

（明）赵琦美：《赵氏铁网珊瑚》，《景印文渊阁四库全书》第 815 册，台北：台湾商务印书馆 1986 年版。

（明）王绂：《书画传习录》，《中国书画全书》第 3 册，上海：上海书画出版社 1992 年版。

（明）陈建：《皇明通纪法传全录》，《续修四库全书》第 357 册，上海：上海古籍出版社 2002 年版。

（明）过庭训：《本朝分省人物考》，《续修四库全书》第 535 册，上海：上海古籍出版社 2002 年版。

（明）姚绶：《谷庵集选》，明嘉靖三十七年（1558）刻本，南京图书馆古籍部藏。

（明）高濂：《燕闲清赏笺·论画》，《美术丛书》，南京：江苏古籍出版社 1997 年版。

（明）凌迪知：《万姓统谱》，《景印文渊阁四库全书》第 956 册，台北：台湾商务印书馆 1986 年版。

（明）徐一夔：《始丰稿》，《景印文渊阁四库全书》第 1229 册，台北：台湾商务印书馆 1986 年版。

（明）孙作：《沧螺集》，《景印文渊阁四库全书》第 1229 册，台北：台湾商务印书馆 1986 年版。

（明）徐渭：《徐文长文集》，《四库全书存目丛书·集部》第 145 册，济南：齐鲁书社 1997 年版。

（明）李诩：《戒庵老人漫笔》，《丛书集成续编》第 213 册，台北：台北新文丰出版公司 1988 年版。

（明）董斯张：《吴兴艺文补》，《四库全书存目丛书·集部》第 376 册，济南：齐鲁书社 1997 年版。

（明）王鏊：《（正德）姑苏志》，《景印文渊阁四库全书》第 493 册，台北：台湾商务印书馆 1986 年版。

（明）田汝成：《西湖游览志余》，《景印文渊阁四库全书》第 585 册，台北：台湾商务印书馆 1986 年版。

（明）毛宪：《毗陵人品记》，《续修四库全书》第 541 册，上海：上海古籍出版社 2002 年版。

（明）董纪：《西郊笑端集》，《景印文渊阁四库全书》第 1231 册，台北：台湾商务印书馆 1986 年版。

（明）都穆：《吴下冢墓遗文》，台北：台湾学生书局 1969 年版。

（明）都穆：《都公谈纂》，《四库全书存目丛书·子部》第 246 册，济南：齐鲁书社 1995 年版。

（明）徐傅：《（光绪）光福志》，台北：台湾成文出版公司 1983 年版。

（明）徐达左：《金兰集》，北京：中华书局 2013 年版。

（明）胡翰：《胡仲子集》，《景印文渊阁四库全书》第 1229 册，台北：台湾商务印书馆 1986 年版。

（明）曹昭撰，（明）舒敏、王佐增：《新增格古要论》，《续修四库全书》第 1185 册，上海：上海古籍出版社 2002 年版。

（明）张萱：《西园闻见录》，《续修四库全书》第 1168 册，上海：上海古籍出版社 2002 年版。

（明）蒋一葵：《尧山堂外纪》，《续修四库全书》第 1194 册，上海：上海古籍出版社 2002 年版。

（明）徐象梅：《两浙名贤录》，《续修四库全书》第 543 册，上海：上海古籍出版社 2002 年版。

（明）冯梦龙：《醒世恒言》，北京：人民文学出版社 1956 年版。

（明）陈霆：《两山墨谈》，《续修四库全书》第 1143 册，上海：上海古籍出版社 2002 年版。

（明）长谷真逸：《农田余话》，《四库全书存目丛书·子部》第 239 册，济南：齐鲁书社 1995 年版。

（明）朱谋垔：《画史会要》，《景印文渊阁四库全书》第 816 册，台北：台湾商务印书馆 1986 年版。

（明）文徵明：《甫田集》，《景印文渊阁四库全书》第 1273 册，台北：台湾商务印书馆 1986 年版。

（明）高启：《高青丘集》，上海：上海古籍出版社 1985 年版。

（明）高启：《高太史大全集》，《四部丛刊初编》第 1539 册，北京：商务印书馆 1922 年版。

（明）盛仪等纂修：《（嘉靖）惟扬志》，《四库全书存目丛书·史部》第 184 册，济南：齐鲁书社 1996 年版。

（明）黄光升：《昭代典则》，《续修四库全书》第 351 册，上海：上海古籍出版社 2002 年版。

（明）李晔：《草阁诗集·拾遗》，《景印文渊阁四库全书》第 1232 册，台北：台湾商务印书馆 1986 年版。

（明）苏伯衡：《苏平仲集》，《丛书集成新编》第 67 册，台北：台北新文丰出版公司 1985 年版。

（明）杨基：《眉庵集》，巴蜀书社 2005 年版。

（明）程敏政：《明文衡》，《景印文渊阁四库全书》第 1374 册，台北：台湾商务印书馆 1986 年版。

（明）张羽：《静居集》，《四部丛刊三编》，北京：商务印书馆 1936 年版。

（明）皇甫汸：《皇甫司勋集》，《景印文渊阁四库全书》第 1275 册，台北：台湾商务印书馆 1986 年版。

（明）郎瑛：《七修类稿》，上海：上海书店出版社 2009 年版。

（明）焦竑：《庄子翼》，《丛书集成续编》第 38 册，台北：台北新文丰出版公司 1988 年版。

（明）郑若曾：《江南经略》，《景印文渊阁四库全书》第 728 册，台北：台湾商务印书馆 1986 年版。

（明）释大闻：《释鉴稽古略续集》，《续修四库全书》第 1288 册，上海：上海古籍出版社 2002 年版。

（明）徐嘉泰：《天目山志》，《四库全书存目丛书·史部》第 233 册，济南：齐鲁书社 1996 年版。

（清）董诰：《全唐文》，《续修四库全书》第 1645 册，上海：上海古籍出版社 2002 年版。

（清）卢思诚等修：《江阴县志》，《中国方志丛书·华中地方》第 457 号，台北：台湾成文出版公司 1970 年版。

（清）张豫章：《四朝诗》，《景印文渊阁四库全书》第 1443 册，台北：台湾商务印书馆 1986 年版。

（清）曾燠：《江西诗征》，《续修四库全书》第 1688 册，上海：上海古籍出版社 2002 年版。

（清）阮元：《四库未收书提要》，《续修四库全书》第 921 册，上海：上海古籍出版社 2002 年版。

（清）金梁撰：《盛京故宫书画录》，杭州：浙江人民美术出版社 2014 年版。

（清）方浚颐：《梦园书画录》，《续修四库全书》第 1086 册，上海：上海古籍出版社 2002 年版。

（清）张廷玉等：《明史》，北京：中华书局 1974 年版。

（清）陆心源：《吴兴金石记》，《续修四库全书》第 911 册，上海：上海古籍出版社 2002 年版。

（清）陆心源：《穰梨馆过眼续录》，《续修四库全书》第 1087 册，上海：上海古籍出版社 2002 年版。

（清）陆心源：《三续疑年录》，《续修四库全书》第 517 册，上海：上海古籍出版社 2002 年版。

（清）储大文：《存砚楼二集》，《四库未收书集刊》第 9 辑第 19 册，北京：北京出版社 2000 年版。

（清）朱彝尊：《曝书亭集》，《景印文渊阁四库全书》第 1318 册，台北：台湾商务印书馆 1986 年版。

（清）万斯同：《明史》，《续修四库全书》第 331 册，上海：上海古籍出版社 2002 年版。

（清）邵松年：《澄兰室古缘萃录》，《续修四库全书》第 1088 册，上海：上海古籍出版社 2002 年版。

（清）毕沅：《续资治通鉴》，《续修四库全书》第 346 册，上海：上海古籍出版社 2002 年版。

（清）黄宗羲：《明文海》，《景印文渊阁四库全书》第 1458 册，台北：台湾商务印书馆 1986 年版。

（清）孔广陶：《岳雪楼书画录》，上海：上海古籍出版社 2011 年版。

（清）曹寅：《全唐诗》，《景印文渊阁四库全书》第 1425 册，台北：台湾商务印书馆 1986 年版。

（清）纪昀等撰：《四库全书总目》，《景印文渊阁四库全书》第 4 册，台北：台湾商务印书馆 1986 年版。

（清）朱珪：《名迹录》，《景印文渊阁四库全书》第 683 册，台北：台湾商务印书馆 1986 年版。

（清）谷应泰：《明史纪事本末》，《景印文渊阁四库全书》第 364 册，台北：台湾商务印书馆 1986 年版。

（清）顾文彬：《过云楼书画记》，《续修四库全书》第 1085 册，上海：上海古籍出版社 2002 年版。

（清）高士奇：《江村销夏录》，《景印文渊阁四库全书》第 826 册，台北：台湾商务印书馆 1986 年版。

（清）赵宏恩：《（乾隆）江南通志》，《景印文渊阁四库全书》第 511 册，台北：台湾商务印书馆 1986 年版。

（清）宋如林等编撰：《（嘉庆）松江府志》，《中国方志丛书》，台北：台湾成文出版社公司 1970 年版。

（清）沈世良：《倪高士年谱》，《续修四库全书》第 552 册，上海：上海古籍出版社 2002 年版。

（清）李佐贤：《书画鉴影》，《续修四库全书》第 1085 册，上海：上海古籍出版社 2002 年版。

（清）陈邦彦等奉敕编：《御定历代题画诗类》，《景印文渊阁四库全书》第 1435 册，台北：台湾商务印书馆 1986 年版。

（清）王玉树：《经史杂记》，《续修四库全书》第 1156 册，上海：上海古籍出版社 2002 年版。

（清）张潮：《幽梦影》，郑州：中州古籍出版社 2008 年版。

（清）安岐：《墨缘汇观录》，《续修四库全书》第 1067 册，上海：上海古籍出版社 2002 年版。

（清）王澍：《虚舟题跋》，《续修四库全书》第 1067 册，上海：上海古籍出版社 2002 年版。

（清）刘熙载：《艺概》，《续修四库全书》第 1714 册，上海：上海古籍出版社 2002 年版。

（清）杨宾：《大瓢偶笔》，杭州：浙江人民美术出版社 2012 年版。

（清）张照等撰：《秘殿珠林》，《景印文渊阁四库全书》第 823 册，台北：台湾商务印书馆 1986 年版。

（清）张照：《石渠宝笈》，《景印文渊阁四库全书》第 824 册，台北：台湾商务印书馆 1986 年版。

（清）金武祥：《粟香随笔》，《续修四库全书》第 1183 册，上海：上海古籍出版社 2002 年版。

（清）钱溥：《云林诗集前序》，《四部丛刊初编》第 1491 册，北京：商务印书馆 1922 年版。

（清）丁丙：《善本书室藏书志》，《续修四库全书》第 927 册，上海：上海古籍出版社 2002 年版。

（清）孙承泽：《庚子销夏记》，《景印文渊阁四库全书》第 826 册，台北：台湾商务印书馆 1986 年版。

（清）卞永誉：《式古堂书画汇考》，《景印文渊阁四库全书》第 829 册，台北：台湾商务印书馆 1986 年版。

（清）顾嗣立：《元诗选初集》，《景印文渊阁四库全书》第 1468 册，台北：台湾商务印书馆 1986 年版。

（清）顾嗣立：《元诗选二集》，《景印文渊阁四库全书》第 1470 册，台北：台湾商务印书馆 1986 年版。

（清）顾嗣立：《元诗选三集》，《景印文渊阁四库全书》第 1471 册，台北：台湾商务印书馆 1986 年版。

（清）秦祖永：《画学心印》，《续修四库全书》第 1085 册，上海：上海古籍出版社 2002 年版。

（清）秦祖永：《桐阴画诀》，北京：中国书店出版社 1983 年版。

（清）赵翼：《廿二史札记》，《续修四库全书》第 453 册，上海：上海古籍出版社 2002 年版。

（清）钱大昕：《十驾斋养新录附余录》，《续修四库全书》第 1151 册，上海：上海古籍出版社 2002 年版。

（清）孙岳颁：《佩文斋书画谱》，《景印文渊阁四库全书》第 823 册，台北：台湾商务印书馆 1986 年版。

（清）阮元：《石渠随笔》，《续修四库全书》第 1081 册，上海：上海古籍出版社 2002 年版。

（清）吴卓信：《汉书地理志补注》，《四库未收书辑刊·第 4 辑》第 11 册，北京：北京出版社 1998 年版。

（清）张豫章：《四朝诗·元诗》，《景印文渊阁四库全书》第 1440 册，台北：台湾商务印书馆 1986 年版。

（清）叶廷管：《鸥陂渔话》，《续修四库全书》第 1163 册，上海：上海古籍出版社 2002 年版。

（清）姜绍书：《无声诗史》，《四库全书存目丛书·子部》第 72 册，济南：齐鲁书社 1995 年版。

（清）罗振玉编纂：《鸣沙石室佚书正续编》，北京：北京图书馆出版社 2004 年版。

（清）裴大中等修，（清）秦湘业等纂：《无锡金匮县志》，《中国地方志丛书·华中地方》，台北：台湾成文出版社有限公司 1970 年版。

（清）吴升：《大观录》，《续修四库全书》第 1066 册，上海：上海古籍出版社 2002 年版。

（清）庞元济：《虚斋名画录》，《续修四库全书》第 1090 册，上海：上海古籍出版社 2002 年版。

（清）庞元济等编：《名笔集胜》，上海：上海墨缘堂出版社 1940 年版。

（清）王时敏：《王奉常书画题跋》，《续修四库全书》第 1065 册，上海：上海古籍出版社 2002 年版。

（清）卢文弨：《常郡八邑艺文志》，《续修四库全书》第 917 册，上海：上海古籍出版社 2002 年版。

（清）杜瑞联：《古芬阁书画记》，《中国历代书画艺术论著丛编》第 26 册，北京：中国大百科全书出版社 1997 年版。

（清）钱谦益：《列朝诗集·甲集前编》，《续修四库全书》第 1622 册，上海：上海古籍出版社 2002 年版。

（清）钱谦益：《国初群雄事略》，《四库禁毁书丛刊·史部》第 8 册，北京：北京出版社 1998 年版。

（清）夏燮：《明通鉴前编》，《续修四库全书》第 364 册，上海：上海古籍出版社 2002 年版。

（清）端方：《壬寅销夏录》，《续修四库全书》第 1089 册，上海：上海古籍出版社 2002 年版。

（清）陆心源：《仪顾堂题跋》，《续修四库全书》第 930 册，上海：上海古籍出版社 2002 年版。

（清）王昶：《蒲褐山房诗话新编》，北京：人民文学出版社 2011 年版。

（清）陈田：《明诗纪事》，《续修四库全书》第 1710 册，上海：上海古籍出版社 2002 年版。

（清）陆绍曾：《古今名扇录》，《续修四库全书》第 1111 册，上海：上海古籍出版社 2002 年版。

（清）冯桂芬：《（同治）苏州府志（三）》，《中国地方志集成·江苏府县志辑》，南京：江苏古籍出版社 1991 年版。

（清）焦循：《孟子正义》，北京：中华书局 1987 年版。

（清）郭庆藩：《庄子集释》，北京：中华书局 2016 年版。

（清）邵远平：《续弘简录元史类编》，《续修四库全书》第 313 册，上海：上海古籍出版社 2002 年版。

（清）曾廉：《元书》，《四库未收书集刊》第 4 辑第 15 册，北京：北京出版社 2000 年版。

（清）官修：《御选唐宋诗醇》，《景印文渊阁四库全书》第 1448 册，台北：台湾商务印书馆 1986 年版。

（清）傅恒等：《御批历代通鉴辑览》，《景印文渊阁四库全书》第 339 册，台北：台湾商务印书馆 1986 年版。

（清）顾文彬：《过云楼书画记》，《续修四库全书》第 1085 册，上海：上海古籍出版社 2002 年版。

（清）俞正燮：《癸巳类稿》，《续修四库全书》第 1159 册，上海：上海古籍出版社 2002 年版。

（清）陈廷焯：《白雨斋词话》，《续修四库全书》第 1735 册，上海：上海古籍出版社 2002 年版。

（清）陈焯：《宋元诗会》，《景印文渊阁四库全书》第 1464 册，台北：台湾商务印书馆 1986 年版。

（清）王永积：《锡山景物略》，扬州：广陵书社 2003 年版。

（清）陈元龙：《御定历代赋汇》，《景印文渊阁四库全书》第 1419 册，台北：台湾商务印书馆 1986 年版。

（清）戴熙：《习苦斋画絮》，《续修四库全书》第 1084 册，上海：上海古籍出版社 2002 年版。

（清）谈迁：《国榷》，《续修四库全书》第 358 册，上海：上海古籍出版社 2002 年版。

（清）姜绍书：《韵石斋笔谈》，北京：中华书局 1985 年版。

（民国）裴景福编撰：《壮陶阁书画录》，北京：中华书局 1937 年版。

（民国）倪城辑：《梁溪倪氏宗谱》，《无锡文库·第 3 辑》，南京：凤凰出版社 2011 年版。

二、今人著作类：

王祖武、齐吉祥等编：《中华文明史·第 7 卷·元代》，石家庄：河北教育出版社 1994 年版。

陶晋生：《宋辽金元史新论》，香港：香港中国史学社 1984 年版。

么书仪：《元代文人心态》，北京：文化艺术出版社 1993 年版。

萧丽华：《元诗之社会性与艺术性研究》，台北：台湾花木兰文化出版社 2009 年版。

蒙思明：《元代社会阶级制度》，北京：中华书局 1980 年版。

宋国华：《元代法制变迁研究》，北京：知识产权出版社 2017 年版。

陈高华、张帆、刘晓：《元代文化史》，广州：广东教育出版社 2009 年版。

韩儒林：《元朝史》，北京：人民出版社 2008 年版。

李广星主编，山东省滕州市地方志编纂委员会编：《滕县志》，北京：中华书局 1990 年版。

郭沫若著，郭沫若著作编辑出版委员会编：《郭沫若全集·考古编》第二卷，北京：科学出版社 2002 年版。

吴承洛：《中国度量衡史》，北京：商务印书馆 1937 年版。

黄苗子、郝家林编著：《倪瓒年谱》，北京：人民美术出版社 2009 年版。

龚延明：《中国历代职官别名大辞典》，上海：上海辞书出版社 2006 年版。

李斡：《元代社会经济史稿》，武汉：湖北人民出版社 1985 年版。

李斡：《元代民族经济史》，北京：民族出版社 2010 年版。

张洲：《倪瓒诗画汇通研究》，广州：广东高等教育出版社 2014 年版。

谭晓玲：《冲突与期许：元代女性社会角色与伦理观念的思考》，天津：南开大学出版社 2009 年版。

苏鲁格、宋长红：《中国元代宗教史》，北京：人民出版社 1994 年版。

张希清、毛佩琦、李世愉主编：《中国科举制度通史·辽金元卷》，上海：上海人民出版社 2015 年版。

萧启庆：《元代的族群文化与科举》，台北：台湾联经出版公司 2008 年版。

萧启庆：《元代史新探》，台北：台北新文丰出版公司1983年版。

周良霄、顾菊英：《元代史》，上海：上海人民出版社1993年版。

余来明：《元代科举与文学》，武汉：武汉大学出版社2013年版。

侯厚培：《中国国际贸易小史》，北京：商务印书馆1929年版。

唐廷猷：《中国药业史》，北京：中国医药科技出版社2001年版。

吴慧主编：《中国商业通史·第3卷》，北京：中国财政经济出版社2005年版。

中国元史研究会编：《元史论丛·第五辑》，北京：中国社会科学出版社1993年版。

高木森：《元气淋漓：元画思想探微》，台北：台湾东大图书股份有限公司1998年版。

杜哲森：《中国传统绘画史纲：画脉文心两征录》，北京：人民美术出版社2015年版。

杜哲森：《元代绘画史》，北京：人民美术出版社2000年版。

傅申：《元代皇室书画收藏史略》，上海：上海书画出版社2018年版。

余绍宋：《书画书录解题》，北京：北京图书馆出版社2003年版。

俞剑华：《中国古代画论类编》，北京：人民美术出版社1998年版。

穆益勤编著：《明代院体浙派史料》，上海：上海人民美术出版社1985年版。

万木春：《味水轩里的闲居者：万历末年嘉兴的书画世界》，北京：中国美术学院出版社2007年版。

无锡文献丛刊编辑委员会：《泰伯梅里志》，台北：台北市无锡同乡会1981年版。

上海书画出版社编：《20世纪书法研究丛书·品鉴评论篇》，上海：上海书画出版社2008年版。

刘正成主编：《中国书法全集》第46卷，北京：荣宝斋出版社2002年版。

欧阳光：《宋元诗社研究丛稿》，广州：广东高等教育出版社2011年版。

庄申:《元季四画家诗校辑》,香港:香港大学亚洲研究中心1973年版。

王德毅主编:《元人传记资料索引》,台北:台北新文丰出版公司1981年版。

楚默:《楚默文集续集·下·杨维桢研究》,上海:上海三联书店2010年版。

楚默:《倪云林研究》,上海:百家出版社2002年版。

彭雨新主编:《中国封建社会经济史》,武汉:武汉大学出版社1994年版。

温肇桐:《元季四大画家》,上海:世界书局1947年版。

朱仲岳编著:《倪瓒作品编年》,上海:上海人民美术出版社1991年版。

石守谦:《从风格到画意:反思中国美术史》,上海:生活·读书·新知三联书店2015年版。

黄天华:《中国财政制度史·第2卷》,上海:上海人民出版社2017年版。

潘同生编著:《中国经济诗今释》,北京:中国财政经济出版社2000年版。

杨镰:《元代文学编年史》,太原:山西教育出版社2005年版。

郑拙庐:《倪瓒》,上海:上海人民美术出版社1982年版。

王晓清:《元代社会婚姻形态》,武汉:武汉出版社2005年版。

曹清:《元代江苏绘画研究》,南京:东南大学出版社2013年版。

南怀瑾:《禅宗与道家》,上海:复旦大学出版社2016年版。

文海:《天台宗与法华经》,北京:宗教文化出版社2014年版。

骆海飞:《天台宗史略》,上海:上海社会科学院出版社2014年版。

俞学明、向慧:《法华经译注》,北京:中华书局2012年版。

周海涛:《元明之际吴中文人文学思想研究》,北京:社会科学文献出版社2016年版。

陈建华:《中国江浙地区十四至十七世纪社会意识与文学》,上海:学林出版社1992年版。

展龙:《元明之际士大夫政治生态研究》,北京:人民出版社 2013年版。

黄朋:《吴门具眼:明代苏州书画鉴藏》,上海:上海书画出版社 2015年版。

李治安、宋涛主编:《马可波罗游历过的城市・元代杭州研究文集》,杭州:杭州出版社 2012 年版。

李修生主编:《全元文》第 46 册,南京:凤凰出版社 2004 年版。

石守谦、葛婉章主编:《大汗的世纪:蒙元时代的多元文化与艺术》,台北:台北"故宫博物院"出版社 2001 年版。

杜文玉主编:《唐史论丛》第二十三辑,西安:三秦出版社 2016年版。

潘清:《元代江南民族重组与文化交融》,南京:凤凰出版社 2006年版。

李珊:《元代绘画美学思想研究》,武汉:武汉大学出版社 2014年版。

李大华:《道教思想》,广州:广东人民出版社 1996 年版。

石守谦:《风格与世变——中国绘画十论》,北京:北京大学出版社 2008 年版。

卢辅圣主编:《朵云・第六十二集・倪瓒研究》,上海:上海书画出版社 2005 年版。

洪再辛选编:《海外中国画研究文选(1950—1987)》,上海:上海人民美术出版社 1992 年版。

陈传席:《中国山水画史》,天津:天津人民美术出版社 2001 年版。

王朝闻主编:《美术史论丛刊》总第 7 辑,天津:天津人民美术出版社 1983 年版。

王菡薇:《隐喻与视觉——跨语境艺术史研究下的中国书画》,北京:商务印书馆 2017 年版。

刘迎胜主编:《元史及民族与边疆研究集刊》,上海:上海古籍出版社 2007 年版。

陈致平:《中华通史・7・元史》,广州:花城出版社 2003 年版。

盛东涛:《倪瓒》,石家庄:河北教育出版社 2006 年版。

三、今人论文类:

沈雅文:《元季四大画家之艺文生活及诗歌创作》,2017 年博士学位论文。

李润恒:《倪瓒生平研究》,香港大学 1971 年硕士学位论文。

丁国范:《元代的四等人制》,文史知识编辑部编:《古代礼制风俗漫谈·3》,北京:中华书局 1992 年版。

〔日〕船田善之:《色目人与元代制度、社会:重新探讨蒙古、色目、汉人、南人划分的位置》,载《蒙古学信息》2003 年第 2 期。

〔日〕板仓圣哲:《张雨题〈倪瓒像〉与元末江南文人圈》,载台大艺术史研究所编:《区域与网络:近千年中国美术史研究国际学术研讨会论文集》,2001 年。

赵永良、冯普仁:《无锡吴国古城考》,载陈玉寅编著:《江苏省考古学会:1983 年考古论文选》,1983 年。

郑煜川:《浅析倪瓒家世》,载《美术界》2010 年第 4 期。

程杰:《刘基〈张雨墓志铭〉及相关问题》,载《浙江社会科学》2005 年第 2 期。

萧功秦:《论元代皇帝继承问题——对一种旧传统在新的历史条件下的蜕变过程的考察》,载《元史及北方民族史研究集刊·7》,1983 年。

容庚:《倪瓒画之著录及其伪作》,载《岭南学报》1948 年第 2 期。

谈福兴:《倪瓒书画交游研究之一:关于倪瓒与赵孟頫(上)》,载《荣宝斋》2011 年第 1 期。

武君:《科举兴废与元代后期诗学思想的转变》,载《青海社会科学》2017 年第 4 期。

丁国范:《真金与权臣的斗争》,载《元史及北方民族史研究集刊·8》,1984 年。

李俊义:《元代大长公主祥哥剌吉及其书画收藏》,载《北方文物》2000 年第 4 期。

谷卿:《论元代雅集品题的内涵特质:以作为雅集物证的书画原迹

为中心》，载《文学评论》2017年第1期。

李燕青：《〈艺苑卮言〉研究》，上海大学2010年博士学位论文。

华京生：《何良俊〈四友斋画论〉版本考》，载《南京艺术学院学报（美术与设计版）》2011年03期。

邓乔彬、李杰荣：《赵孟頫与四家之变》，载《东南大学学报（哲学社会科学版）》2010年06期。

程渤：《元代书法家群体与复古观念研究》，载南京师范大学2015年博士论文。

谷春侠：《玉山雅集研究》，中国社会科学院研究生院2008年博士学位论文。

刘季：《玉山雅集于元末诗坛》，南开大学2012年博士学位论文。

潘清：《江南地区社会特征与元代民族文化交融》，载《东南文化》2004年第6期。

安详详：《吴镇艺术的审美品格研究》，中国艺术研究院2015年博士学位论文。

张光宾：《元玄儒张雨生平及书法》，载《美术学报》1993年第27期。

刘迎胜：《王仲德家族与元末江南古玩收藏》，载《元史及民族与边疆研究集刊》2010年9月。

李晓娟：《倪瓒生平、交游研究——元末明初社会个案考察》，暨南大学2004年硕士学位论文。

庄明：《倪瓒在元末至正年间的活动研究》，中国美术学院2016年硕士学位论文。

丁霏：《王绎、倪瓒合作〈杨竹西小像〉相关问题研究》，载《北京文博文丛》2018年第3期。

杨春晓：《王绎〈杨竹西小像〉考证》，载《内蒙古大学艺术学院学报》2010年第3期。

祝军：《〈金兰集〉考论》，载《河南社会科学》2011年第6期。

王媛：《元明之际耕渔轩文艺活动考论》，载《阴山学刊》2013年第2期。

谢正光：《倪瓒〈霜柯竹石图〉之新赝与旧伪》，载《中国文哲研究通讯》2012 年第 3 期。

尹光华：《倪瓒〈霜柯竹石图〉简考》，载《嘉德通讯》2006 年第 3 期。

王进：《元代后期文人雅集的书画活动研究——以玉山雅集为中心的展开》，中国艺术研究院 2010 年博士学位论文。

顾工：《杨维桢与张雨、倪瓒的交游——兼论三人的道教渊源》，载《中国书法》2016 年第 15 期。

华山：《元代赋役制度考略——兼评李剑农宋元明经济史稿"元代赋役之变态"一节》，载《文史哲》1958 年第 2 期。

王颋：《"天魔"舞的传播及渊源》，载《蒙古史研究·第八辑》，2005 年。

左东岭：《元明之际的种族观念与文人心态及相关的文学问题》，载《文学评论》2008 年第 5 期。

刘君若：《饶介与元末吴中文坛》，载《兰州学刊》2008 年第 12 期。

陈建华：《明初政治与吴中诗歌的感伤情调》，载《复旦学报（社会科学版）》1989 年第 1 期。

谈福兴：《倪云林卒地及旅葬地考述》，载《南京艺术学院学报（美术与设计版）》1991 年第 3 期。

谈福兴：《倪瓒与张雨关系考（一）》，载《荣宝斋》2013 年第 2 期。

王秀丽：《元代江南地区市镇经济的初步研究》，载《元史及民族与边疆研究集刊》2002 年第 1 期。

王菡薇：《元代文人画中的"隐喻"表达》，载《美术与设计》2016 年第 3 期。

张蕾：《宋元时期江南的水竹居与生态文明》，载《社会科学》2013 年第 7 期。

牛孝杰：《荆浩〈笔法记〉研究——水墨山水画走向成熟之里程碑》，上海大学 2015 年博士学位论文。

蔡倩：《谈中国画中"树"图像文化功能的扩展——以倪瓒〈六君子图〉为例》，载《南京艺术学院学报（美术与设计版）》2008 年第 6 期。

韩刚：《王维〈山水诀〉证实》，载《美术学报》2013 年第 2 期。

王浩辉：《溪山幽寂——黄公望绘画艺术及其〈写山水诀〉》，载《东南文化》2011 年第 2 期。

肖燕翼:《张雨生卒年考——兼谈三件元人作品的辨伪》,载《故宫博物院院刊》1998 年第 1 期。

朱燕楠:《倪瓒〈松林亭子图〉的图像疑点》,载《中国书画》2016 年第 2 期。

李介一:《盛懋研究》,中国美术学院 2017 年博士学位论文。

四、译著与外文类:

〔德〕傅海波、〔英〕崔瑞德编,史卫民等译:《剑桥中国辽西夏金元史》,北京:中国社会科学出版社 1998 年版。

〔美〕方闻著,李维琨译:《心印:中国书画风格与结构分析研究》,上海:上海书画出版社 2016 年版。

〔日〕木村泰贤著,演培法师译:《小乘佛教思想论·一名阿毗达摩佛教思想论》,贵州:贵州大学出版社 2013 年版。

〔英〕阿诺尔德·汤因比著,石础缩编:《历史研究》,杭州:浙江人民出版社 1989 年版。

〔美〕高居翰著,宋伟航等译:《隔江山色:元代绘画,1279—1368》,生活·读书·新知三联书店出版社 2009 年版。

〔美〕方闻著,谈晟广编:《宋元绘画》,上海:上海书画出版社 2017 年版。

〔英〕徐小虎著,刘智远译:《被遗忘的真迹·吴镇书画重鉴》,桂林:广西师范大学出版社 2012 年版。

〔英〕柯律格著,刘宇珍等译:《雅债——文徵明的社交性艺术》,上海:生活·读书·新知三联书店,2012 年版。

〔美〕高居翰、黄晓、刘珊珊著:《不朽的林泉——中国古代园林绘画》,上海:生活·读书·新知三联书店,2012 年版。

〔美〕高居翰著,杨贤宗等译:《画家生涯:传统中国画家的生活和工作》,上海:生活·读书·新知三联书店,2012 年版。

〔加〕卜正民著,潘玮琳译:《挣扎的帝国:元与明》,北京:中信出版社,2016 年版。

［美］李铸晋著，黄思恩、曾嘉宝译：《鹊华秋色：赵孟頫的生平与画艺》，上海：生活·读书·新知三联书店，2008年版。

［美］高居翰著，夏春梅等译：《江岸送别：明代初期与中期绘画（1368—1580）》，上海：生活·读书·新知三联书店，2009年版。

# 后　记

　　元末明初书画作品及其艺术观念，以及这一时期书画家之间的交往互动与当时艺文环境的关系，是我们长期以来关注的研究课题。站在元末明初社会变迁、经济转型的角度，以倪瓒家境衰落与社会动荡之间的互动为主题进行深入挖掘，不只囿于书画史方面的惯常议题，而是以历史文化为脉络，对倪瓒所处的时代背景、自然环境变迁与书画创作的具体问题进行分析，正是本书的初衷。

　　倪瓒作为元明之际文人画代表人物，其生存状态与艺术活动在一定程度上揭示了部分江南地区士人在动荡社会背景下所作出的应对策略。倪瓒一叶扁舟、半世漂泊的生活状态折射着倪瓒的抉择，而他的每一次抉择都是对社会环境、家庭变故、个人情感等各方面的综合权量。

　　在研究过程中，我们细读了北京故宫博物院、中国国家博物馆、上海博物馆、南京博物院、台北"故宫博物院"等处馆藏的倪瓒书画作品，参观了倪瓒纪念馆及墓园等，也走访了美国大都会博物馆、美国弗利尔美术馆、美国普林斯顿大学美术馆等相关藏所，梳理了倪瓒传世书画作品并附统计表于附录。同时对倪瓒《清閟阁集》进行了全方面的阅读，现存倪瓒诗文集有三个版本：天顺刻本、万历刻本、城书室刻本，书稿中所引用的《清閟阁集》便是以城书室刻本为底本，又以天顺刻本和万历刻本为参校本。

　　此外，我们还翻阅了《梁溪倪氏宗谱》《倪云林诗集》《元处士云林先生墓志铭》《清贤记》等早期史料，对其进行考辨钩沉，去伪存真，汰芜清源，梳理出较为清楚可信的史料，力求将倪瓒的家世、生平、行迹、艺术、思想等加以综合研究，并且对元明之际社会变迁与倪瓒绘画的互动展开系统考察与理论总结。

书稿能够如期付梓，我们要特别感谢江苏人民出版社。本书的出版，还要特别感谢刘品、鲁庆哲、孔祥广、杨峰、缪瀚宇、高泽坤、吴黔江、张晨、郭瑞娟，书稿的部分撰写思路是在与大家的日常讨论中所获得。感谢魏晓、宋自腾，为我们提供了倪瓒相关的日文资料，以及核校了部分古籍文献。感谢沈琦在台湾辅仁大学图书馆帮我们复印了倪瓒论文的相关资料。感谢素未谋面的香港中文大学范佳敏，为我们提供学校图书馆的网络资源。

对倪瓒书画、艺术思想及其所承载的文化意义进行更为深入的研究，是我们今后努力的方向，研究团队前期已经对元末张渥《竹西草堂图》、陈汝言《百丈泉图》、谢缙《云阳早行图》、姚绶《心赏图册》、杜琼《南村别墅图》等书画作品和陶宗仪《南村辍耕录》、夏文彦《图绘宝鉴》等书画理论著述进行了细致研究。正是在此基础上，我们完成了目前呈现给读者的"元四家"之一倪瓒的研究。希望本书能够起到抛砖引玉的作用，为未来的倪瓒研究提供一定的线索和借鉴。

本书作者
2024 年 10 月

后
记